Joachim Wittkowski

Das Interview in der Psychologie

Joachim Wittkowski

Das Interview in der Psychologie

Interviewtechnik und Codierung von Interviewmaterial

Westdeutscher Verlag

Die Deutsche Bibliothek – CIP-Einheitsaufnahme

Wittkowski, Joachim:
Das Interview in der Psychologie: Interviewtechnik und
Codierung von Interviewmaterial / Joachim Wittkowski. –
Opladen: Westdt. Verl., 1994
  ISBN 3-531-12548-6

FRIEDRICH-SCHILLER-UNIVERSITÄT JENA
Institut für Psychologie
Kommunikationspsychologie
Am Steiger 3, Haus 1
07743 JENA

116/99

Alle Rechte vorbehalten
© 1994 Westdeutscher Verlag GmbH, Opladen

Der Westdeutsche Verlag ist ein Unternehmen der Bertelsmann Fachinformation GmbH.

Das Werk einschließlich aller seiner Teile ist urheberrechtlich geschützt. Jede Verwertung außerhalb der engen Grenzen des Urheberrechtsgesetzes ist ohne Zustimmung des Verlags unzulässig und strafbar. Das gilt insbesondere für Vervielfältigungen, Übersetzungen, Mikroverfilmungen und die Einspeicherung und Verarbeitung in elektronischen Systemen.

Umschlaggestaltung: Horst Dieter Bürkle, Darmstadt
Druck und buchbinderische Verarbeitung: Langelüddecke, Braunschweig
Gedruckt auf säurefreiem Papier
Printed in Germany

ISBN 3-531-12548-6

Vorwort

Die Vorarbeiten für dieses Buch, die bereits mehr als 10 Jahre zurückliegen, wurden durch eine Sachbeihilfe der Deutschen Forschungsgemeinschaft (Az.: Wi 608/1 und 608/2-2) wesentlich unterstützt.

Mein Dank gilt allen, die zum Gelingen dieser Arbeit beigetragen haben:
- den anonymen Interviewpartnerinnen und -partnern;
- den Interviewerinnen und Interviewern E. Dieterle, S. Görlich, R. Heinisch, J.T. Kellerhaus, M. Landgraf, E. Mikler, B. Nölke, K. Quaschner, M. Strieder, G. Winkler, R. Zowislo;
- den Auswerterinnen und Auswertern M. Hüppe, J. Jongejan, B. Krawinkel, G. Peterek, E. Pfeifer, A. Ritz, M. Trips.

Beim Vortest des inhaltsanalytischen Skalensystems und bei der Gliederung des Interviewmaterials in Analyse-Einheiten haben die damaligen Studentinnen der Psychologie G. Kaminski und S. Wingenfeld nicht nur ein außergewöhnlich hohes Maß an Fleiß und Einsatzbereitschaft, sondern auch viel Geduld mit dem Verfasser aufgebracht. Teile des Manuskripts wurden von Frau E. Marschhäußer mit bewährter Umsicht und Sorgfalt vorbereitet. Ihnen danke ich ganz besonders.

Mit Rücksicht auf seine Lesbarkeit wird im Text durchgängig das männliche Genus verwendet. Es handelt sich dabei um Gattungsbegriffe, die stets Personen weiblichen und männlichen Geschlechts einschließen.

Würzburg, im Juni 1994　　　　　　　　　　　　　　　　　　　　Joachim Wittkowski

Inhaltsverzeichnis

1	Einleitung	1
2	Der Hintergrund: Quantitatives und qualitatives Paradigma in der Psychologie	6
3	Zum Status sogenannter qualitativer Untersuchungsverfahren	10
3.1	Interviewverfahren	10
3.2	Inhaltsanalytische Auswertungsverfahren	15
3.3	Resümee	22
4	Der Gegenstand des Buches	25
5	Das Interview	26
5.1	Grundlagen und Formen des Interviews	26
5.2	Formulierung von Fragen für Forschungsinterviews	29
5.3	Vorbereitung und Durchführung halbstrukturierter Forschungsinterviews	34
5.3.1	Konzeption des Interview-Leitfadens	34
5.3.2	Interviewer-Verhalten und Interviewer-Training	36
5.3.3	Durchführung von Forschungsinterviews	38
5.3.4	Registrierung des Inhalts von Interviews	39
5.3.5	Transkription von Tonbandaufzeichnungen	40
5.4	Verhinderung von Bias in Interviews	41
5.5	Beispiel für ein halbstrukturiertes Forschungsinterview	42
5.5.1	Die Themenkreise des Interviews	42
5.5.2	Der Interview-Leitfaden	43
5.5.3	Erläuterungen zum Interview-Leitfaden	48
5.5.4	Richtlinien für die Handhabung des Interview-Leitfadens	49
5.5.5	Durchführung der Interviews und Stichprobenbeschreibung	50

5.5.6	Beispiel-Interviews	51
5.5.6.1	Interview A	52
5.5.6.2	Interview B	67
5.5.6.3	Interview C	83
5.5.6.4	Interview D	100
5.5.6.5	Interview E	119
6	**Die inhaltsanalytische Auswertung**	**139**
6.1	Grundlagen und Probleme der Inhaltsanalyse	139
6.2	Das Würzburger Verfahren der Codierung von halbstrukturiertem Interviewmaterial (WÜCI)	143
6.2.1	Zweck des Verfahrens und Begriffsklärungen	143
6.2.2	Konstruktion inhaltsanalytischer Auswertungsskalen	144
6.2.3	Auswerter-Training und Auswerter-Test	147
6.2.4	Inhaltsanalytische Auswertung	149
6.2.4.1	Bildung von Analyse-Einheiten	150
6.2.4.2	Codierung der Analyse-Einheiten	154
6.2.5	Protokollierung und Aufbereitung der Codierungen	156
6.3	Die Würzburger Auswertungsskalen für Interviewmaterial (WAI)	158
6.3.1	Skala "Ausmaß eigener sozialer Integration" (SI-A)	158
6.3.2	Skala "Bewertung eigener sozialer Integration in quantitativer Hinsicht" (SI-B/quant.)	175
6.3.3	Skala "Bewertung eigener sozialer Integration in qualitativer Hinsicht" (SI-B/qual.)	180
6.3.4	Skala "Glaube an Gott" (REL-GG)	185
6.3.5	Skala "Kirchliche Kommunikation und Information" (REL-KKI)	191
6.3.6	Skala "Öffentliche religiöse Praxis" (REL-ÖRP)	196
6.3.7	Skala "Ehe- und Sexualmoral" (REL-ESM)	203
6.3.8	Skala "Religiöse Versprechungen" (REL-V)	208
6.3.9	Skala "Selbstwertgefühl" (SWG)	211
6.3.10	Skala "Lebenszufriedenheit bezüglich der Gegenwart" (LZ-G)	218
6.3.11	Skala "Lebenszufriedenheit bezüglich der Vergangenheit" (LZ-V)	225
6.3.12	Skala "Ausdehnung der Zukunftsperspektive" (ZP-A)	235
6.3.13	Skala "Tönung der Zukunftsperspektive" (ZP-T)	242
6.3.14	Skala "Angst vor dem eigenen Sterben" (AES)	247
6.3.15	Skala "Angst vor dem eigenen Tod" (AET)	251
6.3.16	Skala "Angst vor fremdem Sterben und Tod" (AFST)	256

6.3.17	Skala "Bejahung von eigenem Sterben und Tod" (BEST)	261
6.3.18	Skala "Häufigkeit gedanklicher Beschäftigung mit Sterben und Tod" (HST)	266
6.4	Inhaltsanalytische Codierungen der Beispiel-Interviews anhand der Würzburger Auswertungsskalen für Interviewmaterial (WAI)	269
6.4.1	Themenkreis "Soziale Integration"	270
6.4.2	Themenkreis "Religiosität"	273
6.4.3	Themenkreis "Selbstwertgefühl"	275
6.4.4	Themenkreis "Lebenszufriedenheit"	276
6.4.5	Themenkreis "Zukunftsperspektive"	279
6.4.6	Themenkreis "Sterben und Tod"	281
6.5	Gütekriterien und Skalenkennwerte der Würzburger Auswertungsskalen für Interviewmaterial (WAI)	283
6.5.1	Inter-Rater-Reliabilität	283
6.5.2	Validität	288
6.5.3	Skalenkennwerte	290
6.5.4	Passung von Interviewmaterial und Auswertungsskalen	294
7	**Ausblick**	297
Literatur		301

1 Einleitung

Betrachtet man die Entwicklung der Psychologie in den zurückliegenden Jahrzehnten, so kann man zwei allgemeine Tendenzen feststellen: eine Ausweitung der Inhalte, Themen und Fragestellungen einerseits und ein verstärktes Methodenbewußtsein andererseits. Wie groß die Zunahme und Ausdifferenzierung der Forschungsinhalte tatsächlich ist, wird deutlich, wenn man die Berichte über die Kongresse der Deutschen Gesellschaft für Psychologie aus der zweiten Hälfte der 50er Jahre (Wellek, 1956, 1958; Thomae, 1960) dem Bericht aus dem Jahr 1990 (Frey, 1991) gegenüberstellt. In den Jahren 1955, 1957 und 1959 wurden Beiträge vorgestellt, die fast ausschließlich in die allgemeine Psychologie fallen und als Grundlagenforschung zu verstehen sind. Im Jahre 1990 wurden bei der gleichen Veranstaltung zahlreiche Themen mit einem konkreten Anwendungsbezug behandelt. Offenbar werden Anstöße und Fragestellungen aus der Lebenswirklichkeit vermehrt an die Psychologie herangetragen und von ihr aufgegriffen in der Erwartung, daß die Ergebnisse anwendungsbezogener Grundlagenforschung zur Lösung konkreter menschlicher Probleme beitragen können. Damit geraten neue und vielfach sehr komplexe Merkmale in das Blickfeld der Forschung, deren Untersuchung ein breites Spektrum an Methoden erfordert.

Ein zweiter unübersehbarer Trend besteht in einem verstärkten Bewußtsein für die Bedeutung methodischer Fragen. Die Gültigkeit von Untersuchungsbefunden ist unmittelbar abhängig von der Methodik, aufgrund deren sie gewonnen wurden. Dies hat zu einer Verfeinerung der Untersuchungsstrategien, zu einer Verbesserung statistischer Prüfmethoden sowie zur Neuentwicklung zahlreicher Untersuchungsverfahren geführt.

Eingebettet in diese beiden Trends ist auch die Entwicklung und Anwendung von Interviewverfahren. Das Gespräch als das ursprünglichste und daher älteste Verfahren zur Gewinnung von Informationen erscheint besonders geeignet zur Erhebung qualitativer Informationen über komplexe und noch wenig strukturierte Merkmale. Gleichzeitig werden auch hinsichtlich Konzeption, Durchführung und Auswertung von Interviews zunehmend höhere methodische Standards beachtet. Es ist daher nicht verwunderlich, daß das Interview nach wie vor ein häufig verwendetes Forschungsinstrument ist, obwohl inzwischen ein umfangreiches Repertoire von Fragebogenverfahren mit ansprechenden Gütekriterien für alle möglichen Fragestellungen zur Verfügung steht (vgl. die Zusammenstellung von Westhoff, 1993).

Zu den Anwendungsfeldern, in denen Neuentwicklungen und deutsche Adaptationen englischsprachiger Interviews in jüngerer Zeit eingesetzt werden, zählen
– die Persönlichkeitspsychologie (z.B. Erfassung des Kontrollbewußtseins durch Interviews; Hoff, 1989);
– die Familienpsychologie und -therapie (z.B. Strukturiertes Familieninterview nach Watzlawick; Schneider-Düker & Schneider, 1980);
– die Gerontopsychologie (z.B. Strukturiertes Angstinterview für Senioren; Nowotny, Schlote-Sautter & Rey, 1990);
– die Forensische Aussagepsychologie (z.B. Kognitives Interview; Köhnken & Brockmann, 1988);
– die Medizinische Psychologie (z.B. Interview zur Erfassung von Typ-A-Verhalten; Langosch, Schmidt & Rüddel, 1985.- Kieler Interview zur subjektiven Situation; Hasenbring, Kurtz & Marienfeld, 1989);
– die Gesundheitspsychologie (z.B. Interview zum sozialen Rückhalt; Siegrist, 1987.- Mannheimer Interview zur sozialen Unterstützung; Veiel, 1987, 1990.- Interviewleitfaden "SONET" zur Erfassung von Sozialem Netzwerk und Sozialer Unterstützung; Reisenzein, Baumann, Laireiter et al., 1989).

Für die meisten der hier genannten Anwendungsfelder des Interviews kommen grundsätzlich auch Fragebogen als Erhebungsverfahren in Betracht. Jenseits der anhaltenden Kontroverse um quantitative und qualitative Verfahren (siehe Kapitel 2) sind es in pragmatischer Sicht folgende Merkmale, in denen sich das Interview in positiver Weise vom Fragebogen unterscheidet (vgl. Brenner, Brown & Canter, 1985a; Brown & Canter, 1985; Fisseni, 1987; Gordon, 1976, pp. 76-77): (1) Interviews ermöglichen Erkenntnisse von hoher Validität auch bei Inhalten, die von den Befragten als unangenehm und bedrohlich erlebt werden. Der Grund dafür liegt zum einen in der vergleichsweise hohen Akzeptanz des Interviews und der entsprechend positiven Motivation der Untersuchungsteilnehmer, sich wahrheitsgemäß zu äußern; er liegt zum anderen in der Kontrolle über die Untersuchungssituation und speziell in der Möglichkeit, Mißverständnisse unmittelbar aufzuklären. Schließlich kann die Validität von Informationen durch Berücksichtigung para-verbaler und non-verbaler Merkmale des Sprechers eingeschätzt werden. (2) Interviews können auch bei Personen durchgeführt werden, die nicht fähig oder nicht willens sind, einen Fragebogen zu bearbeiten (z.B. Kinder, jugendliche Außenseiter, Hochbetagte, psychisch kranke und/oder gestörte Personen). (3) Wegen ihres fehlenden oder relativ groben Rasters sind unstandardisierte und halbstandardisierte Interviews besonders geeignet, neuartige Informationen zu gewinnen, die über den bisherigen Kenntnisstand des fraglichen Merkmalsbereichs hinausgehen. Dabei erweist sich die Möglichkeit der flexiblen Anpassung an den Gedankengang des Gesprächspartners als besondere Stärke des Interviews. (4) Interviews sind besonders geeignet zur Beschreibung komplexer Abläufe der individuellen Erlebnisverarbeitung; vor allem der Verlauf intrapsychischer Vorgänge kann retrospektiv oder bei längsschnittlichem Vorgehen auch in statu nascendi erfaßt werden.- (5) Anhand von Interviews können die Motive für spezifische Handlungen (z.B. das Verhalten als Fußball-Hooligan) umfassend und anschaulich dargestellt werden. (6) Die mittels Interview gewonnenen Informationen geben psychische Sachverhalte vergleichsweise ganzheitlich wieder.

Aus der bisherigen Kennzeichnung des Interviews lassen sich unschwer die spezifischen Indikationen des Forschungsinterviews ableiten. Das Forschungsinterview ist immer dann die Methode der Wahl, wenn

- Erkenntnisse angestrebt werden, die keiner Quantifizierung bedürfen (z.B. über die inhaltliche Beschaffenheit der Motive, die einen Käufer zum Kauf eines bestimmten Fahrzeugtyps veranlassen);
- der Untersuchungsgegenstand bzw. Merkmalsbereich noch wenig bekannt und entsprechend unstrukturiert ist, d.h. wenn der Kenntnisstand eines Forschungsgebietes einen explorativen Zugang nahelegt (vgl. Maccoby & Maccoby, 1954, p. 483);
- die Zielsetzung einer Untersuchung primär im Generieren von Hypothesen besteht (und nicht in deren Prüfung);
- emotionale Bewertungen, Erlebnisverarbeitungen und psychische Entwicklungsverläufe erfaßt werden sollen (vgl. Bingham & Moore, 1941, pp. 247-248);
- der Untersuchungsgegenstand und/oder die zu untersuchenden Personen eine persönliche Begegnung geeigneter erscheinen lassen als einen eher unpersönlich wirkenden Test.

Auch die Entwicklung inhaltsanalytischer Auswertungsverfahren von Texten trägt den eingangs geschilderten Tendenzen in der psychologischen Forschung Rechnung. Ausgehend von der Erkenntnis, daß Texte (z.B. Interviewtranskripte) per se keinen *wissenschaftlichen* Erkenntniswert besitzen, wurden Auswertungsverfahren entwickelt, die es gestatten, entweder regelgeleitet qualitative Aussagen aus sprachlichen Informationen abzuleiten oder durch eine quantifizierende Auswertung des Rohmaterials die Voraussetzungen für eine statistische Verarbeitung der Daten zu schaffen.

So hat sich die Inhaltsanalyse in der Psychologie zu einer eigenständigen Methode entwickelt. Sie wird heute vornehmlich angewendet in der Klinischen Psychologie (z.B. Brähler, 1980; Volk & Tschuschke, 1982), in der Medizinischen Psychologie (z.B. Faller, 1989), in der Familienpsychologie und -beratung (z.B. Brunner, 1989) sowie - die genannten Gebiete übergreifend - in der Emotionsforschung (z.B. Koch, 1980; Koch & Bruhn, 1986). Einen Überblick über die Anwendungsfelder inhaltsanalytischer Verfahren auch außerhalb der Psychologie bieten die Sammelbände von Bos und Tarnai (1989a) und Hoffmeyer-Zlotnik (1992) sowie der Beitrag Gottschalks (1986). Angesichts dieser Breite der Verwendungsmöglichkeiten allein in der Psychologie wird deutlich, daß die Bezeichnung "Inhaltsanalyse" ein Sammelbegriff für eine Vielzahl von inhaltsanalytischen Einzelverfahren ist.

Mit Blick auf die Belange der psychologischen Forschung wäre es naheliegend, Interviewprotokolle anhand inhaltsanalytischer Auswertungsverfahren zu bearbeiten. Das Interview würde das Ausgangs- oder Rohmaterial liefern, aus dem dann durch eine Inhaltsanalyse entweder qualitative Aussagen als Endergebnis oder numerische Daten als Zwischenschritt für eine weitere quantitative Auswertung gewonnen würden. Die Konzeption des Interviews und seine inhaltsanalytische Auswertung würden in einer unmittelbaren Beziehung zueinander stehen; die Erhebung des Ausgangsmaterials und seine weitere Auswertung wären wechselseitig aufeinander abgestimmt. Tatsächlich ist es derzeit aber noch so, daß Interview und Inhaltsanalyse als eigenständige Verfahren weitgehend unverbunden nebeneinander stehen. Interview und Inhaltsanalyse sind nicht im Sinne einer methodischen Einheit auf einander bezogen.

Die These der fehlenden methodischen Einheit von Interview und Inhaltsanalyse in der psychologischen Forschung wird in den beiden folgenden Kapiteln erläutert und untermauert. Dabei werden in Kapitel 2 grundsätzliche Fragen quantitativer und qualitativer Forschung skizziert, die den Bereich der Psychologie überschreiten und die Sozial- und Verhaltenswissenschaften im allgemeinen betreffen. In Kapitel 3 werden dann die Grundformen von Interview und Inhaltsanalyse dargestellt. Nach einer Zwischenbilanz und der Einführung des eigenen Ansatzes in Kapitel 4 werden in den Kapiteln 5 und 6 Verfahrensweisen einer aufeinander abgestimmten Durchführung von Interview und (quantifizierender) Inhaltsanalyse sowohl in allgemeiner Form als auch an konkreten Beispielen detailliert vorgestellt. Kapitel 7 schließlich bietet kritische Anmerkungen und Verbesserungsvorschläge.

Das vorliegende Buch kann auch selektiv gelesen werden:
– Wer eine knappe einführende Orientierung über Interview einerseits und Inhaltsanalyse andererseits sucht, sei auf Kapitel 3 sowie auf die Abschnitte 5.1 und 6.1 verwiesen.

- Wer an der konkreten Durchführung halbstrukturierter Forschungsinterviews und einer darauf abgestimmten quantifizierenden inhaltsanalytischen Auswertung interessiert ist, findet in den Abschnitten 5.2 bis 5.4 sowie 6.2 bis 6.4 ausführliche Richtlinien und deren Illustration.
- Wer sich rasch ein Bild von der Brauchbarkeit des hier vorgestellten Verfahrens machen möchte, möge die Daten in Abschnitt 6.5 inspizieren.

2 Der Hintergrund: Quantitatives und qualitatives Paradigma in der Psychologie

Aufgabe einer jeden Wissenschaft ist es, ihre spezifischen Fragestellungen in einer Weise zu bearbeiten, die ein Maximum an gültigen ("richtigen", "wahren") Erkenntnissen erbringt. Paradigmen sind grundlegende und nicht weiter begründbare Vorstellungen bzw. Überzeugungen davon, welches der geeignete Weg zur Gewinnung gültiger Erkenntnisse ist. In pragmatischer Sicht ist jede Forschungsstrategie sinnvoll, die dazu beiträgt, eindeutige, überprüfbare und extern valide Resultate zu erbringen; ihre Zuordnung zu einem bestimmten Paradigma oder gegebenenfalls auch ihre Positionsbestimmung zwischen verschiedenen forschungsstrategischen Stühlen ist ohne Bedeutung. Miles und Huberman (1984) haben eine derart pragmatische, gleichwohl aber keineswegs unreflektierte Position in ihrer qualitativen Methodologie überzeugend umgesetzt. Da jedoch Interview und Inhaltsanalyse traditionell dem qualitativen Ansatz zugerechnet werden, kann eine Skizze des quantitativen und des qualitativen Paradigmas die methodologische Ein- und Zuordnung der im folgenden dargestellten Verbindung von Interview und inhaltsanalytischer Auswertung erleichtern.

Das quantitative bzw. normative Paradigma hat seine historischen Wurzeln im Behaviorismus; es ist daher Bestandteil der Reaktion auf die deutende und interpretierende Psychoanalyse und kann darüber hinaus als der Versuch der (damals) noch jungen Psychologie verstanden werden, sich von ihren spekulativen philosophischen Ursprüngen zu emanzipieren. Drei Merkmale kennzeichnen das quantitative Paradigma in der Psychologie: (1) *Differenzierte Beschreibung und möglichst eindeutige Erklärung von Erleben und Verhalten, die über den unmittelbaren Augenschein hinausgeht.* Generell wird der Aufweis statistischer oder sogar deterministischer Gesetzmäßigkeiten (wenn A, dann B mit Wahrscheinlichkeit p; wenn A, dann B) angestrebt. (2) *Generalisierung von Beobachtungen von der Stichprobe auf die Population.* Um dies zu erreichen, muß festgestellt werden, ob bzw. in welchem Maße die an der Stichprobe gewonnenen Erkenntnisse durch Zufallseinflüsse bedingt sind. (3) *Quantifizierung von Beobachtungen.* Durch die Anwendung strukturierter und standardisierter Verfahren der Datenerhebung wird die Vielfalt und Subjektivität des untersuchten Phänomens auf ein vorgegebenes Raster reduziert. Aus den Merkmalen (1) und (2) ergibt sich zwangsläufig die Notwendigkeit, Beobachtungen so zu quantifizieren, daß sie mit mathematisch-statistischen Prüfverfahren bearbeitet werden können. Quantifizierung und das damit einhergehende hohe Abstraktionsniveau sind dabei keine Werte an sich, sondern sie dienen lediglich dem Ziel, differenzierte und nicht durch Zufall bedingte Erkenntnisse über die Erscheinungsformen und Ursachen menschlichen Erlebens und Verhaltens zu gewinnen.

Der Forschungsprozeß nach dem quantitativen Paradigma folgt dem hypothetico-deduktiven Beweisverfahren: Ausgehend von Beobachtungen (Datenebene) werden theoretische Konzepte entwickelt (Theorieebene), die durch neuerliche strukturierte Beobachtungen (Datenebene) überprüft werden und gegebenenfalls zu Modifikationen auf der Theorieebene führen. Durch diese wechselseitige Beeinflussung von Theorieebene und Datenebene erfolgt eine allmähliche Anpassung der Theorie an die Empirie, so daß nur solche Theorien Bestand haben, deren Konzepte sich in empirischen Befunden abbilden lassen bzw. durch diese begründet werden. Allerdings erfolgt auf der Theorieebene eine Präzisierung und Akzentuierung lediglich innerhalb des ursprünglich gesteckten Rahmens, eine Erweiterung um grundsätzlich neue Erkenntnisse durch die Emipirie selbst ist hingegen kaum möglich.

Das qualitative Paradigma besitzt einerseits Affinität zur Humanistischen Psychologie, die sich als "dritte Kraft" neben Psychoanalyse und Behaviorismus etablierte und besonders die Ganzheitlichkeit und den Wertbezug des Menschen betont, und es hat andererseits Bezüge zur Klinischen Psychologie und der dort üblichen klinischen Urteilsbildung. Auch am qualitativen Paradigma lassen sich drei zentrale Bestimmungsstücke aufzeigen: (1) *Der Anspruch, Erleben und Verhalten des Menschen erklären zu wollen.* Bei der Realisierung dieses Anspruchs wird der Mensch weitgehend als ganzheitlich betrachtet, und es werden entsprechend breite und vielschichtige Merkmale als Untersuchungsgegenstände gewählt bzw. zugelassen. Erklärung besteht darin, die Individualität menschlichen Denkens, Fühlens und Handelns in ihren natürlichen Lebensbezügen zu beschreiben und verstehend nachzuvollziehen. Dabei werden Alternativerklärungen durchaus in Kauf genommen. Dem idiographischen Ansatz geht es demnach in erster Linie um Interpretationsschemata für konkrete Lebenswirklichkeiten, die sich in Alltag und Berufspraxis bewähren. (2) *Die Erklärung individuellen Erlebens und Verhaltens soll für möglichst viele Individuen Gültigkeit haben.* Dies wird erreicht, indem bei Vorliegen einer hinreichend großen Zahl von Einzelbeobachtungen, die sich in einer bestimmten Hinsicht im Prinzip ähnlich sind, auf einen fiktiven allgemeinen Fall geschlossen wird. Der qualitative Ansatz verfolgt also ein induktives Vorgehen. Die Feststellung von Ähnlichkeiten erfolgt aufgrund sachkundiger Einschätzung, sie wird jedoch nicht quantitativ bestimmt und auf Überzufälligkeit geprüft.- (3) *Anschaulichkeit und Lebensnähe der Erkenntnisse*. Dem qualitativen Paradigma entspricht ein Vorgehen auf einem vergleichsweise niedrigen Abstraktionsniveau. Von daher besitzen die gewonnenen Befunde meist hohe Augenscheinvalidität bzw. erscheinen dem Rezipienten unmittelbar einsichtig und nachvollziehbar.

Gerade der zuletzt genannte Punkt läßt den Verdacht aufkommen, der Prozeß der Erkenntnisgewinnung nach dem qualitativen Paradigma sei in hohem Maße von Subjektivität und damit letztlich von Beliebigkeit bestimmt. Dies trifft jedoch im Prinzip nicht zu, weil die einzelnen Beobachtungen unabhängig voneinander gewonnen werden (können) und weil die Gesamtheit der Beobachtungen nach erfolgter Generalisierung immer wieder an neuen Einzelfällen überprüft werden kann.

Eine sachliche, ideologiefreie Einschätzung des quantitativen und des qualitativen Paradigmas zeigt, daß beide in ihren Zielsetzungen durchaus Gemeinsamkeiten aufweisen und daß sich ihre Ergebnisse sinnvoll miteinander verbinden lassen. Mit beiden Forschungsansätzen wird die allgemeingültige Beschreibung und Erklärung von Erleben und Verhalten angestrebt. Die Quantifizierung von Beobachtungen und das damit verbundene hohe Abstraktionsniveau von Operationalisierungen ermöglicht es nicht nur, Zufallseinflüsse zu kalkulieren, sondern auch differentielle Effekte aufzudecken, die mit dem "bloßen Auge" nicht erkennbar sind (z.B. Moderator-Effekte). Diese Vorzüge des quantitativen Paradigmas stellen einen unverzichtbaren Schutz vor Subjektivismen, Simplifizierungen und Plausibilitäten bei der Gewinnung empirischer Erkenntnisse in der Psychologie dar. Nicht minder wertvoll sind allerdings die Beiträge des qualitativen Ansatzes, die eine lebensnahe Vorstellung von der Beschaffenheit komplexer Verhaltensphänomene vermitteln. Als besonderer Vorzug des qualitativen Ansatzes muß seine Offenheit für neuartige Erkenntnisse gelten.

Ein weiteres kommt hinzu: Zwischen Forschungsparadigmen und Untersuchungsfragen besteht ein *gegenseitiges* Bedingungsverhältnis. Nicht nur Untersuchungsfragen bedingen ein bestimmtes Paradigma und die dazu gehörige Methodik, sondern bestimmte Paradigmen und die aus ihnen resultierenden Methodologien bringen nur bestimmte Untersuchungsfragen hervor. Wer auf ein quantitatives Paradigma eingeschworen ist, stellt sich in der Regel nur solche Fragen, die im Rahmen dieses Paradigmas angemessen untersucht werden können. Das aber behindert auf lange Sicht den Erkenntnisfortschritt und läßt das Potential der Verhaltens- und Sozialwissenschaften unausgeschöpft.

Es ist daher nicht sinnvoll, das quantitative und das qualitative Paradigma als Alternativen aufzufassen, die sich gegenseitig ausschließen. Sofern die Vorstellung besteht, daß qualitativ arbeitende Forscher notwendigerweise phänomenologisch, subjektiv, ganzheitlich und induktiv vorgehen, dem quantitativen Ansatz verpflichtete Forscher hingegen ausnahmslos positivistisch, objektiv fragmentarisierend und deduktiv arbeiten, handelt es sich um Stereotype, deren Berechtigung hier bestritten wird. Daß es sich bei "idiographischen" und "nomothetischen" Forschungsansätzen um eine eher artifizielle Unterscheidung handelt, wird nicht zuletzt deutlich, wenn man die einzelnen Komponenten eines methodologischen Paradigmas (Patton, 1980) betrachtet: Muß "quantitative" Forschung ausschließlich im Labor erfolgen, strukturierte Erhebungsverfahren verwenden und statistische Analsysemethoden einsetzen? Muß andererseits "qualitative" Forschung stets im Feld stattfinden und mittels offener Erhebungsverfahren verbale Daten erbringen, die dann einer interpretierenden Analyse unterzogen werden? Tatsächlich gibt es neben den "reinen" methodologischen Strategien des quantitativen und des qualitativen Paradigmas zahlreiche Mischformen (siehe Rudinger, Chaselon, Zimmerman & Henning, 1985, S. 11f.), die methodisch einwandfrei und pragmatisch nützlich sind.

Interview und Inhaltsanalyse entziehen sich insbesondere dann einer einfachen Zuordnung zum quantitativen oder qualitativen Paradigma, wenn sie als methodische Einheit betrachtet werden. Das Interview für sich allein genommen zählt zweifellos zu den qualitativen Erhebungsverfahren, da es sprachliche Informationen liefert. Von der Art der Weiterverarbeitung des Textmaterials hängt es ab, ob für die eigentliche Auswertungsmethodik qualitative oder quantitative Daten zur Verfügung stehen. Es ist durchaus möglich, ein ausgesprochen qualitatives Verfahren der Informationsgewinnung (das Interview) so mit einem Zwischenschritt der Datentransformation (der inhaltsanalytischen Codierung) zu verbinden, daß die Voraussetzungen für statistische Analysen nach Art der quantitativen Forschungsstrategie gegeben sind. Ein solches Vorgehen, das sich nicht so einfach den Kategorien "quantitativ" bzw. "qualitativ" zuordnen läßt, wird in den Kapiteln 5 und 6 ausführlich beschrieben.

3 Zum Status sogenannter qualitativer Untersuchungsverfahren

Interview und Inhaltsanalyse werden gemeinhin den qualitativen Forschungsmethoden zugerechnet. Der Vielfalt von Fragestellungen und Untersuchungsgegenständen entsprechend, gibt es allerdings "die" qualitative Untersuchungsmetodik nicht, sondern ein breites Spektrum relativ eigenständiger qualitativer Untersuchungsmethoden. Als ein zweckmäßiger Ordnungsgesichtspunkt für Interviewverfahren kann der Grad ihrer Strukturiertheit dienen (vgl. Atteslander & Kneubühler, 1975, S. 88 ff.; Maccoby & Maccoby, 1954, pp. 451-453). Auf einem Kontinuum, das von "unstrukturiert" über "halbstrukturiert" bis zu "hochstrukturiert" reicht, lassen sich die vorhandenen Interviewverfahren anordnen. Für inhaltsanalytische Auswertungsverfahren bietet sich die Unterscheidung in qualitativ interpretierende und quantifizierende Verfahren als Ordnungsgesichtspunkt an.

3.1 Interviewverfahren

Tabelle 3.1 gibt eine vergleichende Übersicht über die Charakteristika unstrukturierter, halbstrukturierter und hochstrukturierter Interviews. Allgemein ist anzumerken, daß der Grad der Strukturiertheit von Interviews eng gekoppelt ist an das Ausmaß ihrer Standardisierung. Unstrukturierte Interviews sind hinsichtlich ihres Ablaufs auch wenig oder gar nicht standardisiert, hoch strukturierte Interviews sind in Durchführung und vielfach auch Auswertung in starkem Maße standardisiert. Obwohl es sich bei Strukturiertheit und Standardisierung also um zwei allgemeine Merkmale von Interviews handelt, die eng miteinander verknüpft sind, wird der Grad der Standardisierung als eigenes Merkmal in Tabelle 3.1 aufgeführt, da er dazu beiträgt, die Unterschiede zwischen den unterschiedlich stark strukturierten Interviewverfahren hervorzuheben.

Tabelle 3.1: Übersicht über die Merkmale unterschiedlich stark strukturierter Interviews

Merkmal	Interview unstrukturiert	halbstrukturiert	hochstrukturiert
Grad der Standardisierung	gering	mittel	hoch
Handlungsspielraum des Interviewers	sehr groß	mittel - groß	gering
Entfaltungsspielraum des Befragten	sehr groß	groß	gering
Interview-Leitfaden	nicht vorhanden	Leitfaden mit Primär- und Sekundärfragen	vollständige Fragenliste
Art der Fragen	offen	offen	geschlossen
Auswertung	nicht Bestandteil des Interviews; meist keine Angabe	kann Bestandteil des Interviews sein	in das Interview integriert
Flexibilität / Rigidität	sehr flexibel	mäßig flexibel	sehr rigide
angezielte Merkmale	breit, unspezifisch	variabel	eng, spezifisch
Ergebnis	qualitative Aussage	qualitative Aussage oder numerische Daten	Klassifikation

Unstrukturierte Interviews zeichnen sich durch ein Minimum an Standardisierung und dementsprechend durch maximale Handlungs- bzw. Entfaltungsspielräume von Interviewer bzw. Befragtem aus. Der Interviewer verwendet für die Inhalte, die er ansprechen will, sowie für die Reihenfolge und die Formulierung seiner Fragen keinen Leitfaden, sondern gibt spontan Gesprächsanstöße; dabei stellt er offene Fragen, die den Befragten zu ausführlicher Antwort veranlassen. Unstrukturierte Interviews sind insofern sehr flexibel, als sie sich in ihrem Verlauf den Vorstellungen des Befragten vollkommen anpassen können. Da bei der Durchführung von unstrukturierten Interviews eher breite, weniger eingegrenzte Merkmale angezielt werden, muß es nicht unbedingt ein Nachteil sein, wenn der Befragte nicht bei einem Themenkreis bleibt, sondern die verschiedensten Sachverhalte anspricht. Ein wesentliches Kennzeichen unstrukturierter Interviews besteht darin, daß ihre Durchführung in aller Regel nicht auf irgendeine Form der Auswertung ausgelegt ist, sondern allein der Gewinnung sprachlichen Materials dient.

Als markante Erscheinungsform des unstrukturierten Interviews kann das Narrative Interview gelten. Es wird von manchen Autoren als die Idealform eines qualitativen Verfahrens der Informationsgewinnung betrachtet (z.B. Wiedemann, 1986). Gleichwohl unterliegt auch das Narrative Interview jener grundsätzlichen Skepsis gegenüber dem Interview als Untersuchungsverfahren, die auf die Gefahr einer Veränderung ursprünglicher Bewertungen, Bedeutungen und Sinnzusammenhänge im Zuge der Erinnerung und Verbalisierung verweist (z.B. Flick, 1992). Erlebt der Erzähler seine früheren Erlebnisse heute bei retrospektiver Betrachtung in anderer Weise als in dem Moment, in dem er sie tatsächlich erlebte? Letztlich ist daher beim Narrativen Interview nicht zu entscheiden, ob die berichteten Inhalte in vollem Umfang dem ursprünglichen Erleben entsprechen oder ob es sich um ein durch Erlebnisverarbeitung und Verbalisierung mitbedingtes sekundäres Erleben handelt. Damit wird auch die für das Interview als Forschungsinstrument zentrale Annahme einer Entsprechung von erlebter und erzählter Wirklichkeit in Frage gestellt.

Das Narrative Interview ist ein sozialwissenschaftliches Erhebungsverfahren, bei dem der Befragte gebeten wird, bestimmte Ereignisse und Vorgänge, die er selbst miterlebt hat, in einer Stegreiferzählung zu schildern (Hermanns, 1992; Wiedemann, 1986). Zu Beginn (Einstiegsphase) gibt der Interviewer einen Erzählanstoß in Form einer erzählgenerativen Frage oder Aufforderung (z.B. "Bitte erzählen Sie doch einfach mal, wie das damals alles passiert ist!"). Im weiteren (Phase der Haupterzählung) verhält sich der Interviewer völlig rezeptiv. Es ist allerdings seine Aufgabe, den Erzählfluß in Gang zu halten, ohne dabei Einfluß auf die Ausgestaltung der Erzählung zu nehmen oder auch nur bewertende Anmerkungen zu machen. Der Interviewer hat auch darauf zu achten, daß sein Gesprächspartner eine vollständige und zusammenhängende Geschichte zu dem betreffenden Ereignis erzählt, in der Anfang und Ende der Handlung enthalten sind. Nach Abschluß der eigentlichen Erzählphase werden in einem dritten Teil Nachfragen gestellt (Phase der Nachbefragung), die schrittweise immer konkretere Sachverhalte und Details ansprechen, und schließlich können auch bewertende Stellungnahmen vom Befragten erbeten werden (Phase der Bilanzierung).

Das Narrative Interview hat stets die Erzählung von Ereignissen zum Inhalt, an denen der Erzähler in irgendeiner Form beteiligt war; es zielt somit auf die Erfassung bestimmter Ausschnitte gelebten Lebens bzw. auf die Registrierung persönlicher Erfahrungen ab und ist daher ein bevorzugtes Instrument der biographischen Forschung (z.B. Fuchs, 1984). Das Narrative Interview eignet sich hingegen nicht zur Erfassung von Gedanken und Gefühlen, die sich auf die eigene Zukunft richten (Pläne, Absichten, Wünsche, Träume, Hoffnungen, Befürchtungen), und es eignet sich ebenfalls nicht zur Erfassung von Einstellungen zu aktuellen gesellschaftlichen Entwicklungen und abstrakten Sachverhalten (z.B. Gerechtigkeit). Schließlich ist das Narrative Interview auch ungeeignet zur Erfassung von psychischen Merkmalen, an denen emotionale Bewertungen beteiligt sind (z.B. Lebenszufriedenheit, Selbstwertgefühl). Der Grund dafür liegt in seiner Unstrukturiertheit. Wird das Narrative Interview in seinem ursprünglichen Anwendungsgebiet eingesetzt, so gibt es trotz völliger Freiheit des Befragten während der Erzählphase dennoch eine Struktur aufgrund der Chronologie der Ereignisse oder auch wegen der psycho-logischen Beziehung, in der sie zu einander stehen. Der Befragte hat somit eine Orientierung. Eine derartige Orientierung würde jedoch fehlen, wenn man ein Merkmal wie Selbstwertgefühl nach Art des Narrativen Interviews zu erfassen suchte (z.B. "Sagen Sie mir doch einfach, wie Sie über sich denken!"). Da strukturierende Fragen und Hinweise fehlen, ist die Gefahr groß, daß ein Proband sehr unsicher wird und nur wenig verwertbare Äußerungen abgibt. Mühlfeld, Windolf, Lampert & Krüger (1981) machen zu Recht darauf aufmerksam, daß bei einem Narrativen Interview sich die Befragten überrumpelt und in der Gesprächssituation schutzlos fühlen können. Dies aber wäre mit Blick auf die Ergiebigkeit des Erhebungsverfahrens und die Validität der Äußerungen des Befragten kontraproduktiv.

Die Ergiebigkeit Narrativer Interviews ist darüber hinaus davon abhängig, inwieweit die Befragten über differenzierte introspektive Fähigkeiten sowie über ein relativ hohes Verbalisationsniveau verfügen. Detaillierte Schilderungen von hoher ökologischer Validität sind daher nicht von allen Personengruppen in gleicher Weise zu erwarten. Nicht zuletzt ist das Narrative Interview mit dem grundsätzlichen Problem behaftet, Informationen zu liefern, die über verschiedene Probanden hinweg kaum vergleichbar sind. Da vorstrukturierte Fragen des Interviewers vollkommen fehlen, ist nicht einmal eine einheitliche Mindestinformationsbasis gewährleistet. Damit ist aber auch die Voraussetzung für die Generalisierung qualitativer Befunde, die mittels Narrativem Interview gewonnen wurden, nicht gegeben.

Halbstrukturierte bzw. -standardisierte Interviews werden anhand eines Leitfadens durchgeführt, der vorformulierte offene Primärfragen und ebenfalls offene Sekundärfragen oder auch nur Stichworte enthält. Die Primärfragen werden wörtlich und in der vorgegebenen Reihenfolge gestellt, die Sekundärfragen können bei Bedarf gestellt und vom Interviewer ad hoc formuliert werden. Auf diese Weise ist eine Grobstruktur gegeben, die einerseits bestimmte Mindestinformationen gewährleistet und ein weites Abschweifen vom Thema des Interviews verhindert; andererseits bleibt aber noch genügend Flexibilität erhalten, damit auch solche Inhalte, die im Leitfaden nicht vorgesehen sind, die aber zum Rahmenthema des Interviews gehören, zur Sprache kommen können. Interviewer und Befragter haben zwar keinen unbegrenzten, aber auch keinen zu geringen Handlungs- bzw. Entfaltungsspielraum. Hinsichtlich der Auswertung sind die Verhältnisse bei halbstrukturierten Interviews uneinheitlich: Während einige Varianten ausschließlich auf die Gewinnung des Interviewmaterials abzielen und die Frage der Auswertung nicht berücksichtigen, wird bei anderen halbstrukturierten Interviews eine quantifizierende Auswertung als Bestandteil des gesamten Interviews vorgesehen. Wesentlich ist, daß bei halbstrukturierten Interviewverfahren mit integrierter Auswertung zunächst die Aussagen des Befragten (mindestens in den zentralen Passagen) wörtlich registriert werden, und daß die Auswertung dann in einem weiteren Schritt erfolgt, der sich auf das Interviewprotokoll stützt.

Beispiele für Neuentwicklungen oder deutsche Adaptationen halbstrukturierter Interviews in der jüngsten Vergangenheit sind die Social Interview Schedule (SIS) zur Erfassung sozialer Fehlangepaßtheit (Faltermeier, Wittchen, Ellmann & Lässle, 1985; Hecht, Faltermeier & Wittchen, 1987), das Mannheimer Interview zur sozialen Unterstützung (MISU; Veiel, 1987, 1990) oder das Strukturierte Interview zur Verhaltenstyp-A-Diagnostik (Langosch et al., 1985). Varianten halbstrukturierter Interviews bestehen darin, dem Befragten zunächst einen non-verbalen Initialstimulus (z.B. ein Bild oder eine schriftliche Feststellung) zu bieten und daran anknüpfend anhand eines Leitfadens zu explorieren (z.B. Hoff, 1989) oder offene vorstrukturierte Fragen mit Selbstbeurteilungsskalen zu kombinieren (z.B. Kieler Interview zur subjektiven Situation; Hasenbring et al., 1989). Das halbstrukturierte Interview über den eigenen Lebenslauf ("Life Story Interview"; Tagg, 1985) eröffnet als Forschungsinstrument der Entwicklungspsychologie Zugang zur subjektiven Sicht der Biographie eines Menschen und bei Einbeziehung der Zukunft auch zu seiner subjektiv erlebten Lebensspanne.

Bei Interviews mit einem hohen Grad der Strukturiertheit sind alle Schritte der Informationsgewinnung und -verarbeitung detailliert reglementiert. Die Fragen sind hinsichtlich Wortlaut und Reihenfolge vollständig vorgegeben und als geschlossene Fragen formuliert. Die Auswertung ist zentraler Bestandteil des hochstrukturierten Interviews. Dies bedeutet, daß die ursprüngliche Äußerung des Befragten gar nicht festgehalten wird, sondern vom Interviewer ein Ergebnis im Sinne vorgegebener Antwortalternativen festgelegt wird. Der Handlungs- bzw. Entfaltungsspielraum der Gesprächspartner in der Interviewsituation ist daher gering. Aber selbst wenn Interviewer und Befragter von der vorgegebenen Struktur des Fragebogens abweichen, erfolgt doch stets eine Reduzierung dieser Informationen auf das Raster der vorgegebenen Antwortmöglichkeiten. Vielfach besteht ein hochstrukturiertes Interview in der mündlichen Durchführung eines Fragebogens, der wegen bestimmter Umstände vom Befragten nicht schriftlich bzw. allein bearbeitet werden kann.

Hochstrukturierte Interviewverfahren werden in erster Linie in der Psychiatrie und der Klinischen Psychologie zur direkten Klassifizierung psychischer Störungen eingesetzt (vgl. die Übersichtsarbeiten von Wittchen & Unland, 1991, sowie von Wittchen, Semler, Schramm & Spengler, 1988). Aktuelle Beispiele für Diagnoseverfahren dieser Art sind IRAOS, ein Instrument zur retrospektiven Einschätzung des Erkrankungsbeginns bei Schizophrenie (Häfner, Riecher, Maurer, Meißner, Schmidtke et al., 1990), das Composite International Diagnostic Interview (CIDI) zur Klassifikation psychischer Störungen sowie das Strukturierte Interview zur Erfassung des Krankheitsbewältigungsverhaltens Schizophrener (IKB; Thurm-Mussgay, Galle & Häfner, 1991). Eine Übersicht über die derzeit gebräuchlichsten diagnostischen Interviews im psychiatrischen und klinisch-psychologischen Bereich findet sich bei Semler (1990, S. 13ff.). Nach der in diesem Abschnitt vorgenommenen Sytematisierung nimmt das Strukturierte Interview für DSM-III-R (SKID; Wittchen, Zaudig, Spengler, Mombour, Hiller et al., 1991) eine Zwischenstellung zwischen halb- und hochstrukturiertem Interview ein.

3.2 Inhaltsanalytische Auswertungsverfahren

Anhand von unstrukturierten und halbstrukturierten Interviews gewinnt man sprachliche Informationen bzw. verbale Daten, die für sich allein genommen keinen *wissenschaftlichen* Erkenntniswert haben. Erst geeignete Auswertungen überführen das Rohmaterial entweder in qualitative Ergebnisse (z.B. eine Aussage darüber, *wie* Vater-Sohn-Beziehungen inhaltlich beschaffen sind) oder in numerische Daten, die dann mit mathematisch-statistischen Methoden weiter bearbeitet werden können. Qualitative Untersuchungsmethoden benötigen daher inhaltsanalytische Auswertungsverfahren.

Tabelle 3.2 enthält eine Gegenüberstellung von Merkmalen qualitativ interpretierender und quantifizierender inhaltsanalytischer Auswertungsverfahren. Mit dieser Übersicht werden die wichtigsten grundsätzlichen Unterschiede hervorgehoben, die zwischen diesen beiden Arten inhaltsanalytischen Vorgehens bestehen. Dabei sind Vergröberungen und Akzentuierungen unvermeidlich, und es wird in Kauf genommen, daß die aufgeführten Merkmale ein unvollständiger Katalog all jener Charakteristika sind, durch die sich inhaltsanalytische Verfahren beschreiben lassen.

Tabelle 3.2: Übersicht über Merkmale qualitativ interpretierender und quantifizierender inhaltsanalytischer Auswertungsverfahren (Erläuterungen im Text)

Merkmal	Inhaltsanalyse qualitativ interpretierend	quantifizierend
Analysematerial	Sozialwissenschaftliche Textdaten, die unsystematisch oder systematisch, unstrukturiert oder halbstrukturiert gewonnen wurden.	Vorzugsweise Aufzeichnungen unstrukturierter und halbstrukturierter Interviews und Beobachtungen
Vorgehen	verstehende, regelgeleitete Interpretation; gegf. Einbeziehung "externer" Informationen	Überführung in numerische Daten anhand elaborierter Codierregeln; Beschränkung auf das gegebene Analysematerial
Zielsetzung	Aufdeckung latenter Sinnstrukturen	"Messung" psychischer Merkmale
Resultat	Inhaltlich differenzierte Beschreibung subjektiver Realitäten; "weiche" verbale Daten	Erfassung von a) Vorhandensein - Fehlen von Merkmalen b) Merkmalsausprägungen; "harte" numerische Daten
Skalenniveau	keines	nominal oder ordinal
Geltungsbegründung / Gütekriterien	qualitativ / Triangulation	psychometrisch (Gütekriterien der klass. Testtheorie)

Gegenstand der qualitativ interpretierenden Inhaltsanalyse sind "sozialwissenschaftliche Textdaten" (Giegler, 1992, S. 335). Damit sind Texte gemeint, die auf unterschiedliche Weise entstanden sein können: solche, die reaktiv und systematisch gewonnen wurden (z.B. durch halbstrukturierte Interviews); solche, die non-reaktiv und systematisch zustande kamen (z.B. Protokolle von Beobachtungen und/oder Gruppendiskussionen); solche, die spontan in einer natürlichen Lebenssituation entstanden sind und erst zu einem späteren Zeitpunkt inhaltsanalytisch ausgewertet werden (z.B. Briefe, Tagebuchaufzeichnungen). Die qualitativ interpretierende Inhaltsanalyse beschäftigt sich schwerpunktmäßig mit sprachlichem Material, das durch unstrukturierte Erhebungsverfahren (z.B. ein Narratives Interview) gewonnen wurde oder spontan entstanden ist. Die regelgeleitete, verstehende Interpretation vollzieht sich in den Analyseschritten "Zusammenfassung", "Explikation (Kontextanalyse)" und "Strukturierung" (Mayring, 1989; 1993, S. 52 ff.). Dabei können und sollen auch

Informationen berücksichtigt werden, die nicht im Analysematerial enthalten sind, die aber zu seinem besseren Verständnis beitragen können (z.B. das non-verbale Verhalten des Befragten, Hintergrundinformationen über seine Biographie). Generell zielt die qualitativ interpretierende Inhaltsanalyse zwar nicht ausschließlich, aber doch schwerpunktmäßig auf die Ermittlung latenter Sinnstrukturen ab. Gegebenenfalls verleiht sie auch singulären Aussagen großes Gewicht, und sie schenkt dem Fehlen bestimmter Inhalte Beachtung (Mayring, 1989; 1993). Das Resultat besteht in inhaltlich differenzierten, konkret-anschaulichen Beschreibungen des Denkens, Fühlens und Handelns der Textproduzenten. Ein zentrales Charakteristikum der qualitativ interpretierenden Inhaltsanalyse ist also, daß weder direkt noch indirekt eine quantifizierende Auswertung angestrebt bzw. vorgenommen wird; das Textmaterial wird nicht in Ziffern (numerische Daten) transformiert, sondern in sprachliches Material eines höheren Abstraktionsniveaus (verbale Daten) überführt. Von daher ist die Frage nach dem Skalenniveau der Daten aus qualitativ interpretierenden Inhaltsanalysen gegenstandslos. Wegen des Fehlens jeglicher Quantifizierung wird die Validität der Ergebnisse qualitativ interpretierender Inhaltsanalysen zweckmäßigerweise anhand spezifisch qualitativer Gütekriterien bestimmt.

Ein qualitativ interpretierendes Verfahren par exellence für die Analyse von Texten und damit auch von Interviewtranskripten ist die hermeneutische Interpretation. "Hermeneutisches Vorgehen versucht (...), regelorientiert Texte auszulegen und den vom Verfasser gemeinten Sinn zu erfassen. Darin begründet sich der Anspruch der Hermeneutik als *wissenschaftliches* Verfahren" (Bos & Tarnai, 1989b, S. 2; Hervorhebung im Original). Dem Anspruch der Wissenschaftlichkeit auch im Rahmen der empirisch arbeitenden Psychologie wird am ehesten die objektive Hermeneutik gerecht. Sie zielt darauf ab, die latenten Sinnstrukturen sprachlicher Äußerungen zu ermitteln. In unmittelbarem Zusammenhang mit dieser Zielsetzung steht die Annahme, daß es in jeder sprachlichen Äußerung eine "objektive Sinnstruktur" gebe, die allerdings in der Regel weder mit der Intention des Sprechers noch mit der Wahrnehmung des Hörers identisch sei. "Man kann das auch so ausdrücken, daß ein Text, wenn er einmal produziert ist, eine eigengesetzliche, mit eigenen Verfahren zu rekonstruierende soziale Realität konstituiert, die weder auf die Handlungsdispositionen und psychischen Begleitumstände auf seiten des Sprechers noch auf die innerpsychische Realität der Rezipienten zurückgeführt werden kann" (Oevermann, Allert, Konau & Krambeck, 1979, S. 379).

Interpretierende Auslegungen werden im Rahmen der objektiven Hermeneutik nach drei Prinzipien vorgenommen (Oevermann, Allert, Konau & Kramek, 1979; siehe auch Mathes, 1988): (1) *Extensive Interpretation*. Es wird eine möglichst vollständige Explikation aller Bedeutungsvarianten eines Textes angestrebt. (2) *Vollständige Interpretation*. Auch kleine Bedeutungseinheiten werden als bedeutsam und als nicht zufällig betrachtet und daher bei der Explikation der latenten Sinnstruktur berücksichtigt. (3) *Sequentielles Vorgehen*. Von Gesprächsabschnitt zu Gesprächsabschnitt werden schrittweise immer mehr Bedeutungsmöglichkeiten ausgeschlossen, bis der im konkreten Fall gültige Bedeutungsgehalt zutage tritt. Als Korrektiv für die Beschränkungen, denen die Auslegung eines einzelnen Interpreten zwangsläufig unterliegt, werden die Interpretationen in einem diskursiven Verfahren entwickelt. Dabei werden die möglichen Interpretationen in einem Kreis von Forschern hinsichtlich ihrer Gültigkeit diskutiert.

Die objektive Hermeneutik bietet die Möglichkeit einer intensiven und detaillierten Analyse latenter Sinnstrukturen. Es handelt sich um ein regelgeleitetes Interpretationsverfahren, dessen Vorgehensweise transparent und daher im einzelnen nachprüfbar ist. Problematisch ist der immense Arbeits- bzw. Zeitaufwand, der mit Auswertungen nach Art der objektiven Hermeneutik verbunden ist; sie dürfte daher nur bei Einzelfallstudien oder bei Untersuchungen mit sehr kleinem Stichprobenumfang praktikabel sein. Von grundsätzlicher Bedeutung ist die Frage, ob die Methode der objektiven Hermeneutik auf alle Fragestellungen der textanalytisch arbeitenden Sozial- und Verhaltenswissenschaften anwendbar ist. Mit Blick auf die Forschungsgegenstände der Psychologie sind "objektive Sinnstrukturen" von geringem Interesse. Von daher bietet sich eine Eingrenzung auf die "intentionale Sinnstruktur" bzw. auf das "Verstehen des subjektiven Sinns" (Heckmann, 1992, S. 143), d.h. auf die Motive, Einstellungen, Erwartungen, Deutungen und "Weltsichten" einer Person an.

In einem neueren und erweiterten Verständnis beinhaltet Hermeneutik nicht allein das Auslegen von Texten, sondern berücksichtigt auch das gesellschaftliche Umfeld, in dem ein Text entstanden ist, sowie die Stellung und das Umfeld des Interpreten (Bos & Tarnai, 1989b). Sie nimmt für sich in Anspruch, ein Verfahren der Textanalyse zu sein, mit dem durch formalisierte Auswertungsschritte ein intersubjektiv überprüfbares Verstehen von sprachlichen Äußerungen vorgenommen werden kann.

Wie läßt sich begründen oder gar nachweisen, daß qualitative Interpretationen gültig sind? Mit Flick (1992) kann man zwei Strategien der Geltungsbegründung qualitativer Auswertungsverfahren unterscheiden. Die eine Strategie besteht darin, die Gütekriterien der klassischen Testtheorie auf qualitative Auswertungsverfahren anzuwenden. Skepsis gegenüber dieser Strategie resultiert aus der Überlegung, daß die Prinzipien psychometrischer Testkonstruktion einerseits und die Verfahrensweisen der qualitativen Sozialforschung andererseits auf unterschiedlichen Paradigmen basieren und daher von vornherein inkompatibel sind. Würde man diese Strategie dennoch verfolgen, so hätten unvorteilhafte Gütekriterien eben wegen der Verschiedenartigkeit der Forschungsansätze nur geringe Aussagekraft. Die andere Strategie ist daher vom Leitgedanken der Gegenstandsangemessenheit bestimmt. Ebenso wie Erhebungsmethoden dem zu untersuchenden Gegenstand angemessen sein sollten, müssen auch die zu ihrer Überprüfung verwendeten Kriterien den eingesetzten Methoden angemessen sein.

Die Konsequenz aus dieser Grundüberzeugung besteht in der Entwicklung von Kriterien und Prüfverfahren, die speziell zur Beurteilung qualitativer Auswertungsverfahren geeignet sind. Zur Sicherung der Interpretation biographischen Materials haben sich drei Möglichkeiten der Validierung bewährt, die auch auf andere Arten qualitativen Untersuchungsmaterials anwendbar sind (Fuchs (1984, S. 299 ff.): (1) *Kommunikative Validierung*. Der Forscher unterbreitet dem Befragten seine Interpretation des Erhebungsmaterials und korrigiert sie gegebenenfalls; der Befragte fungiert als Kriterium für die Gültigkeit der Aussage, da nur er über seine subjektive Realität und seine Biographie Auskunft geben kann. (2) *Gegenseitige Überprüfung einer Interpretation in einer Forschergruppe*. Jeder der beteiligten Experten gelangt unabhängig von den anderen zu seiner Interpretation. Für jeden einzelnen Forscher gilt, daß eine Interpretation erst dann abgeschlossen ist, wenn vom Analysematerial her kein Widerspruch bzw. keine Inkonsistenz mehr besteht. (3) *Triangulation*. Darunter wird "die Kombination von Methodologien bei der Untersuchung desselben Phänomens" (Denzin, 1978, S. 291) verstanden. Ausgehend von der Überlegung, daß die Art und Weise, wie ein Forschungsgegenstand in Untersuchungsergebnissen in Erscheinung tritt, maßgeblich von den verwendeten Untersuchungsmethoden abhängt, werden bei der Triangulation mehrere Untersuchungsverfahren pro Merkmal eingesetzt. Triangulation steht somit in unmittelbarer Beziehung zur Multitrait-Multimethod-Matrix (Campbell & Fiske, 1959). Man kann sie als eine Alternative zur Validierung im Sinne der klassischen Testtheorie ansehen, die besonders für qualitative Verfahren angemessen ist und daher einen Ausweg aus dem Dilemma der Geltungsbegründung bietet. "In einem solchen Verständnis der Funktion von Triangulation wird zwar der Anspruch der zusätzlichen Geltungsbegründung erhaltener Daten und Interpretationen aufrechterhalten. Dieses Ziel wird jedoch auf dem Weg über eine größere Angemessenheit und umfassendere Gegenstandsabbildung durch die eingesetzte Methodenvielfalt und nicht über die einseitige oder wechselseitige Validierung der Einzelergebnisse angestrebt" (Flick, 1992, S. 22).

Beispiele für die Anwendung qualitativ interpretierender Inhaltsanalyse auf psychologische Fragestellungen sind die Arbeiten von Bock (1992) und Brunner (1989). Bock (1992) unterzieht die Transkripte halbstrukturierter Interviews einer hermeneutisch-analytischen Interpretation, indem sie den manifesten Inhalt der Texte systematisch aufbereitet. Dabei stützt sie sich auch auf "externe" Informationen. Brunner (1989) vergleicht die Leistungsfähigkeit von drei inhaltsanalytischen Verfahren zur Erhellung der Kommunikations- und Interaktionsmodi im System "Familie", von denen eines in der qualitativ-interpretativen Analyse der Gespräche anhand von Video-Aufzeichnungen besteht.

Quantifizierende inhaltsanalytische Auswertungsverfahren können prinzipiell auf die gleichen Arten von Analysematerial angewendet werden, die Gegenstand qualitativ interpretierender Inhaltsanalysen sind; in der Psychologie dürften es allerdings hauptsächlich Aufzeichnungen unstrukturierter und halbstrukturierter Interviews und Beobachtungen sein, die mittels quantifizierender Inhaltsanalysen ausgewertet werden. Dabei wird das Textmaterial anhand mehr oder weniger detaillierter Codierregeln in numerische Daten überführt. Die Auswertung kann sich auf den manifesten und den latenten Inhalt beziehen, "externe" Informationen bleiben allerdings grundsätzlich unberücksichtigt. Eine quantifizierende Inhaltsanalyse erbringt "harte" numerische Daten auf Nominal- oder Ordinal-Skalenniveau, die für sich genommen keinen Aussagewert besitzen, sondern lediglich die Grundlage für eine statistische Weiterverarbeitung darstellen. Die instrumentelle Tauglichkeit quantifizierender Inhaltsanalysen wird anhand der Gütekriterien der klassischen Testtheorie bestimmt.

Das in der Psychologie und ihren Nachbargebieten gegenwärtig am häufigsten verwendete und am intensivsten untersuchte Verfahren der quantifizierenden inhaltsanalytischen Auswertung ist die Gottschalk-Gleser-Sprachinhaltsanalyse (Gottschalk & Gleser, 1969; Gottschalk, Winget & Gleser, 1969; Schöfer, 1980). Dieses Verfahren bezweckt die Messung kurzfristiger, stark fluktuierender Gefühlszustände auf Ordinal-Skalenniveau, sofern diese in der gesprochenen Rede zum Ausdruck kommen. Die Gottschalk-Gleser-Sprachinhaltsanalyse hat kein einheitliches theoretisches Fundament, sondern berücksichtigt linguistische, behavioristische und psychoanalytische Aspekte. Das Analysematerial wird in der Regel durch eine kurze Sprechprobe im Anschluß an folgende Instruktion gewonnen: "Dies ist eine Sprachuntersuchung. Bitte berichten Sie 5 Minuten über irgend etwas Interessantes oder Aufregendes aus Ihrem Leben. Ich werde Ihnen in dieser Zeit nur zuhören und keine Fragen beantworten." Die Äußerungen des Probanden werden mit Tonträger aufgezeichnet und transkribiert. Angesichts der offenen Instruktion und der völligen Rezeptivität des Untersuchers während der Äußerungen des Probanden handelt es sich um unstrukturiertes Textmaterial, das im Prinzip dem eines Narrativen Interviews entspricht. Die Urheber des Verfahrens weisen darauf hin, daß grundsätzlich auch "natürliche Texte" mit der Gottschalk-Gleser-Sprachinhaltsanalyse bearbeitet werden können.

Die quantifizierende Auswertung erfolgt anhand elaborierter Skalen zur Erfassung von Angst (Todesangst, Verletzungsangst, Trennungsangst, Schuldangst, Angst vor Scham/Schande, diffuse oder unspezifische Angst) und Aggressivität (nach außen gerichtete, nach innen gerichtete und ambivalente Aggressivität). Berücksichtigt wird ausschließlich der manifeste Inhalt des Textes, von Interpretationen wird ausdrücklich abgeraten. Die Punktwerte der Ordinal-Skalierung zeigen nicht unmittelbar die Ausprägung des jeweiligen Merkmals an, sondern werden nach einer Formel, welche die unterschiedliche Wortzahl der Sprechproben berücksichtigt bzw. rechnerisch vergleichbar macht, zum sogenannten Endwert verrechnet.

Die Gottschalk-Gleser-Sprachinhaltsanalyse wurde sowohl in der Originalfassung als auch in deutscher Adaptation in vielen Bereichen der experimentellen Grundlagenforschung (z.B. der Neuropsychopharmakologie) und der klinischen Anwendung (z.B. der Psychotherapie) als Forschungs- und Diagnoseinstrument engesetzt (siehe die Sammelbände von Gottschalk, 1979, und von Koch & Schöfer, 1986, sowie die Übersichtsarbeit von Gottschalk, 1986). Die gegenwärtige Befundlage bescheinigt dem Verfahren insgesamt zwar eine gute bis sehr gute Inter- und Intra-Auswerter-Übereinstimmung, bietet hingegen keine ausreichenden Belege für die Validität der inhaltsanalytischen Auswertungsskalen (Koch, 1980; Koch & Schöfer, 1986; Schöfer, Koch & Balck, 1979). Relativ hohe Stabilitätskoeffizienten, die Kordy, Lolas und Wagner (1986) für einige der Angstskalen fanden, begründen zudem Zweifel, ob damit tatsächlich aktuelle Befindlichkeiten oder vielmehr dauerhafte Dispositionen erfaßt werden.

Am Konzept der Gottschalk-Gleser-Sprachinhaltsanalyse orientiert sind auch die Auswertungsskalen, die von der australischen Forschergruppe um Linda Viney entwickelt wurden (Viney & Westbrook, 1976, 1979, 1981; Westbrook, 1976; Westbrook & Viney, 1980; zusammenfassend Viney, 1983).

In diesem Abschnitt wurden die beiden Extreme einer rein qualitativen Auswertung von Textdaten einerseits und einer quantifizierenden inhaltsanalytischen Auswertung andererseits einander gegenübergestellt und anhand jeweils eines charakteristischen Auswertungsverfahrens illustriert. Die Gegensätze, die dabei erkennbar geworden sind, schließen sich allerdings nicht notwendigerweise aus (vgl. Früh, 1992). Abschließend sei daher darauf hingewiesen, daß es auch inhaltsanalytische Vorgehensweisen gibt, die qualitativ interpretierende und quantifizierende Komponenten in sich vereinigen. Ein Beispiel dafür ist die hermeneutisch-klassifikatorische Inhaltsanalyse (Mathes, 1988), bei der die hermeneutische Interpretation eine unverzichtbare Voraussetzung für die Codierung darstellt.

3.3 Resümee

Abschnitt 3.1 hat gezeigt, daß hochstrukturierte Interviews fast ausschließlich zur Diagnosestellung in der Psychiatrie und der Klinischen Psychologie verwendet werden, daß sie hingegen zur Erfassung psychischer Merkmale bei normalen Personen kaum geeignet sind. Auch die Verwendbarkeit unstrukturierter Interviews ist auf wenige Bereiche beschränkt. Hier bietet die geringe Vergleichbarkeit des Interviewmaterials ungünstige Voraussetzungen für eine systematische quantifizierende Auswertung. Tatsächlich gibt es kein Verfahren, das eine systematische Quantifizierung unstrukturierter Interviews vorsieht.

Aus Abschnitt 3.1 ergibt sich auch, daß es halbstrukturierte Interviews sind, die sowohl breite Einsatzmöglichkeiten zur Erfassung psychischer Merkmale bei normalen Personen als auch gute Voraussetzungen für eine quantifizierende Inhaltsanalyse bieten. Dennoch gibt es erst in jüngerer Zeit einige wenige Ansätze, die ein halbstrukturiertes Interview mit einer darauf abgestimmten inhaltsanalytischen Quantifizierung verbinden. Die Social Interview Schedule (SIS; Clare & Cairns, 1978), die von Faltermeier et al. (1985) für den deutschen Sprachraum adaptiert wurde, erfaßt soziale Angepaßtheit bzw. Fehlangepaßtheit durch das ordinal skalierte Ausmaß der Kompetenz und Zufriedenheit bei der Ausübung verschiedener sozialer Rollen. Das Mannheimer Interview zur sozialen Unterstützung (MISU; Veiel, 1987, 1990) erlaubt eine differenzierte Erfassung potentiell unterstützender Strukturen in der sozialen Umgebung eines Menschen anhand quantifizierender Auswertung von Aussagen, die in einem halbstrukturierten Interview gewonnen wurden. Bei der Diagnostik von Typ-A-Verhalten, wie sie Langosch et al. (1985) vorgestellt haben, werden sowohl verbale Äußerungen als auch para-verbale Merkmale und zusätzlich auch Verhaltensmerkmale auf Ordinal-Skalenniveau codiert. Die Kürze dieser Übersicht zeigt, daß die Verwendungsmöglichkeiten, die halbstrukturierte Interviews in Verbindung mit einer integrierten quantifizierenden Auswertung bieten, bisher nicht einmal in Ansätzen erkannt worden sind.

Die Kennzeichnung von qualitativer und quantifizierender Inhaltsanalyse in Abschnitt 3.2 unterscheidet sich von der in der Literatur vertretenen Abgrenzung, der zufolge die Transformation von Interviewaussagen in Nominaldaten der qualitativen Inhaltsanalyse zugerechnet wird und erst die Skalierung von Merkmalsintensitäten als Kennzeichen quantifizierender Auswertung gilt (Mayring, 1993, S. 17). In dem vorliegenden Buch steht die Bezeichnung "qualitative Inhaltsanalyse" für jede Form der Auswertung von Interviewmaterial im Rahmen psychologischer Fragestellungen, deren Ergebnis ausschließlich in sprachlichen Aussagen besteht. Entsprechend wird die Bezeichnung "quantifizierende Inhaltsanalyse" hier für alle Auswertungen reserviert, die in irgend einer Form zu numerischen Daten führen. Diese Abgrenzung scheint besonders mit Blick auf die weitere Verwendung der Resultate von Inhaltsanalysen sinnvoll. *Qualitative* Inhaltsanalysen in dem hier vorgeschlagenen Sinne erbringen als Zwischen- und Endergebnis zusammengefaßte und strukturierte sprachliche Aussagen über die Inhalte von Interviewtexten, die wegen ihres relativ niedrigen Abstraktionsniveaus anschaulich und konkret sind. *Quantifizierende* Inhaltsanalyse in dem Verständnis, das hier propagiert wird, führt als Zwischenergebnis zu numerischen Daten auf Nominal- oder Ordinal Skalenniveau, die mit statistischen Methoden bearbeitet und erst dann interpretiert bzw. verbalisiert werden können, weil die Daten für sich keine Bedeutung haben. Insofern besteht kein grundsätzlicher Unterschied zwischen einer Nominal- und einer Ordinalskalierung, wohl aber zwischen verbalen und numerischen Daten. Im Gegensatz zur Position Mayrings (1989, 1993) wird hier dafür plädiert, als klares Kriterium zur Unterscheidung zwischen qualitativer und quantifizierender Inhaltsanalyse das Vorhandensein verbaler oder numerischer Daten zu verwenden.

Gerade diese deutliche Abgrenzung und der mit ihr verbundene Unterschied im Abstraktionsniveau der Ergebnisse qualitativer und quantifizierender Inhaltsanalysen verweist auf das komplementäre Verhältnis, in dem die beiden Auswertungsarten *als eigenständige Verfahren* zueinander stehen. Die vergleichsweise abstrakten Befunde des quantifizierenden Zugangs können und sollten angereichert werden durch die inhaltlich anschaulichen Aussagen des qualitativen Zugangs. Damit ist nicht notwendigerweise gemeint, qualitative und quantitative Vorgehensweisen in einer inhaltsanalytischen Auswertung zu kombinieren, wie von Früh (1992) skizziert, sondern es ist an die Integration der Resultate aus eigenständigen qualitativen Inhaltsanalysen einerseits und quantifizierenden Inhaltsanalysen andererseits gedacht.

Interview und Inhaltsanalyse sind zwei Seiten einer Medaille. Sie müssen daher als zwei methodische Schritte betrachtet werden, die auf einander bezogen sind: die Erhebung der Rohinformation einerseits und deren (Zwischen-)Auswertung andererseits. Wie die Ausführungen dieses Kapitels gezeigt haben, ist eine quantifizierende inhaltsanalytische Auswertung am besten bei Texten aus halbstrukturierten Interviews durchführbar. Gleichwohl sucht man Verfahren, die ein halbstrukturiertes Interview und eine quantifizierende Inhaltsanalyse im Sinne einer methodischen Einheit auf einander beziehen und die dabei ein breiteres Spektrum psychischer Merkmale zu erfassen gestatten, vergeblich. Da die Gottschalk-Gleser-Sprachinhaltsanalyse auf dem Material einer unstrukturierten Sprechprobe basiert, kann sie schwerlich als eine sorgfältig abgestimmte Integration von Interview und Inhaltsanalyse bezeichnet werden. Darüber hinaus ist sie - wie auch die in den Abschnitten 3.1 und 3.2 erwähnten Verfahren - auf die Erfassung einiger weniger Merkmale ausgelegt, von denen nicht einmal klar ist, ob es sich um aktuelle Zustände oder um zeitlich stabile Dispositionen handelt. Schließlich bieten die Publikationen zur Gottschalk-Gleser-Sprachinhaltsanalyse keine Anleitung, wie vergleichbare Auswertungsskalen für andere Merkmale konstruiert werden könnten.

Die in Kapitel 1 aufgestellte These, daß Interview und Inhaltsanalyse in der psychologischen Forschung derzeit unverbunden nebeneinander stehen und nicht im Sinne einer methodischen Einheit aufeinander abgestimmt werden, kann auch nach eingehender Erörterung qualitativer Untersuchungsverfahren aufrecht erhalten werden. Beispielsweise stellt Viney (1983, p. 552) ausdrücklich fest, als Auswertungsverfahren seien inhaltsanalytische Skalen unabhängig von der jeweiligen Methode der Datenerhebung. Man kommt daher nicht umhin, ein Defizit bei solchen Untersuchungsverfahren festzustellen, die ein halbstrukturiertes Interview und eine quantifizierende inhaltsanalytische Auswertung als Einheit konzipieren und dementsprechend systematisch auf einander abstimmen und mit denen eine Vielzahl von Merkmalen erfaßt werden kann, die für die psychologische Forschung von Interesse sind.

4 Der Gegenstand des Buches

Das vorliegende Buch behandelt die Integration von Interviewtechnik und quantifizierender inhaltsanalytischer Auswertung. Das Spezifikum des Würzburger Verfahrens der Codierung von halbstrukturiertem Interviewmaterial (WÜCI) besteht darin, daß die Konzeption eines Forschungsinterviews und seine inhaltsanalytische Auswertung als eine methodische Einheit behandelt werden. Der Interviewleitfaden, das Interviewmaterial und die Methode der inhaltsanalytischen Auswertung anhand der Würzburger Auswertungsskalen für halbstrukturiertes Interviewmaterial (WAI) sind eng aufeinander abgestimmt. Im Unterschied zu der bisherigen Praxis, die Interview und Inhaltsanalyse als zwei eigenständige und nicht systematisch aufeinander bezogene Methoden der Datenerhebung betrachtet, zielt das hier vorgestellte Vorgehen darauf ab, die Umwandlung der verbalen Daten des Interviews in numerische Daten für ein gegebenes Analysematerial gleichsam maßgeschneidert und daher ohne nennenswerten Informationsverlust vorzunehmen. Zwischen halbstrukturiertem Interviewmaterial und dem Raster der inhaltsanalytischen Auswertung besteht eine Passung, weil dieses Raster (das Kategoriensystem) unter Berücksichtigung des konkret vorliegenden Analysematerials entwickelt wird. Mit dem hier beschriebenen Vorgehen stehen trotz einer "weichen", qualitativen Methode der Informationsgewinnung nach einem entsprechenden Auswertungsschritt "harte" quantitative Daten auf Ordinalskalenniveau zur Verfügung. Es handelt sich bei der hier beschriebenen Methode also um die Integration von qualitativem und quantitativem Vorgehen bei der Datenerhebung, wobei jeweils die Vorzüge von Interview und quantifizierender Inhaltsanalyse maximiert und ihre Schwächen minimiert sind.

In Kapitel 6 wird mit den Würzburger Auswertungsskalen für halbstrukturiertes Interviewmaterial (WAI) ein erprobtes Inventar zur Erfassung ausgewählter emotional-motivationaler Merkmale für Forschungszwecke vorgestellt, das in der vorliegenden Form unmittelbar angewendet werden kann. Der darauf abgestimmte Interviewleitfaden findet sich in Kapitel 5. Die folgenden Kapitel bieten darüber hinaus alle erforderlichen Handlungsanweisungen für die Entwicklung weiterer Interviewleitfäden und der darauf abgestimmten inhaltsanalytischen Auswertungsprozedur zur Erfassung anderer psychischer Merkmale.

5 Das Interview

In diesem Kapitel sind die älteren, aber nach wie vor informativen Monographien von Bingham und Moore (1941), Kahn und Cannell (1957), Payne (1951) und Sidney und Brown (1961) sowie die grundlegenden Beiträge des Bureau of Applied Research (1972), von Cannell und Kahn (1968), von Maccoby und Maccoby (1954) sowie von Scheuch (1962) berücksichtigt. Die Ausführungen nehmen ferner Bezug auf die neueren Werke von Brenner, Brown und Canter (1985b), Donaghy (1984), Gordon (1976) und Sudman und Bradburn (1982). Neuere Arbeiten in deutscher Sprache, die diesen Publikationen hinsichtlich Vollständigkeit und Systematik vergleichbar wären, liegen nicht vor.

5.1 Grundlagen und Formen des Interviews

Bei einem Interview handelt es sich um eine planmäßige und zweckbestimmte sprachliche Interaktion zwischen zwei Personen, die in der Regel von Angesicht zu Angesicht stattfindet und vom Interviewer eingeleitet und auf bestimmte relevante Inhalte gelenkt wird mit dem Ziel, vom Interviewpartner durch gezielte Fragen oder Bemerkungen verbale Informationen objektiver und/oder subjektiver Art zu gewinnen. Ausführlichere Kennzeichnungen des Interviews finden sich u.a. bei Cannell und Kahn (1968, pp. 526-528), bei Donaghy (1984, pp. 2-8) und bei Scheuch (1962, S. 136 ff.).

In Abschnitt 3.1 wurden unstrukturierte, halbstrukturierte und hochstrukturierte Interviews bereits ausführlich dargestellt. Neben dem Grad der Strukturiertheit bzw. Standardisierung ist ein weiteres Unterscheidungsmerkmal von Interviews ihr Stil (vgl. Atteslander & Kneubühler, 1975, S. 96ff.; Scheuch, 1962, S. 153f.). Beim "weichen" Interviewen herrschen Empathie, das Akzeptieren des Gesprächspartners als Person und der Aufbau eines gegenseitigen Vertrauensverhältnisses vor. Offensichtlich werden hier die aus der Gesprächspsychotherapie stammenden Therapeutenmerkmale (siehe Tausch & Tausch, 1990) vom Interviewer zur Gestaltung seiner

Beziehung zum Gesprächspartner eingesetzt. Der "neutrale" Gesprächsstil ist gekennzeichnet durch einen höflichen und freundlich-toleranten, im Kern aber sachbezogenen Umgang des Interviewers mit dem Probanden. Der Interviewer versucht einerseits, eine vertrauensvolle Gesprächsatmosphäre zu schaffen, muß aber gleichzeitig konsequent seine Aufgabe der gezielten Informationsbeschaffung verfolgen. Beim "harten" Interviewen verhält sich der Interviewer unverholen direktiv; er äußert mit Bestimmtheit eigene Ansichten oder macht den Interviewten auf Fehler und Widersprüche in seinen Äußerungen aufmerksam.

Tabelle 5.1: Übersicht über die Formen von Interviews in Abhängigkeit von Strukturiertheitsgrad und Stil

Stil	Grad der Strukturiertheit		
	unstandardisiertes Interview	halbstandardisiertes Interview	vollstandardisiertes Interview
weich	therapeutisches Interview	klinisch-diagnostisches Interview	
neutral	narratives Interview	Forschungsinterview (Leitfaden-Interview)	Forschungsinterview (Leitfaden, Fragebogen)
hart	Verhör Eignungsdiagnostik	Eignungsdiagnostik	

In Tabelle 5.1 werden die Merkmale "Strukturiertheitsgrad" und "Stil" zu einander in Beziehung gesetzt. Die daraus resultierende Übersicht über die verschiedenen Formen von Interviews zeigt, daß Forschungsinterviews als unstrukturierte Interviews im neutralen Stil (z.B. in Form des Narrativen Interviews), als halbstrukturierte Interviews im weichen Stil (z.B. im Rahmen klinisch-therapeutischer Fragestellungen) und als halbstrukturierte Interviews im neutralen Stil durchgeführt werden können. Von diesen drei Formen des Forschungsinterviews besitzt das halbstrukturiert-neutrale Interview die breitesten Anwendungsmöglichkeiten und kann auch sonst als die Idealform eines Forschungsinterviews gelten.

Forschungsinterviews sind durch besondere Sorgfalt und Systematik hinsichtlich Vorbereitung, Durchführung und Registrierung der Äußerungen des Befragten gekennzeichnet. Im wesentlichen betrifft dies die Auswahl der Befragtenstichprobe, die Entwicklung des Interview-Leitfadens, Auswahl und Training der Interviewer, die räumlichen Rahmenbedingungen der Interviewdurchführung sowie die vollständige und fehlerfreie Aufzeichnung der Gesprächsinhalte. Alle diese Maßnahmen zielen darauf ab, Störeffekte und systematische Verzerrungen (Bias) der Äußerungen der Interviewteilnehmer möglichst gering zu halten.

Weitere Charakteristika des Forschungsinterviews bestehen darin, daß die Gesprächspartner sich nicht kennen und auch nicht die Absicht haben, eine längerfristige soziale Beziehung einzugehen, daß der Interviewte primär als Auskunftsperson bzw. als Merkmalsträger betrachtet wird und dementsprechend ein "neutraler" Gesprächsstil vorherrscht, und daß das Gespräch keine Konsequenzen für den Befragten hat. In diesen Merkmalen unterscheidet sich das Interview als Forschungsinstrument vom (individual-)diagnostischen und vor allem vom klinisch-therapeutischen Interview.

Während Modelle zur Beschreibung jener Vorgänge, die in einer Interviewsituation ablaufen, bereits relativ frühzeitig entworfen wurden (z.B. Cannell & Kahn, 1968; Kahn & Cannell, 1957, p. 194), stammen Beiträge zu einer Theorie des Interviewprozesses und des Befragtenverhaltens erst aus jüngerer Zeit. Auf der Grundlage von Wert-Erwartungstheorien läßt sich das "Verhalten des Befragten als Ergebnis einer nach Nutzen-Kosten-Erwägungen erfolgten Entscheidung zwischen Handlungsalternativen erklären. Diese Entscheidung erfolgt einerseits auf der Grundlage einer Orientierung an den Präferenzen, Zielsetzungen und normativen Einbindungen der Personen und zweitens vor dem Hintergrund der Perzeption bzw. Kognition der Situation und den damit jeweils vorliegenden Ambiguitäten, Risiken und Möglichkeiten" (Esser, 1986, S. 320). Demnach ist das Verhalten eines Befragten im Interview im Prinzip ein rationales Handeln, auch wenn die einzelnen Komponenten eines Kosten-Nutzen-Kalküls dem Betreffenden nicht bewußt sein müssen. Befragte verhalten sich während eines Interviews in einer Weise, die am ehesten das Erreichen bestimmter Ziele (z.B. Anerkennung durch den Interviewer) verspricht. Eine informative Übersicht über theoretische Ansätze zur Beschreibung und Erklärung von Interviewer- und Befragtenverhalten bietet Reinecke (1991a, S. 35-76; 1991b), der darüber hinaus auch die Anwendbarkeit kognitiver Handlungstheorien auf die Interviewsituation empirisch überprüft hat.

In Interviews können Störfaktoren wirksam sein, die grundsätzlich denen bei der Anwendung von Fragebogenverfahren entsprechen. Neben dem zeitlichen Abstand zu einem fraglichen Ereignis bzw. dem Erinnerungsvermögen daran und der Bedeutsamkeit dieses Ereignisses für den Befragten (Cannell, 1984) sind es vor allem Soziale Erwünschtheit und Akquieszenz, die zu systematischen Antwortverfälschungen in Interviews führen können (Cannell, 1984; Esser, 1986; Reinecke, 1986, 1991b; Reuband, 1988). Bei der Erfassung psychischer Merkmale, an deren Ausprägung komplexe Bewertungsprozesse beteiligt sind (z.B. Lebenszufriedenheit) besteht darüber hinaus die Gefahr der Reaktivität, d.h. die Behandlung dieses Themas im Interview kann eine Veränderung bisheriger Bewertungen anregen oder gar zu völlig neuartigen Einschätzungen führen. Die meisten der genannten Fehlerquellen können prinzipiell nicht beseitigt werden. Allerdings sind die Chancen, Soziale Erwünschtheit und Reaktivität zu erkennen, bei Interviews vergleichsweise gut, da zusätzlich zu der eigentlichen sprachlichen Äußerung auch para-verbale Merkmale sowie das nonverbale Verhalten berücksichtigt werden können.

5.2 Formulierung von Fragen für Forschungsinterviews

Die allgemeine Zielsetzung bei der Formulierung von Fragen für ein halbstrukturiertes Forschungsinterview besteht darin, zu einem bestimmten Merkmalsbereich oder Sachverhalt Äußerungen vom Befragten zu erhalten, die sowohl ausführlich als auch zutreffend sind. "Zutreffend" ist eine Antwort dann, wenn sie keine wissentliche oder unwissentliche Verfälschung enthält und wenn sie auf das in Frage stehende Thema so eingeht, wie es vom Interviewer mit seiner Frage beabsichtigt war. Die Art der Formulierung von Fragen trägt also in einem Interview entscheidend dazu bei, Mißverständnisse zu vermeiden, Abwehrhaltungen bei unangenehmen und/oder sehr persönlichen Themen zu verhindern oder abzubauen, Antworten im Sinne sozialer Erwünschtheit vorzubeugen und die Motivation zur Teilnahme aufrecht zu erhalten oder noch zu steigern. Die Fragen eines Forschungsinterviews haben somit stets eine doppelte Funktion: Sie sollen zum einen spezifische Inhalte so ansprechen, daß sie der Gesprächspartner ohne Informationsverlust versteht, und sie tragen zum anderen zur positiven Gestaltung der Gesprächsatmosphäre bei. Diese beiden Funktionen entsprechen in etwa dem Inhalts- und dem Beziehungsaspekt der Kommunikation bei Watzlawik, Beavin und Jackson (1974, S. 53ff.). Wie alle anderen Einzelmaßnahmen der Interviewtechnik dient die Formulierung von Fragen letztlich dazu, (a) systematische Verzerrungen so weit wie möglich zu verhindern und (b) durch eine effektive Interaktion mit dem Befragten valide Äußerungen zu evozieren (Brenner, 1985).

Ein erster Grundsatz für die Formulierung von Interviewfragen besteht darin, Vokabular und Syntax so zu wählen, daß eine vollständige und exakte Verständigung zwischen Interviewer und Befragtem möglich ist. Konkret bedeutet dies, beim Entwurf von Fragen die Verständnismöglichkeiten der zukünftigen Gesprächspartner und gegebenenfalls ihre sprachlichen Eigenarten zu beachten. Grobe Orientierungen bieten die Höhe des Schulabschlusses sowie die Zugehörigkeit zu spezifischen Personengruppen mit den Merkmalen einer Subkultur (z.B. bestimmte Gruppierungen unter Jugendlichen).

Schwierigkeiten bei der Formulierung von Interviewfragen können auftreten, wenn von vornherein mit einem in sprachlicher Hinsicht heterogenen Befragtenkreis zu rechnen ist. In einem solchen Fall sollten die Fragen so gehalten werden, daß sie auch noch von dem Gesprächspartner mit den geringsten Voraussetzungen verstanden werden können, ohne jedoch bei anderen Interviewteilnehmern den Eindruck zu großer Simplifizierung zu erwecken. Man befindet sich hier in einem Dilemma: einerseits sind einfache und gut verständliche Formulierungen notwendig, um Mißverständnisse zu vermeiden; andererseits können zu einfache Formulierungen von einzelnen Gesprächspartnern als unter ihrem Niveau empfunden werden, die Interviewatmosphäre beeinträchtigen und daher ihre Kooperationsbereitschaft mindern. Gegebenenfalls muß in Pilotinterviews geklärt werden, welches die angemessenen Formulierungen sind.

Bei dem Bemühen, eine Frage auf die Verständnismöglichkeiten eines Befragten abzustimmen, besteht die Gefahr, "von oben herab" zu ihm zu sprechen ("talking down"; Payne, 1951, p. 114). Dies ist immer dann der Fall, wenn der Interviewer zunächst einen Fachbegriff oder ein Fremdwort nennt (z.B. "Herzinsuffizienz") und dann unaufgefordert eine Erläuterung anfügt (z.B.: "..., das ist, wenn das Herz nicht mehr so recht will"). Auch hier befindet sich der Interviewer in einem Zwiespalt: Gibt er die Erläuterung nicht, wird er bei einigen Gesprächen über die Köpfe der Befragten hinweg sprechen, d.h. von ihnen nicht verstanden werden; gebraucht er den terminus technicus nicht und wählt ausschließlich die eher schlichte Formulierung, mögen andere Gesprächspartner verstimmt sein, weil sie annehmen, der Interviewer traue ihnen die Kenntnis des Fremdwortes nicht zu. Eine Lösung dieses Problems besteht noch am ehesten darin, zunächst einfache und allgemeinverständliche Ausführungen zu machen und das entsprechende Fremdwort abschließend einzuführen.

Bei halbstrukturierten Forschungsinterviews ist die Gefahr von Mißverständnissen eng mit dem Problem des Bezugsrahmens verknüpft (Gordon, 1976, pp. 334-339). Ein offener, vom Interviewer nicht definierter Bezugsrahmen beinhaltet Mehrdeutigkeit. So kann man sich auf die Frage "Wie geht es Ihnen?" aussuchen, ob man sein Wohl- bzw. Mißbefinden in gesundheitlicher, beruflicher, familiärer, finanzieller, etc. Hinsicht mitteilen möchte. Diese Wahlmöglichkeit ist in der Regel für ein wissenschaftliches Erhebungsverfahren unzweckmäßig. "The most critical need for attention to wording is to make sure that the paticular issue which the questioner has in mind is the particular issue in which the respondent gives his answer" (Payne, 1951, p. 9). Der Interviewer wird daher durch eine einleitende Bemerkung, die der eigentlichen Frage vorausgeht, den Bezugsrahmen definieren. Grundsätzlich kann auch der Befragte durch Rückfragen zur Klärung des Bezugsrahmens beitragen, erfahrungsgemäß tun dies aber längst nicht alle Gesprächspartner.

Es gibt aber auch Gründe, einen unbestimmten Bezugsrahmen absichtlich zu verwenden. Wenn nämlich der Interviewpartner selbst die Möglichkeit hat, seinen Bezugsrahmen zu wählen, erhöht dies die Wahrscheinlichkeit für Aussagen, die große subjektive Bedeutung für ihn besitzen. "Such a question has the effect of stimulating the respondent to mention the aspect of the issue which has the greatest salience for him" (A.A. Campbell, 1945, p. 343). Immer dann, wenn ein Interviewer erst herausfinden möchte, welcher von mehreren denkbaren Aspekten für einen bestimmten Gesprächspartner der subjektiv bedeutsamste ist, wird er den Bezugsrahmen bewußt offen lassen.

In formaler Hinsicht wird allgemein zwischen der offenen und der geschlossenen Frage unterschieden. Mit der offenen Frage wird der Befragte aufgefordert, mehr oder weniger ausführlich mit seinen eigenen Worten zu antworten; vorgegebene Antwortmöglichkeiten gibt es nicht. Die Vorzüge der offenen Frage bestehen darin, daß sie Antworten zuläßt, die nicht durch die vorgefaßte Ansicht des Interviewers beeinflußt sind, daß sie unvermutete Aussagen gestattet und daß Ausweichen, Mißverständnisse und ein falscher Bezugsrahmen auf seiten des Befragten in einer ausführlichen Antwort erkennbar werden (Scheuch, 1962). Die Problematik der offenen Frage liegt darin, daß sie relativ hohe Anforderungen an Introspektion und Verbalisationsniveau des Befragten stellt und hinsichtlich ihrer Ergiebigkeit auch vom Verhalten des Interviewers abhängig ist. Bei Verwendung geschlossener Fragen wählt der Interviewer aus einer Anzahl von Antwortalternativen diejenige aus, die ihm aufgrund der Äußerungen des Gesprächspartners angemessen erscheint. Die Vorzüge der geschlossenen Frage liegen in der Uniformität bzw. der hohen Vergleichbarkeit der Antworten sowie in der unmittelbar gegebenen Auswertung. Ihr Nachteil besteht in dem teilweise ganz erheblichen Informationsverlust, der bei der Anpassung einer ausführlichen und differenzierten Äußerung an das Raster vorgegebener Antwortmöglichkeiten vorkommt. Dies zeigt sich auch daran, daß bei einer umfangreicheren Antwort, die während des Interviews auf eine Antwortalternative reduziert wird, später nicht nachgeprüft werden kann, ob die Wahl der Antwortkategorie durch den Interviewer der Absicht des Befragten wirklich entsprach.

Die Indikation offener und geschlossener Fragen läßt sich anhand verschiedener Kriterien diskutieren (vgl. Cannell & Kahn, 1968; Gordon, 1976, pp. 350-352): (1) *Inhalt/Gegenstand des Interviews.* Offene Fragen eigenen sich besser zur Gewinnung von Informationen über neuartige und daher noch wenig strukturierte Sachverhalte.

Geschlossene Fragen ermöglichen die Klassifikation des Befragten hinsichtlich einiger klar definierter Dimensionen. (2) *Auskunftsfähigkeit und -bereitschaft des Befragten.* Offene Fragen setzen sowohl die Fähigkeit als auch die Bereitschaft des Befragten voraus, sich zu einem Thema zu äußern. Sie decken unzureichende Kenntnisse und/oder Defizite hinsichtlich introspektiver Fähigkeiten auf; offene Fragen können daher für den Befragten peinlich sein und erfordern vom Interviewer entsprechendes Geschick. Da der Befragte bei geschlossenen Fragen raten kann, bleiben die genannten Mängel bzw. Defizite verborgen. (3) *Inhaltliche Strukturierung für den Befragten.* Geschlossene Fragen geben dem Befragten eine Struktur vor. Sie nehmen ihm damit eine ausführliche Stellungnahme ab, können aber auch zu unüberlegten Antworten verleiten. (4) *Gesprächsatmosphäre.* Offene Fragen werden meist als angemehner empfunden, da sie mehr Entfaltungsmöglichkeiten bieten und der Gesprächssituation des täglichen Lebens angenähert sind. Geschlossene Fragen werden eher im Sinne von "Abfragen" empfunden; sie behindern den Aufbau einer Gesprächsatmosphäre, die auch Äußerungen über sensible Themen gestattet.- Zusammenfassend läßt sich sagen, daß geschlossene Fragen in einem psychologischen Interview eher die Ausnahme sein sollten; hier dürfte der Fragebogen das geeignetere Erhebungsverfahren sein.

Manche Teilnehmer an Forschungsinterviews sind nicht fähig oder nicht willens, offen und uneingeschränkt Auskunft über Themen zu geben, die sie als unangenehm oder als sehr persönlich empfinden und die mehr oder weniger stark tabuisiert sind. Beispiele für Themen mit eingeschränkter Antwortfähigkeit oder -bereitschaft sind Körperpflege, Sexualität (im Detail) und Einkommensverhältnisse (im Detail), für viele Menschen aber auch Glaubensfragen und die Todesthematik. Bei derartigen Themen muß bei der Formulierung von Fragen darauf geachtet werden, eine Abwehrhaltung beim Befragten nicht aufkommen zu lassen bzw. bestehende Abwehrtendenzen abzubauen. Abwehr (z.B. Ausweichen, umschweifige Verneinungen, Herunterspielen; zur Illustration siehe Gordon, 1976, pp. 110-112) rührt in der Regel aus der Erwartung, bei ausführlicher Erörterung eines bedrohlichen Themas einen Prestigeverlust zu erleiden und dem Interviewer gleichsam unbedeckt und schutzlos gegenüber zu stehen. Vorbeugung gegen Angst vor Prestigeverlust und Abwehr kann daher in folgenden Maßnahmen bestehen: (1) Der Interviewer erwähnt beiläufig, daß andere Leute auch diese oder jene Gewohnheit haben (z.B. sich nur einmal täglich die Zähne putzen). (2) Man verwendet Euphemismen. (3) Wenn man bei einer Antwort Kritik an Personen oder Institutionen erwartet, gibt man dem Probanden zunächst Gelegenheit zu einem Lob dieser Personen oder Institutionen. (4) Generell verwendet man Formulierungen, die es dem Gesprächspartner gestatten, sein Gesicht zu wahren. Konkrete und ausführliche Hinweise zur Formulierung bedrohlicher Fragen bzw. zu Techniken, mit deren Hilfe der Interviewer gültige Aussagen zu bedrohlichen Themen erhalten kann, geben Sudman und Bradburn (1982, pp. 55-56, 71-83).

In ähnlicher Weise versucht man bei Forschungsinterviews, Antworten im Sinne sozialer Erwünschtheit vorzubeugen. Soziale Erwünschtheit ist die nicht immer bewußte Tendenz, sich in einer Weise zu äußern, die nach Ansicht des Befragten in Einklang mit allgemein akzeptierten und befürworteten Normen und Wertvorstellungen steht. Um einer solchen Tendenz vorzubeugen, kann die Frage in eine kurze Feststellung eingebettet werden, der zufolge der angesprochene Sachverhalt "völlig normal" ist; der Interviewer macht hier von einem Autoritätsbonus Gebrauch, der ihm von den meisten Gesprächsteilnehmern unausgesprochen eingeräumt wird. Zum anderen wird eine Entschuldigung oder ein Ausweg so in die Frage eingebaut, daß der Gesprächspartner auch dann sein Gesicht wahren kann, wenn er die Frage (wahrheitsgemäß) verneint.

Eine besondere Möglichkeit, trotz sozialer Erwünschtheit oder einer eher ablehnenden Haltung des Befragten wahrheitsgemäße Aussagen zu erhalten, besteht in der Verwendung indirekter Fragen und sogenannter projektiver Fragen. Bei indirekten Fragen wird die Formulierung der Frage anders gewählt als es dem intendierten Konzept entspricht. Beispielsweise wird ein Proband nicht direkt nach seinen eigenen Stärken und Schwächen gefragt, sondern um Mutmaßungen darüber gebeten, wie andere ihn einschätzen. Diesem Vorgehen liegt das Konzept des Spiegel-Ich ("looking-glass self"; Cooley, 1902) zugrunde, dem zufolge Menschen ihre Vorstellungen von sich selbst aus der Interaktion mit anderen Menschen beziehen. In ähnlicher Weise wird mit projektiven Fragen versucht, Indizien für Sachverhalte zu gewinnen statt Auskünfte über den Sachverhalt selbst. Dabei wird der Bezug zur Person des Befragten verschleiert, er wird gewissermaßen auf einem Umweg angesprochen. So würde man bei einem Interview über die Motive und Hintergründe von Tötungsdelikten einen fiktiven Mörder einführen und alle Fragen auf diese Figur beziehen, nicht aber auf den wegen Mordes verurteilten Interviewpartner.

5.3 Vorbereitung und Durchführung halbstrukturierter Forschungsinterviews

5.3.1 Konzeption des Interview-Leitfadens

Die Entwicklung eines Leitfadens für ein halbstrukturiertes Interview geht von der sorgfältigen Deskription jener Merkmalsbereiche aus, die Gegenstand des Interviews sein sollen. Eine vollständige und systematische Berücksichtigung der wichtigen Komponenten eines Merkmalsbereichs im Interview-Leitfaden wird erleichtert, wenn die Deskription des Merkmalsbereichs schriftlich ausgearbeitet vorliegt. Um Einseitigkeiten und subjektive Akzentuierungen zu vermeiden, erfolgt die Beschreibung des oder der Merkmalsbereiche anhand der einschlägigen Fachliteratur.

Innerhalb eines jeden Themenkreises werden Primärfragen formuliert, die vom Interviewer wortgetreu zu stellen sind. Sie werden ergänzt durch Sekundärfragen, die nur bei Bedarf gestellt werden sollten; maßgeblich dabei ist, inwieweit der Interviewpartner allein aufgrund der Primärfrage erschöpfende Aussagen zu dem fraglichen Merkmal oder Sachverhalt macht. Sekundärfragen werden nicht immer in Form einer Frage, sondern auch als Stichwort oder als kurze Bemerkung formuliert. Nachfragen ("probes") dienen der Anreicherung der bereits mitgeteilten Informationen und vor allem zur Klärung von Mehrdeutigkeiten. Nachfragen unterscheiden sich in dem Ausmaß, in dem der Interviewer steuernd in den Gesprächsverlauf eingreift; sie reichen von der gestischen Ermunterung zur Fortführung des Gedankens bis zur Einführung eines bestimmten Stichwortes durch den Interviewer. Stärken und Schwächen der verschiedenen Arten von Nachfragen erörtert Gordon (1976, pp. 428-433).

Unter Berücksichtigung der Empfehlungen von Cannell und Kahn (1968, p. 553), Goode und Hatt (1972), Kahn und Cannel (1957, pp. 106-130), Maccoby und Maccoby (1954, pp. 455-459), Payne (1951) und Scheuch (1962, S. 140-144) orientiert sich die Formulierung der Primärfragen zweckmäßigerweise an folgenden Richtlinien:
1. Fragen sollten kurz sein.
2. Fragen sollten in Wortwahl und Satzbau auf die Verständnismöglichkeiten der Interviewpartner abgestimmt und an die Alltagssprache angelehnt sein.
3. Eine Frage sollte sich nur auf jeweils einen Inhalt beziehen.
4. Fragen, die den Interviewpartner in Verlegenheit bringen könnten, sollten so formuliert werden, daß der Interviewpartner in jedem Fall sein Gesicht wahren kann.
5. Mehrdeutigkeiten sollten vermieden werden.
6. Jede Einzelfrage sollte sich in den Kontext des Gesamtinterviews einfügen.

Für die Anordnung der Fragen im Interview gelten Regeln, wie sie Cannell und Kahn (1968, pp. 570 f.), Goode und Hatt (1972), Kahn und Cannell (1957, pp. 158-163), Scheuch (1962, S. 149 ff.) angeben und die unter dem Leitgedanken des "Funnel" (Maccoby & Maccoby, 1954, p. 459; siehe auch Gordon, 1976, pp. 415-420) stehen. "Funneling" bezeichnet eine Abfolge von Fragen, die vom Allgemeinen zum Spezifischen fortschreitet. Ein Funnel (Trichter) kann darin bestehen, zunächst eine oder mehrere offene Fragen zu stellen und daran stärker geschlossene Fragen anzuschließen. Er kann aber auch nur aus offenen Fragen bestehen, wenn der Interviewer in ihre Formulierungen Elemente aufnimmt, die vom Allgemeinen zum Besonderen fortschreiten. So würde man bei einem Interview zur Einschätzung gängiger Fahrzeugtypen zunächst einige offene Fragen stellen ("Was sagen Sie zu ...?") und dann erst verschiedene Ausstattungsmerkmale ansprechen. Erst am Ende des Interviews wird der Interviewer noch verbliebene Unklarheiten durch die Vorgabe konkreter Vergleich abklären (z.B. "Ist Ihnen die Leistung wichtiger als der Verbrauch?"). Die Anordnung von Fragen im Sinne eines Trichters hat den Vorzug, Nachfragen häufig überflüssig zu machen, da die entsprechenden Äußerungen oft spontan auf die allgemein gehaltenen Fragen erfolgen. Muß man damit rechnen, daß die Befragten zu einem der Gesprächsthemen noch keine Meinung haben, so kann die umgekehrte Reihenfolge ("reversed funneling") sinnvoll sein. Der Gesprächspartner erhält so Gelegenheit, sich mit dem Gesprächsgegenstand vertraut zu machen und sich eine Meinung zu bilden.

Für die Anordnung verschiedener Themenkreise innerhalb eines Interviews ("Makro-Planung", Scheuch, 1962, S. 149 f.; siehe auch Gordon, 1976, pp. 403-407) gilt:
1. Die Abfolge sollte stimmig sein, so daß das Interview insgesamt eine Struktur mit Anfang, Mitte bzw. Höhepunkt und Ende enthält. Der Gesprächspartner sollte die Reihenfolge der Gesprächsthemen als logisch empfinden.
2. Sensitive Themenkreise bzw. solche mit bedrohlichem Inhalt sollten nicht am Anfang, sondern erst in der zweiten Hälfte angesprochen werden, wenn die Beziehung zwischen Interviewer und Befragtem bereits gefestigt ist. Die Anordnung der Themenkreise in einem Interview steht unter dem Leitgedanken, Beeinträchtigungen der Interaktion zwischen Interviewer und Befragtem gering zu halten und gültige Äußerungen des Interviewpartners zu fördern.

Die Anordnung der Fragen innerhalb eines jeden Themenkreises ("Mikro-Planung", Scheuch, 1962, S. 150) orientiert sich an folgenden Richtlinien:
1. Die Reihenfolge sollte einsichtig bzw. in einem naiven Sinne logisch sein.

2. Am Anfang sollte eine neutrale Eingangsfrage stehen. Besondere Bedeutung haben Eröffnungs-("Eisbrecher"-)Fragen. Sie sollten dem Befragten keine Schwierigkeiten bereiten und nicht gefühlsbetonte Bereiche berühren. Eingangsfragen sollen dem Gesprächspartner die Möglichkeit geben, sich in seiner Rolle zu orientieren und sich der Angemessenheit seines Verhaltens zu versichern.
3. Fragen, die stärker affektiv besetzte Inhalte anzielen, sollten erst in der Mitte oder gegen Ende des Themenbereichs gestellt werden.
4. Es sollte von allgemeinen zu thematisch eingegrenzten Fragen fortgeschritten werden.

Für die Gestaltung von Überleitungen zwischen verschiedenen Themenkreisen eines Interviews gilt (vgl. Bureau of Applied Research, 1972; Goode & Hatt, 1972):
1. Themenwechsel sollten nicht abrupt, sondern möglichst fließend gestaltet werden. Dies geschieht dadurch, daß Äußerungen des Interviewpartners zusammengefaßt werden oder an sie angeknüpft wird.
2. Sofern dies nicht möglich ist, sollte eine kurze Einführung in einen neuen Themenkreis gegeben werden. Mit diesen Maßnahmen wird einer Verunsicherung des Befragten und einer daraus resultierenden eingeschränkten Bereitschaft, sich ausführlich und unbefangen zu äußern, vorgebeugt.

Eine Vorform des Interview-Leitfadens wird in einer Voruntersuchung auf ihre Praktikabilität überprüft und gegebenenfalls modifiziert. Der Interviewleitfaden sollte so konzipiert sein, daß im Regelfall mit höchstens 90 Minuten für ein Interview zu rechnen ist.

5.3.2 Interviewer-Verhalten und Interviewer-Training

Der Durchführung von Interviews sollte ein intensives Training der Interviewer vorausgehen, das sich - orientiert an Cannell und Kahn (1968, p. 586; siehe auch Brenner, 1985a) - im wesentlichen in drei Abschnitte gliedert: (1) Vermittlung allgemeiner Kenntnisse über Interview und Interviewer-Verhalten. (2) Ausführliche Darstellung und Erörterung jener Themenkreise, die Gegenstand des Interviews sein sollen. (3) Probeinterviews im Rollenspiel sowie Demonstration und Diskussion von Interviews aus Voruntersuchungen.

Zu jenen Kenntnissen, die über das wünschenswerte Verhalten von Interviewern vermittelt werden, zählen zunächst relativ allgemeine Merkmale des "guten" Interviewers (Kahn & Cannell, 1957; Maccoby & Maccoby, 1954): (1) Der gute Interviewer erzeugt und bewahrt eine Gesprächsatmosphäre, in der der Befragte sicher sein kann, sich unbefangen äußern zu können, ohne eine Bewertung oder gar Kritik befürchten zu müssen. Der gute Interviewer ist daher nicht listig, clever oder taktisch gegenüber seinem Gesprächspartner, sondern offen, vertrauensvoll und kooperativ. (2) Der gute Interviewer zeigt Interesse an Gesprächsgegenstand und Gesprächspartner. Er kann daher auch spontan eigene Stellungnahmen abgeben. (3) Der gute Interviewer bewahrt stets eine Mindestdistanz zu seinem Gesprächspartner. Er unterstreicht damit zum einen den Charakter des Forschungsinterviews, und er gibt zum anderen zu verstehen, daß er seinem Gegenüber im wörtlichen Sinne nicht zu nahe treten will. (4) Der gute Interviewer bleibt stets eng an den Inhalten des Gesprächs. (5) Der gute Interviewer weiß um die Gefahr, seine Einstellungen zu seiner eigenen Aufgabe, zum Gegenstand des Interviews und zum Befragten in den Gesprächsverlauf eingehen zu lassen, und er bemüht sich, dies zu neutralisieren.

Konkrete Techniken der Durchführung von Interviews, die ausführliches Training erfordern, sind: Die rasche und zutreffende Einschätzung der Äußerungen des Interviewpartners hinsichtlich ihrer Relevanz; die konzeptangemessene Formulierung von Sekundärfragen; die Beachtung verbaler, para-verbaler und non-verbaler Merkmale, die auf eine Beeinträchtigung der Interaktion einerseits oder auf eine Verbesserung der Interaktion andererseits hinweisen; die Gestaltung von Sprechpausen; Schweigen als Technik der Gesprächsführung; der Umgang mit problematischem Verhalten des Befragten (z.B. Verweigerung einer Antwort, offensichtlich gewolltes Mißverstehen).

Diese Inhalte des Interviewer-Trainings können je nach Ausprägung Merkmale des "guten" Interviewers oder aber Fehler von Interviewern sein. Folgende Fehler sollten darüber hinaus Gegenstand des Trainings von Interviewern sein (vgl. Bingham & Moore, 1941; Bureau of Applied Research, 1972; Maccoby & Maccoby, 1954): (1) Unhöfliches Auftreten. (2) Äußeres Erscheinungsbild (Kleidung, Haartracht, evtl. Schmuck), das Rückschlüsse auf grundlegende Überzeugungen ermöglicht bzw. anregt. (3) Rigide Handhabung des Interview-Leitfadens, so daß Spontaneität verhindert wird. (4) Formulierung von Fragen: Aufblähung von Fragen und Verwendung von Füllwörtern (z.B. "gewissermaßen", "gleichsam", "eigentlich", "echt", "also", etc.); Hinweis auf ein Thema bzw. auf den Wechsel eines Themenkreises ("So, und nun kommen wir zum Thema ..."); Fragen in Form von Aussagesätzen ("Sie haben häufig Freunde zu Besuch?"); zwei Fragen in einer; Anbieten von Alternativen durch "oder". Je nach Konstellation und Ausprägung dieser Fehler kann es zu systematischen Antwortverzerrungen in Interviews kommen. Ausführliches Anschauungsmaterial zum Verhalten von Interviewern findet sich bei Brenner (1985a, 1985b), Donaghy (1984) und Gordon (1976).

5.3.3 Durchführung von Forschungsinterviews

Forschungsinterviews sollten in einem freundlichen, aber neutral eingerichteten Raum durchgeführt werden; wie das äußere Erscheinungsbild des Interviewers so sollte auch die Gestaltung des Raumes, in dem das Interview stattfindet, keine Rückschlüsse auf weltanschauliche Überzeugungen des Interviewers oder der Institution, der er angehört, ermöglichen bzw. anregen. In der Regel sollte ein Forschungsinterview in einem Raum der ausführenden Institution durchgeführt werden, der für beide Interviewpartner "neutraler Boden" ist. Interviews in der Privatsphäre des Befragten sollten die Ausnahme sein (z.B. wenn der Befragte behindert ist), in der Wohnung des Interviewers sollten sie grundsätzlich nicht stattfinden.

Störungen durch Telefon oder dritte Personen müssen unbedingt ausgeschlossen werden. Auch spezifische Umgebungsgeräusche (z.B. Stimmen aus einem Nachbarraum, Musik) dürfen nicht hörbar sein. Für beide Interviewpartner sollten bequeme Sitzgelegenheiten bereit stehen, deren Abstand so bemessen ist, daß der persönliche Raum beider Gesprächspartner nicht verletzt wird (Gordon, 1976, pp. 370-372; Rogers, Rearden & Hillner, 1981). Vorteilhaft ist es, wenn der Befragte die Möglichkeit hat, seinen Sitzabstand zum Interviewer innerhalb gewisser Grenzen selbst zu regulieren. Bei längeren Interviews empfiehlt es sich, neutrale Getränke (Mineralwasser, Fruchtsaft) bereit zu stellen. Ein Aufnahmegerät sollte für den Befragten verdeckt aufgestellt sein, muß aber durch den Interviewer bequem bedienbar sein. Selbstverständlich wird vom Probanden ausdrücklich die Zustimmung zu einer Tonaufzeichnung des Interviews eingeholt.

Das Interview selbst wird inhaltlich durch den Leitfaden strukturiert und ist hinsichtlich seines Verlaufs von jenen Merkmalen bestimmt, die im Zusammenhang mit den Verhaltensmerkmalen und dem Training von Interviewern skizziert wurden. Besondere Erwähnung verdienen allerdings die Eröffnung und der Abschluß des Interviews.

Da sich bei einem Forschungsinterview die Gesprächspartner zum ersten Mal beggenen, ist die Einleitung dieser Begegnung von entscheidender Bedeutung für den Verlauf des gesamten Interviews. Sie hat im wesentlichen zwei Funktionen (vgl. Donaghy, 1984, pp. 74-92): Sie soll dem Befragten eine Orientierung vermitteln, und sie soll die Grundlage für eine positive Interviewatmosphäre schaffen. Diese beiden

Zielsetzungen stehen in einer funktionalen Beziehung zueinander. Indem der Interviewer sich selbst vorstellt, den Kontext des Interviews erläutert, den zeitlichen Rahmen absteckt und "Spielregeln" für den Umgang zwischen den Interviewpartnern einführt, mindert er Unsicherheit auf seiten des Probanden und legt gleichzeitig die Basis für eine offene und im Rahmen des folgenden Interviews vertrauensvolle Beziehung.

Der Abschluß des Interviews ist Teil der Interviewsituation und sollte daher nicht vernachlässigt werden. Die Abschlußphase beginnt, wenn der Interviewer das Aufnahmegerät ausschaltet oder aufhört, sich Notizen zu machen. Angesichts der Asymmetrie des Gesprächsverhaltens, die während des Interviews herrschte, ist es naheliegend, daß der Interviewer nach einer kurzen Zusammenfassung der Gespächsinhalte und einem Dank für die Teilnahme seine Bereitschaft erklärt, nun seinerseits für Fragen des Interviewpartners zur Verfügung zu stehen. Ferner sollte er sich nach den Eindrücken seines Gesprächspartners erkundigen und diese gegebenenfalls zur Korrektur seines Interviewerverhaltens nutzen. Neben der Informationsgewinnung eignet sich ein informelles Nachgespräch dazu, eventuelle Verstimmungen des Befragten zu mildern oder gar zu beseitigen. Über die Bedeutung des Abschlusses eines Forschungsinterviews besteht weitgehend Einigkeit (z.B. Brenner, 1985b; Donaghy, 1984, pp. 194-197; Gordon, 1976, pp. 458-460). Strittig ist hingegen, inwieweit Informationen aus einem informellen Nachgespräch als Ergänzung des eigentlichen Interviews und damit als vollwertige Informationen verwendet werden können.

5.3.4 Registrierung des Inhalts von Interviews

Der Gesprächsverlauf sollte unbedingt mittels Tonträger vollständig aufgezeichnet werden (vgl. Brenner, 1985b). Dies bietet die Grundlage für eine wortgetreue und vollständige Transkription des Interviews. Darüber hinaus besteht die Möglichkeit, anhand der Tonaufzeichnung para-verbale Merkmale (Tonfall, Pausen) zu berücksichtigen. Die wortgetreue Protokollierung des Gesprächsverlaufs statt einer Tonaufzeichnung würde für den Interviewer eine erhebliche (und vermeidbare) zusätzliche Belastung und Ablenkung bedeuten. Allerdings kann es durchaus sinnvoll sein, zusätzlich zu einer Tonaufzeichnung stichwortartige Gesprächsnotizen anzufertigen.

Bei der Wahl des Aufnahmegerätes und der Tonträger (Tonband-Cassetten) sollte der Gesichtspunkt der Aufnahmequalität an erster Stelle stehen. Einfache Cassetten-Recorder sind nur bedingt geeignet, weil sie gegenüber Umgebungsgeräuschen sehr empfindlich sind und es leicht vorkommen kann, daß die Stimme des Probanden oder die des Interviewers von einem solchen Umgebungsgeräusch (z.B. Husten, Stuhlrücken) überdeckt wird. Wesentlicher noch als die Anfälligkeit gegenüber Umgebungsgeräuschen ist, daß einfache Cassetten-Recorder die Stimmen von Interviewer und Befragtem nicht zu trennen vermögen, wenn die beiden Interviewpartner gleichzeitig sprechen; in der Regel ist in diesem Fall keine der beiden Stimmen zu verstehen. Es empfiehlt sich daher, ein hochwertiges Aufnahmegerät zu verwenden, das in Verbindung mit einem Stereomikrophon für Stereoaufnahmen geeignet ist. Aufnahmen mit einem solchen Gerät können auch dann fehlerfrei transkribiert werden, wenn sich die Stimmen der beiden Gesprächspartner überlagern. Als Tonträger ist eine handelsübliche Tonband-Cassette mit 90 Minuten Spieldauer ausreichend. Als nachgeordnetes Kriterium bei der Wahl des Aufnahmegerätes sollte die Kompatibilität der Tonband-Cassetten mit dem Wiedergabegerät beachtet werden. Eine rasche und fehlerfreie Transkription setzt ein Wiedergabegerät mit Ohrhörer und Fußschalter voraus, das im Bürofachhandel erhältlich ist.

5.3.5 Transkription von Tonbandaufzeichnungen

Die Abschrift der Bandaufzeichnungen soll die Voraussetzungen für eine rasche, mühelose und fehlerfreie Auswertung der Interviews schaffen. Aus dieser Zielsetzung ergeben sich Mindestanforderungen an die äußere Form der Transkripte sowie an Details der Verschriftungsarbeit. Immer dann, wenn mehrere Schreibkräfte mit der Übertragung von Tonaufzeichnungen beschäftigt sind und es darauf ankommt, Einheitlichkeit bei der Verschriftung herzustellen, sind Richtlinien für die Transkription unerläßlich.

Art und Detailreichtum der Transkription sind abhängig von der Zielsetzung des Forschungsinterviews bzw. von der Methode der inhaltsanalytischen Auswertung. In jedem Fall müssen folgende Fragen einheitlich geregelt werden: (1) Raumaufteilung und Gliederung. (2) Strukturierung des Textes durch Zeichensetzung. Problematisch ist hier, daß die Entscheidung, ob zwei Satzteile durch ein Komma getrennt werden oder ob mit einem Punkt zwei neue Sätze gebildet werden, im Ermessen des Schreibers bzw. mehrerer verschiedener Schreiber liegt. Nach den Erfahrungen des Verfassers sollten eher kürzere Sätze gebildet werden. (3) Protollierung von Äußerungen des Interviewers. Sämtliche Fragen und Bemerkungen des Interviewers müssen exakt wiedergegeben werden. Kurze, beiläufige Bemerkungen des Interviewers, die den Gesprächsverlauf spontan begleiten und dem Befragten das Interesse des Interviewers signalisieren (z.B. "ja", "hm", "ach so", "ich verstehe", "finde ich auch", "geht mir auch so", etc.) werden nicht protokolliert, wenn sie für die inhaltsanalytische Auswertung keine Bedeutung haben. (4) Kennzeichnung von Gesprächslücken wegen Unverständlichkeit der Aufzeichnung oder des Sprechers (z.B. wegen ausgeprägten Dialekts). (5) Wiedergabe von Sprechpausen. (6) Wiedergabe para-verbaler Äußerungen (Seufzen, Räuspern, Lachen, heftiges Ein- und Ausatmen, etc.). (7) Anonymisierung von Personen- und Ortsnamen. (8) Wiedergabe von Mundartausdrücken. (9) Reihenfolge bei gleichzeitigem Sprechen beider Interviewpartner.- Verschiedene Möglichkeiten der Transkription von Interviewmaterial werden von Fuchs (1984, S. 271ff.) diskutiert.

5.4 Verhinderung von Bias in Interviews

Ein grundsätzliches methodisches Problem bei der Erhebung von Interviewmaterial ist die Gefahr systematischer Antwortverzerrung (Bias). Da es sich um einen Störfaktor handelt, der nicht zufällig bei einzelnen Probanden auftritt, nimmt sein Ausmaß mit wachsendem Stichprobenumfang zu. Systematische Antwortverzerrungen gehen meist auf das Verhalten des Interviewers zurück. Eine vorbeugende Maßnahme gegen Bias besteht bei Forschungsinterviews darin, mehrere entsprechend geschulte Interviewer einzusetzen, so daß sich eventuelle verzerrende Einflüsse ausgleichen bzw. aufheben. Während der Phase der Interviewdurchführung sollte der Untersucher das Verhalten der Interviewer anhand von Stichproben aus Interviewaufzeichnungen überprüfen und gegebenenfalls korrigierende Hinweise geben. Nach Abschluß der Erhebungsphase besteht nur noch die Möglichkeit zu prüfen, inwieweit von dem oder den Interviewern Regelverletzungen begangen wurden (Brenner, 1985a, 1985b). Sind Regelverletzungen feststellbar (z.B. systematische Abweichungen vom Leitfaden), ist dies ein Hinweis auf Bias, ohne daß allerdings Ausmaß und inhaltliche Beschaffenheit der Verzerrungen bestimmt werden könnten. Der Untersucher steht dann vor der Frage, ob er einzelne Interviews mit besonders ausgeprägten Regelverletzungen von der Auswertung ausschließen will.

5.5 Beispiel für ein halbstrukturiertes Forschungsinterview

5.5.1 Die Themenkreise des Interviews

Im folgenden wird eine kurze Beschreibung jener Merkmale gegeben, die Gegenstand des Interviews waren und zu deren Erfassung der Interview-Leitfaden konzipiert wurde. Die angegebene Literatur war die Grundlage für eine ausführliche Deskription der einzelnen Merkmalsbereiche (vgl. Abschnitt 5.3.1)

"Soziale Integration" umschreibt das Ausmaß und die Qualität der zwischenmenschlichen Beziehungen einer Person. Der objektive Aspekt betrifft die Häufigkeit und Dauer der Kontakte mit anderen Menschen. Zum subjektiven Aspekt zählen die Zufriedenheit mit der Intensität sozialer Interaktionen einerseits und mit der Art dieser Interaktionen andererseits (Olbrich, 1976; Remington & Tyrer, 1979; Weissmann & Bothwell, 1976).

"Religiosität" ist die positive Einstellung eines Menschen zu einer übersinnlichen Instanz oder einem übergeordneten Prinzip von höchster Bedeutung für das eigene Dasein sowie zu institutionalisierten Werten, Normen und Symbolen einer Religion. Religiosität ist ein mehrdimensionales Konstrukt, an dem sich unter anderen die Dimensionen "Kirchliche Kommunikation und Information", "Ehe- und Sexualmoral", Glaube an Gott", Öffentliche religiöse Praxis" sowie "Kirchliches Wissen" unterscheiden lassen (Boos-Nünning, 1972; Dittes, 1969; Thouless, 1971).

"Selbstwertgefühl" bezeichnet die Gedanken und Gefühle, die mit der Beurteilung der eigenen Person insgesamt und/oder einzelner Eigenschaften oder Leistungen verbunden sind. Selbstwertgefühl beinhaltet also die Einschätzung der Werthaftigkeit der eigenen Person, die sich aus einem (mehr oder weniger bewußten) Vergleich von tatsächlichem Verhalten und eigenem Anspruch ergibt (Coopersmith, 1967; Gergen, 1971; Schneewind, 1977).

"Lebenszufriedenheit" ist das Resultat eines (mehr oder weniger bewußten) Bewertungsprozesses, bei dem ein Individuum sein gegenwärtiges und/oder vergangenes Leben daraufhin einschätzt, inwieweit es seine Bedürfnisse befriedigen bzw. seine Ziele und Wertvorstellungen realisieren konnte bzw. kann (Medley, 1976; Neugarten, Havighurst & Tobin, 1961; Nord-Rüdiger & Kraak, 1979).

"Zukunftsperspektive" bezeichnet alle Gedanken und Gefühle, die sich auf Zukünftiges richten. An ihr lassen sich u.a. die Ausdehnung bzw. Weite und die

emotionale Tönung unterscheiden (Breesch-Grommen, 1975; Hoornaert, 1973; Winnubst, 1974).

Bei der gedanklichen Beschäftigung mit der *Todesthematik* lassen sich zwei Formen der emotionalen Bewertung unterscheiden: Angst und Akzeptieren. Angst kann sich auf das eigene Sterben, den eigenen Tod (i.S. eines "Danach") oder auf Sterben und Tod anderer Menschen richten. Akzeptieren steht für eine grundsätzliche Bejahung der Endlichkeit des Daseins einschließlich des Sterbeprozesses und eine daraus resultierende Gelassenheit gegenüber der Todesthematik. Ein weiterer Aspekt des Erlebens gegenüber Sterben und Tod ist die Häufigkeit der gedanklichen Beschäftigung mit der Todesthematik (Kastenbaum & Aisenberg, 1972; Wittkowski, 1978, 1980).

5.5.2 Der Interview-Leitfaden

Zur Erhebung von Aussagen zu den Themenkreisen "Soziale Integration", "Religiosität", "Selbstwertgefühl", "Lebenszufriedenheit", Zukunftsperspektive" und "Sterben und Tod" innerhalb eines halbstrukturierten Forschungsinterviews wurde der folgende Interview-Leitfaden unter Berücksichtigung der Richtlinien der Abschnitte 5.2 und 5.3.1 entworfen:

"(Rahmen-Instruktion und Einleitung)

Ich möchte Ihnen zunächst sagen, was in den nächsten beiden Stunden geschehen soll. Unsere Unterhaltung wird etwa 1 1/2 Stunden dauern; ich möchte sie gern auf Tonband aufnehmen. Danach möchte ich Sie bitten, einige Beurteilungsskalen durchzusehen; das wird etwa 15 Minuten dauern. Und zum Schluß habe ich noch einen Fragebogen für Sie; seine Bearbeitung wird etwa 20 Minuten dauern.

Alle Ihre Äußerungen werden streng vertraulich behandelt. Ihr Name erscheint weder auf dem Fragebogen noch wird er in unserem Gespräch genannt.

(Pause)

Versuchen Sie nun bitte, von den Ereignissen dieses Tages Abstand zu gewinnen. Ich möchte mich mit Ihnen ein wenig über die Umstände unterhalten, in denen Sie leben und über Ihre Ansichten über das Leben. Dabei gibt es keine richtigen oder falschen Aussagen, denn jeder Mensch kann seine eigene Meinung haben. Sprechen Sie unbesorgt alles direkt aus, was Ihnen in den Sinn kommt; auch dann, wenn es Ihnen überflüssig oder unwichtig vorkommt. Und wenn Sie einmal nicht antworten mögen, macht das auch nichts.

(Tonbandgerät einschalten - es folgt Frage 1.)

Themenkreis 'Soziale Integration', maximal 20 Minuten.
(Angesprochen wird, ob bzw. inwieweit Pb in berufliche und/oder private Interaktions- und Kommunikationsprozesse einbezogen ist. Durch Zusatzfragen ist zu klären, inwieweit Beziehungen zu anderen Menschen bloß formaler Art sind bzw. inwieweit sie inhaltlich erfüllt sind und inwieweit Pb mit seinen derzeitigen Sozialbezügen zufrieden ist.)

1. Wenn wir einmal eine ganz normale Woche nehmen - mit welchen Personen kommen Sie da zusammen?

    Beruf.-
    Feierabend, Wochenende.-
    Was machen Sie dann gemeinsam?

2. Haben Sie im Laufe einer ganz normalen Woche Gelegenheit, Verwandte zu besuchen?

    Und wie ist es mit Freunden/Freundinnen?
    Wie sieht ein solcher Besuch aus?
    Sind Ihnen solche Besuche lästig?
    Telefonkontakt, Briefkontakt.-
    Höhe der Telefonrechnung (geschätzt).-

3. Werden Sie im Laufe einer Woche normalerweise von Verwandten oder Freunden besucht?

    Wie oft?
    Wären Sie traurig, wenn man Sie nicht mehr besuchen würde?
    Inwiefern?
    Telefonkontakt, Briefkontakt.-

4. Kommt es vor, daß Sie sich mit Ihren Arbeitskollegen/-innen oder Geschäftsfreunden/-innen in der Freizeit treffen?

    Was machen Sie dann?
    Wie oft in einem Monat ist das?
    Mögen Sie solche Zusammenkünfte?
    Glauben Sie, daß Ihre Kollegen/Geschäftsfreunde Sie gern dabei haben?

5. Sind Sie Mitglied in einem Verein oder Club?

    Haben Sie dort bestimmte Aufgaben übernehmen können?

6. Haben Sie einen Menschen, bei dem Sie sich Rat oder Hilfe holen können?

7. Kommt es vor, daß jemand zu Ihnen kommt und Sie um Rat oder Hilfe bittet?

    Beispiel.-

>   Ist die Möglichkeit, jemandem helfen zu können, wichtig für Sie?

8. Hätten Sie gern mehr Kontakt zu anderen Menschen?

Themenkreis 'Religiosität', maximal 20 Minuten.

(Pb soll darauf angesprochen werden, ob bzw. mit welcher Intensität Inhalte der (christlichen) Religionen für ihn persönlich verbindlich sind, d.h. inwieweit sie sein Erleben und Verhalten bestimmen. Bei Zusatzfragen ist die Möglichkeit extrinsischer und intrinsischer Religiosität zu berücksichtigen.)

9. Haben Sie hin und wieder Gelegenheit, Angehörige Ihrer Pfarrgemeinde zu sehen?

>   Wie oft im Monat?
>   Aus welchem Anlaß?
>   Was geschieht bei einer solchen Zusammenkunft?
>   Wie denken Sie über das Zusammenleben in Ihrer Pfarrgemeinde?

10. Was halten Sie von dem Brauch, sonntags in die Kirche zu gehen?

>   Wie oft in einem Monat gehen Sie selbst in die Kirche?
>   Was bedeutet das für Sie?

11. In letzter Zeit ist öfter davon die Rede, ob die Grundsätze der katholischen Kirche milder abgewendet werden sollten. Wie denken Sie zum Beispiel über voreheliche Beziehungen bei jungen Leuten?

>   Und über Empfängnisverhütung?

12. Die christliche Lehre enthält einerseits Versprechungen, wie zum Beispiel Paradies und ewiges Leben, andererseits werden aber auch Strafen angedroht, wie zum Beispiel die Hölle. Was von beiden ist für Sie persönlich wichtiger, an welches von beiden denken Sie häufiger?

13. Versuchen Sie einmal, in sich hineinzuhorchen. Was empfinden Sie beim Gedanken an Gott?

>   Würde es Sie stören, wenn es Gott nicht geben würde?

14. Kommt Ihr Verhältnis zur Religion und zu Glaubensfragen in Ihrem Verhalten im Alltag zum Ausdruck?

>   Beispiel.-

Themenkreis 'Selbstwertgefühl', maximal 10 Minuten.

(Angeregt wird eine bewertende Stellungnahme zu den eigenen Fähigkeiten sowie zur eigenen 'Werthaftigkeit' allgemein.)

> Wir wollen nun das Thema 'Religion und Glaube' wieder verlassen und ganz allgemein über Ihre Lebensverhältnisse sprechen.

15. Manchmal wird über jemanden in dessen Abwesenheit geredet. Was würde ein guter Freund / eine gute Freundin über Sie sagen, wenn Sie nicht dabei sind?

    > Beruflicher Bereich.-
    > Privater Bereich.-
    > Könnte er / sie sagen, daß Sie in mancher Hinsicht ein wertvoller Mensch sind?

16. Was wird Ihr guter Freund / eine gute Freundin wohl sagen, wenn er / sie Sie mit einem ganz normalen Durchschnittsmenschen ('Otto Normalverbraucher') vergleicht?

    > Würde er / sie sagen, daß Sie in manchen Dingen besser oder schlechter als der Durchschnittsmensch sind?

17. Nehmen wir einmal an, einer, der über Sie redet, würde Sie ganz und gar falsch einschätzen. Was würde der wohl sagen?

Themenkreis 'Lebenszufriedenheit', maximal 10 Minuten.

(Angeregt wird eine Bewertung des eigenen gegenwärtigen und vergangenen Lebens hinsichtlich aller vom Pb als relevant erachteten Befriedigungsmöglichkeiten.)

18. Gibt es Dinge in Ihrem Leben, die für Sie persönlich besonders wichtig sind?

    > Welche sind das?
    > Familie, Beruf, Gesundheit, Interessen/Hobbys, Einkommen/Lebensstandard, Werte/Ideale.-
    > Sind Sie mit diesen Dingen zur Zeit zufrieden?

19. Wenn Sie Ihr bisheriges Leben überblicken - haben diese für Sie besonders wichtigen Dinge sich so entwickelt, wie Sie es sich gewünscht haben?

    > In welcher Hinsicht ist es nicht nach Wunsch gegangen?
    > Familie, Beruf, Gesundheit, Interessen/Hobbys, Einkommen/Lebensstandard.-

20. Glauben Sie, daß Sie in Ihrem bisherigen Leben etwas Wichtiges versäumt haben?

> Ist das schlimm für Sie?

21. Nehmen wir einmal an, Sie könnten zaubern - was würden Sie an Ihrem jetzigen Leben ändern?

    > Warum gerade das?

Themenkreis 'Zukunftsperspektive', maximal 10 Minuten.

(Angesprochen werden Gedanken und Gefühle bezüglich der eigenen Zukunft sowie die Ausdehnung bzw. 'Erstreckung' der eigenen Zukunft.)

> Wir haben zuletzt über Ihre gegenwärtige Situation und über Ihre Vergangenheit gesprochen. Denken Sie jetzt einmal an die Zukunft!

22. Haben Sie Pläne für die Zeit, die vor Ihnen liegt?

    > Familie, Beruf, wirtschaftliche Verhältnisse, Wohnsituation, Reisen, Interessen/Hobbys.-
    > Wie groß ist der Zeitraum, den diese Pläne ausfüllen?
    > Und wie ist es mit der ferneren Zukunft?

23. Nun gibt es ja auch Dinge, auf die man als Einzelner keinen Einfluß hat. Was erwarten Sie ganz allgemein von Ihrer eigenen Zukunft?

    > Hoffnungen, Befürchtungen.-

24. Auf wieviele Jahre erstrecken sich Ihre Gedanken in die Zukunft?

25. Versuchen Sie noch einmal, in sich hineinzuhorchen. Wenn Sie an all das denken, was die Zukunft Ihnen ganz persönlich bringen kann - was empfinden Sie dann?

Themenkreis 'Sterben und Tod', maximal 20 Minuten.

(Angeregt werden Gedanken, Gefühle und Erinnerungen im Zusammenhang mit Sterben und Tod sowie todbezogene Erlebnisverarbeitung. Der Akzent liegt auf eigenem Sterben/Tod.)

> Wenn man an die Zukunft denkt, sieht man irgendwann auch das Lebensende auf sich zukommen.

26. Wenn Sie an Ihren eigenen Tod denken - was kommt Ihnen da in den Sinn?

    > Gedanken, Gefühle (Art, Intensität).-

27. Und wenn Sie daran denken, wie Sie sterben werden - was kommt Ihnen da in den Sinn?

    Gedanken, Gefühle (ihre Art, Intensität).-
    Verhaltensweisen.-

28. Welche Erfahrungen haben Sie persönlich mit Tod und Sterben gemacht?

    Wie war das damals?
    Und wie denken Sie heute darüber?

29. Wenn Sie einmal zurückblicken - haben sich Ihre Gedanken und Gefühle gegenüber Tod und Sterben in den letzten Jahren verändert?

    In welcher Weise?

30. Manche Leute sagen, daß sie ihren Tod begrüßen. Wie ist das bei Ihnen zur Zeit?

    Erläuterung.-

31. Ist der Gedanke an Ihren Tod eine Bedrohung für Sie?"

5.5.3 Erläuterungen zum Interview-Leitfaden

Die Rahmen-Instruktion gibt dem Gesprächspartner eine erste Orientierung in der für ihn noch unbekannten Situation. Die Kurzbeschreibungen der Themenkreise treten im Gespräch nicht in Erscheinung, sondern dienen als Gedächtnisstütze für den Interviewer während des Interviews; auf sie kann er zurückgreifen, wenn er die Konzeptadäquatheit von Antworten prüft oder Sekundärfragen spontan formulieren muß.

"Soziale Integration" ist wegen des geringen Schwierigkeitsgrades der erste Themenkreis (TK) und zugleich "Eisbrecher", die eher unangenehme Todesthematik wird bewußt zum Abschluß des Interviews angesprochen. Der TK "Religiosität" schließt sich zwanglos und ohne die Notwendigkeit einer Überleitung an die Fragen 1-8 (TK "Soziale Integration") an. Die Erörterung der früheren und gegenwärtigen Lebensverhältnisse (TK "Lebenszufriedenheit") wird mit Gedanken an die Zukunft (TK "Zukunftsperspektive") ohne Bruch fortgeführt und schließlich auf das Lebensende ausgedehnt (TK "Sterben und Tod"). Der noch verbleibende TK "Selbstwertgefühl" kommt als dritter Themenkreis zur Sprache; der Übergang vom TK "Religiosität" zum TK "Selbstwertgefühl" ist die einzige Unterbrechung eines ansonsten flüssigen und in sich logisch aufgebauten Gesprächsverlaufs. Trotz dieser inneren Stimmigkeit im Aufbau des Interviews werden in den Themenkreisen "Zukunftsperspektive" und

"Sterben und Tod" zusätzlich Einführungen gegeben, die dem Befragten die Umstellung auf den neuen Gesprächsinhalt erleichtern und Überraschungen vermeiden sollen.

Innerhalb der einzelnen Themenkreise sprechen die Fragen schrittweise konkretere Sachverhalte an, bleiben jedoch stets offene Fragen. Fragen, deren Verneinung dem Gesprächspartner peinlich sein könnten, beinhalten bereits eine entschuldigende Erklärung für vermeintlich unerwünschtes Verhalten (Fragen 2, 4, 7, 9). Im TK "Selbstwertgefühl" werden indirekte bzw. projektive Fragen verwendet, da direkte Wertungen der eigenen Person für Interviewpartner problematisch sind; dabei ist Frage 17 negativ gepolt. In TK "Lebenszufriedenheit" definiert der Befragte durch seine Antworten auf Frage 18 den Bezugsrahmen für die Einschätzung seiner Lebenszufriedenheit selbst. Frage 30 soll eine akzeptierende Haltung gegenüber der Todesthematik ansprechen, sie erwies sich jedoch als unbrauchbar, da sie im Sinne von Suizidgedanken mißverstanden werden kann.

5.5.4 Richtlinien für die Handhabung des Interview-Leitfadens

Die folgenden Regeln wurden dem Interview-Leitfaden aus zwei Gründen beigefügt: (1) Sie sollten über das Interviewer-Training hinaus eine Erinnerungsstütze für die Interviewer sein. (2) Sie sollten eine einheitliche Handhabung des Interview-Leitfadens sicherstellen.

(1) Rahmen-Instruktion und Einleitung können sprachlich variiert werden, wenn alle in der Vorlage enthaltenen Inhalte erwähnt werden.
(2) Die Reihenfolge der Themenkreise ist obligatorisch.
(3) Innerhalb eines jeden Themenkreises sind die Primärfragen wörtlich so zu stellen, wie der Leitfaden es vorsieht. Die Primärfragen sollten in der vorgegebenen Reihenfolge gestellt werden. Abweichungen davon sind möglich, wenn ein flüssiger Gesprächsverlauf es erfordert. Eine Primärfrage darf nur dann ausgelassen werden, wenn
   – der Interviewpartner die entsprechende Aussage bereits ausführlich an einer anderen Stelle des Interviews gemacht hat;
   – offenkundig ist, daß die Frage sich wegen der spezifischen Verhältnisse des Interviewpartners erübrigt;
   – durch Stellen der Frage die Gesprächsatmosphäre und damit der weitere Gesprächsverlauf beeinträchtigt würden.

(4) Die Formulierung der Sekundärfragen kann abgeändert werden, sie können fortgelassen und es können bei Bedarf weitere Fragen formuliert werden. Es empfiehlt sich jedoch, die Sekundärfragen des Interview-Leitfadens als Grundstock und Richtschnur für zusätzliche Fragen zur Abklärung der Merkmalsbereiche zu verwenden.

Diese Richtlinien tragen dazu bei, die Vorzüge des halbstrukturierten Forschungsinterviews, nämlich sich einerseits flexibel den Gegebenheiten des jeweiligen Gesprächspartners anpassen zu können und andererseits dennoch vergleichbare Informationen zu erheben, in möglichst hohem Maße zu verwirklichen.

5.5.5 Durchführung der Interviews und Stichprobenbeschreibung

Die Beispiel-Interviews des Abschnitts 5.5.6 wurden in den Monaten Februar bis einschließlich Juni 1980 in Würzburg und Umgebung durchgeführt. Sie sind eine Auswahl aus einer Stichprobe von 186 Personen (93 Männern, 93 Frauen) im Alter von 45;0 bis 55;0 Jahren ($\bar{x}$ = 49,9; s = 2,9). Wie der Vergleich mit demographischen Daten zeigt, handelt es sich bei der Stichprobe um die überwiegend katholische Stadtbevölkerung Frankens mit - gemessen an Ausbildungsniveau und Einkommen - gehobenem sozio-ökonomischem Status.

Die Interviews wurden in 89% der Fälle in einem Universitätsinstitut durchgeführt, nur 11% der Befragten wurden auf ihren ausdrücklichen Wunsch in ihrer Wohnung aufgesucht. Die Sitzanordnung war so gewählt, daß die räumliche Distanz zwischen den Gesprächspartnern 1,5 m bis 2,0 m betrug, so daß eine Verletzung des "persönlichen Raums" oder eine Induzierung von Situationsangst (vgl. Rogers et al., 1981) unwahrscheinlich war. Die Interviews fanden ausschließlich in Einzelsitzungen statt, in denen die Befragten anonym blieben. Jeder Proband erhielt eine Aufwandsentschädigung von DM 20,--. Als Interviewer fungierten 11 entsprechend geschulte Studenten der Psychologie (5 Männer, 6 Frauen) im zweiten Studienabschnitt sowie im Bedarfsfall der Verfasser. Die Zuordnung des Geschlechts von Interviewer und Gesprächspartner wurde der Forderung Berdies (1943) entsprechend im Rahmen des Möglichen balanciert. Im Sinne der kritischen Anmerkungen von Bungard (1979) und Freitag und Barry (1974) äußerten einige wenige der Befragten im Anschluß an das Interview Bedauern, einen im Vergleich zu ihnen selbst jungen Gesprächspartner gehabt zu haben.

5.5.6 Beispiel-Interviews

Die Beispiel-Interviews wurden anhand folgender Kriterien ausgewählt:
(1) Innerhalb des gegebenen Altersbereichs von 45 bis 55 Jahren sollten sowohl "junge" als auch "mittlere" und "alte" Gesprächspartner repräsentiert sein;
(2) Hinsichtlich des Geschlechts der Befragten sollte annähernd Ausgewogenheit bestehen: sowohl die "jungen" als auch die "alten" Befragten sollten durch je einen Mann und eine Frau vertreten sein;
(3) Es sollten sowohl männliche als auch weibliche Interviewer beteiligt sein;
(4) Die Transkripte durften einen bestimmten Umfang nicht überschreiten.

Abweichend von den Richtlinien für die Transkription von Tonbandaufzeichnungen (Abschnitt 5.3.5) werden in den folgenden Beispiel-Interviews auch kurze Bemerkungen des Interviewers, die den Gesprächsverlauf spontan begleiten, protokolliert. Sie sind zwar für die spätere Auswertung ohne Bedeutung, vermitteln jedoch ein anschaulicheres Bild des jeweiligen Gesprächsverlaufs.

Markierungen in Form von Haken sowie Kürzel der inhaltsanalytischen Auswertungsskalen (z.B. LZ-G, REL-KKI, ZP-T), die am Rand angebracht sind, illustrieren die qualitative Strukturierung der vorliegenden Beispiel-Interviews (siehe Abschnitt 6.2.4). Sie sollen den Leser in die Lage versetzen, die inhaltsanalytische Auswertung der Beispiel-Interviews nachzuvollziehen.

Zum Verständnis der folgenden Beispiel-Interviews insbesondere in den Themenkreisen "Religiosität", "Zukunftsperspektive" und "Sterben und Tod" ist es hilfreich, sich einige politische Ereignisse des Jahres 1979 und der ersten Monate des Jahres 1980 in Erinnerung zu rufen: Am 1.2.79 kehrte Schiitenführer Ayatollah Khomeini nach 15jährigem Exil in den Iran zurück. Am 1.4.79 wurde der Iran als islamische Republik proklamiert. Am 30.2.79 geschah ein Reaktorunfall im Kernkraftwerk Harrisburg (Pennsylvania/USA). Am 15.3.79 wurde die erste Enzyklika von Papst Johannes Paul II. veröffentlicht, in der die Achtung der Menschenrechte gefordert wurde. Am 18.6.79 wurde in Wien das Abkommen zur Begrenzung der strategischen Rüstung (SALT II) von US-Präsident Carter und dem sowjetischen Staats- und Parteichef Breschnew unterzeichnet. Am 27.12.79 marschierten sowjetische Truppen in Afghanistan ein. Am 20.2.80 wurde dem 87jährigen jugoslawischen Staats- und Parteichef Tito der linke Unterschenkel amputiert. Nach schwerer Krankheit starb er am 4.5.80. Zwischen dem 13.4.80 und dem 15.5.80 wurde die Frage eines Boykotts der Olympischen Sommerspiele in Moskau wegen der sowjetischen Besetzung Afghanistans sowohl in den USA als auch in verschiedenen europäischen

Ländern öffentlich diskutiert. Am 21.6.80 kündigte die UdSSR einen Teilabzug ihrer Truppen aus Afghanistan an.

5.5.6.1 Interview A

Interviewer: Männlich.

Interviewpartner: Weiblich, 45;7 Jahre, katholisch; Realschulabschluß, Hausfrau; verheiratet; Kinder: zwei Söhne, 15 und 17 Jahre.

        Wenn wir einmal eine ganz normale Woche nehmen - mit welchen Personen kommen Sie da zusammen?

↓*1*   Mit meiner Familie. Die besteht aus meinem Mann, zwei Kindern und der Oma. In erster Linie. Ja, dann mit den
SI-A   Hausleuten, mit den Leuten, eh, wo ich die Einkäufe tätige, und mit Bekannten, eventuell Verwandten.

        Können Sie mal, eh, schildern, wie so ein ganz normales Wochenende bei Ihnen verläuft?

        Tja, also am Freitag da arbeite ich schon drauf vor, daß es am Wochenende etwas ruhiger zugeht. Da werden schon die Einkäufe getätigt, eventuell Kuchen gebacken. Am Samstag wird länger geschlafen, soweit das möglich ist. < Hm > Ich habe zur Zeit unsere Oma in Pflege, da kann ich es natürlich nicht. Aber ohne die Oma da wird dann immer früh länger geschlafen und dann wird gemütlich Kaffee getrunken oder mal einen Kaffee ausfallen lassen und dann zu Mittag gegessen. Nachmittag gibt's Kaffee, und dann baden die Kinder. Ja, und dann gibt's Abendessen, dann gibt es das Fernsehen, das nimmt bei uns sehr viel Zeit und Raum ein. < Hm > Mein Mann und meine Kinder, die sind begeisterte Fernsehgucker, während ich mich dann, eh, schon mal mit Essen beschäftige. < Hm > Am Samstag tue ich gern Abend ein bisle vorkochen, damit ich am Sonntag nicht so lange in der Küche stehen muß. Eh, dann tue ich eventuell mich so noch ein wenig beschäftigen, Schuhe putzen oder Kleider aufräumen so irgend etwas, weil ich kann nicht so stundenlang in die Röhre gucken, das kann ich nicht. Und dann, wenn mich was interessiert, so ab acht oder neun, dann gehe ich auch in's Zimmer und dann gucke ich auch mit. < Hm > Mein ältester Sohn, der geht derweil dann in die Disco und unser Kleiner, der ist fünfzehn, also der bleibt noch zu Hause. Der guckt dann auch, wenn es ihn interessiert. Wenn es ihn nicht interessiert, dann geht er in sein Kinderzimmer. Ja, das ist ein ganz normales < Hm > - normaler Samstag. Jetzt war ich erst beim Samstag. Und sonntags, also da ist auch wieder Frühstück. Mein Ältester, der ministriert noch, der muß am ersten raus. Und dann gehen wir um halb zehn gemeinsam in den Gottesdienst. Dann gibt es Mittagessen, und dann ruhen wir uns ein bißchen aus und manchmal haben wir auch mal jemanden eingeladen dann zum Kaffee nachmittag. Dann wird wieder Fernsehen geguckt und unterhalten. Dann gibt es wieder Abendessen, eventuell mal einen kleinen Spaziergang. Ja, so ungefähr ist das Wochenende. Und dann nicht so spät ins Bett, damit wir für Montagfrüh wieder fit sind.

Haben Sie im Laufe einer ganz normalen Woche Gelegenheit, Verwandte zu besuchen?

Eigentlich weniger. Meine Verwandtschaft ist nicht von X-Stadt. < Hm > und da komme ich eigentlich weniger dazu. Also, das ist, sagen wir mal, so im Rhythmus von drei, vier Wochen, daß ich da mal hinfahre.

Und Freunde?

Freunde, eh, haben wir sehr viel, Bekannte. Ich bin noch beim Kegelverein und beim Sportverein und dann noch eben in ein paar Arbeitskreisen. Und da habe ich also einen großen Bekanntenkreis. Und mit denen trifft man sich ja immer mal.

Auch regelmäßig?

Auch regelmäßig, ja.

Ja. Besuchen die Sie auch, die Freunde oder Bekannten?

Also meistens ist es so, daß wir miteinander telefonieren und irgendetwas vereinbaren. < Hm > In der Wohnung ist es letzte Zeit nicht mehr möglich, weil ich unsere Oma in Pflege habe und die belagert jetzt unser Wohnzimmer und da können wir also mit Einladungen nicht mehr viel machen.

Ja. Wie lange - seit wie lange ist das ungefähr?

Seit Weihnachten. < Ah ja > Früher haben wir das schon gemacht, daß wir unsere Bekannten dann eingeladen haben, aber jetzt - mal einzeln ist es möglich, aber so mehrere, das ist schlecht.

Bedauern Sie das, daß diese Einladungen nicht mehr möglich sind?

Ja, doch. Obwohl ich also das nicht so sehr bedauere. Ich bedauere es eher, daß ich dadurch mehr gebunden bin und halt dann immer jemanden brauche, < Hm > wenn ich längere Zeit von zu Hause weg bin und da brauche ich immer jemanden, der sich nach ihr umschaut und der dann

> bei ihr ist. < Hm > Und das ist momentan also mein größtes Problem.

Ah ja. Da sind Sie immer so an's Haus gebunden.

> Ja. Und kann nicht mehr so viel fort, wie ich will.

Hm. Wissen Sie ungefähr, wie hoch Ihre Telefonrechnung ist monatlich?

↓2
SI-A

> Ja, so circa 200 Mark.

Kommt es vor, daß Sie sich mit Arbeitskollegen Ihres Mannes in der Freizeit treffen?

1a

2a

> Och, selten. Höchstens wenn die mal zu mir kommen, < Hm > wenn irgendwas zu besprechen ist, aber dann auch also geschäftlich, will ich mal sagen. < Ja, ja > Und das Telefon, also das möchte ich noch sagen, das sind auch dreiviertels dann Geschäftskosten oder Gespräche meines Mannes und der Kinder.

Die mischen da auch schon mit.

> Oh ja.

Ja. Sie sprachen vorhin schon einmal davon, daß Sie im Kegelverein sind und auch noch in anderen, eh, Vereinen. Haben Sie dort irgendein Amt inne?

3
SI-A

> Nein. Im Kegelverein, das ist also lediglich so zum Vergnügen. Da treffen wir uns so alle vierzehn Tage. Und dann gehen wir Kegeln und dann kommt natürlich etwas in die Kasse. Dann gehen wir von Zeit zu Zeit mal essen dafür oder machen uns einen schönen Wandertag. < Hm > Und das ist halt immer recht lustig.

Hm. Glauben Sie, daß die Anderen Sie gern dabei haben?

> Ja, das glaube ich.

Hm. Und Ihnen selbst, ist Ihnen das manchmal lästig?

> Ab und zu mal schon, weil die Termine also so ungünstig sind für mich. Sagen wir mal, ich bin mal unpass, dann habe ich am Donnerstag habe ich Gymnastik < Hm > und das ist auch erst eine dreiviertel Stunde Gymnastik, eine dreiviertel Stunde Schwimmen. Nächsten Tag ist Kegeln, und da kommt es schon mal vor, wenn alles zusammen kommt < Hm > oder ich habe große Hausordnungen so, daß es mir mal ein wenig viel wird. Aber im allgemeinen also mache ich das recht gerne. < Hm > Schon wegen der Gesellschaft und weil es eben lustig ist.

Haben Sie einen Menschen, bei dem Sie sich Rat oder Hilfe holen können?

4
SI-A
> Normalerweise mache ich solche Sachen mit mir selber ab. Ich meine, natürlich spreche ich mit Bekannten. Wie gesagt, ich habe eigentlich einen großen Bekanntenkreis, man spricht über dies und über jenes. Aber ich glaube, wenn Grundsätzliches irgendetwas ist und dann habe ich ja Zeit, darüber nachzudenken, und da versuche ich doch, mit mir selber ins Reine zu kommen erst.

Hm. Kann man sagen, daß Sie auch gar nicht das Bedürfnis haben, eh, sich mit jemand anderem auszutauschen?

> Nein, also nicht so hundertprozentig.

Hm. Kommt es denn umgekehrt vor, daß jemand zu Ihnen kommt und Sie um Rat oder Hilfe bittet?

5
SI-A
> Ja.

Könnten Sie mal ein Beispiel geben?

> Ja, in erster Linie mein Mann. Wenn der mal nicht weiter weiß, dann kommt er zu mir und fragt, wie, wie würdest du das machen. Und dann sage ich ihm meine Meinung und dann sprechen wir darüber, ob das so der richtige Weg ist.

Hm. Ist das wichtig für Sie, daß Sie Ihrem Mann helfen können?

> Ja, das ist wichtig für mich und vor allen Dingen für meinen Mann ist es sehr wichtig.

Ich meine aber jetzt auch, eh, für Sie die Möglichkeit, eh, jemand anderem helfen zu können?

> Ja, die ist für mich - grundsätzlich helfe ich gerne jemandem und das macht mich irgendwie froh, wenn ich jemandem helfen kann.

Hm. - Hm. Hätten Sie gern mehr Kontakt zu anderen Menschen?

6
SI-B/quant.
> Nein. Mein Kontakt reicht völlig aus. Ich bin noch also anderweitig tätig. Ich habe mich noch an der, an unserer Pfarrei teilweise engagiert. Und wie gesagt, hab' da noch meinen Bekanntenkreis und meine Oma. Also viel mehr würde ich wahrscheinlich nicht verkraften. Ich muß das dann so einteilen, daß ich so, so rum komme sozusagen.

Sie sind voll ausgelastet.

> Ja.

Können Sie das ein wenig erzählen, was, welcher Art Ihre Tätigkeit in der Pfarrei ist?

1
REL-KKI

Ja also, ich bin, eh, Pfarrhelferin. < Hm > Da treffen wir uns auch immer so vielleicht alle sechs Wochen, alle acht Wochen ist eine Versammlung. Und da sind, da habe ich eine Straße und die habe ich, eh, zu betreuen. Da sind Pfarrbriefe auszutragen, < Hm > da ist, eh, die Caritas-Sammlung, die etwas Unangenehmes ist, im Frühjahr und im Herbst. Und dann gelegentlich besondere Informationen sind dann noch einzuwerfen in die Briefkästen. Und dann haben wir einmal im Jahr einen Ausflug oder mal einen Lichtbildervortrag. Und zum Beispiel im Herbst, wenn die Firmlinge vorbereitet werden, da habe ich auch schon seit Jahren mitgearbeitet, weil immer zu wenig Leute da sind, die das machen. < Hm > An sich wär's ja nur eine Aufgabe für die Mütter, die jetzt Kinder in dem Alter haben, die dann zur Firmung gehen. Aber wie gesagt, es reicht nie aus und da habe ich mich dann halt bereit erklärt, auch immer so eine Gruppe von Kindern zu übernehmen und die dann jeden Herbst bis zur Firmung vorzubereiten. Also das ist jetzt eine außerschulische Vorbereitung, da, eh, bringt man die Kinder zusammen in die Wohnung und hält da den außerschulischen Unterricht.

Das ist ja mit einer ganzen Menge Arbeit verbunden.

Ja. Das ist - weil man muß erst in die Wohnungen, man muß sich drum kümmern um die Kinder, damit sie überhaupt kommen. Und ich wohne da in einem Stadtviertel, da gibt es also manchmal Schwierigkeiten.

Was halten Sie von dem Brauch, sonntags in die Kirche zu gehen?

2
REL-ÖRP

Also ich bin jetzt in einer Pfarrei, die mich sehr anspricht. Und da muß ich sagen, gehe ich gern hin und ich finde, man sollte schon, man sollte schon daran festhalten.

Wie oft etwa gehen Sie selbst im Monat in die Kirche?

Jeden Sonntag auf jeden Fall.

Und was bedeutet das für Sie?

Ja, vor allen Dingen höre ich da das Wort Gottes, die Lesungen, der Wortgottesdienst und man hat, erlebt ein gemeinschaftliches Gefühl. Und eh, es heißt, wo zwei oder drei in meinem Namen versammelt sind, da bin ich mitten unter ihnen. Also, eh, stelle ich mir eben meinen Glauben so vor, daß das wichtig ist und daß wir da in der Gemeinschaft mit Christus sind. Und ich meine, man braucht eben immer solche Hilfen. Und also meine Religion bedeutet mir überhaupt sehr viel.

In letzter Zeit ist öfter davon die Rede, ob die Grundsätze der katholischen Kirche milder angewendet werden sollten. Wie denken Sie zum Beispiel über voreheliche Beziehungen bei jungen Leuten?

3
REL-ESM
Ja also, ich finde auch, da sollte man nicht zu streng sein.

Würden Sie sich da der ziemlich ablehnenden Haltung, eh, der Kirche nicht so ganz anschließen?

Nein, würde ich nicht.

Hm. Und ein anderes Thema in diesem Zusammenhang ist auch Empfängnisverhütung. < Ja > Was meinen Sie dazu?

4
REL-ESM
Ja, auch da würde ich mich da nicht so anschließen. Obwohl ich selbst also keine Mittel nehme zur Empfängnisverhütung und ich bin vor zwei Jahren sogar noch einmal schwanger geworden - ich hab's aber nicht, es hat nicht mehr gehalten, ich war doch dann zu alt für die Sache. Aber ich verwende keine Pille aus, eh, also gesundheitlichen Gründen. Also da möchte ich sagen, das ist doch noch nicht so hundertprozentig erforscht die Sache, und ich habe auch gemerkt also, wenn ich die Pille nehme und dann kriege ich Migräne und da sehe ich das nicht ein, da habe ich wieder abgesetzt. Aber im Grunde genommen, meine ich, ist das eine große Hilfe. < Hm > Und versteh' da die Kirche nicht so ganz, also die katholische Kirche. < Ja, hm >

Die christliche Lehre enthält einerseits Versprechungen wie zum Beispiel das Paradies und das ewige Leben, andererseits werden aber auch Strafen angedroht, wie zum Beispiel die Hölle. Was von beiden ist für Sie persönlich wichtiger?

5
REL-V
Tja, auf jeden Fall das Paradies. Die Hölle, die kann man sich ja hier auf Erden schon machen.

Na ja, nun denkt nicht jeder so. Für Sie sind die hoffnungsvollen Aussagen wichtiger.

Ja, auf jeden Fall. < Hm > Sonst könnte ich - also so könnte ich nicht existieren, wenn ich nur an das, an das Negative denke. < Hm, hm >

Versuchen Sie einmal, in sich hineinzuhorchen. Was empfinden Sie beim Gedanken an Gott?

6
REL-GG
Ich muß sagen, also da habe ich keine Klarheit. Weil es ja einerseits heißt, es gibt einen, also es gibt einen persönlichen Gott und Gott hat uns geschaffen nach sei-

> nem Ebenbilde. Aber vorstellen kann ich mir das nicht. Manchmal denke ich, vielleicht ist es eine ungeheure Lichtquelle. Ich kann es mir einfach nicht vorstellen.

Da wissen Sie nicht so recht, wie Sie da aus diesem Widerspruch rauskommen sollen?

> Ja. Ich habe mir jetzt - ich hab' einen Bekannten und da will ich mir jetzt mal, eh, eine modernere Ausführung von der Bibel geben lassen. Vielleicht kann ich mir dann da ein besseres Bild machen. < Hm >

Wenn Sie das Wort "Gott" hören, sind damit, eh, sind damit Gefühle verbunden?

> Eigentlich finde ich, man nimmt das Wort Gott viel zu oft in den Mund. Es ist - man denkt gar nichts mehr dabei.

Abgegriffen schon ein bißchen?

> Ja.

Kommt Ihr Verhältnis zur Religion und zu Glaubensfragen in Ihrem Verhalten im Alltag zum Ausdruck?

> Ja, ich denke schon. Indem ich mich also jetzt bemüht habe, Nächstenliebe zu üben an unserer Oma. < Hm > Weil ich denke, die Nächstenliebe ist das, womit man sein Verhältnis zur Religion auch besser zeigen und womit man mehr überzeugen kann. Und dann, eh, bete ich natürlich immer wieder, daß ich eben die Kraft habe, das alles, die Unannehmlichkeiten und alles, eben dann im Geiste Christi zu ertragen. Ich will mal sagen, ich habe vielleicht ein besseres Verhältnis zu Jesus Christus. Das kann ich mir halt besser vorstellen. Weil er immerhin als Mensch unter uns gelebt hat. Und da versuche ich auch, meine Kinder in diesem Sinne ein bißchen also zu beeinflussen. < Hm > Weil davon bin ich überzeugt, und das halte ich dann auch für richtig. < Hm >

Sieht Ihr Mann das auch so?

> Ich muß noch dazu sagen, daß ich also nicht immer so mich damit beschäftigt habe und daß es von Anfang an der Ehe nicht so war. Und seitdem ich eben mich da mit dem beschäftigt habe, und da bin ich eben zu der Erkenntnis gekommen und mach' das auch so. < Hm > Und habe auch meinen Mann schon dafür gewonnen. So Schritt für Schritt.

Bei dem, was ich jetzt ansprechen möchte, müssen Sie mal versuchen, etwas Phantasie zu haben. Manchmal wird über jemanden in dessen Abwesenheit geredet. Klatsch und Tratsch und so. Was würde ein guter Freund über Sie sagen, wenn Sie nicht dabei sind? Oder eine gute Freundin?

1 SWG
　Ich muß sagen, da habe ich mir noch keine Gedanken drüber gemacht.

Ja, eh, versuchen Sie mal, sich das vorzustellen. Da stehen ein paar zusammen, oder sitzen irgendwo und Sie sind nicht dabei! Und dann -

　Vielleicht könnten sie sagen, ich bin falsch. Ich meine, das hätte ich schon mal gehört.

Hm. Wir stellen uns aber jetzt vor, es ist ein guter Freund, ne, oder eine gute Freundin, jemand, der Ihnen positiv gegenübersteht.

　Die würde vielleicht sagen: ja, die spinnt.

Würde sie auch noch sagen, inwiefern, in welcher Hinsicht Sie spinnen?

　Ja, die würden jetzt zum Beispiel das nicht verstehen, daß ich unsere Oma so lange nehme. Die würden sagen, das sind keine Zustände. Ja, das habe ich schon gesagt kriegt, das sind keine Zustände, daß du das machst. Da verstehen wir dich nicht.

Meinen die anderen, Sie sollten sie in ein Heim geben?

　Ja.

Könnte eine gute Freundin oder ein guter Freund sagen, eh, daß Sie in mancher Hinsicht ein wertvoller Mensch sind?

2 SWG
　Ja, ich denk' schon.

Und wenn er Sie mit dem ganz normalen Durchschnittsmenschen vergleichen würde, mit dem sprichwörtlichen "Otto-Normalverbraucher", wie würden Sie da im Vergleich dazu dastehen?

3 SWG
　Ja, meinen Sie, wie ich mich jetzt dazu äußern würde?

Nein, die anderen.

　Daß die anderen mich mit als Normalverbraucher bezeichnen?

Ja, wenn die anderen Sie mit dem Normalverbraucher vergleichen würden, ob Sie dann besser oder schlechter als dieser angenommene Durchschnittsmensch da rauskommen würden?

> Ja, also ich würde das annehmen. Ich kann ja nicht meinen, daß ich jetzt was Besseres bin.

Nehmen wir einmal an, einer, die über Sie redet, würde Sie ganz und gar falsch einschätzen. Was würde der wohl sagen?

4
SWG
> Einer vielleicht, der mich nicht kennt?

Ja.

> Vielleicht denkt er, ich bin ein Kleinbürger, ein Spießer. < Hm >

Gibt es Dinge in Ihrem Leben, die für Sie persönlich besonders wichtig sind?

1
NC
> Meine Familie ist mir äußerst wichtig.

Spielt die Gesundheit für Sie eine Rolle?

2
LZ-G
> Ja, sicher.

Müssen Sie darauf irgendwie achtgeben?

> Eigentlich mache ich überhaupt nichts. Ich geh' weder zum Arzt noch zum Zahnarzt und mache überhaupt nichts.

Haben Sie nie etwas?

> Nö. < Na, umso besser > Und wenn ich mal so kleine Wehwehchen habe, und die halte ich aus, weil ich also nichts von Pillen und Salben und dergleichen - da halte ich also nicht viel davon, und Tabletten. Es ist natürlich so, ich bin Hausfrau, bitte, ich kann mir das leisten. Wenn es mir nicht gut ist, dann lege ich mich in's Bett und gebe meinem Körper ein wenig Zeit und dann bin ich wieder - dann ist wieder alles okay. Das kann man sich natürlich im Berufsleben nicht leisten. < Hm > Aber so habe ich also keine größeren Beschwerden.

Ist Geld oder Lebensstandard für Sie wichtig?

3
LZ-G
> Also, das ist zweitrangig bei mir. Allerdings muß ich sagen, mein Mann verdient also ganz gut. Ich habe keine Not zu leiden. Aber ich bin auch also der Einstellung, wenn ich mal etwas nicht habe, und dann brauche ich es auch nicht. < Hm >

Haben Sie irgendwelche Interessen oder Hobbys?

4
LZ-G

Der Sport, Gymnastik, Schwimmen, früher war es mal Tanzen. Also das mache ich heute noch leidenschaftlich gern. Und dann eben immer für irgendwelche Sachen in der Pfarrei. Ach ja, da habe ich auch noch die, die Bibliothek, zeitweise. Da bin ich dann immer mal so alle vierzehn Tage zwei Stunden. < Hm > Wenn ich da eben gebraucht werde, daß ich denen da mal aushelfen kann. Daß ich da - wenn das also mit meiner Familie das alles klappt, das hat Vorrang.

Wenn man jetzt mal die Dinge noch mal, eh, wenn Sie noch einmal diese Dinge bedenken, die Familie, die Arbeit in der Pfarrei, eh, die einen oder anderen Interessen darüber hinaus - sind Sie mit diesem Dingen zur Zeit zufrieden?

5
LZ-G

Würde ich nicht sagen, daß ich da, eh, sehr zufrieden bin. Ich meine, wenn es jetzt darum geht, daß man Erfolg hat. So ist es nicht. Aber wie gesagt, ich helfe da eben gerne mal aus, wenn man gebraucht wird. < Hm > Sehr erfolgreich sind die Sachen nicht.

Können Sie das noch einmal ein wenig erläutern, was, eh, Sie mit erfolgreich meinen?

Ja, wenn ich zum Beispiel von vier bis sechs Büchereidienst habe und es kommen vielleicht mal fünf, sechs Leute, < Hm > ein paar Kinder, ein paar ältere Leute, wie das so ist in der Pfarrbücherei. Wir haben halt nicht diese Auswahl, < Hm > und da ist es eben mehr oder weniger, daß man eben da ist.

Da fragen Sie sich manchmal, warum?

Ja.

Wofür sitze ich jetzt hier?

Ja. Ich mache es eben dann so, ich lese. < Hm > Ich nutze die Zeit zum Lesen aus, sonst wär es langweilig. < Hm >

Würden Sie sich irgendetwas wünschen, bei dem Sie erfolgreicher sein könnten?

6
LZ-G

Ja, da muß ich dann wieder also in erster Linie auf meine Familie zurückkommen. Also, ich habe einen netten Mann und ein paar liebe Kinder. Was will man da schon mehr haben?

Sie empfinden da weitergehende Ansprüche als übertrieben, oder?

Ja, im Moment auf jeden Fall. Es könnte natürlich sein, daß sich mal was ändert, das kann ich jetzt nicht so sagen. < Hm > Sagen wir mal, die Kinder sind außer Haus

61

und ich kriege irgendwie was Tolles geboten. Also, das kann ich dann jetzt nicht sagen.

Und wenn Sie mal Ihr bisheriges Leben überblicken, eh, haben die für Sie besonders wichtigen Dinge sich so entwickelt, wie Sie es sich einmal gewünscht haben?

7
LZ-V

Ja, also ich muß sagen, am Anfang, eh, wie ich geheiratet habe, da hatte ich halt ganz andere Vorstellungen. Ich habe mich eigentlich, eh, sehr gewandelt. Ich habe mir alles viel anders, ganz anders vorgestellt. Ich habe erst gedacht, der Himmel hängt voller Geigen, wenn ich erst einmal verheiratet bin, und dann läuft alles wie am Schnürchen. Und dann war alles nicht so.

Er hing nicht.

Er hing nicht voller Geigen. Im Gegenteil. Ich habe gekämpft und gekämpft und habe versucht, meinen Mann zu ändern, weil mir Verschiedenes an ihm nicht gefallen hat und habe gedacht, da sind immer nur die anderen Schuld dran. Und bis es dann plötzlich nicht mehr weiter ging. Und dann bin ich in mich gegangen und habe gesagt, du mußt dich selber ändern, dann wird auch alles richtig werden. Und, eh, von da an habe ich dann versucht, mich zu ändern, auf mich zu hören, auf meine innere Stimme und dann ging es plötzlich. Und ich war wieder zufrieden mit meiner Ehe und war wieder ausgefüllt, was ich vorher nicht war. Also ich habe vorher immer nur darauf geschaut, was mein Mann gemacht hat. Ich habe einen sehr gut aussehenden Mann, einen erfolgreichen, einen dynamischen Mann, und da war ich halt immer ein Nichts dagegen. Und da habe ich immer mich gewehrt innerlich und so weiter, bis ich eben eingesehen habe, so mache ich mich kaputt und so mache ich ihn kaputt. Und dann muß man sich eben selber ändern, wenn einem irgend etwas nicht paßt. Und damit habe ich dann Erfolg gehabt. < Hm >

Aber bis das soweit war < Ja >, eh, war es eine Enttäuschung, oder?

Ja, das war eine einzige Enttäuschung. < Hm > Es war immer Krieg.

Können Sie ungefähr sagen, wie lange das gedauert hat, bis Sie sich da geändert haben?

Na, vielleicht zehn Jahre, bis ich mich angepaßt habe und bis ich da mit mir ins Klare gekommen bin. Und seit dieser Zeit führe ich also eine gute Ehe und wie gesagt, man lebt ja nur einmal, und das ist ja alles so - da kann man ja an seinem Glück soviel kaputt machen.

Glauben Sie, daß Sie in Ihrem bisherigen Leben etwas Wichtiges versäumt haben?

8
LZ-V

Nein, das glaube ich nicht. Das Wichtigste ist doch eigentlich die Liebe, und wenn man die versäumt, dann hat man viel versäumt. < Hm > Also für mich persönlich ist das sehr wichtig.

Nehmen wir einmal an, Sie könnten zaubern - was würden Sie an Ihrem jetzigen Leben ändern?

9
LZ-G

Vielleicht, daß ich, eh, ein bißchen die Gedanken durchschauen könnte von den Leuten, die mich umgeben. Daß ich wüßte, was die denken.

Glauben Sie, das würde etwas bringen? - Fühlen Sie sich manchmal, na, ausgenutzt oder ausgetrickst?

Eigentlich nicht. Das war früher mal so, aber seitdem ich das, also an mir gearbeitet habe, und da fühle ich mich nicht ausgetrickst, obwohl mir verschiedene Leute das einreden aus meinem Bekanntenkreis. Die sagen dann, du bist schön dumm, daß du das machst. Aber ich fühle mich nicht ausgetrickst. < Hm > Ich finde, wenn man geben kann, braucht man sich nicht ausgetrickst fühlen. Wenn man nehmen muß, nur nehmen, dann ist man ausgetrickst. < Hm > Schauen Sie, unsere Oma, die kann nur noch nehmen, die kann nichts mehr geben.

Was hat die?

Sie ist blind < Hm > und hat Gelenkrheumatismus und Gicht. Liegt den ganzen Tag im Bett. Und wenn ich dann mal - wenn mir's mal zuwider ist, und dann denke ich, eh, wie wäre das jetzt, wenn es umgekehrt wäre, wenn du im Bett liegen würdest und die Oma müßte dich bedienen, dann wär' ich arm dran. Aber so nicht. Ich meine halt, es kommt immer drauf an, wie man die Dinge sieht.

Denken Sie jetzt doch bitte mal an die Zukunft. Haben Sie Pläne für die Zeit, die vor Ihnen liegt?

1
ZP-A

Ja, vor allen Dingen erst einmal Urlaubspläne. < Hm > Die habe ich. Wir wollen ja vierzehn Tage in den Pfingstferien verreisen, da freue ich mich wahnsinnig drauf. Weil ich mich dann mal frei fühle, mal nicht gebunden an zu Hause, mal nicht kochen, nicht putzen, nicht spülen muß. Und viel, eh, an der frischen Luft werde ich dann sein, Wanderungen machen. Da freue ich mich wahnsinnig drauf.

Und gibt es auch solche Reisepläne schon für später, die nächsten Jahre?

Ja, also nächstes Jahr wird mein ältester Sohn den Führerschein machen und da - nehme an, daß er dann schon alleine in Urlaub geht. Mein Kleiner auch, und dann

möchte ich mal mit meinem Mann eine Flugreise machen.
< Hm > Mein Mann macht, eh, zweimal im Jahr Firmenreisen, meistens Flugreisen, also es sind so kurze Reisen, drei, vier Tage. < Ja > Und die sind an und für sich sehr schön, weil da kommt er immer mal aus dem Streß raus und sowas, eh, sagt er dann schon immer, also wenn wir mal Luft haben, wenn du auch mal mit kannst, dann können wir das ja alles mal nachholen. Und da machen wir schon Pläne. Weil, eh, mit der Familie käm' das auch zu teuer, weil wir ja meistens dreimal im Jahr verreisen. < Hm > Aber so zu zweit mal eine kurze Flugreise, das, da würde ich mich schon auch freuen. Und dann möchte ich noch einmal eine Israel-Reise machen an die Stätten der Christenheit hin. Also das würde meinen Mann und mich auch sehr interessieren. Was sonst Pläne betrifft, da lasse ich also doch mehr oder weniger es dann auf mich zukommen. Das kann man auch nicht so sagen. Man weiß nicht, wie das weitergeht mit den Kindern. Der Große hat noch zwei Jahre bis zum Abitur. Es könnte sein, daß wenn ihm keine Stelle behagt, daß er studieren will, und da kann man jetzt keine großen Pläne noch irgendwie machen.

Hm. Gibt es vielleicht Pläne, die sich auf, eh, na, die wirtschaftlichen Verhältnisse oder vielleicht auch auf Ihre Wohnsituation beziehen?

Ja, da hatte also mein Mann schon Pläne, daß wir uns ein Eigenheim anschaffen. Dann müßten wir aber wegziehen, also ein bißchen außerhalb von X-Stadt und Umgebung. Und da hat die Familie dann 'nein' dazu gesagt. Ich nicht und die Kinder nicht. Also das möchte ich sagen, ich bin eigentlich ein wenig ein bequemer Typ. Ich habe die Geschäfte ringsrum und die Kirche, die Schule, alle Einkaufsmöglichkeiten, Märkte, und alles, was man zum Leben braucht, habe ich so ein bißchen ringsrum. Und das sind für mich dann schon Gründe, nicht wegzuziehen. < Hm > Wir haben auch eine schöne Wohnung, vier Zimmer, Küche, Bad, Balkon. Und ich habe mich da eingelebt und, eh, würde auch ungern wegziehen, wenigstens so lange die Kinder zu Hause sind. Könnte natürlich sein, daß wir später trotzdem mal in eine andere Gegend ziehen, das ist schon möglich. Aber vorläufig genieße ich das, daß ich da so alles um mich rum habe.

Wie groß ist der Zeitraum, den diese Pläne ausfüllen? Auf wieviel Zeit in die Zukunft hinein erstreckt sich das?

Vielleicht für die nächsten zehn Jahre. < Hm. Und, eh > Es ist so, wenn die Kinder dann, sagen wir mal, nicht mehr zu Hause sind, das wär' jetzt siebenundzwanzig und fünfundzwanzig, sagen wir mal, die sind dann verheiratet, und dann wär' mir auch meine Wohnung zu groß. < Hm >

Und denken Sie auch schon mal an die Zeit jenseits von zehn Jahren?

    Nein. Da habe ich noch gar keine Pläne gemacht.

Nun gibt es ja auch Dinge, auf die man als Einzelner keinen Einfluß hat, die man nicht planen kann. Was erwarten Sie ganz allgemein von Ihrer eigenen Zukunft?

2
ZP-T
    Ja, vor allen Dingen Gesundheit, das ist äußerst wichtig. Und dann, daß mir der Mann auch erhalten bleibt. Daß wir zusammen alt werden und daß wir immer gern zusammen kommen. < Hm > Daß wir Kinder und, sagen wir mal, dann die Angeheirateten und so weiter , daß man sich versteht, daß man sich einigermaßen mag. Das halte ich also für sehr wichtig.

Harmonisches Familienleben.

    Ja. Daß man sich annimmt mit seinen Fehlern und Schwächen, ne. Was ich ja am Anfang der Ehe nicht gekonnt habe, aber dann inzwischen gelernt habe.

Wenn Sie an all das denken, was die Zukunft Ihnen persönlich bringen kann, was empfinden Sie dann?

3
ZP-T
    Ja, wichtig ist, daß wir ein friedliches Land sind, daß kein Krieg kommt.

Befürchten Sie das?

    Ein bißchen. < Hm > Dann sind wir - dann ist alles aus.

Wenn man an die Zukunft denkt, sieht man irgendwann auch das Lebensende auf sich zukommen. Eh, wenn Sie an Ihren eigenen Tod denken - was kommt Ihnen da in den Sinn?

1
AET
    Also eigentlich kann ich mir das nicht vorstellen. Aber nachdem ich jetzt unsere Oma da habe, und da werde ich ja tagtäglich damit konfrontiert. Und der Tod ist ja für mich als Christenmensch ist das der Anfang zu neuem Leben. < Hm > Also brauche ich ja nicht übermäßig Angst davor haben. So stelle ich mir das vor. < Hm >

Und wenn Sie daran denken, wie Sie sterben werden - was kommt Ihnen da in den Sinn?

2
AES
    Also eigentlich möchte ich ganz für mich alleine sterben. Ich möchte auch nicht - wie soll man das sagen? - schön ist natürlich, wenn man sozusagen so einschläft. Auf jeden Fall glaube ich, daß man dann, wenn man soweit ist, daß man sich eben ganz dem Herrgott überlassen muß, daß das vielleicht das Allerwichtigste ist. Auf keinen Fall möchte ich dann, sagen wir mal, auf eine Intensiv-

station und dann noch mit irgendwelchen Mitteln da erhalten werden, unbedingt jetzt. Das möchte ich nicht.

Was man da jetzt bei Tito sieht?

Ja. < Hm > Am liebsten wär' mir das ziemlich unbemerkt.

Welche Erfahrungen haben Sie persönlich mit Tod und Sterben gemacht?

3
AFST

Ich kann mich erinnern, da war ich noch Kind und da war eine Schulfreundin von mir, die ist da gestorben. Und da war ich doch ziemlich erschrocken. Und das hat mich dann tagelang hat mich das verfolgt. Ich sehe sowas, habe eigentlich so etwas nicht gern gesehen. < Hm > Auch Tote nie gern angeguckt, da habe ich mich immer davor gedrückt. Und jetzt allerdings, wenn man reifer ist, jetzt zum Beispiel bei unserer Oma würde ich gerne dabeisein, < Ah ja > wenn sie stirbt. Ob ich das vor zehn Jahren gekonnt hätte, ich glaube nicht.

Manche Leute sagen, daß sie ihren Tod begrüßen, ihn annehmen gewissermaßen. Wie ist das bei Ihnen?

4
NC

Es ist so: Wenn man ein langes Krankenlager hat, dann muß man ihn ja begrüßen, denn das ist ja dann kein Leben mehr. Wenn ich nur noch nehmen muß, wenn ich nur noch drauf warten muß, daß ich versorgt werde, also das ist kein Leben mehr und da würde ich ihn jederzeit begrüßen. Da würde ich also drum beten. < Hm >

Sie würden nicht um jeden Preis am Leben hängen?

Nein. < Hm > Nein, das bestimmt nicht.

Ist der Gedanke an Ihren eigenen Tod eine Bedrohung für Sie?

5
AET

Überhaupt nicht. Eh, ich möchte auf jeden Fall, daß eben, eh, meine Familie, daß ich ihr, soweit die mich braucht noch, dann möchte ich auf jeden Fall da sein, sobald möchte ich nicht sterben. < Hm > Aber dann, im entsprechenden Alter, wenn man sein Leben gelebt hat, ist das keine Bedrohung, also so, wie ich das jetzt sehe. Angst hätte ich höchstens davor, wenn ich krank werde. Weil das ist also - da könnte ich mich gar nicht so reinfinden.

6
AES

66

5.5.6.2 Interview B

Interviewer: männlich.

Interviewpartner: männlich, 46;7 Jahre, katholisch; Universitätsabschluß, Lehrer; verheiratet; Kinder: zwei Söhne und zwei Töchter, 9 bis 24 Jahre; monatliches Brutto-Einkommen zwischen DM 4.000 und DM 5.000.

    Wenn wir einmal eine ganz normale Woche nehmen, mit welchen Personen kommen Sie da zusammen?

1
NC
    Zunächst mal mit meiner Familie. Dann mit den Kollegen und Schülern, mit einigen wenigen Leuten hier aus dem Dorf. Wenn's 'ne durchschnittliche Woche ist - sprich wenn Semester ist - dann kommen also Leuten von der Uni hinzu, Studenten. Wenn Semesterferien sind, fällt das weg.

    Also, das ist doch ein recht breites Spektrum, ne.

    Ja.

    Und wenn wir mal - wenn Sie mal versuchen - was sind davon so die Wichtigsten? Sie haben von Ihrer Familie gesprochen, wer ist das?

↓2
SI-A
    Das ist meine Frau, meine Tochter, die noch im Hause ist, meine beiden Söhne, dann mein Schwiegervater, meine verheiratete Tochter und deren Mann und deren Schwiegermutter. < Hm> Das sind also die, die ich unmittelbar zur Familie zähle, weil sie im engeren Kreis sind. Meine Mutter sehe ich verhältnismäßig selten, ... da ist es ein bißchen schwieriger. Aber das sind also die, mit denen ich ziemlich regelmäßig zu tun habe. < Hm> Selbst also unsere Große kommt - na ja, fast jede Woche nach Hause, so daß man also wirklich sagen kann, in einer durchschnittlichen Woche hat man mit ihr zu tun.

    Hm. Und im beruflichen Bereich, gibt es da bestimmte Personen, mit denen Sie besonders häufig, regelmäßig zu tun haben?

3
SI-A
    Das sind zunächst mal notwendigerweise die, die dasselbe Fach vertreten wie ich. Dann sind da einige, mit denen ich, ja, besonderen Kontakt deswegen pflege, weil wir zum Beispiel gemeinsam im Personalrat gearbeitet haben oder ähnliches mehr. Genauso wie in der Zeit des Semesters zum Beispiel mit dem Praktikumsleiter, der für die Lehramtskandidatenausbildung zuständig ist. Eh, das sind dann solche Leute, die also gerade aus dem beruflichen Sektor besondere Bedeutung haben.

Hm. Und am Feierabend, am Wochenende, gibt es da noch bestimmte Leute?

2a /Im großen und ganzen bin ich froh, wenn ich meine Ruhe habe. Denn wenn man die ganze Woche mit so vielen Leuten zu tun hat, dann ist man es leid, da beschränkt man sich eigentlich ziemlich. Ach so, halt da - hinzu kommt noch, daß natürlich während der normalen Woche ich über meine Frau wiederum mit einer ganzen Reihe von Leuten zu tun habe, durch ihre Volkstänzerei und, eh, von da her ist es also so, daß gelegentlich auch zum Wochenende hin eben nicht unbedingt das freie Wochenende zur Verfügung steht, sondern irgendwelche Veranstaltungen, wo man also hingehen muß, um die Technik zu betreuen oder sonst was.

Hm, hm. Sie haben eben dann auch schon verschiedene Verwandte angesprochen. Haben Sie im Laufe einer ganz normalen Woche auch Gelegenheit, Verwandte zu besuchen?

Unter normalen Bedingungen nicht.

Ah ja. Also man kann nicht sagen, daß das regelmäßige Besuche sind, einmal die Woche, oder?

Nein, nein. Eh, unter Normalbedingungen ist mein Programm so voll, daß also da kaum was drin ist./

Hm. Wie sieht's mit telefonischen Kontakten, Briefkontakten oder so aus? Bestehen die?

4
SI-A
5
SI-A
/Eh, zu Verwandten Telefonkontakte./ < Hm >/Mit meiner Mutter korrespondiere ich regelmäßig. Da schreiben wir uns regelmäßig. Gerade jetzt die Tage haben wir uns wieder geschrieben.

Hm, hm. Kann man da sagen, wie regelmäßig Sie sich schreiben?

Hm, mein Anteil ist sicherlich der kleinere, aber in Zeiten, wo ich nicht so sehr angespannt bin, schreibe ich regelmäßig jede Woche, würde ich sagen./

Eh, Sie haben das eben auch schon kurz erwähnt - werden Sie im Laufe einer Woche normalerweise von Verwandten oder Freunden besucht?

2b /Ja, und zwar in lockerer Abfolge. Zum einen, wie gesagt, kommt ziemlich regelmäßig die große Tochter -

- die verheiratet ist -

die verheiratet ist, und dann immer mal und zwar in loser Abfolge politische Freunde oder so etwas. Ich bin also nämlich hier mit einer Wählergemeinschaft in Zusammenarbeit.

Hm. Sonstige Verwandte oder Freunde, die noch zu Besuch kommen?

> Eigentlich relativ selten. < Hm > Wiederum eben vor dem Tatbestand zu sehen, daß der Tag eigentlich ausgelastet ist.

Ja, hm. Wären Sie traurig, wenn man Sie nicht mehr besuchen würde?

> Ja.

Inwiefern?

> Eh, ich, ich brauche einfach Partner als Resonanz.

Hm. Kommt es vor, daß Sie sich mit ihren Arbeitskollegen oder Geschäftsfreunden in der Freizeit treffen?

> Relativ selten, aber durchaus.

Hm. Was machen Sie dann?

> Eh, bevorzugt treffen wir uns am Abend und unterhalten uns dann also über Probleme, die, eh, letztlich dann immer wieder bei der Schule landen, das ist das Problem des Lehrers. < Ja > Aber ansonsten reden wir über Gott und die Welt. Und was eigentlich ganz schön ist, wir treffen uns eben auch mit Nichtfachkollegen, und das ist immer ein bißchen auflockernd. < Hm > Wie gesagt, vielleicht so alle vier bis sechs Wochen.

Ah ja. Also das wird dann immer extra nochmal verabredet?

> Ja. Und dann treffen wir uns noch umschichtig jedes Mal bei einem anderen, da gibt es dann etwas Gutes zu Essen und zu trinken.

Mögen Sie solche Zusammenkünfte?

> Ja.

Glauben Sie, daß Ihre Kollegen Sie gerne dabei haben?

> Ja.

Sind Sie Mitglied in einem Verein oder Club?

> Ja.

In welchem?

> Bei den Schlaraffen.

69

Was ist das?

> Das habe ich erwartet. Die Schlaraffen sind also ein Verein aus dem deutschsprachigen Bereich. Es ist also wichtig, daß das schwerpunktmäßig auf Deutschland bezogen ist, eh, wo man, ja, so Frohsinn auf der einen Seite dann auf der anderen Seite durchaus so ein bißchen, ja, Geist vielleicht insofern, als eben Leute, die sich mit nicht alltäglichen Berufen auseinandersetzten, berichten. Das Ganze stammt eigentlich aus dem letzten Jahrhundert, aus dem österreichisch-ungarischen Bereich und ist damals so entwickelt worden als Karikatur auf das Hofschranzentum. Das heißt also, eh, wir bezeichnen uns zum Beispiel als Ritter und tragen dann entsprechende wallende Gewänder oder Umhänge. Und das Ganze dann also - dann kriegt man für jeden Dreck einen Orden oder Titel oder sonst was. Und eh, wie gesagt, das ist einfach gedacht, wenn man so den ganzen Tag bis zu einem gewissen Grade zumindest, eh, ernster sein muß, als man's eigentlich sein möchte, daß man dann also sich abreagiert und entsprechend rumblödeln kann.

Und sind das auch regelmäßige Treffen?

> Eh, und zwar im Winterhalbjahr treffen wir uns eigentlich jeden Donnerstag. Ich kann es nicht immer wahrnehmen, < Hm > aber im großen und ganzen ist das also regelmäßig.

Und haben Sie da auch bestimmte Aufgaben übernommen?

> Da nicht mehr, aus dem einen guten Grunde, weil ich da, eh, zu unregelmäßig teilnehme.

Ah ja.

> Das ist das Problem.

Hm. Sonstige Vereine oder Clubs?

> Ja, ich hatte schon vorhin darauf hingewiesen, ich bin bei den Freien Wählern. < Ja, ja > Da bin ich also stellvertretender Ortsvorsteher, was heißt, daß ich im Wechsel mit dem direktgewählten Ortsvorsteher die Dienstgeschäfte hier wahrnehme, weil der Schichtarbeiter ist bei der Firma X. < Hm >, und von daher mache ich also diese Sachen, vom Heizölkostenzuschuß bis zum Personalausweis und so weiter.

Ah ja.

> Eh.

Ist das zeitintensiv auch?

> Eh, das ist also - das sind alle vierzehn Tage zwei Stunden, das geht also. Und, eh, dann, wenn also seine Tochter gesund ist, dann erledigt sie die Schreibarbeit, so daß sich also dann diese Arbeit nochmals reduziert auf vielleicht eine halbe Stunde oder so, wenn man nur Unterschriften zu leisten braucht. Eh, ja, dann durch meine Frau die Aktivität mit der Volkstanzgruppe.

Ja, haben Sie ja auch schon angesprochen.

> Eh, dann bin ich bei den Egerländern sogenannter Kulturreferent. Das heißt also, der zum Muttertag und zur Weihnachtsfeier immer das berühmte Tränendrüsen-Drücker-Histörchen erzählen darf und so, der immer so etwas Schönes von der Heimat erzählt oder so. Ja, das ist es wohl im großen und ganzen.

Ja. Und bei der Volkstanzgruppe Ihrer Frau?

> Wir haben noch eine Erwachsenengruppe in der Zwischenzeit und, eh, da bin ich also so als - in der Erwachsenengruppe als normaler Tänzer engagiert < Ah ja >, während eben bei der eigentlichen Volkstanzgruppe, eigentlich ist das eine Jugendgruppe, da bin ich so etwas dafür verantwortlich, weil wir eben keine Musikkapelle haben, daß wir dann immer rechtzeitig entsprechende Bänder zur Verfügung haben.

Also so Organisator, so was.

> Ja, genau.

Ja, gut. Und das wäre's beim Verein?

> Ich denke ja.

Haben Sie einen Menschen, bei dem Sie sich Rat oder Hilfe holen können?

> Ja, meine Frau.

Und außer Ihrer Frau? Noch jemanden?

> Ja, der Ortsvorsteher. Mit dem kann ich mich sehr gut verständigen.

Hm. Gehört der auch Ihrer eigenen Parteigruppierung an?

> Ja.

Ah ja. Hm. Kommt es vor, daß jemand zu Ihnen kommt und Sie um Rat und Hilfe bittet?

9
SI-A
⌒Ja.

Können Sie da einmal ein Beispiel nennen?

Eh, das ist eigentlich verhältnismäßig weit gefächert. Das reicht von Studienkollegen einerseits, wo es also vom beruflichen Problem bis zum Eheproblem geht. < Hm > Eh, das sind Leute hier aus dem Ort, wo es zum Teil dann einfach um Beratung bei Vorhaben - eh, ob das jetzt Reiseplanung ist, Hausbau ist oder sonst was, eh. Man geht davon aus, daß einer, der des Lesens und Schreibens kundig ist, doch ein bißchen mehr Überblick hat. Und man bringt mir von daher doch eine ganze Menge auch an Vertrauen entgegen. < Hm > Ich meine, das erfordert doch auch einen gewissen Mut.

Ist die Möglichkeit, irgendeinem helfen zu können, wichtig für Sie? Bedeutet Ihnen das was?

Ja.

Hätten Sie gerne mehr Kontakt zu anderen Menschen?

10
SI-B/quant.
⌒Ich glaube nicht.

Haben Sie hin und wieder Gelegenheit, Angehörige Ihrer Pfarrgemeinde zu sehen?

1
REL-KKI
⌒Das ist eine sehr schwierige Frage, deswegen, weil ich katholisch bin < Ah ja > und hier dieses Dorf ist evangelisch. Und meine Frau ist auch evangelisch. Von daher, eh, kann ich also diese Frage nicht so gut beantworten.

Also Sie sehen da wohl die Leute seltener.

Ja, zumal ich also kein praktizierender Christ bin.

Ah ja, hm. Was halten Sie von dem Brauch, sonntags in die Kirche zu gehen?

2
REL-ÖRP
⌒Eh, ich selbst tue es nicht mehr. Als, ja, Schüler habe ich es also regelmäßig praktiziert und ich bemühe mich eigentlich, meine Kinder einigermaßen dazu anzuhalten, aber leider ist das nur bedingt von Erfolg gekrönt.

Hm, hm. In letzter Zeit ist öfter davon die Rede, ob die Grundsätze der katholischen Kirche milder angewendet werden sollten. Wie denken Sie zum Beispiel über voreheliche Beziehungen bei jungen Leuten?

3
REL-ESM

Eh, es hätte mir sicher geholfen, wenn man diese, ja, etwas großzügigere Handhabung zu meiner Zeit bereits praktiziert hätte, denn, eh, ich hätte erheblich weniger schlechte Gewissensbisse zu haben brauchen. Und von daher ist es also sicherlich, eh, zwar mit Einschränkungen - auch da muß man also wieder ganz deutlich differenzieren -, denn, eh, irgendwo sollte doch ein gewisser Sittencodex erhalten bleiben. Man sollte zwar gewisse Zugeständnisse machen, aber zumindest nicht immer so die ganze Strenge und Härte der Kirche auffahren, aber ein bißchen.

Ja. Und wie - dieser Sittencodex, den Sie da angesprochen haben, wie steht der zum Thema wie Empfängnisverhütung zum Beispiel?

4
REL-ESM

Ich meine, daß in der heutigen Zeit das Thema Empfängnisverhütung also unbedingt erforderlich ist. < Hm > Man muß sich also auch klarmachen, daß man mit den Kindern, die man in die Welt setzt, eine enorme Verantwortung übernimmt, weil man ja letztlich nie weiß, was man ihnen also damit angetan hat, daß man sie in diese Welt geschickt hat.

Hm, hm. Die christliche Lehre enthält einerseits Versprechungen wie zum Beispiel Paradies und Ewiges Leben, andererseits werden aber auch Strafen angedroht wie zum Beispiel die Hölle. Was von beiden ist für Sie persönlich wichtiger, an welches von beiden denken Sie häufiger?

5
REL-V

Eh, weder an die Hölle noch an das Paradies. Und, eh, das mit dem Ewigen Leben sehe ich also auch - wie gesagt, ich bin kein praktizierender Christ - sehe ich also auch so ein kleines bißchen anders. Ich meine nämlich, daß das mit dem Ewigen Leben einfach dahingehend zu interpretieren ist, daß, ja, durch die Erinnerung und durch den Namen und sowas eben das Bewußtsein an die Kinder und Kindeskinder weitergegeben wird und daß auf diese Weise eben das zu sehen ist.

Hm.

Und nicht so sehr, daß irgendwann also dann die Seele ...

Hm. Versuchen Sie einmal, in sich hineinzuhorchen. Was empfinden Sie beim Gedanken an Gott?

6
REL-GG

Wenn ich - in dem Zusammenhang, in dem ich unter Normalbedingungen, eh, mich mit solchen Problemen auseinandersetze - wenn ich darauf abhebe, dann muß ich sagen, daß mir also der Gottesbegriff von der Naturwissenschaft her, und zwar jetzt speziell von der Chemie her, eigentlich etwas Faszinierendes ist. Eh, daß es da nämlich irgendetwas gibt, was also dafür Sorge trägt, daß also meinetwegen die Harmonie eines Kristalls geschaffen wird < Hm > oder, eh, die Schönheit, eh, von irgendwelchen Dingen, Blüten und ähnlichem mehr. Eh, daß eine regelmäßige Wiederkehr meinetwegen gerade der Jahreszeiten und ähnliches, < Hm > eh, daß das also ein Gefüge ist, das in der Form mit Einschränkungen vollkommen ist. Eh, das ist die eine Seite. Die andere Seite ist also dieses Gottes-Bewußtsein, der also irgendwo die Verantwortung für das Geschehen trägt, wo man also immer wieder fragt: wie konnte Gott das zulassen, < Ja > daß jetzt die Kriege sind oder die Schaffung einer Atombombe oder ähnliches mehr. Das ist also etwas, was von daher nicht mit dem zur Deckung zu bringen ist, was ich zuerst dargestellt habe, so daß man also, ja, Gott in dem Sinne in meiner Vorstellung nicht als die Einheit auffassen kann, wie es eigentlich, ja, vom Monotheismus her sein sollte.

Ah ja, hm. Kommt Ihr Verhältnis zur Religion und zu Glaubensfragen in Ihrem Verhalten im Alltag zum Ausdruck? Ich meine, Sie haben eben auch schon einmal erwähnt, daß Sie versuchen, Ihre Kinder anzuhalten, in die Kirche zu gehen.

7
NC

Ja, aber ich, ich würde meinen, daß man also das vielleicht nicht so sehr das vor dem religiösen Hintergrund sehen sollte, sondern irgendwo von einer Allgemeinverantwortung, daß man also die Kinder in irgendeiner Form zu Persönlichkeiten formen will, die eben - wir haben vorhin vom Ehrencodex gesprochen -, eh, daß man also den Kindern klarmacht, es gibt bestimmte Spielregeln im Leben, die muß man einhalten, damit man mit sich selbst ins Reine kommt. Und von daher gesehen, wenn Sie das so interpretieren, ja.

Ah ja. Wir wollen nun das Thema Religion und Glaube wieder verlassen und ganz allgemein über Ihre Lebensverhältnisse sprechen. Manchmal wird über jemanden in dessen Abwesenheit geredet. Was würde ein guter Freund über Sie sagen, wenn Sie nicht dabei sind?

Über mich?

Ja.

1
SWG

Ach, daß ich also sicherlich sehr impulsiv bin, eh, daß ich, ja -

Wenn Sie an den beruflichen oder den privaten Bereich denken oder so.

Hm. Wenn es Eltern sind, würden sie gegebenenfalls sagen, daß ich möglicherweise irgendwo, eh, zu streng mit ihren Kindern bin. Ja doch, habe ich also wiederholt gehört. Aber, eh, nicht also unbedingt als Negativum, sondern durchaus also, als derjenige, der die Kandare

2
SWG

anzieht. Eh, ja, bei den Kollegen muß man also auch differenzieren. Es gibt sicher eine ganze Reihe, die, eh, anerkannt haben, daß ich zum Beispiel eben gerade durch meine Aktivität im Personalrat versucht habe, ihre Interessen zu vertreten. Die werden also sicher Gutes von mir sagen. < Hm > Eh, dabei bin ich einigen auf die Zehen getreten und die werden sicher also nicht so Gutes von mir sagen. Aber, eh, ich - für mich gilt immer die Faustregel: wenn ich nicht dabei bin, dann darf man auch mit dem Messer nach mir stechen.

Ja. Eh. Was wird Ihr guter Freund wohl sagen, wenn er Sie mit einem ganz normalen Durchschnittsmenschen, dem sprichwörtlichen Otto-Normalverbraucher vergleicht?

3
SWG

Hm.

Würde er sagen, daß Sie in mancher Beziehung besser oder schlechter als der Durchschnittsmensch sind?

Eh, wenn Sie davon ausgehen, daß sich also der vorhin apostrophierte gute Freund, wirklich so der einzige gute Freund, der unmittelbare und einzige gute Freund ist, < Hm > dann, eh, hält er recht große Stücke von mir. Und von daher würde er mich wahrscheinlich entsprechend höher einstufen als den Otto-Normalverbraucher.

Hm. Nehmen wir einmal an, einer der über Sie redet, würde Sie ganz und gar falsch einschätzen. Was würde der wohl sagen?

4
SWG

Der würde ihm also deutlich machen, daß eben dieses Urteil falsch ist und würde versuchen, es auch zu begründen.

Na, es ist gemeint, wie würde diese falsche Einschätzung aussehen? Jemand, der Sie falsch einschätzt, was würde der sagen? In welcher Hinsicht würde er Sie falsch einschätzen?

Eingebildet, lebt auf großem Fuß, arbeitet sehr wenig. Eh, ja.

Gibt es Dinge in Ihrem Leben, die für Sie persönlich besonders wichtig sind?

1
NC

Hm. Ja, meine Familie.

Hm, die Familie. Wie sieht es so mit anderen Bereichen aus, Beruf zum Beispiel?

2
LZ-G
Eh, sicherlich, das Erfolgsmoment im Beruf ist ganz wichtig. Und bei der Belastung, der ich also in großem Maße ausgesetzt bin, brauche ich auch, und das ist absolut etwas, in regelmäßigen Abständen generell Ruhe. Ich muß also meinetwegen so zum Wochenende mal für zwei, drei Stunden wirklich abschalten können. < Hm > Das sind so die Sachen, die ich brauche.

Wie sieht es mit dem gesundheitlichen Bereich aus? Gesundheit, ist das wichtig?

3
NC
Ja, eh, das ist insofern etwas, was dann also immer nicht so sehr im Mittelpunkt steht. Ich bin ausgesprochen selten krank < Ah ja > und von daher ist es fast eine Selbstverständlichkeit. < Hm > Man merkt es immer erst, wenn man das Zipperlein hat, daß es also doch recht unangenehm ist, wenn man krank ist. Aber es ist sicherlich wahr, daß der Gesundheit eine entsprechende Rolle zukommt.

Und irgendwelche Interessen oder Hobbys, die eine herausragende Rolle spielen?

4
LZ-G
Da ist noch eine ganze Menge. < Ah ja > Da ist also zum einen die Graphik-Sammlerei, Briefmarken-Sammeln, Münzen-Sammeln, Kakteen-Sammeln. < Kakteen? > Ja. Eh, dann habe also ich einen Faible für Japan und ich habe leider viel zu wenig Zeit. Aber, eh, wir haben zum Beispiel seit einem Jahr ziemlich regelmäßig auch Japaner zu Besuch hier. < Hier im Haus? > Hier im Haus. Und, eh, das resultiert also aus dem Besuch in Japan, den wir gemacht haben, < Hm > und von daher hätte ich es zum Beispiel sehr, sehr gerne, wenn ich deutlich mehr Zeit hätte, um japanisch zu lernen. Aber das geht einfach nicht.

Einkommen und Lebensstandard, wie sieht es damit aus? Ist das besonders wichtig oder?

5
LZ-G
Eh. Ja, ich bin froh, daß ich also das Geld zur Verfügung habe, das ich verdiene. Und wenn man sich also entsprechend nach der Decke streckt, kommt man auch damit hin. < Hm > Es wäre natürlich angenehmer, wenn man mehr hätte.

Wahrscheinlich immer angenehmer. Gibt es bestimmte Werte oder Ideale, die wichtig sind für Sie?

6
NC
Eh, ja. Das sind also zum Beispiel, eh, die absolute Zuverlässigkeit eines Partners oder eines Freundes oder, eh, eben auch das Vertrauen, das man in jemanden setzen kann. Eh, wenn man also jemanden hinreichend kennt, dann ist es nahezu sicher, daß man bestimmte Verhaltensweisen vorhersagen kann. Das heißt, eh, würde man also selbst meinetwegen in schwierige Situationen kommen oder so,

dann braucht man, eh, diejenigen noch nicht einmal in dem Sinne irgendwie um Hilfe zu bitten, sondern die kommen von selber auf einen zu. Genau so, wie man es umgekehrt macht. Also diese Dinge meine ich sind sehr, sehr wesentlich.

Ah ja. Eh, wenn Sie den Gesamtbereich mal jetzt überschauen, den wir eben angesprochen haben - sind Sie mit diesen Dingen, mit all diesen Dingen zur Zeit zufrieden?

7
LZ-G
Ich wollte, ich hätte etwas mehr privat Zeit zur Verfügung. < Hm > Aber ansonsten bin ich es durchaus.

Wenn Sie Ihr bisheriges Leben überblicken, haben diese für Sie besonders wichtigen Dinge sich so entwickelt, wie Sie es sich gewünscht haben?

8
LZ-V
Nicht immer.

Hm. In welcher Hinsicht zum Beispiel, was ist nicht nach Ihrem Wunsch gegangen?

Eh, ich habe in so manchen Fällen einfach in eine ganze Reihe von Menschen mehr an Zuneigung und wenn Sie so wollen also auch an Aktivitäten investiert, als es sich hinterher ausgezahlt hat.

Ah ja. Wie sieht es so in diesen einzelnen Bereichen aus, die wir da eben angesprochen haben und mal durchgegangen sind: Familie, Beruf, Gesundheit, Interessen, Einkommen, Lebensstandard?

9
LZ-G
Eh, es mag sein, daß ich dann durch diese Aussage irgendwo einen gewissen Neid errege, aber ich bin eigentlich rundherum zufrieden.

Hm. Glauben Sie, daß Sie in Ihrem bisherigen Leben etwas Wichtiges versäumt haben?

10
LZ-V
Ja.

Ah ja.

Und zwar, daß ich nicht während meiner Schulzeit und auch während meines Studiums noch mehr gelernt habe.

Ist das schlimm für Sie?

Nö.

Noch andere Dinge, außer diesen?

Das könnte ich auf Anhieb jetzt nicht sagen.

Hm. Nehmen wir einmal an, Sie könnten zaubern. Was würden Sie an Ihrem jetzigen Leben ändern?

11
LZ-G
⌒Nichts. Was sollte ich denn?⌣

⎯⎯⎯⎯⎯⎯⎯⎯⎯⎯⎯⎯⎯⎯⎯⎯⎯⎯⎯⎯⎯⎯⎯⎯⎯⎯⎯⎯⎯⎯⎯⎯

Wir haben zuletzt über Ihre gegenwärtige Situation und über ihre Vergangenheit gesprochen. Denken Sie jetzt einmal an die Zukunft. Haben Sie Pläne für die Zeit, die vor Ihnen liegt?

Wie ist das gemeint?

Eh, das ist recht allgemein gemeint, und zwar auch wieder im Hinblick auf die Bereiche, die wir eben schon angesprochen haben, sprich Familie oder Pläne, die auf die Familie bezogen sind, berufliche Pläne. Pläne, die die wirtschaftlichen Verhältnisse betreffen, die Wohnsituation, Reisen, auch Ihre Interessen oder Hobbys.

1
ZP-A
Ja, da muß man zunächst einmal ein bißchen differenzieren. Das eine Problem ist also folgendes. Eh, sicherlich gibt es also zunächst aus dem unmittelbaren hier Drumherum die Notwendigkeit, daß da also im Haus und Garten, wenn Sie so wollen, noch das eine oder andere geleistet wird. Eh, das sind also einfache Notwendigkeiten. Das sind Pläne, die ich nicht, also die ich nur bedingt freiwillig fasse, sondern die werden einfach aufoktroyiert nach dem Motto: jetzt hat der Nachbar gebaut, jetzt müssen wir einen Zaun schaffen und solche Sachen. Aber, eh, in der Familie ergeben sich notwendigerweise insofern eben Veränderungen, als in absehbarer Zeit die Nächste Abitur machen wird und sich von daher, ja, irgendwelche Dinge ändern werden. < Hm > Wie das im einzelnen sein wird, ist also noch nicht abzusehen. Natürlich hätte ich jetzt ganz gerne, wenn sie also irgendwo eine ganz bestimmte Richtung festlegen würde. Aber, na ja. Und im beruflichen Sektor, ich wünschte mir, ich hätte wirklich mal soviel Zeit, daß ich, eh, meinen augenblicklichen Eindruck von der Schulsituation, von der pädagogischen Situation, wie sie derzeit speziell im naturwissenschaftlichen Bereich besteht, wenn ich das mal niederschreiben könnte in Form eines Buches oder so. Aber das ist nahezu aussichtslos. < Hm >

Reisen?

Ja, ich werde - wenn alles so läuft, wie es vorgesehen ist, werden wir nächstes Jahr wieder nach Japan fliegen.

Ah ja. Für wie lange?

Drei Wochen.

Hm. Und der - wie groß ist der Zeitraum, den diese Pläne ausfüllen? So ein Jahr etwa alles, oder?

> Nun muß man natürlich auf der anderen Seite eines sehen. Das, was ich eben angesprochen habe, das sind also kurz- bis mittelfristige Vorhaben.

Ja, das wollte ich nämlich auch noch fragen, wie sieht es mit der ferneren Zukunft aus?

> Es ist also sicherlich so, daß, daß zum Beispiel das Münzen- und Briefmarken-Sammeln, eh, etwas ist, was im Augenblick sich wenn man so will auf eine reine Vorratshaltung beschränkt. < Hm > Was ich also zur Zeit zum Beispiel an Korrespondenz mit Briefmarkenpartnern habe, ist relativ gering. Ich habe also da zur Zeit Korrespondenz mit Frankreich, mit Japan, aber eben doch relativ sporadisch. Und da wünsche ich mir eben, wenn ich irgendwann mal viel Zeit haben werde, daß ich a) zum Lesen kommen werde. Ich habe also eine ganze Reihe von Büchern mir ganz gezielt gekauft, weil ich -

- für später -

> Eh, ja, zunächst mal im Zusammenhang mit Vorhaben, zum Beispiel Reisen. Aber mir ist eben klar, daß ich das vorerst nicht leisten kann, und deswegen ist das also auf die lange Bank geschoben.

Das mach' ich sogar schon.

> Aber ich glaube, das ist wichtig. Denn wenn man gerade zum Beispiel Bücher nicht kauft, die Anregung geht vorbei und dann, eh, ist es vergessen. Wenn man aber das im Regal stehen hat, eines Tages geht man hin und liest es. Und dann ist man wieder drin.

Ah ja, und diese Sachen, die jetzt quasi auf so Eis liegen wie Münzen sammeln, Briefmarken sammeln, das ist dann auch etwas, was später dann in der ferneren Zukunft in Angriff genommen werden kann?

> Ja, eben. Und, eh, dann wird sich also, eh, so stelle ich mir das vor - dann wird sich also zeigen, eh, wie die fernere Zukunft aussehen wird. Wenn sich nämlich herausstellen sollte, daß eines von meinen Kindern Interesse daran hat, dann werde ich das also so anlegen, daß sie wirklich etwas davon haben. < Ah ja > Wenn sie aber kein Interesse haben, dann werde ich nicht warten, bis die das verjuxen, sondern dann werde ich das an den Mann bringen und werde mit meiner Frau noch schöne Reisen machen.

Sie haben eben davon gesprochen, daß Sie da mit Briefmarkenpartnern korrespondieren.

Ja.

In welcher Sprache tun Sie das denn?

In englisch.

Ah ja. Sowohl also mit Frankreich –

Ne, also Frankreich natürlich französisch, Entschuldigung.

Sprechen Sie auch?

Einigermaßen. < Hm > Es ist, also, es hat schwer gelitten, aber dafür reicht's noch.

Nun gibt es ja auch Dinge, auf die man als Einzelner keinen Einfluß hat. Was erwarten Sie ganz allgemein von Ihrer eigenen Zukunft? Welche Hoffnungen haben Sie, welche Befürchtungen?

2
ZP-T
⌒Man kann nur hoffen, daß, eh, die Situation, wie sie sich zur Zeit darstellt, noch möglichst lange in dieser Form erhalten bleibt. Ich fürchte allerdings, daß es insbesondere für meine Kinder schon erhebliche Probleme geben wird. Denn wenn ich mir also überlege, als ich Examen gemacht habe – da war im Prinzip wurscht, mit welcher Note man Examen gemacht hat – man bekam eine Stellung. < Ja > Heute ist es also so, daß man schon bestimmte Leistungen erbringen muß, und bis also unser Jüngster ins Berufsleben eintritt, ist es also sicherlich so, daß alles, was einigermaßen an Positionen erreichbar sein könnte, wahrscheinlich besetzt sein wird, so daß also von daher sich schwierige Situationen für die jungen Leute ergeben werden.

Ja, zumindestens schwierigere als in der Zeit davor.

Ja, das auf jeden Fall.⌣

Auf wieviele Jahre erstrecken sich Ihre Gedanken in die Zukunft?

3
ZP-A
⌒Eh, im Augenblick maximal auf sieben bis acht Jahre.⌣

Hm. Versuchen Sie noch einmal in sich hineinzuhorchen. Wenn Sie an all das denken, was die Zukunft Ihnen ganz persönlich bringen kann, was empfinden Sie da?

4
ZP-T
⌒Eh, einerseits eben eine gewisse Unruhe wegen der Zukunft der Kinder. Für mich selber eigentlich eine relative Ruhe, denn was kann mir schon passieren? < Ja > Ich kann zur Not meine Kartoffeln draußen auf meinem Rasen anbauen und bin also von daher, wenn man also so will, relativ autark – für Lebensmittel haben wir nie

große Beträge ausgegeben, wir leben verhältnismäßig einfach -, so daß also ich der Zukunft in dieser Hinsicht relativ ruhig entgegensehe.

Wenn man an die Zukunft denkt, sieht man irgendwann auch das Lebensende auf sich zukommen. Wenn Sie an Ihren eigenen Tod denken, was kommt Ihnen da in den Sinn?

1
BEST

Eh, ich wünschte mir natürlich, daß ich so einen Tod habe, wie ihn mein Vater erlitten hat. Der ist nämlich auf der Straße tot umgefallen. Und nicht wie also meine Schwiegermutter, die ein Jahr lang gestorben ist. Aber ich muß sagen, ich sehe dem als natürliche Entwicklung entgegen und habe von daher auch keine unangenehmen Gefühle.

Ah ja. Das war ja jetzt so die Frage nach dem Tod.

2
NC

Ach so, nach dem, ja - Eh, ja nun, wie gesagt, ich hab' ja vorhin versucht deutlich zu machen, wie ich das sehe und, eh, ich erwarte da also eigentlich nicht so sehr die Möglichkeit, daß ich aus dem Jenseits dann die Welt verfolgen kann.

Ja, ja. Und jetzt kommt eigentlich das, was Sie eben schon angesprochen haben. Wenn Sie daran denken, wie Sie sterben werden, was kommt Ihnen da in den Sinn?

3
AET

Ich hoffe, mit Würde. < Ah ja> Eh, und ich hoffe auch, daß es nicht zu bald sein wird. Denn ich habe noch viele Dinge zu ordnen.

Hm. Welche Gedanken und Gefühle kommen Ihnen da in den Sinn? Haben Sie Angst davor?

Eh, die einzige Sorge, die ich eigentlich, wenn ich mir das heute mal so überlege, die ich eigentlich, eh, empfinde, ist zunächst mal die Sorge, daß möglicherweise, eben meinetwegen dann, wenn ich früher sterben würde als es mir lieb wäre, daß meine Kinder eben ohne Vater aufwachsen müßten, und daß das irgendwo, ja, Nachteile für sie bringen würde.

Welche Erfahrungen haben Sie persönlich mit Tod und Sterben gemacht?

4
AFST

Ich habe vorhin versucht, deutlich zu machen -

Ja. Können Sie das vielleicht noch einmal ein bißchen ausführen, wie das war?

Eh, so meine ersten Erfahrungen mit dem Tod stammen eigentlich aus einem relativ frühen Zeitpunkt. Und zwar

> aus der Zeit, wo ich noch, ja, ein Junge war, bedingt durch den Krieg. Durch die Bombenangriffe < Hm > habe ich da also mehr gesehen, als eigentlich Kinder generell zu sehen bekommen. Und, eh, man muß sich über eines klar sein, daß man eben in dem Alter das Sterben als solches überhaupt nicht begreift. < Ja > Eh das kann man eigentlich erst zu einem späteren Zeitpunkt, wenn nachher dann eben so die Erinnerungen wieder wach werden, dann kann man ermessen, was man da also erlebt und gesehen hat. Aber eh, es ist sicherlich so, daß man beim Tod eines Angehörigen, eh, eine gewisse Hilflosigkeit empfindet. < Hm > Aber, eh, ich glaube, das ist nicht das Wesentliche. Was einen beunruhigt, ist vielleicht das schlechte Gewissen, daß man sich mit demjenigen nicht noch mehr beschäftigt hat. Ich glaube, wenn auf dem Friedhof immer die großen Tränenströme fließen, dann ist es einfach vor dem Hintergrund zu sehen, daß man ein schlechtes Gewissen hat. Nicht so sehr diese Trennung als solche, sondern man erkennt jetzt diese Trennung und weiß, es ist unwiderruflich. Und eh, erkennt jetzt erst, was man alles versäumt hat.

Hm. Und Sie haben ja eben schon von Ihrem eigenen Vater und auch von Ihrer Schwiegermutter gesprochen. Haben Sie das auch so direkt miterlebt?

> Ja. Wir hatten damals meine Schwiegermutter zunächst zu uns genommen, weil sie eben schwer krank war. Und, eh, Sie ist dann allerdings in der Klinik verstorben. Ich war selber nicht dabei, als sie starb. Ich habe zum Beispiel also einmal, glaube ich, sie mit Blaulicht in die Klinik begleitet und da ging es schon um Sein oder Nichtsein ging das. Das ging nochmal gut. Und, eh, so wirkliche Situationen der Hilflosigkeit, eh, stellten sich gerade zum Beispiel auf dieser Fahrt ein. Wir fuhren mit dem Krankenwagen über die Brücke am X-Platz, und auf der anderen Seite fuhr meine Frau mit dem Fahrrad in der entgegengesetzten Richtung. Aber wir waren schon vorbei, bis ich's gecheckt hatte, daß das meine Frau war, und ich fuhr jetzt mit ihrer Mutter, die praktisch im Sterben lag, in die Klinik und sie wußte das nicht. < Hm > Das sind dann also so Momente der Ohnmacht. Da ist man also im Augenblick echt hilflos, man weiß nicht, was man machen soll.

Wenn Sie einmal zurückblicken. Haben sich Ihre Gedanken und Gefühle gegenüber Tod und Sterben in den letzten Jahren verändert?

> Ich glaube nicht. < Hm > Ich weiß es nicht. Ich habe mir früher wahrscheinlich nicht so häufig Gedanken darüber gemacht. < Ah ja > Aber ich glaube es nicht.

Hm. Manche Leute sagen, daß sie ihren Tod begrüßen. Wie ist das bei Ihnen zur Zeit?

6 NC	/Ich könnte ihn zur Zeit nicht gebrauchen./

Ja, gut. Ist der Gedanke an Ihren eigenen Tod eine Bedrohung für Sie?

7 AET	/Nein./

5.5.6.3 Interview C

Interviewer: weiblich.

Interviewpartner: weiblich, 50;3 Jahre, katholisch; Abitur, Gewerbelehrerin; ledig; Kinder: keine; monatliches Brutto-Einkommen zwischen DM 3.000 und DM 4.000.

Wenn wir einmal eine ganz normale Woche nehmen - mit welchen Personen kommen Sie da zusammen?

1 SI-A ↓2 SI-A	/Mit sehr vielen. Ich bin Lehrerin < Hm, hm > und hab' außerdem noch den Stundenplan in der Schule zu machen. Es sind fünfundachtzig Lehrkräfte in unserer Schule mit den nebenamtlichen, und das ist also die Hauptarbeit. < Hm > Und von früh bis abends./ Sonst mit Freunden, aber mehr am Wochenende, aber eben die Schule.

Und, eh, können Sie mir vielleicht auch noch sagen, mit welchen Leuten Sie am Feierabend oder eben am Wochenende zusammenkommen?

Ja mit - ich hab' zwei, drei Freundinnen und muß noch dazu sagen, mein Vater ist erst im Dezember gestorben, er war achtundachtzig, den habe ich betreut. Er war zwei Jahre krank, und dadurch bau' ich mir jetzt meinen Freundeskreis wieder neu auf. Mach's aber bewußt. < Hm > Es ist nicht sehr viel Zeit dafür. Ich versuch' auch, ab und zu mal zu einer Veranstaltung zu gehen, und das baut sich aber jetzt erst wieder langsam wieder auf.

Hm. Sie haben es gerade angeschnitten, eh, was machen Sie mit Ihren Freunden gemeinsam?

Eh, mit einer Freundin - wir bekochen uns gegenseitig am Wochenende. Wenn man alleinstehend ist, ist das manchmal so ein Problem. Und ich hab' viel gekocht, eben durch die Betreuerin, die der Vater hatte. Ich hatte ihn ja zu Hause, und er ist daheim auch gestorben. Und da bin ich das also gewöhnt, am Wochenende zu kochen. Oder - ja, wir berichten uns das, was in der Woche gewesen ist. Vielleicht werden wir auch mal 'ne Reise machen, aber das weiß ich noch nicht. < Hm > Das ist die ganzen Jahre flach gefallen. < Hm > Aber es hat auch nichts gemacht, daß es flach gefallen ist, es war gut so. Nach dem Motto: es hat alles seine Zeit.

Eh, haben Sie im Lauf von einer ganz normalen Woche Gelegenheit, Verwandte zu besuchen?

Nein. Ich hab' keine Geschwister. Die Eltern sind jetzt beide tot. Verwandte weitere, weiteren Grades wohnen weit weg. Da muß ich also auch jetzt versuchen, in den großen Ferien mal hinzufahren, damit die Verbindung, die jetzt durch die Beerdigung, so ist das ja meistens im Leben, daß man sich dann sieht, die wieder geknüpft ist, dann ein bißchen erhalten bleibt. Ich muß dazu sagen, ich bin aus Schlesien, also von daher auch eine Verschiebung. < Hm > Und dadurch also keine Verwandten in näherer Umgebung.

Und, eh, haben Sie Gelegenheit, Ihre Freundinnen wochentags zu besuchen?

Ich hätte sie, ja. Es ist also ein Zeitproblem.

Hm. Die nehmen Sie also nicht wahr, die Gelegenheit?

Nein, ich nehme sie - ja, mal ja, mal kommt auch jemand zu mir, aber das ist relativ selten, weil's dann auch Berufstätige sind, die abends müde sind. < Hm > Eben auch Alleinstehende. Da hat so jeder sein Programm.

Hm. Sind Ihnen die Besuche, die sie selber machen, lästig - also, wenn Sie Verwandte -

- nein überhaupt nicht -

oder überhaupt Bekannte so besuchen?

Nein, gar nicht. Im Gegenteil.

Und pflegen Sie Telefon- oder Briefkontakt?

3 ZP-A Viel Telefonkontakt, Brief auch ein bißchen, aber mehr
4 ZP-A Telefon.

Werden Sie im Lauf - werden Sie persönlich im Laufe einer Woche normalerweise von Verwandten oder Freunden besucht?

2a Ja.

Wie oft kommt das so ungefähr vor?

Ein- bis zweimal in der Woche.

Und wären Sie traurig, wenn man Sie nicht mehr besuchen würde?

Ja, sehr. Aber ich stehe auf dem Standpunkt - also ich weiß nicht, wollen Sie jetzt speziell nur Ihre Fragen oder wenn ich meine, daß es dazugehören könnte, daß ich es dazu sage? Wie ist es Ihnen lieber?

Ja, wenn Sie frei sprechen, was, was Ihnen einfällt.

Ja dazu, also was war jetzt? Traurig, ja. Aber ich finde, man muß eben zuerst auf die Menschen zugehen. Ich kann mich nicht hinsetzen und warten, daß jemand kommt. Also speziell jetzt auch wieder in meiner Situation, das war so gerade um die Beerdigungszeit, empfindet man, findet man sehr viel mehr Zuneigung und Mitempfinden. Aber man kann sich da nicht hinsetzen und sagen: so, wann kommt denn jemand? Sondern ich muß erst auf den anderen zugehen, und dann ist es sehr schön, wenn auch jemand auf einen selber zugeht. Also das ist die Maxime.

Hm. Sie haben vorhin gesagt, Sie wären traurig, wenn man < Ja > Sie nicht mehr < Ja > besuchen würde. Können Sie mir noch schildern, inwiefern Sie traurig wären?

Hauptsächlich dadurch, weil ich das Gefühl hätte, ich werde nicht mehr gebraucht, oder ich habe jemandem weh getan, oder es hat jemand etwas gegen mich. < Hm > Aber ich glaube, erst wenn ich den Eindruck habe, ich werde nicht mehr gebraucht.

Und das wäre, also das ist schlimm für Sie?

Ja.

Hm. Kommt es vor, daß Sie sich mit Ihren Arbeitskollegen - sagt man doch, Arbeitskollegen -

Freilich, Berufskollegen, ja.

- in der Freizeit treffen?

Ja.

Und können Sie mir dann sagen, was Sie gemeinsam machen?

Also ich muß wieder sagen, ich bin ein bißchen Ausnahmesituation, weil ich eben die letzten Jahre sehr wenig dafür Zeit hatte. Na, ich bin früh in die Schule und hab' dann also - bin ab 18 Uhr nervös geworden, weil dann die Betreuerin vom Vater weggegangen ist. < Hm > Aber Ostern haben wir dann einen Spaziergang gemacht, und wir gehen mal chic essen, hm? < Hm > und reden auch über die Schule und über Gott und die Welt. Also ich empfinde, muß ich dazusagen, die Schule nicht als Last, sondern ich bin sehr gern Lehrerin, ich bin sehr gern in der Schule. Ich bin also mit der Schule verheiratet, so nach dem Motto, mit irgend jemandem muß man verheiratet sein, da bin ich also mit der Schule.

Hm, können Sie mir noch sagen, wie oft Sie sich ungefähr im Monat mit Ihrem Lehrerkollegium treffen oder einzelnen Personen daraus?

Das ist wieder schwierig. Wenn man jetzt ganz grob, wahrscheinlich auch für die Zukunft hin - Einmal im Monat, zweimal im Monat. Denn das sind dann auch wieder, das ergibt sich wahrscheinlich wieder, Engagierte, auch wieder mehr Unverheiratete als Verheiratete, denn die Verheirateten haben ihre Familien < Hm >, und die Unverheirateten sind dann aber auch wieder engagiert, und das ist also eine Frage der Zeit.

Und mögen Sie solche Zusammenkünfte?

Ja. Ich bin unter Umständen sogar diejenige, die sie initiiert.

Hm. Und glauben Sie, daß Ihre Kollegen Sie gern dabei haben?

Ja.

Sind Sie Mitglied in einem Verein oder Club?

6
SI-A

Ja. Hm, Berufsschullehrerverband, Verein Katholischer Deutscher Lehrer. Ja.

Haben Sie da bestimmte Aufgaben übernommen oder übernehmen können?

Eh, hatte. Aber jetzt - Ja, doch, im Berufsschullehrerverband bin ich sogenannte Vertrauensfrau, eh, für unsere Schule innerhalb des Verbandes. Also für's Kollegium.

Und was haben Sie da für eine Funktion?

Das weiß ich noch nicht. Das ist erst neu. Ich muß immer wieder sagen, bin eben aus meiner Isolation jetzt der Jahre wegen, die dankenswerterweise akzeptiert worden ist - und jetzt versuche ich, da so ein bißchen die Fühler rauszustrecken und ganz bewußt aber auch so etwas zu übernehmen. < Hm > Da ist nächste Woche schon wieder eine Konferenz am Samstag. Da geht es also um, eh, Probleme der Organisation des beruflichen Schulwesens jetzt in dieser Richtung auf Landesebene, mit jemandem vom Ministerium, daß darüber gesprochen wird, und daß man da als Vertreter dieser Schule da dabei ist, oder auch was sagt, oder hört, oder wieder weiter gibt und multipliziert.

Haben Sie einen Menschen, bei dem Sie sich Rat oder Hilfe holen können?

7
SI-A
> Ja. Ich habe also eine Freundin, die älter ist und eine, die jünger ist. Und das geht dann so wechselweise hin und her.

Sind das, eh, Beziehungen, die Sie schon über längere Zeit < Ja > gepflegt haben?

> Ja.

Also alte Freundinnen?

> Ja. Zwanzig Jahre, zehn Jahre. Auch im Kollegium zwei, drei, wo ich jederzeit Rat und Hilfe haben kann, bekommen habe, muß ich auch noch dazu sagen. Aktiv oder zuhören, mal ausheulen können, das gehört auch dazu.

Und kommt es vor, daß jemand zu Ihnen kommt und Sie um Rat und Hilfe bittet?

8
SI-A
> Ja, öfter.

Können Sie mir da ein Beispiel dazu sagen?

> Ja, sowohl beruflich und aus dem Kollegium. Ein Anruf, daß sich jemand, eh, ausspricht oder, eh, eine Bestätigung oder eine Beruhigung oder einen Rat braucht oder eben auch eine Freundin beruflich oder sie hat sich geärgert und möchte sich aussprechen und erwartet - entweder habe ich, eh, noch jemanden, zu dem ich guten Kontakt habe, die mich hauptsächlich als Wand braucht, an sie hinrennen kann, habe ich inzwischen rausgekriegt, daß sie nicht erwartet, in jedem Fall nicht haben möchte, daß man etwas dazu sagt, sondern daß man einfach die Ohren aufmacht und daß sie jemand hat, an den sie hinklagen und hinjammern kann. Das ist schwerer als wenn man dann aktiv was tun kann. < Hm > Einfach halt die Stunde, die man sich hinsetzt und eben dem Leid und der Verzweiflung zuhört.

Eh, ist die Möglichkeit, jemandem helfen zu können, wichtig für Sie?

> Sehr. Lebensinhalt. Und Elixier.

Hätten Sie gern mehr Kontakt zu anderen Menschen?

9
SI-B/quant.
> Ja, mehr geht glaube ich gar nicht. ... Ich glaube, ich hab's optimal, ... schöpfe ich's aus.

Eh, könnte man sagen, daß Ihnen Ihr Beruf, eh, Freundschaften gegenüber vorgeht?

Nein, das eine schließt das andere nicht aus. Und das, eh, eine befruchtet das andere.

Hm. Haben Sie hin und wieder Gelegenheit, Angehörige Ihrer Pfarrgemeinde zu sehen?

1
REL-KKI

Im Gottesdienst, ja.

Und wie oft ist das ungefähr?

Einmal in der Woche, im Sonntagsgottesdienst. Ich habe also - muß ich vielleicht dazu sagen - zufällig gestern mir oder am Samstag abend im Gottesdienst überlegt, eben dadurch, daß ich jetzt mehr Zeit habe, eventuell dem Pfarrgemeinderat mich zur Verfügung zu stellen, wenn sie jemanden brauchen. < Hm > Weil ich eben jetzt mehr Zeit hab', und ich möchte irgendwie da in der Richtung noch etwas Aktives tun. Und da hatte ich also an den Pfarrgemeinderat gedacht.

Und wie denken Sie über das Zusammenleben Ihrer Pfarrgemeinde?

Na, ich weiß relativ wenig darüber. Aber ich würde mich freuen, wenn es aktiver und persönlicher wäre und nicht so unpersönlich, daß man in den Gottesdienst reingeht und ohne sehr viel zu wissen wieder herausgeht. Das ist das heutige Problem ja überhaupt bei dieser Anonymität, insgesamt. Ich bin zum Beispiel, bin in der Adalbero-Kirche. Die wird jetzt umgebaut, und da ist Samstag, Sonntag im Pfarrsaal Gottesdienst. Ich finde das herrlich schön. Ich würde am liebsten hinterher zu jedem hingehen und sagen: gell, es war schön, auf Wiedersehen und geht's Ihnen gut. Mir liegt das mehr als diese große anonyme Kirche, wo jeder in einer Bank hockt.

Eh, was halten Sie von dem Brauch, sonntags in die Kirche zu gehen?

2
REL-ÖRP

Ja, für mich ist es kein Brauch, für mich ist es eine Notwendigkeit.

Und können Sie mir sagen, was das für Sie bedeutet?

Ja. Eh, es bedeutet mir die, eh, Begegnung mit Christus. Ich bin katholisch und bemühe mich, ein praktizierender Christ zu sein. Und eben dieses bewußte ein bißchen Wegrücken von sich selbst und zur Ruhe kommen und sehen, daß man selber nicht der Nabel der Welt ist und sehen, daß es mehr gibt und Hilfe und die Möglichkeit der Fürbitte insbesondere die Möglichkeit, jemanden anderen mitzunehmen, sozusagen, also lieber Gott, die und die und die habe ich auch mit dabei, Lebende und Tote, kommt so eine ganze Bank zusammen. Eben, was man, eh, mit seinem Spatzenhirn nicht alles selber machen kann, sondern daß es jemanden gibt, der gütiger und mächtiger und allwissender ist.

In letzter Zeit ist öfter die Rede davon, daß die Grundsätze der katholischen Kirche milder angewendet werden sollen. Wie denken Sie in diesem Zusammenhang über voreheliche Beziehungen junger Leute?

3
REL-ESM

Ja, ich bin natürlich oft konfrontiert vom Beruflichen, vom Schulwesen her. Und bin andererseits sehr ängstlich und prüde erzogen. Und das ist also wahrscheinlich - auch gerade in der Zeit ist der Kreis der Befragten noch in der Tradition erzogen < Hm >, aber andererseits konfrontiert - mein Gott ja, ich bin in diesen Fällen froh, daß ich keine eigenen Kinder habe. Ich weiß nicht, wie ich da reagieren würde. Es - also, eh, darf ich ein bißchen mehr ausholen? Es wird dann wahrscheinlich sich auch noch dazu kommen - aber ich finde, die jungen Leute haben es heute viel schwerer als wir, weil die so ohne - manche Haltleine sind, die Religion, die Tradition, die Familie. Das ist nicht < Hm > - meines Erachtens nicht nur, eh, Grenzen, die man sprengen möchte, sondern auch eine gewisse Hilfe. Und von daher sehe ich auch die Gebote früher, eben keinen vorehelichen Verkehr, sehe ich nicht nur als Belastung, sondern auch als Hilfe. Während die jungen Leute, die eben heute mit einer Selbstverständlichkeit eben wenn sie siebzehn sind oder achtzehn sind, mit einem Freund zusammenziehen, in der Berufsausbildung stehen. Ich seh's auch als Belastung. Und eben auch vom Verkehr her und der Tatsache, daß sie, wenn sie nicht verheiratet sind, das Mädchen wieder noch mehr in der Situation steht, daß sie dann unter Umständen sitzen gelassen wird und damit häufig alleine fertig werden muß. Also, ich sehe es als große seelische Belastung. < Hm > Und wenn sie dann mit dem Kind ankommen - wir haben also ziemlich viele Schwangere rumlaufen in der Schule. Die armen Kinder sind sechzehn. Die eine weiß nicht, wer der Vater des Kindes ist. Na ja, das Jugendamt wird's schon feststellen. Also von da - von der Erfahrung her sehe ich mehr die Belastung als die Freiheit, es machen zu können.

Hm. Eh, würden Sie sich in dem Fall auf den Standpunkt der katholischen Kirche stellen?

Ich glaube, das kann man genauso wenig verallgemeinern wie ein Priester, und das müßte man sehr, sehr genau abwägen. Von Situation zu Situation. Es ist heute wahrscheinlich unmöglich, nur zu sagen, ihr dürft nicht. Aber dieses Fingerspitzengefühl zu haben oder zu sagen, nein, ihr dürft nicht. Ich würde es auf jeden Fall versuchen zu raten, wenn mich ein junger Mensch danach fragt.

Hm. Und wovon würden Sie das oder Ihre Entscheidung abhängig machen?

> Von der Absicht zu heiraten, vom Alter, von der Reife. Alter und Reife passen ja nicht zusammen, sind ja nicht identisch miteinander. Von der familiären Situation, von der beruflichen Situation. Ich sehe es mehr aus der Erfahrung als Belastung als daß jetzt die Freiheit genießen. Im Gegensatz zur Unfreiheit von früher. Und die Regeln und die Gebote der Kirche waren ja nicht nur Gängelband, sondern waren auch eine Hilfe, auch wenn man sich daran gescheuert hat, aber meines Erachtens war's auch eine Hilfe. Und die Tatsache, daß jetzt mehr Freiheit den Menschen gelassen wird, fängt im Gottesdienst an. Ich meine, das ist der Zweck des Zwanges, in der Politik genauso. Je mehr Freiheiten ich habe, desto größer ist die eigene Verantwortung. Und wie weit ein Mensch damit belastet werden kann, ist die zweite Frage. Wie weit sie belastbar sind. < Hm > Mit der freien Entscheidung, find' ich, ist die Belastung für viele größer als der Genuß der Freiheit.

Und wie denken Sie in diesem Zusammenhang über Empfängnisverhütung?

4
REL-ESM

> Mit der gleichen Belastung. Wenn's richtig gemacht wird, dann eben als Katholik sage ich dann, eher noch Knaus, aber dann - ja, es geht um die Pille - ich glaube, ich könnte - wenn ich eine eigene Tochter hätte, ich würde ihr wahrscheinlich genauso die Pille geben. Wahrscheinlich. < Hm > Mit schlechtem Gewissen einerseits und mit der Sorge der Verantwortung.

Sie haben jetzt gesagt schlechtes Gewissen. Aus welchen Gründen?

> Ja, ja, wenn sie also nicht verheiratet ist. Aus der Tatsache der Bindung und auch aus dem Eingriff in das Unnatürliche und aus der Tatsache, eigentlich müßte man sagen, hier bitte, so weit solltet ihr euch beherrschen können und zurückhalten können vor der Ehe, denn es kommt dann doch wieder auch zugute. < Hm > Aber wahrscheinlich dann doch eben im Gedanken sind sie überfordert die jungen Leute, wenn man das von ihnen erwartet. Da langt gar nicht mal erwartet.

Eh, Sie haben bis jetzt von der Überforderung der jungen Leute gesprochen. < Ja > Würden Sie auch sagen, daß bei Ihnen moralische Bedenken mitschwingen?

> Ja.

Die christliche Lehre enthält einerseits Versprechungen wie zum Beispiel das Paradies und das ewige Leben und auf der anderen Seite werden auch Strafen angedroht wie zum Beispiel die Hölle. Was von beiden ist für Sie persönlich wichtiger? An welches von beiden denken Sie häufiger?

5
REL-V
An die Hoffnung, daß man als sündiger Mensch doch der Barmherzigkeit Gottes anheimfällt und daß man wohl eben auf Grund der Sünden Strafe verdient, aber dann doch eben auf Grund der Barmherzigkeit Gottes nicht der ewigen Verdammnis anheimfällt. In der Hoffnung, daß man soviel Kraft bekommt, daß man so lebt, daß man eben nicht verdammt wird.

Hm, Sie sind also mehr Optimist. < Ja > Habe ich das jetzt richtig verstanden?

Ja, ja. Nun ist ja die Meinung der Theologen sehr unterschiedlich, eben der Begriff der Hölle und ein sehr weiter Begriff. Und ist andererseits - ich weiß nicht, ob Sie Sartre gesehen haben vorige Woche, die "Eingeschlossenen"? - also ich hab nur ein Stück gesehen. Also, das war so deprimierend. Eben die drei Menschen, die im Zustand der Hölle sind und sich da quälen, selber quälen bis zum Letzten.

Hm, versuchen Sie nochmal, in sich hineinzuhorchen. Was empfinden Sie beim Gedanken an Gott?

6
REL-GG
Geborgenheit, Hilfe, Hoffnung. Hilfe.

Und würde es Sie stören, wenn es Gott nicht geben würde?

7
REL-GG
Ich kann's mir überhaupt nicht vorstellen. < Hm > Und ich versuche, versuche immer wieder, mit Gott zu leben.

Kommt Ihr Verhältnis zur Religion und zu Glaubensfragen in Ihrem Verhalten im Alltag zum Ausdruck?

8
NC
Ich hoffe das.

Können Sie mir da ein Beispiel dazu sagen?

Also das ist sehr persönlich. Eh, daß man nicht zornig ist. Heute habe ich versucht, nicht schadenfroh zu sein. Daß man eine Beleidigung schluckt nach dem Motto, wenn dich jemand auf die linke Wange schlägt, dann halte ihm die rechte hin. Daß man - bei mir spielt's eine große Rolle, die Fürbitte für jemanden. Da, nach dem Motto: man ist von der Nächstenliebe her verpflichtet, dem anderen ein frohes Gesicht zu zeigen und in seinem ganzen Äußeren, von der Kleidung angefangen, nach Franz von Sales, einen ordentlichen Anblick zu geben. Und Schulgebet, frei formuliert, wo die Schulaufgabe mit eingeschlossen ist, die am Tage geschrieben ist. Oder Sorgen um den Weltfrieden, oder mal jemanden, wie gesagt, ich bete mal dafür, mit einem besonderen Anliegen. Das sind so Versuche.

Also ich möchte jetzt das Thema Religion und Glaube wieder verlassen und ganz allgemein über Ihre Lebensverhältnisse sprechen. Manchmal wird über jemanden in dessen Abwesenheit geredet. < Hm > Was würde ein guter Freund über Sie sagen, wenn Sie nicht dabei sind?

Ja in welchem Bereich?

Beruflich und privat.

1 SWG Beruflich: sie engagiert sich, sie ist mit der Schule verheiratet, eh, manchmal macht sie wohl ein bißchen zu viel und meint, sie ist unentbehrlich, da müssen wir manchmal ein bißchen bremsen. Sie hat ihren Spaß dran, uns zu betütteln und zu bemuttern und zu betun, und das ist im allgemeinen sehr schön, vor allen Dingen, wenn's uns schlecht geht. Ich hoffe, daß sie sagen, sie kann zuhören, und wir können immer zu ihr kommen oder anrufen. Manchmal geht sie uns auch auf die Nerven mit ihrer Gründlichkeit oder mit ihrer Fürsorge. Ja.

War das jetzt der berufliche Bereich?

Überhaupt - beruflich und persönlich kombiniert.

Eh, könnte ein guter Freund von Ihnen sagen, daß Sie in mancher Hinsicht ein wertvoller Mensch sind?

2 SWG Puh. Ja, vielleicht in, in, in der Fürsorge. Da hoffe ich, daß sie das sagen.

Und was wird Ihr guter Freund wohl sagen, wenn er Sie mit einem ganz normalen Durchschnittsmenschen vergleicht?

3 SWG Na ja, ein normaler Durchschnittsmensch vielleicht, eben. Mit dem Eifer in der Schule oder mit dem Eifer der persönlichen Fürsorge, daß ich dazu neige, ein bißchen auch mal eine Drehung mehr zu machen. Und damit unter Umständen anderen auf die Nerven gehe. Das kann schon sein.

Und würde er sagen, daß Sie in manchen Dingen besser oder schlechter als der Durchschnittsmensch sind?

Das ist verflixt schwer, das selber zu sagen. Das ist so global, besser und schlechter.

Sie können das auch differenzieren.

Ja, vielleicht - aber das liegt wahrscheinlich damit zusammen, daß ich sehr häufig das Herz auf der Zunge habe. Und mehr über manches rede, als vielleicht jemand anders, vielleicht eben gerade vom Religiösen her. Daß ich versuche, da jemand mit einzubinden oder - auch gerade die eine Freundin, die beruflich selten in den Gottesdienst kommt, weil sie sonntags arbeiten muß, daß ich da ganz grundsätzlich sage, ich bin also stellvertretend für dich mit da. Daß ich das auch artikuliere. < Hm > Von daher vielleicht. Aber sonst ist es ganz normal. Sie haben gesagt, also als ich den Vater gepflegt habe und eben ganz auf ihn eingestellt habe, aber ich habe es auch nicht als etwas Besonderes hingestellt. Es war eine Aufgabe und nach dem Prinzip, eh, es ist zu irgend etwas gut, wenn es nicht zu etwas gut wäre, würde es nicht mir geschickt. Und da ich die Aufgabe habe, muß ich sehen, wie ich durchkomme. Und da auch ein bißchen versucht als Lebensprinzip, eh, je weniger man sich gegen etwas wehrt, umso leichter ist es, damit fertig zu werden. Wenn ich erst kratze und beiße, da ist es viel zu anstrengend. Die Kraft kann ich gebrauchen, um dann damit fertig zu werden.

Und nehmen wir einmal an, jemand, der über Sie spricht, und Sie ganz und gar falsch einschätzt - was würde der Betreffende sagen?

4
SWG
Übereifrig im Beruf, schlechtes Gedächtnis, möchte überall gut dastehen. Hm, ja, mehr fällt mir jetzt nicht ein.

Gibt es Dinge in Ihrem Leben, die für Sie persönlich besonders wichtig sind?

1
LZ-G
Ja, der Beruf. Beruf und der Kontakt mit Menschen.

Hm. Und haben Sie bestimmte Interessen oder Hobbies?

Darauf habe ich gewartet auf die Hobbies. Nun mag ich das Wort "Hobby" überhaupt nicht.

Deswegen habe ich auch Interessen dazu hingestellt.

Ja, ich hab's schon gemerkt. Danke, daß Sie sich also trotz Fragebogen darauf einstellen. Aber Sie lernen's ja. Ich lese aber hauptsächlich Zeitung und die sehr gründlich. Es klingt lächerlich, aber ich muß wieder sagen, die Schule und die Menschen und die Freunde, Freundeskreis, das ist gleichzeitig Hobby.

Hm. Und sind so Dinge wie Einkommen oder Lebensstandard für Sie sehr wichtig?

Überhaupt nicht.

Haben Sie bestimmte Werte oder Ideale, nach denen Sie Ihr
Leben ausrichten oder nach denen Sie streben?

> Ja, die zehn Gebote. Und da versuchen, einigermaßen
> anständig über die Runden zu kommen. Ohne jemandem weh
> zu tun. Den Schülern das mitzugeben, nach dem Motto,
> wenn ein Schüler von tausend einmal im Leben das brau-
> chen kann, was ich versucht habe, ihm beizubringen, ist
> das schon viel. Weil ich nicht mag, enttäuscht zu sein.
> Deswegen erwarte ich lieber weniger, und wenn ich ent-
> täuscht bin, habe ich zuviel erwartet.

Sind Sie mit den Dingen, die für Sie besonders wichtig sind,
zur Zeit zufrieden?

> Ja.

Wenn Sie Ihr bisheriges Leben überblicken, haben sich dann
diese für Sie besonders wichtigen Dinge so entwickelt, wie Sie
sich das gewünscht haben?

> Ich habe nie gewünscht.

Oder - nehme ich jetzt einfach mal an - Sie haben doch
bestimmte Vorstellungen gehabt als junger Mensch, wie Ihr
Leben sein soll oder was Sie aus Ihrem Leben machen wollen.

2
LZ-V
> Nein, es hat sich entwickelt. Wenn ich Vorstellungen
> gehabt hätte, ist es viel besser geworden als ich mir's
> je hätte vorstellen können. So beruflich vom Fortkommen
> als auch vom Gehalt als auch vom Lebensstandard, von
> menschlichen Kontakten, das hätte ich mir nie, nie zu
> träumen gewagt, daß das mal aus mir wird.

Ich meine, gibt's irgend etwas, also was, wo Sie sagen können,
das ist nicht nach Wunsch gegangen? Oder das hätte ich mir
anders vorgestellt.

> Ich habe mir nichts vorgestellt.

Glauben Sie, daß Sie in Ihrem bisherigen Leben etwas Wichtiges
versäumt haben?

3
LZ-V
> Ja. Relativ kurzfristig, aber das belastet mich wahr-
> scheinlich noch mein ganzes Leben. Eh, daß ich mich um
> meine Mutter, die ein halbes Jahr sehr starke Depressio-
> nen hatte, bevor sie gestorben ist, mich nicht genug
> gekümmert habe. Und das habe ich versucht, also auch
> unter anderem an meinem Vater wieder gut zu machen. Ich
> hab's also als gerechte Behandlung, nicht Strafbehand-
> lung, empfunden, daß ich dann die Jahre, fast zwölf
> Jahre, mit meinem Vater alleine war. Aber das ist eine
> Belastung. Das ist also eine richtige Schuld, die ich da
> auf mich geladen habe.

Ist es für Sie jetzt - oder ist der Gedanke für Sie jetzt im nachhinein noch schlimm?

> Ja.

Nehmen wir einmal an, Sie könnten zaubern. Was würden Sie dann an Ihrem jetzigen Leben ändern?

> Jetzt nur mein Leben? < Hm > Nicht das von anderen?

Nein.

> Oder -

Die Frage hat so gelautet: Was würden sie an Ihrem jetzigen Leben ändern?

4
LZ-V
> An meinem Leben gar nichts. Am Leben einer Bekannten, der würde ich also ganz schnell einen Menschen zaubern, zu dem sie sich zugehörig fühlt, weil sie wirklich echt allein und einsam, nicht allein - einsam ist. Und dann würde ich dem Jimmy Carter andere Gedanken einzaubern, und ihm ein paar Hubschrauber hinzaubern, die besser funktionieren.

Ob das halt eine Lösung ist, in dem Fall?

> Ich weiß es nicht. Aber in der Richtung würde ich zaubern. Jetzt für mich, für mich ich würde nichts zaubern. Also da haben Sie bei mir - die Fragen können Sie - ich bin nicht nur zufrieden, ich bin glücklich.

Wir haben ja jetzt so über Ihre gegenwärtige Situation und über Ihre Vergangenheit -

> Und jetzt kommt die Zukunft?

Ja, genau. Haben Sie Pläne für die Zeit, die vor Ihnen liegt?

1
ZP A
> Ja. Eh, insofern, daß ich also im Augenblick noch ein bißchen Ausnahmesituation bin und jetzt mich einpendeln muß, eben mit einem Bekanntenkreis, daß ich da nicht zuviel Zeit dafür aufwende, damit ich zeitlich zurecht komme und wie gesagt, jetzt zum Beispiel mit dem Pfarrgemeinderat, um noch eine soziale Aufgabe zu haben oder in der Sozialstation der Pfarrei mitzuarbeiten. Ich weiß es noch nicht, was ich mache. Aber andererseits, in dem Bekanntenkreis ist entweder ist jemand krank, daß ich da samstags hingehe. Ja, das sind die Pläne. Also - mich da zu arrangieren.

Hm. Eh, was Ihre Wohnsituation betrifft, da haben Sie zum Beispiel, also da haben Sie keine Veränderungen vor oder?

> Nein. Ich wollte - ich habe eine ziemlich große Wohnung eben, die ich mit dem Vater hatte, mit den Eltern. Und ich will aber auch da jetzt bleiben, obwohl sie eine Nummer zu groß ist. Einmal um Besuch zu haben, der auch übernachten kann, und zum anderen, weil ich's mir zu sehr - weil es mir zu schwer fallen würde und wehtun würde, jetzt - mich jetzt umzustellen. Ich merke jetzt hinterher, daß der Vater doch sehr viel innerlich und äußerlich in meinem Leben ausgemacht hat. Das merkt man erst hinterher, wie man sich auf jemanden einstellen kann. Und da muß ich jetzt umlernen. Das ist gar nicht einfach.

Das glaube ich.

> Die Zeiteinteilung macht mir da zu schaffen. Ich bin nicht einsam, also - das, das merken Sie. < Hm > Ich bin auch nicht alleine. Aber trotzdem muß ich - es ist niemand da, der einen unmittelbar fordert. Und das ist also, das ist verdammt schwer. Dann muß ich aufpassen, daß ich nicht jetzt, eh, abends telefoniere oder dahin gehe oder dorthin gehe und da frage, braucht ihr mich denn. Und dann bleiben die Schulaufgaben liegen. Aber ich denke, das pendelt sich ein.

Hm, Wie groß ist der Zeitraum, den diese Ihre Pläne ausfüllen?

> Was ich also für die Zukunft vorhabe? < Ja > Ein Jahr ungefähr.

Und wie schaut's mit der ferneren Zukunft aus?

> Noch gar nicht. Also da bin ich - eh, da nehme ich es so, wie's kommt und bin glücklich, daß mich eben jetzt niemand unmittelbar braucht. Also auch gesundheitlich. Das war also bis jetzt meine größte Sorge, daß ich nicht ernstlich krank werde, des Vater's wegen. < Hm > Und sonst nehme ich es so, wie's sein soll.

Nun gibt's ja auch Dinge, auf die man als einzelner keinen Einfluß hat. Was erwarten Sie ganz allgemein von Ihrer eigenen Zukunft?

2
ZP-T
> Gar nichts.

Haben Sie keine Hoffnungen oder Befürchtungen?

> Befürchtungen im Zusammenhang mit dem Weltfrieden?

Zum Beispiel.

> Ja. Also da ernste Befürchtungen. Aber auch wieder weniger für mich selber, weil, eh, ich zunächst für mich alleine verantwortlich bin. Mehr dann für ... jetzt zum

Beispiel mit Entbehrungen, muß ich wieder sagen, haben's wahrscheinlich junge Menschen wesentlich schwerer als wir. Gerade wir haben noch die Entbehrungen des Krieges und der Nachkriegszeit miterlebt. Und mir geht's so, daß ich mich sehr freue über ein neues Kleidungsstück, aber daß ich mich immer wieder frage, wärst du weder neidisch noch unglücklich noch traurig, wenn du das jetzt nicht kaufen könntest. Und erst dann, wenn ich sage, nein, also es würde dir gar nichts ausmachen, hast du's halt nicht - erst dann kaufe ich es mir. Also von daher für mich persönlich ist das eine Vermessenheit, aber weniger Sorge als insgesamt. Mit Krieg, mit Leid, mit allen Belastungen, ja - und es langt ja schon die Spannung jetzt und die Unruhe.

Auf wie viele Jahre erstrecken sich Ihre Gedanken insgesamt?

3
ZP-A
Ich habe keine Gedanken in die Zukunft, wissen Sie. Ich kann's nicht sagen. Ich glaube sogar, wenn's heißen würde, ich erfahre morgen, meinetwegen, daß ich Krebs habe, und es ist nicht mehr zu heilen, dann werde ich mir Mühe geben, mich reinzuschicken und dann ist es gut.

Versuchen Sie noch einmal, in sich hineinzuhorchen. Wenn Sie an all das denken, was die Zukunft Ihnen ganz persönlich bringen kann, was empfinden Sie dann dabei?

4
ZP-T
Dankbarkeit. Für den Lebenskreis, für den Beruf, für die Aufgaben. Und Hoffnung, daß man die Erwartungen, die in einen gesetzt werden, erfüllt.

Wenn man an die Zukunft denkt, sieht man ja auch irgendwann einmal das Lebensende auf sich zukommen.

Das habe ich damals schon angedeutet - ich wußte das oder hab's mir gedacht, daß es in der Richtung weitergeht.

Eh, und wenn Sie an Ihren eigenen Tod denken, was fällt Ihnen dabei ein?

1
BEST
Die Barmherzigkeit Gottes, die einem hoffentlich dabei hilft, daß man nicht der Verdammnis anheim fällt. Ich war bei beiden Eltern beim Tod dabei. Bei der Mutter nur eine Viertelstunde, weil sie im Krankenhaus gestorben ist, beim Vater tagelang. Da ändert sich dieser Blickwinkel etwas. Das Leben verändert sich durch eine solche Situation. Die Einstellung zum Tod überhaupt.

Können Sie mir noch sagen, in welcher Weise sich - also Ihre Gefühle gegenüber Tod und Sterben eben in dieser Zeit?

Ja. Daß der Tod wirklich das dunkle Tor ist, durch das der Mensch hindurch muß. Auch im Zusammenhang jetzt mit

97

> der Erbsünde und ich, mir ist klar geworden, daß wirklich der Tod die unmittelbare Folge der Erbsünde ist. Denn normalerweise müßte doch der Mensch, wenn er gläubig ist und weiß, es ist die Erfüllung seines Lebens, und er kommt in der Hoffnung der Anschauung Gottes, müßte das doch der schönste Augenblick sein. Aber eben durch die Erbsünde dann doch diese Veränderung, daß er durch diese Qual des Weggehens hindurch muß. Ich habe jetzt gerade die - ich weiß nicht, ob Sie sich beschäftigt haben ein bißchen damit - diese Berichte von der Schweiz her doch, daß Menschen, die durch Unfall in dieser Situation waren < Hm >, daß sie hinterher sagen, sie, den Vergleich finde ich gut, wie in einem dunklen Tunnel, aber sie haben hinten ein Licht gesehen.

Hm. Ja, das habe ich auch gelesen.

> Ja? Und eben, eh, dieses dunkle Tor, ich glaube Guardini hat's einmal gesagt, durch das der Mensch hindurch muß, aber hinter dem Tor dann die Anschauung Gottes. Für mich wäre Sterben sehr schwer dann, wenn ich wüßte, es sind Menschen da eben wieder, im Zusammenhang mit dem Vater, die mich brauchen, und wahrscheinlich im Sterben auch der Gedanke, die sind jetzt traurig, daß ich nicht mehr da bin. Ja, aber von mir persönlich, ich lebe gern, aber ich - im Augenblick, man weiß nicht, wie man in der Situation ist, aber im Augenblick würde es mir nicht sehr viel ausmachen zu wissen, daß ich - daß man nicht mehr lange leben würde.

Und das war früher anders?

> Nein, es war nicht so bewußt. Ich hätte es nicht so artikulieren können.

Und wenn Sie daran denken, wie Sie sterben werden, was fällt Ihnen dabei ein?

2
AES
> Daß ich den anderen, die um mich rum sind, nicht zuviel Last mache. Alles andere liegt also wirklich in Gottes Hand.

Sie haben es vorhin schon angeschnitten, aber ich stelle die Frage trotzdem noch mal. Welche Erfahrungen haben Sie persönlich mit Tod und Sterben gemacht?

3
AFST
> Mit meinen Eltern, in Zusammenhang mit beiden Eltern Und auch im Bekanntenkreis, Eltern, die gestorben sind. Von meiner jüngeren Freundin ist der Bruder gestorben, also schon sehr oft indirekt und eben mit beiden Eltern direkt konfrontiert. Und ich kann's also ... habe den Vater daheim gehabt. Und ich würde es jedem raten, wenn er's räumlich und zeitlich machen kann, einen alten Menschen auch daheim sterben zu lassen. Eben noch aus der

Generation sind, mein Vater war achtundachtzig, also - er hat sich gewehrt gegen's Krankenhaus und eben diese Anonymität, die, wo wahrscheinlich für einen Sterbenden sehr schwer ist. Und dann doch die gewohnte Umgebung und eventuell noch einen Menschen da haben, der einem vertraut ist und vielleicht im Todeskampf - er hat tagelang ganz schwer geatmet - und ich habe nicht gewußt, ob er registriert, daß ich da bin. Aber eben Hand halten und streicheln und leise mit ihm sprechen, ich glaube schon, daß das eine Hilfe sein kann. Man nimmt sich dann nicht so sehr - man nimmt sich dann nicht mehr so wichtig. Und sein eigenes Leben. Wenn man so unmittelbar das erlebt hat. Und auch also der Bezug zum - zu Gott kann dadurch tiefer werden. Denn was ist das Leben eigentlich? Und eben auch noch die - der Anstoß, sich immer wieder dran zu erinnern, was eigentlich das Ziel des Menschen ist. Eben durch dieses dunkle Tor, dann auf das Ziel hinzu. Man vergißt es hundert Mal, man nimmt sich selber viel zu wichtig.

4 NC

Manche Leute sagen, daß sie ihren Tod begrüßen. Wie ist das bei Ihnen zur Zeit?

Ich habe vorhin schon gesagt, ich lebe gern.

5 BEST

Also Sie würden ihn nicht begrüßen?

Nein.

Auf gar keinen Fall?

Nein. Ich würde versuchen zu sagen: Herr, Dein Wille geschehe und eben, ich wüßte, daß eben zum Beispiel die Freundinnen traurig wären und mich vermissen würden. Meine eine Freundin würde mich, wenn sie krank ist, mehr vermissen, als wenn sie gesund ist, und das würde mich belasten. Aber sonst nicht.

Ist der Gedanke an Ihren eigenen Tod eine Bedrohung für Sie?

Nein. Überhaupt nicht.

6 AET

5.5.6.4 Interview D

Interviewer: männlich.

Interviewpartner: weiblich, 54;4 Jahre, katholisch; Hauptschulabschluß, Büglerin; verwitwet; Kinder: zwei Töchter, 24 und 34 Jahre; monatliches Brutto-Einkommen unter DM 1.000.

Wenn wir einmal eine ganz normale Woche nehmen - mit welchen Personen kommen Sie da zusammen?

1
NC
Na ja, also ich würde sagen, eh - Sie meinen so privat oder auch, eh - Ich bin ja berufstätig noch, ne. Na ja, mit Kolleginnen und dann mit der Familie, Familienangehörigen. Mit meiner Tochter, mit meinem Enkelkind und Schwiegersohn, ne. < Hm > Und so eigentlich weiters nicht.

Können Sie ein wenig schildern, wie Ihr Umgang im beruflichen Bereich aussieht?

2
SI-A
Na ja, also ich mein', ich hab' nette Kolleginnen und hab' auch welche dabei, wo nicht so nett sind. Oder wollen Sie speziell nur wissen, was ich beruflich arbeite oder wie? Nicht direkt?

Auch. Ich möchte mir gern ein Bild davon machen, wie Sie mit Ihren Kolleginnen und vielleicht auch Kollegen -

Ich bin in einem großen Krankenhaus beschäftigt < Hm > in einer Wäscherei, ne. Und da arbeite ich jetzt schon fast 15 Jahre. Also, ich habe nette Kolleginnen dabei, zum größten Teil alles über 40 ungefähr, in meinem Alter auch, und da arbeitet sich's ganz gut. Das muß ich sagen.

Sind die auch schon länger dort?

Ja, verschiedene sind schon, eh, die eine ist 17 Jahre, die andere über 20 und dann also in dem Zeitraum so ungefähr, ne. < Hm > Und da muß ich sagen, also man kommt ganz gut zurecht, ne. Ich mein', es gibt ja überall Menschen, mit denen man nicht so verträglich sein kann, ne, das liegt vielleicht am Menschen auch selber, ne. Aber im großen und ganzen kann ich nicht klagen. Und das macht mir auch Spaß, die Arbeit.

Wieviele Personen sind das, mit denen Sie da direkt zu tun haben?

Also wir arbeiten da in einem Raum. Also insgesamt würde ich sagen 10 bis 12 Personen, ja.

Hm. Kommt es vor, daß Sie sich da, eh, über alle möglichen Erlebnisse und Ereignisse, die man gehabt hat, unterhalten und sich da –

> Na ja, also ich meine, im Grunde genommen – wir haben, eh, ein paar Kolleginnen dabei, die sprechen halt so über ihr Familienleben und so. Also ich meine, da halte ich mich einigermaßen etwas raus, weil ich mir sage, eh, Beruf und Familie, das ist ja wieder zweierlei, muß man nicht alles erzählen, ne. < Hm > Das ist meine Ansicht, ne.

Und, eh, Stichwort Familie. Eh, Sie deuteten das schon an, eh, Tochter, ist das richtig? Enkelkind?

↓3
SI-A

> Ja, ja, genau. Also, ich habe zwei Töchter, ne. Aber mit der einen Tochter komme ich nicht so oft zusammen, erstens sie wohnt etwas, eh, außerhalb von X-Stadt, ne, < Hm > und meine jüngste Tochter die wohnt hier in der Nähe, ne, und da kommen wir eben öfters zusammen, ne. Und das Verhältnis ist ja aber an und für sich sehr gut, muß ich sagen.

Was passiert da so, wenn Sie sich sehen?

> Na ja, ich mein', da gehen wir bei schönem Wetter ein bißchen spazieren oder man unterhält sich und man trinkt zusammen Kaffee, man ißt zusammen Abendbrot. Man geht auch mal zusammen aus, ne. < Hm > Es kommt darauf an, ne. Man spricht über verschiedene Themen.

Wie, eh, sieht bei Ihnen so ein ganz normales Wochenende aus?

> Na ja, also ein ganz normales Wochenende, würde ich so sagen, eh – erstens habe ich einmal dann ein bißchen was im Haushalt zu tun und dann, eh, gehe ich viel an die frische Luft, < Hm > weil ich das unbedingt nötig brauche, ne. Wenn Sie in einem geschlossenen Raum immer sind, immer diese Wärme und diese Dämpfe und so weiter, und ich brauch' das auch, ne, gesundheitlich, ne. Na ja, dann gehe ich auch so – ich gehe gerne aus in ein Café und so, ne. < Hm > Aber so abends, muß ich sagen, bin ich immer daheim. < Ja > Ab und zu muß ich – kann ich ja auch sagen dabei erwähnen, gehe ich auch mal in die Kirche. Aber ich bin nicht so ein arger Kirchgänger. < Hm > Das muß eben von mir innen heraus, daß ich sage, heute habe ich mal das, eh, Gefühl, heute mußt' mal in die Kirche gehen, ne. < Hm > Aber nicht regelmäßig. Das möcht' ich da auch betonen. < Hm > Aber sonst verläuft das an und für sich sehr normal, würde ich sagen, ne. < Ja >

Keine bewegenden oder außergewöhnlichen Ereignisse.

> Ne, ne, würde ich nicht sagen.

Haben Sie im Laufe einer ganz normalen Woche Gelegenheit, Verwandte zu besuchen?

    Na ja, also ich sage Ihnen -

Abgesehen von Ihrer Tochter.

    Ne, nein, eigentlich nicht.

Und, eh, wie ist es mit Freunden oder Bekannten?

14

SI-A

    Ja also, ich meine, ich kann's ja vielleicht dazufügen, daß ich auch alleinstehend bin, verwitwet, ne, < Hm > ohne Mann. Und, eh, da sind wir immer so zwei, drei Frauen, manchmal auch vier, fünf und gehen da miteinander aus, ne. Gehen mal in eine Weinstube, < Hm > man trinkt mal einen Schoppen Wein, man ißt was dazu, man erzählt sich ein bißchen. Aber sonst normalerweise -

Wie kommt das zustande? Ist das regelmäßig eingerichtet?

    Na ja, also so, eh, treffen wir uns jeden, eh, Sonntag, ne. Unter der Woche auch mal, ne. Und dann mit anderen Kolleginnen so machen wir das einmal im Monat, ne. Daß wir da in eine Weinstube mal gehen, ne. < Hm > Aber sonst läuft das eigentlich vollkommen normal.

Sind diese vier, fünf Frauen, von denen Sie sprachen, auch Kolleginnen von ihnen?

    Ja, ja, kann man sagen. < Ah ja > Wir fahren auch ein bisle - ab und zu einmal weg, das möchte ich auch dazu betonen. Wenn man mal das Bedürfnis hat, man muß einmal raus hier aus X-Stadt, man muß einmal etwas anderes sehen, ne, das würde ich auch noch sagen. Aber sonst eigentlich nichts Bewältigendes, was man sagen kann, ne. < Ja >

Eh, telefonieren Sie viel?

5

SI-A

    Na ja, mit meinen Kindern halt, ne. < Na ja > Ich mein', seit einem Jahr hab' ich ja erst Telefon, das ist ja noch nicht lang. < Hm > Ja, viel würde ich auch nicht sagen.

Wie hoch ist ungefähr Ihre Telefonrechnung?

    Na ja, also meistens so um die 30 DM, nicht höher.

Und, eh, haben Sie irgendwie briefliche Verbindungen?

6

SI-A

    Ja, da hab' ich - also von meinem Mann aus sind noch Verwandte in der Ostzone. Also die unterstütz' ich, weil ich mir sage, die Menschen < Ja > brauchen das wirklich. Also ich will nicht sagen finanziell, aber ich schick', eh, Sachen rüber, was wirklich - was die immer wieder sagen, sie können's gut gebrauchen < Hm > und ich sag' mir, warum soll ich denen nicht eine Freude machen. Uns geht's ja einigermaßen gut hier, ne. < Hm > Die müssen doch auf Vieles verzichten, was bei uns selbstverständlich ist, ne. Aber sonst habe ich wenig Briefverkehr. < Ja > Na, verschiedene Angehörige sind ja auch schon tot von mir, es lebt ja nur noch die Mutter, ne. < Hm >

Werden Sie hin und wieder mal besucht von irgend jemandem?

3a

Na ja, an und für sich, muß ich sagen, wenig.

Und, eh, Sie sprachen jetzt eben schon mal davon, daß Sie mit Ihren, eh, einigen Ihrer Kolleginnen da mal einen Schoppen trinken gehen < Hm > und diese Dinge. Eh, glauben Sie, daß die anderen Sie da gern dabei haben?

4a

Ja, ich weiß nicht. Ich hab' das Gefühl - also wenn ich einmal, wenn ich zum Beispiel einmal sage, ich gehe heute nicht mit, dann heißt's halt ja immer: ja warum, warum können Sie nicht? Es wäre doch nett, wenn wir zusammen sind. < Hm > Ich weiß nicht, ich bild' mir nichts ein, aber ich habe das Gefühl.

Ja, da drängeln die ein bißchen.

Ja.

Sind Sie Mitglied in einem Verein oder Club?

7
SI-A

Überhaupt nicht. Nichts, nein. War eigentlich auch noch nie.

Hm. Auch früher nicht?

Ne. Nichts.

Haben Sie einen Menschen, bei dem Sie sich Rat oder Hilfe holen können?

8
SI-A

Ja, da muß ich sagen, eh, das ist mein einer Schwiegersohn, ne, und die jüngste Tochter. Mit denen kann ich da über alles mögliche sprechen, ne.

Hm. Haben Sie das Gefühl, daß Sie, eh, von denen auch verstanden werden und daß die Ihnen < weiterhelfen > was geben können?

Also ich finde schon, < Hm > doch.

Kommt es mal vor, daß jemand zu Ihnen kommt und Sie um Rat oder Hilfe bittet?

9
SI-A

/Na ja, muß ich eigentlich sagen, wenig.

Hätten Sie gern mehr Kontakt zu anderen Menschen?

10
SI-B/quant.

, Na ja, also manchmal, muß ich sagen, denke ich oft, es wäre vielleicht auch ganz gut, wenn man noch etwas Kontakt hätte. Aber ehrlich gesagt, eh, mir reicht das an und für sich, weil ich mir sage, ich bin ja berufstätig, man hat dann noch das bißchen Hausarbeit. < Hm > Wenn ich auch alleine bin, aber es fällt doch manches an und an und für sich reicht mir das. Ich mein', abends ist man müde, da will man schlafen, < Hm > da möchte man nicht ausgehen.

Sie denken, das bringt dann auch, eh, Verpflichtungen mit sich.

Ja, irgendwie, daß man dann gegenseitig Einladungen - und das möcht' ich an und für sich vermeiden. < Hm >

Das wäre dann eher eine Belastung.

Ja, für mich. < Ja >

Haben Sie hin und wieder Gelegenheit, Angehörige Ihrer Pfarrgemeinde zu sehen?

1
REL-KKI

/Also überhaupt nicht. Also wissen Sie, erstens bin ich seit einem Jahr bin ich umgezogen, wohne ich jetzt in einem neuen Viertel < Hm > und da hab' ich praktisch mit niemandem keinen Kontakt, nichts.

Und wie denken Sie, unabhängig davon, ob Sie nun selbst dort hingehen - wie denken Sie über das Zusammenleben in der Pfarrgemeinde?

Das ist eine schwierige Frage. Was soll ich darauf antworten? Das ist schwierig. Also ich muß ehrlich sagen, wenn ich ehrlich bin, eh, habe ich mich in dem anderen Viertel, wo ich vorher war, wohler gefühlt wie hier. Entweder ist das noch, weil man noch zu neu ist, man kennt ja praktisch niemanden, ne. < Hm > Da muß ich sagen, vermisse ich eigentlich das Alte eher. < Hm > Ich kann mich schlecht einfügen.

Und hat das auch ein bißchen mit der Pfarrgemeinde zusammengehangen?

Na ja, also man hat sich schon mal vom, eh, Kirchgehen gekannt und auch den Herrn Pfarrer persönlich und das hab' ich ja hier nicht. < Hm > Vielleicht trägt das auch dazu bei, ich weiß nicht.

Was halten Sie von dem Brauch, sonntags in die Kirche zu gehen?

2
REL-ÖRP
> Also, ich hab' es Ihnen ja vorher schon erwähnt, ich hab', ich bin kein allzu großer Kirchgänger, das sag' ich ehrlich und offen. Und ich weiß nicht - ich finde, wenn ich sagen würde, ich geh' nur um den Pfarrer wegen, das liegt mir nicht. < Hm > Eben wenn ich das Bedürfnis hab', gehe ich rein und wenn nicht, dann lasse ich die Finger davon. Das ist meine Ansicht. < Hm >

Man sollte es nicht, eh -

- übertreiben, ist meine Ansicht -

- ja, eh, und nur der Form halber tun.

> Ja, ja. Also wenn, dann geh' ich aus, aus richtiger Überzeugung, so wollen wir mal sagen, ne. < Hm >

Können Sie, wenn Sie mal versuchen, so in sich hineinzuhorchen, eh, herausfinden, was das für Sie bedeutet dann, wenn Ihnen danach ist, in die Kirche zu gehen?

> Also, ich muß sagen - ich fühle mich dann danach irgendwie, eh, wie soll ich mich da ausdrücken? Also nicht daß es ein Muß ist, aber ich habe eben das Empfinden, jetzt hast' wieder was für's Seelenheil getan, wollen wir mal so sagen. < Hm > Also ohne Gott, ganz ohne Gott, würde ich sagen, könnte ich nicht leben. < Hm >

Könnte man sagen, eh, so ein Kirchenbesuch gibt Ihnen etwas?

> Einen inneren Halt, finde ich.

Einen inneren Halt.

> Ja, ja. Doch, muß ich sagen.

Sie haben ja schon davon erzählt. Wie oft ungefähr im Monat, eh, gehen Sie denn?

> Ich muß ehrlich sagen, nicht mehr wie zwei Mal.

Ja. Es gibt viele Leute, die so viel und noch viel weniger -

> Nein, also das, ehrlich - hab's Ihnen ja schon erwähnt, das könnte ich nicht. Das ginge gegen meinen Glauben. Ich weiß auch nicht, nur um zu zeigen, jetzt gehst' jeden Sonntag in die Kirche, weil es sein muß oder wie. < Ja > Ich geh' eben aus innerer Überzeugung und nicht mehr. < Hm >

In letzter Zeit ist öfter davon die Rede, ob die Grundsätze der katholischen Kirche milder angewendet werden sollten. Wie denken Sie zum Beispiel über voreheliche Beziehungen bei jungen Leuten?

3
REL-ESM

Na ja, also ich meine, das ist jetzt eine Frage. Man sagt sich wohl, wir haben ein anderes Zeitalter, ne. Also, normalerweise ist ja meine Ansicht: keine Ehe ohne Trauschein. Sie meinen doch so auf die Frage hin?

Ja, ja. Ja, ja. Nun, eh, gut, Ehe oder Ehe auf Probe < Ja > ist das Eine, und, eh, voreheliche Beziehungen sind nur ein Teil davon. < Hm > Das kann man auch unabhängig sehen von einem solchen Zusammenleben ohne Trauschein. Aber es ist schon angesprochen. Und Sie würden da mehr die kirchliche Haltung -

Ja. Ja. Ich mein', man hört ja oft genug. Die Kinder die sondern sich da ab von daheim und suchen sich eine Wohnung und haben einen Freund und leben dann zusammen. Ich mein', man könnte da auch wahrscheinlich als Eltern gar nichts machen, ne. < Hm > Aber normalerweise bin ich schon dafür, daß man sagt, wenn sie verheiratet sind, ne, ist doch das < Hm > doch was ganz anderes.

Und, eh, angenommen, eh, in Ihrer näheren Umgebung würden Sie erfahren, daß da zwei junge Leute da zusammenleben. Eh, würden Sie denen da ein bißchen ins Gewissen reden, wenn Sie Gelegenheit dazu hätten?

Och, das würde ich nicht machen, nein. Ich würde sagen, das sind ja den jungen Leuten ihre eigenen < Hm > Probleme. Also ich würde mich da, ehrlich gesagt, nie einmischen. < Hm > Denn das muß ja jeder selber verantworten können, was gut ist und was nicht, ne. Man kann ja auch einen Menschen nicht deswegen verurteilen, ne. Aber im Grunde genommen bin ich dafür, daß schon mit Trauschein.

Und ein anderes, eh, Thema in diesem Zusammenhang ist Empfängnisverhütung. Da hat die katholische Kirche ja auch eine < Hm > ablehnende, eh, Einstellung. Wie denken Sie darüber?

4
REL-ESM

Na ja, ich meine, zu unserer Zeit, wollen wir mal so rausgreifen, hat man das ja alles nicht gekannt. < Ja > Ich mein', das ist vielleicht - in der heutigen Zeit ist es normal, daß man sagt, ein junges Mädchen nimmt die Pille, ne. < Hm > Ich mein', meine zwei Töchter nehmen sie auch, ich kann auch nichts machen, ne.

Also, eh, finden Sie das gut oder sind Sie innerlich dagegen?

Na ja, also ich meine, wie gesagt, man hat sich vielleicht angepaßt, daß man sagt, die neue Zeit ist so. Eh, die jungen Leute denken anders wie wir, ne. Die sagen sich warum, wir können uns auch gern haben, ohne, eh, Angst dabei zu haben, ein Kind, ne. < Hm > Und zu unserer Zeit hat's das ja nicht gegeben, ne. Wir haben das

> nicht gekannt. Vielleicht ist es ein bißchen ausweichend die Frage, so richtig halb und halb, ich weiß nicht.

Ja, Sie müssen wie gesagt, hier nichts < Hm > unbedingt, eh, bringen, ne, nur -

> Einesteils finde ich, ist es ja eigentlich gegen die Natur, ne, die Pille. < Hm, hm > Denn wir waren ja auch einmal jung, ich meine, man hat das halt nicht gekannt. Man hat sich halt so irgendwie beherrscht in der Hinsicht. < Ja >

Sie meinen, das ist auch gegangen und, eh, es war vielleicht irgendwie noch natürlicher -

> Ja, ja.

- als so, wie es heut' meistens von vielen zumindestens ...

Die christliche Lehre enthält einerseits Versprechungen wie zum Beispiel Paradies und Ewiges Leben, andererseits werden aber auch Strafen angedroht, wie zum Beispiel die Hölle. Was von beiden ist für Sie persönlich wichtiger?

> Meine Ansicht ist, muß ich ehrlich sagen - ich finde, wenn ich tot bin, gibt's doch kein Überleben mehr. Also daraufhin kann ich - darauf kann ich eigentlich gar keine Antwort geben.

Kommt Ihnen entweder der Gedanke an ewiges Leben oder angenehme Aussichten dieser Art, beziehungsweise der Gedanke an die Hölle, kommt Ihnen das öfter mal in den Sinn im täglichen Leben?

> Ach, ich muß eigentlich sagen, da mach' ich mir eigentlich gar keine Gedanken. Nein. < Hm > Man sagt ja immer, ich mein - man hat auch schon Vieles erlebt. Mein Mann ist ganz plötzlich gestorben. Ich mußte ja das Leben meistern. Und man sagt halt immer, solange man arbeiten kann, kommt man auch nie auf den Gedanken, es könnte mal anders sein, ne. Solange man sich gesund fühlt, < Ja > so meinte ich. < Ja, ja > Vielleicht kommt das mal, wenn man mal da liegt. Man wird krank und man macht sich dann Gedanken, wie wird das dann mal enden oder wie. < Hm >

Aber Sie meinen im Augenblick -

> Nein, tu ich das weit ab, weit weg. Ja.

Versuchen Sie einmal, eh, in sich hineinzuhorchen. Was empfinden Sie beim Gedanken an Gott?

> Hm, das ist jetzt wieder eine schwierige Frage. < Hm > Was man darauf antworten soll? Na ja, also meine Ansicht ist halt, ich führe ein normales christliches Leben. Ich

gehe auf die Arbeit und tu' niemandem was, bin ehrlich und offen ich hoff' es, und hab' ich eigentlich - Ich weiß auch nicht, was ich darauf noch antworten soll. Mir fällt nichts anderes ein.

Da haben Sie nichts, sozusagen nichts Böses zu befürchten.

Ne, nein.

Kein schlechtes Gewissen?

Ja. < Hm >

Würde es Sie stören, wenn es Gott nicht geben würde?

7
REL-GG

Ich finde halt, jeder Mensch braucht einen gewissen Halt außer Beruf. Daß man sagt, es ist ein höheres Wesen für mich und irgendwie kommt mal die Stunde, wo man sagt, jetzt muß man mal in die Kirche gehen, jetzt muß ich mal ganz abschalten können, ne. < Hm > Das finde ich schon.

Kommt Ihr, Ihr Verhältnis zur Religion und zu Glaubensfragen in Ihrem Verhalten im Alltag zum Ausdruck? Zeigt sich das da irgendwie?

8
NC

Ja, wie meinen Sie das jetzt? So im Gespräch mit anderen?

Zum Beispiel. Oder in irgendwelchen Dingen, die man tut oder sagt.

Das ist eigentlich auch schlecht zu beantworten. Muß ich eigentlich mit nein beantworten.

Jetzt kommt etwas, wenn wir diesen Bereich da verlassen - jetzt kommt etwas, eh, wozu man, eh, ein wenig Phantasie haben muß. Stellen Sie sich mal vor, eh, manchmal wird über jemanden in dessen Abwesenheit geredet. < Hm > Was würde ein guter Freund oder eine gute Freundin über Sie sagen, wenn Sie nicht dabei sind?

1
SWG

Wahrscheinlich auch, eh, wollen mal so sagen - ich mein, Fehler haben wir ja alle, ne. Wahrscheinlich auch daß - über, ich weiß nicht, ich bin der Meinung, es ist zwar sehr unfair, wenn man über jemanden spricht, wenn derjenige nicht da ist, kann er sich nicht verteidigen, ne. Aber ich glaube, daß über jeden mal gesprochen wird. < Eben > Gutes und Schlechtes, ne.

Das glaub' ich auch.

Das gibt sich.

Ja. Und können Sie sich vorstellen, was da, eh, eine gute Freundin etwa über Sie sagen würde?

> Na ja, die wird vielleicht auch sagen, ich hab' mich über die so und so geärgert über ihre Meinung oder über ihre Äußerung, das würde ich schon sagen. Denn wie gesagt, Fehler haben wir doch alle < Hm > und ich versuch' zwar auch, mich immer zu bessern, aber so hundertprozentig gelingt das einfach nicht. Weil wir ja Menschen sind.

Ja klar. Könnten Sie sich, eh, irgendwelche Eigenschaften vorstellen, die Ihnen da zugeschrieben würden?

> Na ja, Sie meinen die schlechten oder wie?

Na, auch die guten.

> Na ja, kann ich eigentlich schlecht sagen. Was soll ich da sagen darauf? Das kann ich schlecht beantworten.

Das ist eine schwierige Angelegenheit.

> Ich weiß ja nicht, ob ich so besonders mich hervorheben möchte.

Sie brauchen da nicht zu bescheiden zu sein. Aber vielleicht wird es etwas leichter, wenn Sie mal, eh, den beruflichen Bereich nehmen einerseits, und den privaten oder familiären Bereich andererseits.

> Ich finde halt, also ohne mich da raus zu brüsten, ich glaub', ich hab' vielleicht mehr Fehler wie gute Seiten. Von meinem Standpunkt aus.

Könnte es sein, daß die anderen das auch so sehen? Daß die mehr Ungünstiges an Ihnen sehen?

> Das ist meine Meinung, ja.

Also wie gesagt, Sie müssen da nicht zu bescheiden sein.

> Nein, wieso, ich will mich auch nicht in den Himmel heben, weil ich mir sage, wir haben ja alle Fehler, ne.

Ja klar.

> Und man kann sich ja auch schlecht ändern oder bessern. Ich weiß nicht, mir gelingt's jedenfalls nicht.

Könnte diese gute Freundin, eh, sagen, daß Sie in der einen oder anderen Hinsicht ein wertvoller Mensch sind?

> Hm. Das hat mir zwar noch niemand gesagt, ich weiß es nicht.

2
SWG

Ja können Sie sich vorstellen, daß sie es sagt? Ich sage ja, man muß da etwas Phantasie haben.

> Ja freilich, ich seh' halt nur von meiner Sicht her meine schlechten Seiten und nicht die guten. < Ja > Ich mein', die hat zwar wahrscheinlich jeder Mensch. < Ja > Na ja, vielleicht, daß er sagt, ich bin ordentlich und sauber und höflich, würde ich so sagen. < Hm >

Eh, wenn Sie sich vorstellen, eh, daß Sie Ihre gute Freundin mit einem normalen Durchschnittsmenschen vergleichen würde, was würde die da sagen, also im Vergleich mit einem Durchschnittsmenschen?

3
NC
> Wie meinen Sie das jetzt? Nochmal bitte.

Man kann sich doch, eh, den sogenannten Otto Normalverbraucher < Ja > vorstellen, < Ja > nicht. < Ja > Und, eh, wenn Ihre gute Freundin Sie nun mit dem vergleicht, dem gegenüber stellt, < Hm > dem Otto Normalverbraucher < Hm > - wie würden Sie da dastehen, besser oder schlechter als der Otto Normalverbraucher?

> Ich weiß auch nicht, was ich davon halten soll. Es sind schwierige Fragen.

Schwierige Fragen.

> Wie gesagt, ich möchte mich ja nicht da wer weiß wie im Himmel heben.

Na, aber also, eh, ein klein wenig können Sie ruhig.

> Ich bin darin sehr bescheiden, weil ich mir immer sage, ich seh' immer nur das Schlechte an mir und nicht vielleicht die guten Seiten. < Hm > Ich weiß nicht. Das ist jetzt kein Ja und kein Nein für Sie, das ist schwierig.

Nehmen wir einmal an, jemand, eh, der über Sie redet, wenn Sie nicht dabei sind, würde Sie ganz und gar falsch einschätzen. Was würde der wohl sagen?

4
SWG
> Na ja, wahrscheinlich das Schlechte von mir.

Wenn er sie falsch einschätzt?

> Wenn er mich falsch einschätzt. Hm, das ist schwierig. Muß ich nicht antworten oder wie?

Sie müssen nicht antworten.

> Ich wüßte nämlich gar nicht, was ich darauf sagen soll.

Gäbe es Merkmale, Eigenschaften, eh, wo Sie spontan abwehren
würden, wo Sie direkt sagen würden, nein, das stimmt aber
nicht, wenn man Ihnen die mal sagen würde. Gäbe es solche
Eigenschaften?

> Na ja, daß vielleicht jemand sagen würde, ich wäre viel-
> leicht nicht ehrlich. Ich mein, das bin ich ja. < Ja >
> Ich geb' meine Fehler zu, und wenn ich irgendwie was,
> eh, gemacht hab', muß ich auch grad' stehen dafür, ne.
> < Hm > Das ist ja klar, ob das im Beruf ist oder, oder
> privat das ist ja egal, ne. < Hm > Sonst wüßte ich
> eigentlich dazu gar nichts zu sagen.

Eh, macht Ihnen das zu schaffen, wenn andere Sie kritisieren?

> Also ich muß sagen, Kritik kann ich schlecht vertragen.
> Ehrlich. Ich meine, ich kritisiere zwar gern an anderen
> Menschen, aber an mir selber, das hab' ich nicht gern.
> < Ja > Ich mein' - aber ich denk', es geht fast jedem
> Menschen so, man hört lieber ein Lob wie einen Tadel,
> ne.

Ja, ganz gewiß. Ich meine, eh, haben Sie da länger dran zu
knabbern?

> Ja, das ärgert mich schon und wurmt mich, wollen wir mal
> so sagen, ne. < Hm > Ich mein, wenn jemand über mich da
> herzieht und - da kann ich mich schon verdammt ärgern.
> < Hm > Ehrlich. Und vor allen Dingen, ich werde dann
> schlecht fertig damit. Es wurmt dann in mir und da grü-
> bel ich und mach' mir Gedanken. < Hm > Da denke ich,
> mein Gott, was hast denn jetzt wieder verbrochen. < Hm >
> Ich mein', das geht mir schon schwer nach, ne, sowas.

Gibt es Dinge in Ihrem Leben, die für Sie persönlich besonders
wichtig sind?

> Ja, eh, meinen Sie außer der Gesundheit, ne, oder wie?

Also Gesundheit sowieso.

> Sowieso, ja. Und dann würde ich sagen, Zufriedenheit.
> Ich mein', ich muß mich mit meinem Schicksal- ich hab'
> mich ja schon ab-, wie sagt man so schön, abgefunden mit
> meinem Schicksal. Gesundheit, Zufriedenheit und vor
> allen Dingen, daß die Kinder glücklich verheiratet sind,
> daß man da nicht zusätzlich noch Sorgen hat, ne. < Hm >
> Und, eh, ich möchte auch vor allen Dingen mit niemandem
> Streit haben. < Hm > Trotz alledem. Wollen wir mal so
> sagen, mit den Menschen, wo ich kenne, in Frieden leben,
> ne. < Ja >

Spielt, eh, Geld oder Lebensstandard eine große Rolle für Sie?

2

NC
> Na ja, also ich würde sagen, ich könnte, könnte mir nicht vorstellen, eh, mit Schulden leben. < Hm > Das wäre für mich furchtbar. < Ja, ja > Also ich möchte, eh - vor allen Dingen, eh, bin ich der Meinung, daß ich so leben muß, daß ich auch immer, eh, was auf der Bank habe und so weiter. Und wie gesagt, keine Schulden < Ja > und eben normal leben. < Ja > Also nicht im Überfluß. Daß ich sagen muß, jetzt muß ich mir, weil ich Geld habe auf der Bank, einen Pelzmantel kaufen. So bin ich nicht eingestellt.

Würden Sie es als sehr wichtig bezeichnen, viel Geld zu haben?

> Na ja, also ich meine, eh, ohne Geld möchte ich nicht sein. Nein, bestimmt nicht. Möchte ich lieber auf Manches verzichten. < Hm >

Sind Sie mit diesen Dingen, die Sie selbst angesprochen haben, also Gesundheit, das Verhältnis zu Ihren Kindern < Ja > und deren Familien, mit anderen Leuten keinen Streit und so weiter, eh, auch Ihre wirtschaftliche Situation - sind Sie mit diesen Dingen zur Zeit zufrieden?

3

LZ-G
> Doch, kann ich sagen. Ja, mit der Gesundheit nicht so hundertprozentig, aber alles andere schon.

Eh, stört Sie das sehr mit der Gesundheit?

> Na ja, also, vielleicht wollen wir mal so sagen, ein bißchen altersbedingt. Ich mach' mir schon manchmal ein bißchen Gedanken. < Hm > Es könnte etwas besser sein. < Hm > Aber es ist noch erträglich, wollen wir mal so sagen. Es bleibt noch im Rahmen.

Eh, wenn Sie Ihr bisheriges Leben überblicken - haben sich die für Sie wichtigen Dinge, besonders wichtigen Dinge, so entwickelt, wie Sie es sich gewünscht haben?

4

LZ-V
> Na ja, das kann ich eigentlich nicht sagen. Wissen Sie, als junger Mensch, wenn man dann heiratet, man hat ja dann, wollen wir mal so sagen, mehr Illusionen. Und dann mit einem Schlag, wenn man einen lieben Menschen verliert, ändert sich ja das Leben vollkommen, ne. < Hm > Man wird - man muß dann selbständig - man muß dann alles selber verantworten können. Also ich hab' mir das viel, viel anders vorgestellt. Es ist schon manches Schwere auf mich zugekommen. Ich hab's Gott sei Dank bis jetzt noch meistern können, ne. < Ja > Doch.

Sie sprechen da hauptsächlich vom Tod Ihres Mannes.

> Ja, genau.

Wie lange liegt das zurück?

Das liegt - das wird jetzt dieses Jahr 15 Jahre. < Ah ja > Ich war ja damals auch noch jung, ne. < Ja, ja >

Und gibt's noch andere Dinge, die nicht nach Wunsch oder nach Ihren damaligen Vorstellungen gelaufen sind?

Ach, das kann ich eigentlich nicht sagen. < Hm > Würde ich mit nein beantworten. < Hm >

Glauben Sie, daß Sie in Ihrem bisherigen Leben etwas Wesentliches versäumt haben?

5
LZ-V
Na ja, ach Gott. Ich meine, wir hatten eine harte Jugendzeit damals im Krieg und nach dem Krieg. Man stand ja vor dem Nichts. Ich kann eigentlich nicht sagen, daß man da viel versäumt hat. < Hm > Vor allen Dingen, ich mein', es war eine harte Zeit, ne. Es ging ja jedem fast so, ne, man stand vor einem Nichts, ne, mußte wieder anfangen.

Nehmen wir einmal an, eh, Sie könnten zaubern - was würden Sie an Ihrem jetzigen Leben ändern?

6
LZ-G
Ach Gott, was würde ich da ändern? Was mein Traum vielleicht gewesen wäre früher, als junger Mensch, ein schönes Häuschen mit einem Garten und so weiter. Aber sonst gar nichts. Nichts Wesentliches. < Hm >

Ich überlege jetzt gerade - also, ich versuch' mir das vorzustellen. < Hm > Ihre Kinder, die werden doch vermutlich so Ende 20, Anfang 30 sein.

Ja, meine älteste Tochter die wird dieses Jahr schon 34 und die Jüngste 24. < Hm, ja >

Ja, wir haben jetzt zuletzt über Ihre gegenwärtige Situation und etwas auch über Ihre Vergangenheit gesprochen. Und, eh, nun möchte ich Sie bitten, einmal an die Zukunft zu denken. Haben Sie Pläne für die Zeit, die vor Ihnen liegt?

1
ZP-A
Na ja, also vor allen Dingen wünsch' ich mir, daß es auch weiterhin mit meiner Gesundheit einigermaßen hinhaut. Denn ich muß ja praktisch immerhin noch fast fünfeinhalb Jahre noch arbeiten, dann bin ich erst in Pension, ne. < Hm > Und ich hoffe auch, daß, daß mich bis dahin nicht, eh - also ich bin momentan nervlich sehr am Ende, wollen wir mal so sagen < Hm > - daß ich das alles meistern kann, ne. < Hm > Da mach' ich mir halt Gedanken, weil ich mir sage, die Gesundheit ist ja das Wichtigste. Was dann wird, weiß man ja nicht, ne. < Ja, ja >

Tun Sie da was dafür, für die Gesundheit?

> Na ja, also ich will so sagen, ich lebe vernünftig, aber das andere muß man halt den Ärzten überlassen, ne.

< Hm >

Haben Sie sonst irgendwelche Pläne?

> Na ja, also ich mal' mir das halt aus. Denk' ich, oh lieber Gott, eh, wie das dann wird, wenn man mal nicht mehr zur Arbeit geht. Wie tut man dann sich das Leben gestalten, ne? Ich mein', man weiß zwar nicht, was auf einen noch zukommt, körperlich, ne, < Hm > wie man das alles verkraften kann. Aber manchmal denk' ich mir schon, ach du lieber Gott, was wird dann? Wie bringst du da die Zeit - wie bringt man da die Zeit rum? Da mach' ich mir schon ein bißchen Gedanken, ne. < Hm > Denn man kann ja untätig in der Wohnung rumsitzen oder irgendwie. Ich hab' mir sogar schon geplant, also meinen Kindern gegenüber, wenn's mal soweit wäre und ich bin noch körperlich einigermaßen, daß ich jemandem helfen könnte. Trotzdem, < Ja > um eben gewissermaßen die Langeweile, ne -

Einen Inhalt zu haben.

> Ja, ja. Daß ich nicht nur in meiner kleinen Wohnung sitz' und da - man kann ja auch nicht nur immer sauber machen. Also da hab' ich mir schon gedacht, daß mich vielleicht noch ein Mensch, wo einen brauchen kann - daß man helfen kann.

Ja, das finde ich gut.

> Das würde ich schon machen. < Hm > Aber wie gesagt, es ist halt ausschlaggebend die Gesundheit, und das weiß man ja heute noch nicht, ne. < Hm >

Das wären also dann Dinge, die so erst in circa sechs, < Ja > sieben Jahren < auf mich zukommen > aktuell werden.

> Ja, ja.

Haben Sie, um da noch einmal etwas konkreter zu fragen, eh, Reisepläne?

> Na ja. Also, ich hab' mir das auch schon ausgemalt, obwohl ich ja nicht weiß, wie ich das alles, eh, eben körperlich verkraften kann. < Ja > Ich hab' mir schon oft gesagt, da möcht' ich dann auch vielleicht ein bißchen wegfahren. Ob ich es kann, ne. Also keine unbedingt großen Reisen auch nicht, ne.

Aber haben Sie da auch schon mal Ideen gehabt, wo es da hingehen könnte?

> Nun ja, hab' ich mir schon ein bißchen ausgemalt, so

> Städtefahrten und so was alles, ne, oder vielleicht auch Ausland. Also wie gesagt, es hängt eben von der Gesundheit ab, das weiß man nicht, ne. < Ja > Aber wie gesagt, mein Prinzip wäre, wenn ich gesundheitlich auf der Höhe bleiben kann, daß ich noch - irgend ein Beschäftigungsfeld möchte ich noch, ne, < Ja, ja > daß die Langeweile, daß mir die nicht aufkommt, ne. < Hm > Davor habe ich ehrlich gesagt, ein bißchen Angst. < Hm >

Und kommt es auch schon mal vor, daß Ihre Gedanken in die noch fernere Zukunft gehen?

> Ne, also so weit raus denke ich nicht, nein.

Nun gibt's ja auch Dinge, auf die man als Einzelner keinen Einfluß hat. Also Dinge, die man nicht planen kann, wie zum Beispiel eine Reise. < Hm > Eh, was erwarten Sie ganz allgemein von Ihrer eigenen Zukunft?

2
ZP-T
> Na ja, also als erstes steht ja immer noch die Gesundheit. <Hm > Und daß es halt so, wollen wir sagen, so weiter geht das Leben, wie ich, wie ich bis jetzt gelebt habe, ne. < Hm >

Glauben Sie, daß das so - daß es möglich sein wird?

> Es könnte, es könnte.

Mit Blick auf die Gesundheit oder, eh, mit Blick auch auf andere Dinge?

> In allem, ja. < Hm >

Eh, ist für Sie der Gedanke an die eigene Zukunft, ist der mit Hoffnungen oder Befürchtungen verbunden?

> Na ja, also ich muß sagen, man hat auch - wenn man mal so langsam auf die 60 zugeht, ein bißchen Angst vor dem Alter, vor Krankheit und so weiter, ne. Und daß eben auch einmal der Tod auf einen zukommen kann. < Hm > Vielleicht einmal ganz schnell, man weiß es nicht, ne. < Hm > Und, eh, ich muß ehrlich sagen, ich hab' das sonst immer weit raus - immer gedacht, lieber Gott, Sterben und Tod ist so was Furchtbares für mich. Aber man muß sich schon Gedanken machen dadrüber, daß einen das auch einmal auf einen zukommt. < Hm >

Ergibt sich das so gewissermaßen von selbst?

> Na ja, ich meine - wissen Sie, wenn man so alleine ist, dann grübelt man eben vielleicht mehr, ne. Ich mein', wenn ich einen Gesprächspartner hab', man kann sich dann irgendwie durch Gespräche ganz anders - aber so das Alleinsein, das ist schon manchmal so bedingt, daß man sich Gedanken darüber macht, ne.

Ja, das begünstigt das sehr.

    Ja, ja.

Versuchen Sie noch mal, in sich hineinzuhorchen. Wenn Sie an all das denken, was die Zukunft Ihnen ganz persönlich bringen kann - eh, welche Gefühle sind damit verbunden?

    Also ich weiß nicht, was ich darauf antworten soll. Da fällt mit eigentlich nichts ein.

Ist Ihnen das, wenn ich das anbieten darf - haben Sie da so ganz direkt ein eher mulmiges Gefühl im Magen oder ist das mehr freudig?

3
ZP-T

    Na ja, wollen wir mal so sagen, eigentlich hab' ich im gewissen Sinn ein bißchen Angst. Darf man so sagen. Ich mein', solange ich noch arbeiten kann, hab' ich Kontakt mit Menschen. Wenn das mal wegfällt, ist man doch vielleicht viel allein, ne. < Hm > Und da hab' ich schon ein bißchen Angst davor.

Ich möchte Ihnen das nicht sozusagen in den Mund gelegt haben, wenn ich gesagt habe, ob Ihnen da vielleicht mulmig im Magen sein könnte.

    Nein, das ist meine ehrliche Anschauung, doch.

Man könnte ja auch der Zukunft irgendwie mit Freude entgegensehen.

    Naja, also rosig sehe ich das eigentlich nicht, das kann ich nicht sagen. Nein. Weil ich mir sage, solange ein Mensch noch arbeiten kann und solange er im Berufsleben ist, zählt man noch was, man ist noch was. Und dann ist mal halt aus, vorbei. < Hm >

Können Sie sich vorstellen, daß Ihre Kinder sich da dann um Sie kümmern, und daß sie sich ein bißchen - ?

    Ja, eh, ich hoffe es und wünsch' es nur. Wie es natürlich kommt, das weiß man nicht, ne. Ich mein', die haben dann wieder ihre Probleme dann, da sind dann die eigenen Kinder, geht wahrscheinlich wieder die Familie vor der Mutter vor, ist meine Ansicht, ne. < Hm >

Eh, wenn man an die Zukunft denkt - und Sie haben das selber eben schon angesprochen - sieht man irgendwann auch das Lebensende auf sich < Ja > zukommen, die Gedanken gehen dann eben doch weiter. < Ja > Eh, wenn Sie an Ihren eigenen Tod denken - was kommt Ihnen da in den Sinn?

1
AES

> Ja also ich muß ehrlich sagen, ich hoffe und wünsche nur, von dem Standpunkt aus, eh, daß es, daß man vor allem keine Krankheit auf einen zu kommt, was vielleicht Monate oder Jahre einen so mitnimmt, < Hm > daß man dann daliegt, vollkommen hilflos. Also das wünscht man sich halt, daß es möglichst schnell dann geht, das Ende, wollen mal so sagen. < Ja > Ja. < Keinen - > Also vor einem langen Leiden habe ich unheimlich Angst, ja.

Welche Vorstellungen sind da für Sie damit verbunden mit einem langen Leiden?

> Na ja, ich meine, so, eh, verschiedene. Wollen mal so sagen, eh, Krebs eben, die Krankheit, ne, < Hm > was ja wahrscheinlich vielleicht auch jeden mal befallen kann. Im gewissen Alter kommt das vielleicht auch auf einen zu, ne, kann nichts ändern. Aber ehrlich gesagt, ich wünschte mir einen schnellen Tod. < Hm >

Haben Sie sich schon mal, eh, überlegt, wie Sie sich verhalten würden, wenn, eh, da der Tod näher kommt?

2
AET

> Na ja, also Angst hat man dann auch. < Hm > Unheimliche Angst, weil man ja nicht weiß, was dann danach kommt, ne. < Ja > Man sagt ja wohl, der Mensch ist tot, eh, der Leib zerfällt, ne, und so weiter, ne. Aber das ist doch schon ein, eh, Angstgefühl in einem, wenn man sagt, man läßt ja alles zurück, ne, das Irdische. < Hm >

Ist das Sorge?

> Bitte?

Ist das Sorge?

> Ja, wie man's nimmt.

Weil Sie sagen, man läßt alles zurück.

> Na ja, das Bißchen, was man sich vielleicht aufgebaut hat, die Kinder, alles bleibt da, ne. Es ist nur noch dann die Erinnerung, was sie dann an einen haben, ne. < Hm > Ich weiß auch nicht, das ist halt ein Angstgefühl, weil man sagt, mit zunehmendem Alter, wie gesagt, muß man damit rechnen, ne. < Ja >

Welche Erfahrungen haben Sie persönlich mit Tod und Sterben gemacht?

3
AFST

> Na ja, ich muß sagen, also, eh, in der Hinsicht sehr grausam. ... ich mit meinem Mann, der hat noch tags, bis nachts, bis mittag gearbeitet und nachts war er ja tot. Da war ja das Unvorstellbare. Daß man dann sagen muß, jetzt auf einmal, jetzt mußt du selbständig - jetzt muß man alles selber verantworten. Und das war für mich das

Schlimmste, was es für mich gegeben hat in meinem Leben.
< Hm >

Wie ist das gekommen? So von -

Ja, mein Mann war auch Herzinfarkt.

Ach so.

Ja. Und da mußte ich eben dann alles selber in die Hände nehmen. Beruf hatte ich keinen, ne. < Ja > Mußt' ich ja irgendwie schauen, daß man wieder Geld verdienen kann, ne. < Hm > Und ich muß ehrlich sagen, die Arbeit ist auch das beste Mittel, um über so einen Schmerz hinwegzukommen.

Haben Sie denn diesen Infarkt unmittelbar miterlebt?

Ja, genau, ja.

Wenn Sie mal, eh, zurückblicken - haben sich Ihre Gedanken und Gefühle gegenüber Tod und Sterben in den letzten Jahren verändert?

4
AET
Na ja, also ich muß sagen, eh, damals, wie das mit meinem Mann war, da war man eben noch jünger. Meine jüngste Tochter war noch klein, sie hat mich ja noch gebraucht, ne. < Hm > Und da habe ich eigentlich den Gedanken, eh, ziemlich weit weg geschoben, ne. Aber jetzt, wir hatten auch in den letzten Jahren auch ein paar Todesfälle in der Familie und dann kommt einem das immer näher, daß man dann mal sagt, mein Gott, eines Tages bist' selber dran, ne. < Ja >

Sie würden sagen, man denkt, eh, jetzt doch häufiger an < Ja > so etwas als früher?

Ja. Also früher war das für mich ein Thema, wo ich überhaupt nie gern drüber gesprochen hab', ne. < Ja > Aber jetzt ist das schon - man sagt, man hat ja auch bald das Alter, wo es einen selber erwischen kann, ne.

Fällt Ihnen das heute leichter, darüber zu sprechen?

Nein, ich muß sagen, es fällt mir sehr schwer.

Ist Ihnen das jetzt sehr unangenehm?

Bitte?

Ist Ihnen das jetzt sehr unangenehm?

Ja, ja, also das muß ich sagen, das wühlt mich direkt etwas auf, ja.

        Ja. Also sagen Sie bitte nur, wenn wir es sein lassen sollen.

5
NC
        Ja, das wäre mir schon angenehm, wenn wir ein anderes Thema anschneiden könnten. Denn da bin ich so aufgeregt, daß ich dann nachts wahrscheinlich gar nicht schlafen kann. < Ja > Doch, weil ich eben momentan sehr mit den Nerven fertig bin. < Hm >

        Hat das einen besonderen Grund?

6
AFST
        Na ja, ich weiß auch nicht. Wir hatten eben vor - wollen mal so sagen, vor zwei Monaten ist eben eine sehr gute Bekannte von mir ganz plötzlich gestorben und das hat mich unheimlich mitgenommen. < Hm > Drum bin ich wahrscheinlich auch nervlich so fertig. < Hm > Ich muß direkt einmal die Tränen wischen, das kommt einfach.

5.5.6.5 Interview E

Interviewer: männlich.

Interviewpartner: männlich, 54;5 Jahre, katholisch; Universitätsabschluß, Angestellter; verheiratet; Kinder: zwei Töchter, 12 und 15 Jahre; monatliches Brutto-Einkommen zwischen DM 2.000 und DM 3.000.

        Wenn wir einmal eine ganz normale Woche nehmen - mit welchen Personen kommen Sie da zusammen?

1
SI-A
        Mit meiner Familie, mit Bekannten, mit Freunden, mit Kunden im Geschäft.

        Hm. Sie sind Geschäftsmann?

        Ich bin Diplom-Kaufmann und bin angestellt im Fotohandel.

        Wie ist das mit Kollegen - kommen Sie mit denen auch am Feierabend oder mal am Wochenende zusammen?

↓2
SI-A
        Unregelmäßig, nur wenn wir eine Zusammenkunft direkt im Kollegenkreis vereinbart haben. Mit Regelmäßigkeit ist nichts da.

        Was machen Sie dann, wenn mal so ein Treffen stattfindet?

        Wir unterhalten uns privat. Rein privat, das ist dann eine rein private Geselligkeit.

Dann haben Sie gesagt, Sie kommen mit Ihrer Familie hauptsächlich zusammen. Können Sie mal beschreiben, wieviele Leute das sind?

↓3
SI-A
    Wir sind drei Personen noch, meine Frau und meine beiden Kinder, Petra und Ute. Am Abend haben wir das normale familiäre Leben, wie es üblich ist. Wir tauschen uns aus, wir sprechen miteinander, wir kümmern uns um die Schulangelegenheiten und die Kinder tragen uns ihre kleinen Sorgen und Nöte vor. Und mit der Frau unterhalten wir uns über die täglichen Dinge des Lebens, wir wälzen keine großen Probleme. Denn der Tag ist ja doch mit Arbeit ausgefüllt. Am Abend ist man in der Regel etwas müde.

Hm. Haben Sie im Laufe einer ganz normalen Woche Gelegenheit, Verwandte zu besuchen?

    Meine Mutter jederzeit.

Wohnt die auch hier in X-Stadt?

    Ja, die wohnt im gleichen Haus wie meine Familie.

Sonst noch andere Verwandte?

    Nein.

Wie ist es mit Freunden, besuchen Sie Freunde im Laufe einer Woche manchmal?

    Wenn wir Gelegenheit haben, gerne, im Haus oder außerhalb.

Könnten Sie mal sagen, wie ein solcher Besuch abläuft, was da passiert?

    Ja, man tauscht, man tauscht diejenigen Fragen aus und diejenigen Erfahrungen und diejenigen Berichte aus, die sich im Laufe der Woche bzw. der Zeit, in der man sich nicht gesehen hat, zusammengekommen sind, auch auf rein privater Basis. Geschäftliches wird nach Möglichkeit nicht besprochen, denn sowohl die Besuchten als auch wir legen da nicht allzu viel Wert darauf, das Geschäft auch noch in den Alltag hineinzutragen. Wir sind meistens auch befreundet mit Familien, die Kinder haben. Also liegen da auch Probleme auf der Hand, die gegenseitig besprochen und ausgetauscht werden. Man spricht über Urlaube, über alles mögliche und trinkt dazu ganz gerne ein Weinchen mal.

Haben Sie außer Ihrer Mutter noch andere Verwandte?

    Nein.

Keine mehr. Und sonst, Freunde, die außerhalb von X-Stadt wohnen?

Ja.

Wie ist das mit denen, treffen Sie sich mit denen mal ab und zu?

Wenn die Möglichkeit ist, treffen wir uns sehr gerne mit unserer Freundschaft, die außerhalb lebt. Weil die meistens von X-Stadt weggezogen sind, es waren wirklich gute Freundschaften und wir legen Wert darauf, daß diese Freundschaft auch bestehen bleibt. Dieses Bestreben ist nicht nur von uns aus, sondern geht auch von der Seite der Freundschaft aus.

Ja, mit denen können Sie sich ja nun nicht, eh, andauernd treffen. Haben Sie da auch telefonischen Kontakt?

↓4
SI-A

Ja, wir haben auch telefonischen Kontakt miteinander, ja, regelmäßigen telefonischen Kontakt.

Und auch brieflich, schreiben Sie sich ab und zu, oder?

5
SI-A

Meine Frau. Ich bin kein großer Briefschreiber.

Eh, nochmals zurück zum Telefon.

↓3a

Eh, ich habe Ihnen noch etwas unterschlagen. Ich habe noch eine, eine Schwägerin in München.

Hm. Haben Sie mit der Kontakt?

Jederzeit haben wir Kontakt mit der, ja. Und da haben wir auch noch Verwandtschaft aufgrund der Heirat mit meiner Frau in der DDR.

Wie hoch ist Ihre Telefonrechnung?

↓4a

Die Telefonrechnung ist etwa zwischen 60,-- und 70,-- DM in der Regel immer. Wir legen unsere Gespräche meistens, wenn sie auswärts sind, in die Zeit, wo der Mondscheintarif ist oder an's Wochenende, wo es sowieso billiger ist. Auswärtsgespräche in der Woche führen wir nur in den unbedingten Notfällen, wenn es unbedingt sein muß, sonst nicht. Sonst die normalen Ortsgespräche.

Werden Sie im Laufe einer Woche von Verwandten oder Freunden auch besucht?

3b

Weniger von Freundschaft, ja, sofern sie im Haus sind oder hier in X-Stadt sind. Die auswärtigen nur sehr sporadisch im Laufe eines Jahres, wenn es mal klappt.

Wie oft kriegen Sie da so Besuch?

> Ein- oder zweimal im Jahr von auswärtigen Freundschaften. Von denjenigen, die hier in X-Stadt sind, da kann man keine genaue Zahl sagen. Wie es sich gerade trifft, sind sie da. Man sieht sich vorm Haus, man trifft sich, man ruft hoch, können wir mal kommen usw. Eh, feste Termine gibt es da nicht dafür.

Wären Sie traurig, wenn man Sie nicht mehr besuchen würde?

> Ja, ganz eindeutig ja. Denn ich bin ein sehr geselliger Mensch. Und auch unsere Familie legt Wert auf Geselligkeit.

Und Sie werden auch von Ihren Freunden, die auswärts leben, ab und zu angerufen?

4b
> Ja.

Und wie ist es mit Ihren Verwandten aus der DDR?

> Aus der DDR selten, denn aufgrund der Kosten erstens mal und der Schwierigkeiten durchzukommen. Mit meiner Schwägerin in München, da rufen wir öfters an, jede Woche etwa einmal, einmal sie, einmal wir an.

Wie halten Sie denn den Kontakt zu den Verwandten in der DDR?

> Eh, schriftlich. Wenn etwas ganz dringend ist, können wir jederzeit anrufen.

Kommt es vor, daß Sie sich mit Ihren Arbeitskollegen oder Geschäftsfreunden in der Freizeit treffen?

2a
> Ja, ganz unregelmäßig, je nach Verabredung nur. Regelmäßige Termine gibt es dafür nicht.

Könnten Sie sagen, eh, wie oft im Jahr das ungefähr ist?

> Wir haben eine Kollegen-Familie, mit der treffen wir uns etwa alle sechs bis acht Wochen einmal regelmäßig. Das, das ist die einzige Regelmäßigkeit, weil wir gleichaltrig sind mit dem Kollegen.

Und was passiert da so?

> Der genaue Austausch von, auf rein privater Grundlage von interessierenden Dingen, die sich so im Laufe der Zeit ereignet haben. Man tauscht sich aus, man spricht über, über die Kinder und über die Enkel und über alles mögliche. Große Probleme sind da nicht an der Tagesordnung.

Mögen Sie solche Zusammenkünfte?

Sehr.

Also, die würden Sie vermissen?

Die würde ich schon echt vermissen.

Und wie ist es umgekehrt? Bei Ihren Freunden bzw. Kollegen?

Die würden sie auch missen.

Sind Sie Mitglied in einem Verein oder einem Club?

6
SI-A

Nein.

Haben Sie einen Menschen, bei dem Sie sich Rat oder Hilfe holen können?

7
SI-A

Meine Frau.

Ihre Frau. Und umgekehrt, kommt es vor, daß jemand zu Ihnen kommt und Sie um Rat oder Hilfe bittet?

8
SI-A

In der letzten Zeit nicht mehr. Die Jahre vorher da hatten wir einige Probleme zu klären mit Familien in der Freundschaft.

Und jetzt gar nicht mehr?

Jetzt ist das - sind die Probleme ausgestanden.

Und so, andere Probleme?

Nein, an sich nicht, nein.

Eh, diese Möglichkeit, jemandem helfen zu können, haben Sie das damals gerne gemacht?

Ja, sehr gerne gemacht.

Und jetzt, geht Ihnen da etwas ab?

Eigentlich nicht. Ich bin jederzeit bereit, wenn ein Problem auftaucht, dies mit jedem zu bereden, sofern es sittlich vertretbar ist.

Hätten Sie gerne mehr Kontakt zu anderen Menschen?

9
SI-B/quant.

Nicht unbedingt. Es langt mir.

Das reicht Ihnen. Haben Sie manchmal vielleicht das Gefühl, daß es schon zuviel ist?

Nein.

Es ist gerade richtig.

Es ist gerade richtig dosiert.

Hm. Haben Sie hin und wieder Gelegenheit, Angehörige Ihrer Pfarrgemeinde zu sehen?

1
REL-KKI

Nein.

Gar nicht.

Nein, denn ich - wir sind eine Mischehe. Meine Frau ist evangelisch und ich bin katholisch. Ich bin zwar öfters in der Pfarrgemeinde von meiner Frau, aber daß ich da direkte Kontakte habe nicht.

Eh, Sie sagen, Sie gehen da ab und zu hin. Bei welchen Gelegenheiten?

Ja, ich begleite meine Angehörigen zum Gottesdienst oder zur Veranstaltung im Rodolf-Alexander-Schröder-Haus oder in der Kirchengemeinde, wo meine Frau dazugehört.

Was halten Sie denn von dem Brauch, sonntags in die Kirche zu gehen?

2
REL-ÖRP

Wenn ich regelmäßig gehen müßte, wäre das Zwang für mich. Auf rein freiwilliger Basis, wenn ich entscheiden kann, wann ich gehen will, gehe ich gerne dahin. Denn ich stehe auf dem Standpunkt, mit der Kirche muß man Kontakt halten. Sowohl der Erwachsene als auch die Kinder.

Wie oft gehen Sie denn selbst in die Kirche?

Etwa vier bis fünfmal im Jahr.

Und was bedeutet das für Sie?

Eh, es ist an sich der Kontakt auch mit Gott und mit dem religiösen Leben. Das sollte man meines Erachtens nach doch nicht vollkommen aus seinem Leben ausschließen.

Sie haben gesagt, daß Sie katholisch sind.

Ja.

In letzter Zeit ist öfter davon die Rede, daß man die Grundsätze der katholischen Kirche milder, nicht mehr so streng anwenden sollte. Wie denken Sie zum Beispiel über voreheliche Beziehungen bei jungen Leuten?

3
REL-ESM
> Da bin ich sehr tolerant. Wenn es sich in einem gewissen Rahmen bewegt und wenn es nicht gewisse Gesetze der Moral und der Sittlichkeit sprengt, habe ich nichts dagegen einzuwenden. Es ist in meinen Augen irgendwie rückschrittlich, wenn man sich da völlig ablehnend dagegen - demgegenüber verhält.

Also, so strikt wie die katholische Kirche?

> Nein, absolut nicht, absolut nicht.

Und wie ist es bei der Empfängnisverhütung?

4
REL-ESM
> Da bin ich sehr tolerant auch. Also die Grundsätze der Kirche die lehne ich hier in gewissem Sinn ab. Mir ist das zu streng.

Hm. Die christliche Lehre enthält einerseits Versprechungen wie zum Beispiel Paradies und ewiges Leben, andererseits werden aber auch Strafen angedroht, zum Beispiel die Hölle. Was von beiden ist für Sie persönlich wichtiger?

5
REL-GG

6
REL-V
> Weder, noch, würde ich sagen, weder noch. Ich glaube zwar, daß es irgend ein überirdisches Wesen, eine Macht über uns gibt, die über die Welt und über die Menschen und über alle Vorgänge, eine gewisse Macht ausübt. Aber an die Sache mit Paradies und mit Ewigem Leben und so weiter, glaube ich nur sehr bedingt.

Beschäftigen Sie sich da in Gedanken ab und zu damit?

> Nein.

Gar nicht, hm. Versuchen Sie einmal, in sich hineinzuhorchen. Was empfinden Sie beim Gedanken an Gott?

7
REL-GG
> Na, es muß irgendein Wesen geben, wie ich schon sagte, das doch oft auf die Welt und auf die gesamten Vorkommnisse auf der Welt irgend einen Einfluß hat, denn ich kann mir nicht vorstellen, daß das alles hier nur aus sich heraus und völlig willkürlich geschieht. Das kann ich mir kaum vorstellen.

Mit welchen Gefühlen ist das verbunden, wenn Sie - wenn Sie sich gedanklich mit Gott beschäftigen?

> Eh, ich bin der Auffassung, wenn man sich gedanklich mit Gott beschäftigt, kommt man zwangsläufig auch dazu, daß man ein ganz bestimmtes Verhältnis zu den Menschen und seinen Mitmenschen haben muß. Man sagt sich: "Du kannst nicht wie ein Tier leben, sondern Du mußt auch versuchen, gewisse zwischenmenschliche Beziehungen aufrecht zu erhalten und die immer zu pflegen.

Hm.

> Selbst auch deine Gegner und Leute, die du absolut nicht
> leiden kannst, in denen mußt du immer noch letzten Endes
> einen Menschen sehen, eh, mit dem du dich auch im Not-
> falle menschlich auseinandersetzen mußt.

Und kommt, eh, dieses Verhältnis zur Religion und zu Glaubensfragen in Ihrem Verhalten im Alltag auch zum Ausdruck?

8
NC
> Durchaus. Christliche Nächstenliebe bzw. wenn ein Mensch
> in Not ist, gleichgültig, ob er geistig in Not ist oder
> materiell in Not ist, bin ich jederzeit bereit, zu hel-
> fen.

Würde es Sie stören, wenn es Gott nicht geben würde?

9
REL-GG
> Das ist schwer zu sagen, das ist Auffassungssache. Jeder
> Mensch steht da dazu, wie er will. Ich möchte Ihnen dazu
> sagen, ich bin kein Atheist und bemühe mich, das auch
> meinen Kindern entsprechend klarzumachen.

Wie alt sind denn Ihre beiden Töchter?

> Die sind 12 und 15.

Eh, wir wollen das Thema Religion und Glaube jetzt wieder verlassen und wieder zurück, ganz allgemein zu Ihren Lebensverhältnissen kommen. Manchmal wird über jemanden in dessen Abwesenheit geredet. Was würde ein guter Freund über Sie sagen,
wenn Sie nicht dabei sind?

1
SWG
> In welcher Hinsicht?

Ja, ganz allgemein mal. Versuchen wir es zunächst einmal mit
dem beruflichen Bereich. Was würde ein guter Freund, der Sie
im Beruf ein bißchen kennt, was würde der über Sie sagen, wenn
Sie nicht dabei sind?

> Da bin ich offengestanden überfragt. Ich muß Ihnen ehr-
> lich sagen, da kann ich nichts dazu sagen. Nicht, daß
> ich nicht wollte, aber ich kann effektiv nichts dazu
> sagen, weil ich mich mit dem Gedanken noch gar nicht
> befaßt habe.

Und im privaten Bereich?

> Auch nicht. Habe mich auch nicht befaßt mit dem Gedanken
> an sich. Ich habe mir nie die Mühe gemacht, zu überle-
> gen, was jemand über mich sagen würde oder sagen könnte.
> Eh, mein Gott, ich bin überzeugt, es haben so und so
> viele Leute was an mir oder meiner Familie auszusetzen.
> Aber daß ich mir direkt Gedanken darüber machte, was er
> im einzelnen zu sagen hätte, darüber habe ich mir offen

> gestanden keine Gedanken gemacht. Und mir kommt's auch überflüssig vor.

Ja, Versuchen wir es mal so rum. Ein guter Freund, der wird ja versuchen, wenn er Sie jemandem anderen beschreibt, Ihnen gerecht zu werden. Also, eh, würde er Sie - würde er ja nicht irgendwelche bösen Sachen da sagen.

> Das nehme ich nicht an, weil ich an sich meinen Mitmenschen wenig Möglichkeiten und wenig Handhabe gebe, daß sie über mich etwas Schlechtes denken oder etwas Schlechtes sagen. Ich bemühe mich eben, möglichst in den zwischenmenschlichen Beziehungen möglichst gerecht und möglichst vernünftig zu sein. Also ich könnte mir nicht vorstellen, daß jemand etwas absolut Schlechtes über mich sagt. Mein Gott, wenn er vielleicht Kritik anbringen würde, in dem oder dem Falle, wobei ich keinen konkreten Fall sagen könnte, das ist durchaus möglich.

Er würde Sie also weder besonders schwarz malen noch, eh, -

> Das, eben das würde ich sagen, ja -

noch übertrieben positiv beschreiben.

> Ja, genau das wollte ich sagen.

Können wir sagen, da Sie in mancher Hinsicht ein wertvoller Mensch sind?

2
SWG
> Ich hoffe es.

Und wenn Ihr guter Freund Sie mit einem ganz normalen Durchschnittsmenschen vergleicht, dem sogenannten Otto-Normalverbraucher, was würde er da sagen?

3
SWG
> Also ich hoffe, daß ich da etwas besser wegkäme. Ich habe genügend Selbstbewußtsein, um das zu sagen.

Wo würden Sie denn zwischen sich und dem Otto-Normalverbraucher Unterschiede sehen?

> Ja, ich meine, daß ich vielleicht doch auf einem, auf einem gewissen Niveau lebe, das mich von einem Otto-Normalverbraucher unterscheidet. Wobei ich Otto-Normalverbraucher nicht den Vorwurf machen will, daß er eben aus einer Schicht kommt, wo er eben nicht die entsprechende Vorbildung oder die entsprechenden Möglichkeiten hätte, sich mit Sachen zu befassen, wo er keinen Zutritt dazu hat, ja.

Könnten Sie konkret sagen, wo Sie irgendwie denken oder handeln oder ein Interesse haben, das Sie vom, ja, das Sie vom Durchschnitt unterscheidet?

Ich meine, vielleicht, daß wir uns in unserer Familie bemühen, eh, Theater, Kunst, Malerei usw. etwas mehr in den Vordergrund zu stellen, schon aufgrund auch der Erziehung der Kinder, damit die einen gewissen Zugang dazu bekommen. Wir bemühen uns zu Hause, gute Musik zu machen und wir versuchen, die Kinder auch an gute Musik heranzubringen im Konzert, im Theater und ähnlichem.

Würden Sie auch irgendwo sagen, daß Sie vielleicht schlechter als der Durchschnitt oder, ja, nach unten vom Durchschnitt abweichen?

Im Moment kann ich Ihnen nichts sagen, was mir da einfiele.

Nehmen wir einmal an, daß einer, der über Sie redet, Sie ganz und gar falsch einschätzen würde. Was würde der sagen?

4
SWG
Nur, könnte er unter Umständen sagen, daß ich ein, ein völlig oberflächlicher Mensch bin und - allerdings er könnte nicht von mir sagen, daß ich ein Mensch bin, der, der - wie soll man das ausdrücken? - der für seine Mitmenschen überhaupt nichts übrig hat. Der also hartherzig ist, der brutal ist und so etwas, das könnte er von mir absolut nicht sagen. Ich kann keiner Fliege etwas zuleide tun. Allerdings kann ich hier auch nichts sagen, weil ich mich nicht hineindenken könnte. Ich habe mir offengestanden darüber noch nie den Kopf zerbrochen.

Eh, trotzdem möchte ich nochmal nachfragen.

Ja.

Warum kommen - haben Sie gerade oberflächlich gesagt? Warum kommen Sie gerade darauf, daß Ihnen jemand Oberflächlichkeit vorwerfen würde?

Vielleicht, weil ich über manche Dinge etwas, etwas leichter rede vielleicht und etwas unpräziser, ungenauer rede als sich das jemand vorstellen würde.

Aber Sie selbst sehen sich nicht als oberflächlich?

Nein, absolut nicht, nein, das mache ich nicht. Weder oberflächlich, noch leichtsinnig.

Gibt es Dinge in Ihrem Leben, die für Sie persönlich besonders wichtig sind?

1
NC
Eh, ein intaktes Familienleben steht an erster Stelle, absolut. Und dann Aufrichtigkeit und Wahrheitsliebe. Nichts ist mir unangenehmer, als wenn jemand lügt. Es gibt kein Problem, was man nicht mit jedem anderen, was man nicht in der Familie bereden könnte.

Wie ist es mit Ihrem Beruf, ist Ihnen der wichtig?

2
LZ-G
　　　Ich liebe meinen Beruf.

Haben Sie auch noch irgendwelche Interessen oder Hobbys, die Sie neben Ihrem Beruf verfolgen?

　　　Eigentlich nicht. Ich habe mich in meinem Beruf lediglich zur Verfügung gestellt zur Ausbildung von Jugendlichen. Und ich halte das für sehr wichtig, daß man den Jugendlichen einen gewissen Weg weist und sie auf das Leben und auf den Beruf vorbereitet. Und das halte ich für sehr wichtig und da bin ich auch gerne bereit, eh, eh, Zeit zu opfern.

Und Interessen und Hobbys, eh, in der Freizeit, was haben Sie da?

3
LZ-G
　　　Ich bin sehr interessiert an Sport.

Hm. Irgendeine besondere Sportart?

　　　Fußball.

Fußball, ja.

　　　Fußball, gebe ich ohne weiteres zu. Fußball, Eishockey, irgendwelche Wettkampfarten da.

Machen Sie das auch aktiv?

　　　Ich bin schon in dem Alter, wo man das nicht mehr machen kann, aber wenn ich Gelegenheit habe, fahre ich - gehe ich mit meinen Kindern sehr gerne zum Sport bzw. bemühe mich, mit den Kindern auch Sport mitzumachen und jung zu bleiben. Radfahren usw. mache ich sehr gerne. Schwimmen, Radfahren, Schwimmen, also irgendeinen Sport, den ich mit meinem Alter noch vereinbaren kann, mache ich gerne mit.

Wie ist es mit Ihrer Gesundheit, wie ist die Ihnen wichtig?

4
LZ-G
　　　Ich kann nicht - die Gesundheit ist eigentlich für mich sehr wichtig schon.

Und Lebensstandard, das Einkommen, das Sie so im Moment haben, ist das für Sie besonders wichtig?

5
LZ-G
　　　Es ist nicht ausschlaggebend, aber so, wie wir jetzt leben können, leben wir sehr gut. Ich bin sehr zufrieden mit meinem Lebensstandard, mit meiner Lebensqualität, ich möchte gar nichts mehr, gar nichts anderes haben.

Sie haben jetzt gerade schon erwähnt, daß Wahrheitsliebe, daß das für, eh, daß das für Sie ein wichtiges Ideal ist. Haben Sie noch andere Ideale?

6
NC
> Treue. Also wenn ich - nicht nur in der Familie und in der Ehe, sondern auch anderen gegenüber. Wenn ich also zu jemandem freundschaftliche Gefühle oder was hege, dann mache ich das auch völlig ehrlich und völlig aufrichtig und bin da völlig treu in der Hinsicht. Also im Moment kann ich Ihnen nichts anderes sagen, was da noch wäre.

Eh, wir haben jetzt ein paar Dinge - eh, über ein paar Dinge gesprochen, die für Sie besonders wichtig sind. Sie haben gesagt, die Familie steht an erster Stelle -

> ja

- die Gesundheit ist Ihnen wichtig, der Beruf, den Sie lieben, Ihre Freizeitinteressen, besonders der Sport, die, eh, Wertvorstellungen, nach denen Sie zu leben versuchen. Wie ist das so mit diesen Dingen - sind Sie damit zur Zeit zufrieden?

7
LZ-G
> Ja. Voll und ganz zufrieden.

Hm, und wenn Sie Ihr bisheriges Leben überblicken, haben sich diese für Sie besonders wichtigen Dinge so entwickelt, wie Sie es sich gewünscht haben?

8
LZ-V
> Offen gestanden, ja.

Irgendwo - ist es irgendwo nicht nach Wunsch gegangen?

> Kann ich nicht sagen.

Hm. Glauben Sie, daß Sie in ihrem bisherigen Leben etwas wichtiges versäumt haben?

9
LZ-V
> Nein.

Gar nicht.

> Ja, eh, versäumt infolgedessen, als ich da keinen Einfluß darauf hatte. Durch die, durch die Zeitläufte, und durch die politische und durch die Entwicklung in der ganzen Welt, ist natürlich einiges verlorengegangen, was man gerne als Jugendlicher bzw. als Mensch in jüngeren Jahren mitgenommen hätte.

Denken Sie da jetzt an was Besonderes?

An den Krieg denke ich daran. An den Krieg und an die Nachkriegszeit, dann. Die sich ja doch anders entwickelt hat, als die heutige Jugend z.B. ihre Jugend leben kann. Ich bin aber niemand neidisch darüber, ich - das ist halt mein persönliches Pech, daß das nicht so gelaufen ist.

Haben Sie das damals auch so erlebt, als Sie selber noch Jugendlicher waren?

Da war ich eben noch jugendlich. Da hatte ich - da war ich froh, daß ich noch gelebt habe, daß ich, daß ich den Krieg überlebt hatte, da hatte ich für solche Sachen eigentlich keine Gedanken. Oder keine Gedanken daran verschwendet.

Nehmen wir einmal an, Sie könnten zaubern. Was würden Sie an Ihrem jetzigen Leben ändern?

10
LZ-G
Eigentlich nichts.

Gar nichts.

Gar nichts.

Wunschlos glücklich.

Wunschlos glücklich nicht, das wäre übertrieben. Aber einen Wunsch nach einer gravierenden Änderung hätte ich nicht.

Hm. Und eine kleine Änderung?

Ich möchte jünger sein noch. Wenn ich zaubern könnte, möchte ich so zwanzig Jahre noch jünger sein und die gleiche, die Familie um mich haben, die ich jetzt habe. Das wäre das einzige, was ich hätte. Höheres Einkommen oder was absolut nicht.

Wir haben zuletzt über Ihre gegenwärtige Situation und über Ihre Vergangenheit gesprochen. Wollen wir jetzt mal zur Zukunft übergehen.

Ja.

Haben Sie Pläne für die Zeit, die vor Ihnen liegt?

1
ZP-A
Nein. Ich möchte in - meine Familie so entwickelt sehen, wie es jetzt weitergeht. Die Kinder möchten in der Schule weiter so entsprechen, wie sie - wie es jetzt geht. Und, eh, ich möchte in aller Ruhe meine, meinen Ruhestand erreichen. Und große Pläne habe ich gar nicht.

> Wobei ich dann ganz ehrlich bemerken möchte, ich möchte in dem Gesundheitszustand verbleiben noch einige Zeit, wie ich jetzt bin.

Eh, Sie sagen, große Pläne haben Sie nicht. Planen Sie irgendwelche Reisen, also kleinere Pläne?

> Ja, mit meiner Frau planen wir nach Erreichen des Ruhestandes durchaus schon Reisen. Wenn die Kinder selbständig geworden sind, eh, möchten wir durchaus nochmal etwas von der Welt sehen.

Und so konkrete Pläne jetzt für die nächste Zeit?

> Nein.

Gar nicht.

> Nein, außer den normalen Urlaubsreisen wenig und keine konkreten Pläne da.

Und wie sieht es mit der normalen Urlaubsreise aus? Haben Sie da jetzt schon einen Plan für dieses Jahr?

> Durchaus, ja.

Können Sie sagen, wohin Sie da fahren wollen?

> Ja, wir wollen - jetzt wollen wir erst mal einen Kurzurlaub in der Rhön machen. Zu Pfingsten da steht noch an, was wir machen sollen. Wir hatten an sich ein Treffen geplant, ja, mit Freunden. Ob das zustande kommt, ist eine andere Frage. Wenn es nicht ist, dann wollen wir uns sehr eifrig bemühen, für Pfingsten etwas zusammenzukriegen. Und dann haben wir noch, eh, den normalen - den Jahresurlaub vor uns. Das geht an die Ostsee wieder, wie üblich.

Fahren Sie da öfter hin, ja?

> Das achte Mal schon.

Hm.

> Die Kinder eben die haben schon ihre eigenen Pläne. Die Tochter die fährt nach England, in ein Internat, ein englisches. Und die andere Tochter geht jetzt zum Reiturlaub.

Ja, das waren jetzt so Pläne bezüglich Urlaub. Haben Sie irgendwas, eh - irgendwelche anderen konkreten Pläne noch, zum Beispiel einen Wohnungswechsel?

> Nichts.

Nichts.

Nichts, nein.

Und wie ist es mit Ihren wirtschaftlichen Verhältnissen? Planen Sie da irgendwo etwas zu ändern?

In keiner Weise. Wird nichts geändert. In meinem Alter ändert man da nichts mehr an seinen beruflichen Aussichten, seinen beruflichen Plänen.

Wir haben jetzt die konkreten Reisepläne besprochen. Welchen Zeitraum nehmen die ungefähr in Anspruch?

Insgesamt oder einzeln?

Ja, ne, jetzt insgesamt.

Insgesamt, das sind so drei Wochen, vier - etwa fünf bis sechs Wochen.

Hm. Und wie ist das mit der ferneren Zukunft. Haben Sie da schon Pläne und Gedanken sich gemacht, was da laufen soll?

Ich strebe an sich nach keinen Veränderungen hin. Ich bin zufrieden, wenn es so weiter läuft, wie bis jetzt.

Und wenn Sie so an Ihre Zukunft denken, womit beschäftigen Sie sich dann hauptsächlich?

2 ZP-T

Eh, mit der Zukunft der Kinder. Mit der Hoffnung, daß die Kinder gesund bleiben, daß die Kinder in ihrer Ausbildung Fortschritte machen, daß sie sich so entwickeln, wie es bisher ist und wie wir uns das vorstellen. Ungefähr die Hoffnung eben auf ein intaktes Familienleben. Daß es so bleibt, wie es bisher ist. Weitere Wünsche oder Hoffnungen habe ich da nicht.

Es gibt ja auch Dinge, auf die man als Einzelner keinen Einfluß hat. Was erwarten Sie ganz allgemein von Ihrer eigenen Zukunft?

3 ZP-T

Na, das Schlimmste, was passieren könnte, wäre, daß wie gesagt ein Krieg kommt. Nach den Erfahrungen, die ich bisher gemacht habe, die ich hinter mir habe, fürchte ich den Krieg wie der Teufel das Weihwasser. Entschuldigen Sie den harten Ausdruck, aber es ist so.

Na ja, klar.

Ich möchte nichts mehr erleben. Die Entwicklung, wie sie jetzt ist, ist, eh, ist sehr gut und, eh, weitere soziale Aufstiege oder größere Verdienste oder so etwas ist absolut nicht nötig. Ich bin zufrieden mit dem, was ich habe. Jeder, der es auch hören will oder dem ich es

> sagen kann, dem mache ich auch klar, daß der Lebensstandard, wie wir ihn jetzt haben, eh, so ist, wie wir ihn nie hatten. Wie ihn meine Eltern nicht hatten, wie ihn meine Voreltern nicht hatten, trotz ihrer vielen Arbeiten, trotz ihrer vielen Mühen. Ich muß eigentlich sagen, wir sind zufrieden. Das betont meine Frau auch immer.

Eh, haben Sie noch andere Befürchtungen, außer daß Sie Angst vor einem Krieg haben?

> Eigentlich nicht.

Gar nicht.

> Eigentlich nicht.

Und irgendwelche Hoffnungen?

> Na, ich habe die Hoffnung, daß die Menschheit im allgemeinen vernünftiger wird. Daß diese ständigen Auseinandersetzungen zwischen Ost und West und Nord und Süd und ähnliches, daß da irgendeine Möglichkeit wäre, daß die Menschen sich verständigen sollten. Und was da in meinen Kräften, eh, wäre, was ich da beitragen würde, würde ich sofort machen.

Und, eh, Hoffnungen in Bezug auf ihre eigene, ganz persönlich Zukunft?

> Ich hoffe, daß ich gesund bleibe und ich hoffe, daß es so weiter geht, wie bisher. Aber irgendwelche hochfliegenden Pläne habe ich nicht.

Auf wieviel Jahre erstrecken sich Ihre Gedanken in die Zukunft?

4
ZP-A
> Na, das ist schwer zu sagen an sich. Der Mensch lebt gerne. Ich möchte also noch - bis zwanzig Jahre möchte ich noch gerne erreichen. Ich möchte vor allen Dingen gerne noch erleben, daß die Kinder auf eigenen Beinen stehen, daß die Kinder völlig selbständig sind und eben fertige reife Menschen sind.

Versuchen Sie nochmal, in sich hineinzuhorchen. Wenn Sie an all das denken, was die Zukunft Ihnen ganz persönlich bringen kann, was empfinden Sie dann?

5
ZP-T
> All die Hoffnung, daß es, daß es so weiter geht, wie bisher. Ich kann Ihnen da nicht viel anderes sagen. Ich habe da keine großen Erwartungen, ich habe da keinen großen Erwartungshorizont und ich möchte mich da auch nicht weiter drüber auslassen.

Das wäre ja eine recht, eh, optimistische Haltung für die Zukunft.

Offen gestanden, ja.

Ist das richtig?

Ich bin an sich Optimist auch für die Zukunft.

Wenn man an die Zukunft denkt, sieht man irgendwann auch das Lebensende auf sich zukommen. Wenn Sie an Ihren eigenen Tod denken, was kommt Ihnen da in den Sinn?

1 BEST
Daß es unabänderlich ist. Und daß man da eben - ob man da nun Furcht davor hat oder irgend etwas, das muß dann wahrscheinlich erst der Augenblick klären, wo man unmittelbar davor steht. Ob man es nun bei hellem, bei wachem, klarem Bewußtsein erlebt oder ob man es jahrelang erlebt - irgendwann wird es auf einen zukommen und da mache ich mir offen gestanden noch keine Gedanken darüber.

Denken Sie auch dann, was danach mit Ihrer Familie ist, denken Sie da manchmal dran, wenn Sie mal gestorben sind?

Offen gestanden, nein. Denn man kann ja an sich sowieso nichts daran ändern. Man muß sich bemühen, daß man die Familie so sichert, daß sie auch im Falle eines Falles, wenn also das Letzte eintreten würde, gesichert ist. Das Wichtigste ist, daß die Kinder dann so weit wären, daß sie auf eigenen Beinen stehen können. Reichtümer können wir denen keine mitgeben, den Kindern, aber die beste Ausbildung, die möglich ist, sollen sie haben.

Hm. Wir haben jetzt über den Tod als Tatsache eben gesprochen. Wenn Sie daran denken, wie Sie sterben werden, was kommt Ihnen da in den Sinn?

2 HST
Das kann man nicht sagen, wie man sterben wird. Es ist an sich meines Erachtens nach völlig sinnlos, sich jetzt den Kopf darüber zu zerbrechen. Wozu eigentlich? Mir erscheint die Frage ziemlich überflüssig.

Beschäftigen Sie sich da nicht mit?

Nein, nein.

Es gibt ja Leute, die, eh, die zum Beispiel Angst davor haben, daß sie lange krank liegen, daß sie pflegebedürftig sind. Eh, es gibt Leute, die möchten nicht alleine sterben. Sie also, Sie machen sich da in dieser Richtung keine Gedanken?

3 AES
Ja also, ich meine, ich habe die Hoffnung, daß mir ein langes Krankenlager erspart bleibt, mit unnötigen Qualen, mit unnötigen Schmerzen. Das möchte ich schon - möchte ich mir schon ersparen. Aber wie ich mal, eh, das

Zeitliche segne, oder wie das passiert, oder wann das passiert, darüber habe ich mir noch nicht den Kopf zerbrochen. Und an sich kann man das ja sowieso nicht ändern.

Welche Erfahrungen haben Sie persönlich mit Tod und Sterben schon gemacht?

Eh, ich habe lediglich die Kriegserfahrungen und die langen mir. Und die Nachkriegserfahrungen. Ich war sechsdreiviertel Jahre in der DDR - in der Ostzone war ich eingesperrt gewesen. Ich habe viele Menschen sterben sehen, ich habe viel Elend gesehen und mir langen die Erfahrungen.

Könnten Sie mal sagen, wie das damals war im Krieg oder, eh, als Sie in der DDR inhaftiert waren?

Na ja, man hat eben gerade in der DDR inhaftiert. Man hat gesehen, daß die Leute wirklich elend zugrundegegangen sind, weil sie - und sie sind infolgedessen noch elender zugrundegegangen sind, weil sie hinter Gittern saßen. Weil sie wußten, sie können nicht heraus, es gibt keine Rettung mehr für sie. Und da war die Verzweiflung vielleicht noch größer als wenn jemand im Krankenhaus liegt und mit sämtlichen Hilfsmitteln von sämtlichen Ärzten umgeben ist. Und im Krieg, na ja, Sie wissen es wahrscheinlich nicht mehr. Aber man hatte an sich nicht viel Zeit, sich mit dem Tod und mit allem möglichen zu beschäftigen, man hatte mit sich selber genug zu tun. Und vielleicht - es klingt vielleicht brutal, aber wenn es jemanden erwischt hat neben einem, sagte man sich, du kannst froh sein, daß du es nicht warst. Du hast wieder mal Glück gehabt.

Nochmal zurück, eh, zu den, zu Ihren Mitgefangenen, die gestorben sind. Eh, hat es Sie in Ihrer eigenen Einstellung zum Tod, eh, hat es da auf Sie Eindruck gemacht?

Das kann ich Ihnen offen gestanden nicht sagen, denn die armen Teufel sind nicht in meiner unmittelbaren Umgebung gestorben. Sie wissen ja, wie das in einem Gefängnis oder wie zugeht. Da sind getrennte Bauten, da sind sie mit denen nicht, nicht in Berührung gekommen. Sie haben es nur gesehen, wenn eben der Leichenwagen mit so und soviel Särgen wieder herausfuhr, wenn man das zufällig gesehen hat. Aber sonst unmittelbar mit dem Sterben war ich da nicht konfrontiert. Man hat die Tatsachen nur gewußt, aber unmittelbar war man damit nicht in Konfrontation gesetzt.

Hm. Und wie denken Sie heute darüber, über das, was Sie damals miterlebt haben?

> Na, es ist ein Kapitel, das sehr zu meiner Persönlichkeitsbildung beigetragen hat. Eh, ich möchte es nicht noch einmal erleben. Ich wünsche es niemandem, nicht mal meinen Gegnern, daß sie das miterleben müssen auch.

Inwieweit hat es zu Ihrer Persönlichkeitsbildung beigetragen?

> Ja, ich bin erstens einmal hart geworden. Vielleicht auch, auch härter gegenüber dem Tod und gegenüber anderen Dingen. Und, eh, ich habe eben gelernt, daß das höchste Gut bei den Menschen die persönliche Freiheit ist. Jetzt das mal abgehoben auf meine Zeit im Gefängnis, ja. Und im Bezug auf den Krieg habe ich eben die Erfahrung gemacht, daß, eh, das Höchste, was es im menschlichen Leben gibt, Menschlichkeit ist, Nächstenliebe ist und, eh, daß man sich eben bemühen muß, solche Grauen und solche Dinge, die da geschehen sind, nach allen Kräften zu verhindern. Gleichgültig, ob es nun in Tod mündet oder ob es in, in Verstümmelung endet, man muß sehen, daß sich so etwas nicht wieder wiederholt.

Wo waren Sie da inhaftiert?

> Ich war in, eh, Bautzen gewesen.

Also das berüchtigte -

> Das berüchtigte Bautzen, ja. Sechsdreiviertel Jahre war ich dort gewesen.

Eh, wenn Sie mal zurückblicken - warum hat man Sie eigentlich inhaftiert?

> Das kann ich Ihnen ganz genau sagen. Ich war in Westberlin immatrikuliert. Meine Eltern die wohnten in der Zone noch drinnen, in der damaligen. Ich durfte in der Zone nicht studieren, weil ich politisch nicht tragbar war und bin eben noch einmal zurückgefahren aus familiären Gründen. Da wurde ich dann gegriffen und wurde entsprechend behandelt.

Wenn Sie mal zurückblicken, haben sich ihre Gedanken und Gefühle gegenüber Tod und Sterben in den letzten Jahren verändert?

5
NC

> Nein.

Nicht.- Manche Leute sagen, daß sie ihren Tod begrüßen. Wie ist das bei Ihnen zur Zeit?

6
NC

> Absolut nicht. Da bin ich ehrlich genug, zu sagen, ich, eh, lebe gerne.

137

Könnten Sie sich eine Situation vorstellen, in der Sie den Tod begrüßen würden?

Es käme vielleicht darauf an, wenn man so schwer krank ist, daß man nichts als nur noch leidet, daß man vielleicht den Tod begrüßen kann. Aber das kann wahrscheinlich nur jemand sagen, der in der Situation ist, in der entsprechenden. Darüber fehlen, meines Erachtens nach gesicherte Unterlagen. Die ganzen Gespräche mit Toten, die da jetzt so immer laufen und so weiter - nicht mit Toten, entschuldigen Sie, mit Sterbenden und so weiter, ich weiß nicht, inwieweit da wirklich hieb- und stichfeste Unterlagen dabei herauskommen.

Ist der Gedanke an Ihren eigenen Tod eine Bedrohung für Sie?

Nein. Das ist unabänderlich.

6 Die inhaltsanalytische Auswertung

Grundlegende und richtungweisende Arbeiten zur Methodologie der Inhaltsanalyse, die nach wie vor Aktualität besitzen, stammen von Berelson (1954), Cartwright (1953), Holsti (1968) und Pool (1959); eine umfassende Einführung in die Thematik, die auch neuere Entwicklungen berücksichtigt, hat Krippendorff (1980) vorgelegt. In deutscher Sprache stehen die Monographien von Früh (1981), Lisch und Kriz (1981), Merten (1983), Rust (1981, 1983) und Rustemeyer (1992) zur Verfügung. Das Lehrbuch von Merten (1983) bietet u.a. eine Übersicht über 35 inhaltsanalytische Verfahren aus Soziologie, Psychologie, Psychiatrie und Politologie. Mit Ausnahme von Rust (1983) richten sich alle diese Werke ihrem umfassenden Anspruch gemäß an "Sozialwissenschaftler" und sind daher nicht auf die spezifischen Sichtweisen und Fragestellungen der Psychologie ausgerichtet.

6.1 Grundlagen und Probleme der Inhaltsanalyse

"Inhaltsanalyse" ist der Oberbegriff für eine Vielzahl von Methoden der systematischen und objektiven Identifikation von Merkmalen sprachlicher Äußerungen in schriftlicher oder mündlicher Form, deren Ziel es ist, Rückschlüsse auf nicht-sprachliche Merkmale der Urheber zu ziehen (vgl. Berelson, 1954, p. 489; Bos & Tarnai, 1989b, S. 1; Cartwright, 1953, p. 435; Holsti, 1968, p. 597; Pool, 1959, p. 193). Dabei wird sprachliches Rohmaterial entweder zu verbalen oder numerischen Daten verdichtet und damit auf ein höheres Abstraktionsniveau überführt. Diese allgemeine Kennzeichnung, die nicht speziell auf Fragestellungen der Psychologie zugeschnitten ist, schließt sowohl qualitativ-interpretierende als auch quantifizierende inhaltsanalytische Verfahren ein. Nun wurde in Abschnitt 3.3 gezeigt, daß es vornehmlich quantifizierende inhaltsanalytische Auswertungen sind, die sich für die Bearbeitung halbstrukturierter Interviewtexte eignen. Mit Blick auf den Gegenstand der Psychologie und das in diesem Buch vorgestellte Verfahren wird Inhaltsanalyse als ein Vorgehen bezeichnet, mit dem der manifeste und latente Inhalt sprachlicher Äußerungen aus halbstrukturierten Interviews in systematischer und objektiver Weise quantifiziert wird, um aus den entsprechend aufbereiteten und verarbeiteten Daten Aussagen über das Erleben und Verhalten der Interviewpartner abzuleiten (vgl. auch die weitgehend ähnliche Kennzeichnung der Inhaltsanalyse als Forschungstechnik bei Rust, 1981, S. 23).

Unter theoretischem und konzeptionellem Aspekt sind inhaltsanalytische Verfahren mit folgenden Problemen behaftet, die im weiteren allerdings nur in ihren Grundzügen skizziert werden können: (1) Das Inferenzproblem; (2) die Problematik von Intensitätsaussagen; (3) die Frage der Analyse von manifestem oder latentem Inhalt.

Ad (1): *Das Inferenzproblem*. Die trivial anmutende Frage, mit welcher Berechtigung von einer sprachlichen Äußerung (z.B. "Es geht mir gut") auf das korrespondierende psychische Merkmal des Sprechers ("Wohlbefinden") geschlossen werden kann, ist von zentraler Bedeutung für jede Art der Inhaltsanalyse in der Psychologie. Es handelt sich um das auch in der Diskussion um die theoretischen Grundlagen projektiver Verfahren (Formdeuteverfahren, Thematische Apperzeptionsverfahren) unverändert aktuelle Problem des Verhältnisses von Index und Indiziertem. Mit Blick auf die Inhaltsanalyse wird die Frage der Inferenz zum Problem, weil es keine im Schnittpunkt von Linguistik und (Motivations-)Psychologie anzusiedelnde Theorie gibt, "die aussagt, unter welchen Umständen sich bestimmte Einstellungen, Absichten, Werte usw. in welche sprachliche Form kleiden" (Mayntz, Holm & Hübner, 1971, S. 153; vgl. auch Merten, 1983, S. 23). Der Rückgriff auf die Psychoanalyse und hier speziell auf die Konzepte des Primär- und Sekundärprozesses als Organisationsprinzipien kognitiver und emotionaler Vorgänge, den Gottschalk (1979) vornimmt, hat den Vorzug, die Beziehung zwischen Wort und Gegenstand näher zu erläutern. Die zentralen Konzepte dieses Erklärungsversuchs sind jedoch nur schwer operationalisierbar und bisher empirisch noch nicht befriedigend überprüft worden (vgl. Engel, 1986).

Einen eher pragmatischen Lösungsversuch des Inferenzproblems stellt Osgoods (1959; vgl. auch Osgood, Suci & Tannenbaum, 1957) Repräsentationsmodell dar. Es wird angenommen, daß zwischen Index (z.B. der Aussage: "Ich bin wütend") und Indiziertem (subjektivem Erleben von Wut und objektiven organismischen Korrelaten) ein Zusammenhang derart besteht, daß Vorhandensein und Ausprägungsgrad eines Index' überzufällig mit dem Vorhandensein und Ausprägungsgrad des Indizierten korreliert. Offensichtlich wird für die Beziehung zwischen dem Erleben eines Sprechers und seinen sprachlichen Äußerungen ein Isomorphismus angenommen - eine Annahme, die für sich reklamieren kann, durch die Alltagserfahrung einer im großen und ganzen funktionierenden Kommunikation gestützt zu werden.

Neben dem Repräsentationsmodell gibt es das Instrumentelle Modell (Mahl, 1959), dem zufolge sprachliche Äußerungen durch Bedürfniszustände ausgelöst und in ihrer Beschaffenheit durch vorangegangene Lernerfahrungen bestimmt werden. Da dem Instrumentellen Modell die Annahme eines Isomorphismus' nicht zugrunde liegt, kann nicht ohne weiteres auf intrapsychische Merkmale eines Sprechers geschlossen werden. Für einen solchen Schluß wären zusätzliche Informationen (z.b. über den situationalen Kontext, die Vorgeschichte) erforderlich.

Repäsentationsmodell und Instrumentelles Modell bilden keine Gegensätze, sondern sie ergänzen sich. Liegen Hinweise dafür vor, daß verbale Äußerungen sowohl repräsentational als auch instrumentell sind, wird der durch das Repräsentationsmodell begründete Zusammenhang zwischen Index und Indiziertem durch das Instrumentelle Modell zusätzlich unterstrichen. Gibt es Anhaltspunkte dafür, daß das Repräsentationsmodell einer Inhaltsanalyse nicht zugrunde gelegt werden kann, gibt das Instrumentelle Modell nur dann eine Basis für die Inhaltsanalyse ab, wenn auch latenter Inhalt in die Analyse einbezogen wird.

Für die Anwendung der Inhaltsanalyse auf Fragestellungen der Psychologie ist von Bedeutung, ob von einer gegebenen sprachlichen Äußerung auf eine aktuelle Befindlichkeit ("State") oder auf eine zeitlich relativ stabile Disposition ("Trait") geschlossen werden kann bzw. muß. Wie bei jedem anderen (persönlichkeits-)psychologischen Untersuchungsverfahren muß auch der Benutzer einer Inhaltsanalyse in jedem konkreten Anwendungsfall darlegen, ob er einen Zustand oder eine Eigenschaft zu erfassen beansprucht.

Ad (2): *Die Problematik der Intensitätsaussagen.* Sie steht in enger Beziehung zum Inferenzproblem. Nach dem Repräsentationsmodell kommt die Intensität des Erlebens eines Sprechers in der Häufigkeit und/oder in der sprachlichen Intensivierung zum Ausdruck, mit der er bestimmte Inhalte äußert. Es wird angenommen, daß die Häufigkeit und/oder die sprachliche Verstärkung, mit der ein intrapsychischer Vorgang sprachlich mitgeteilt wird, ein gültiger Indikator für den Ausprägungsgrad des entsprechenden Erlebens ist.

Diese Annahme kann allerdings auch in Frage gestellt werden (vgl. Holsti, 1968; Lisch & Kriz, 1981, S. 125). Fraglich scheint zum einen, ob eine lineare Beziehung (ein Isomorphismus) innerhalb des gesamten Intensitätsbereichs besteht. Denn wie am Beispiel von Angst oder Aggression veranschaulicht werden kann, sind bei starken Intensitäten kurvilineare Beziehungen denkbar. Zweifelhaft ist zum anderen, ob Linearität auf die unterschiedlichsten Arten von Emotionen und emotionalen Bewertungen in gleicher Weise zutrifft. Möglicherweise trifft Linearität eher auf positive, Kurvilinearität eher auf negative Emotionen zu. Für eine differenzierte Codierung verschiedener psychischer Merkmale, die sich als Konsequenz aus diesen Überlegungen anbieten würde, gibt es derzeit noch keine Entscheidungsgrundlage.

Ad (3): *Die Frage der Analyse von manifestem oder latentem Inhalt.* Inhaltsanalytische Auswertungen können sich ausschließlich auf die denotative Bedeutung einer isolierten Aussage beziehen, sie können aber auch die konnotative Bedeutung des lexikalischen Inhaltes sowie den gesamten Kontext berücksichtigen. Probleme ergeben sich besonders dann, wenn eine Diskrepanz zwischen dem Wortlaut einer Äußerung und dem, was eigentlich damit gemeint ist, besteht (z.B. Ironie, Sarkasmus). Würde ausschließlich der manifeste Inhalt einer solchen Mitteilung berücksichtigt, würde das "wirkliche" Erleben des Sprechers nicht adäquat erfaßt und das Ergebnis der inhaltsanalytischen Auswertung wäre nicht valide.

Mit Blick auf die Fragestellungen der Psychologie ist es daher selbstverständlich, daß auch der latente Inhalt sprachlicher Mitteilungen durch inhaltsanalytische Auswertungen erfaßt wird. Denn es geht in erster Linie darum, die Bedeutung einer Äußerung innerhalb des Bezugsrahmens des jeweiligen Sprechers zu verstehen und einzuschätzen. Dies ist auch durchaus möglich, wenn die Auswertungskategorien so definiert und expliziert sind, daß den Auswertern hinreichend konkrete Vorstellungen von latenten Inhaltsaspekten vermittelt werden und ihr Ermessensspielraum bei der Codierung klein gehalten wird (vgl. Früh, 1981, S. 123ff.; Rustemeyer, 1992, S. 20).

Die Erfassung des latenten Inhalts könnte durch die Einbeziehung para-verbaler Merkmale zusätzlich abgesichert werden. Empirische Arbeiten zur non-verbalen Kommunikation (zusammenfassend Scherer, 1982) lassen erkennen, daß nichtsprachlichen Signalen ein hoher, wenn nicht gar überwiegender Informationsgehalt zukommt. Darüber hinaus sind para-verbale Merkmale der Sprache einer bewußten Kontrolle weitgehend entzogen; werden sie in die Auswertung einbezogen, ist die Gefahr, daß absichtliche Verfälschungen vorliegen und nicht erkannt werden, eher gering. Mit Blick auf die Praxis der Auswertung ist allerdings mit erheblichen Schwierigkeiten zu rechnen, da non-verbale Merkmale sehr viel schwerer operational zu definieren sind als der manifeste Inhalt sprachlicher Äußerungen. Schließlich ist unter dem Aspekt der Auswertungsökonomie mit erheblich größerem Aufwand zu rechnen, da zusätzlich zu einem Transkript anhand einer Tonband- oder Videoaufzeichnung zu codieren wäre, was erhöhte Anforderungen an die Aufmerksamkeit der Auswerter stellt und sich letztlich in größerem Zeit- bzw. Personalbedarf niederschlägt.

6.2 Das Würzburger Verfahren der Codierung von halbstrukturiertem Interviewmaterial (WÜCI)

6.2.1 Zweck des Verfahrens und Begriffsklärungen

Das Würzburger Verfahren der Codierung von halbstrukturiertem Interviewmaterial (WÜCI) dient dem Zweck, anhand manifester und latenter Merkmale von Interviewprotokollen, deren Durchführung auf die hier dargestellte inhaltsanalytische Auswertung abgestimmt ist (vgl. Kapitel 5), quantitative Aussagen über Ausprägung bzw. Intensität kognitiver und emotionaler Komponenten von Einstellungen, Interessen und Werthaltungen sowie über "Emotionseigenschaften" (Janke & Hüppe, 1991, S. 98 f.) zu machen. Grundsätzlich ist auch die Erfassung aktueller Befindlichkeiten möglich. Darüber hinaus eignet sich das Verfahren dazu, quasi-objektive Informationen über Lebensbedingungen einschließlich der sächlichen Ausstattung zu gewinnen. Die mit Hilfe des WÜCI gewonnenen Daten dürften mindestens Ordinal-Skalenniveau besitzen.

Grundlegende Begriffe bei der Konstruktion und Anwendung inhaltsanalytischer Auswertungsverfahren sind Skala, Skalensystem, Dimension, Kategorie und Kategoriensystem. Da diese Begriffe nicht einheitlich gebraucht werden, ist es notwendig, sie im Rahmen des hier vorgestellten Verfahrens zu klären. "Skala" bzw. "Dimension" bezeichnet ein inhaltlich relativ eindeutig umschriebenes Merkmal (z.B. "Selbstwertgefühl") oder den hinreichend eigenständigen Teilaspekt eines Merkmals. Skalen können sich in ihrer Breite unterscheiden. Beispielsweise können Zufriedenheit in beruflicher, finanzieller und gesundheitlicher Hinsicht drei vergleichsweise schmale Dimensionen bzw. Auswertungsskalen sein. Die Gesamtheit der Dimensionen bzw. Skalen, hinsichtlich derer ein gegebenes Interviewmaterial ausgewertet wird, wird als Skalensystem bezeichnet. "Kategorie" bezeichnet eine bestimmte Intensitätsausprägung einer Dimension bzw. den Punktwert einer Skala. Ein hoher Punktwert wird für starke Merkmalsausprägung vergeben, ein niedriger Punktwert für schwache Merkmalsausprägung. Die Gesamtheit der Kategorien aller Dimensionen bzw. Skalen, die bei einer Inhaltsanalyse verwendet werden, wird als Kategoriensystem bezeichnet.

6.2.2 Konstruktion inhaltsanalytischer Auswertungsskalen

Der obigen Zielsetzung des inhaltsanalytischen Auswertungsverfahrens entsprechend, sollte die Konstruktion von Auswertungsskalen von vornherein auf Skalen mit drei oder allenfalls vier Kategorien ausgerichtet sein. Damit ist eine hinreichend klare Abgrenzbarkeit der einzelnen Kategorien gewährleistet, und die späteren Auswerter werden in ihrer Diskriminationsfähigkeit nicht überfordert. Die Einbuße an Differenzierung, die im Vergleich mit Fragebogenverfahren besteht, ist geringfügig. Entscheidend ist, daß mit drei- bis vierkategorialen Auswertungsskalen die Voraussetzungen für mindestens befriedigende Auswertereinstimmung gegeben sind.

Die Konstruktion von Auswertungsskalen erfolgt durch zwei eigenständige Strategien, deren Resultate zusammengefaßt werden und die sich daher ergänzen (vgl. Cartwright, 1953, p. 439f.).

Mit der *"externen" Strategie* werden allgemeine theoretische Überlegungen, Befunde aus der einschlägigen Fachliteratur sowie gegebenenfalls bereits erprobte inhaltsanalytische Auswertungsskalen berücksichtigt; auch Fragebogenverfahren, die ausschließlich für die Bearbeitung durch den Probanden konzipiert wurden, sollten herangezogen werden. Ohne Kenntnis des Analysematerials wird anhand dieser Informationen eine umfassende und differenzierte A priori-Beschreibung des zu analysierenden Merkmalsbereichs vorgenommen.

Bei der Entwicklung der Würzburger Auswertungsskalen für Interviewmaterial im Rahmen des WÜCI (siehe Abschnitt 6.3) wurden u.a. bereits erprobte Auswertungsschemata zu den Themenkreisen "Soziale Integration", "Selbstwertgefühl", "Lebenszufriedenheit" und "Zukunftsperspektive" von Olbrich (1976), Renner (1969), Theissen (1971), Neugarten, Havighurst und Tobin (1961) und Schreiner (1970) auf relevante Informationen inspiziert.

Der auf diese Weise a priori vom Untersucher gesteckte Rahmen wird durch *"intern" gewonnenes Material* ergänzt, präzisiert und gegebenenfalls korrigiert. Zu diesem Zweck wird dem gegebenen Analysematerial eine hinreichend große und repräsentative Stichprobe codierbarer Aussagen entnommen. Anhand dieser Aussagen wird einerseits die Deskription des Merkmalsbereichs angereichert und andererseits die operationale Definition der Kategorien vorgenommen. Bei der Konstruktion der Würzburger Auswertungsskalen für halbstrukturiertes Interviewmaterial (WAI) im Rahmen des WÜCI wurden aus den 12 Interviewprotokollen der Voruntersuchung sowie aus 20 zusätzlichen, per Zufall aus dem Interview-Pool der Hauptuntersuchung ausgewählten Protokollen (je ein Mann und eine Frau pro Jahrgang) 1244 codierbare Äußerungen entnommen und zur Definition der Kategorien verwendet.

Mit dieser Doppelstrategie einer deduktiven und induktiven Skalenkonstruktion wird sowohl der Forderung nach Abdeckung eines breiten Merkmalsspektrums (Holsti, 1968, p. 646) als auch der Forderung nach Anpassung der Skalen und Kategorien an das jeweils gegebene Analysematerial (Berelson, 1954, p. 510; Cartwright, 1953, p. 438; Pool, 1959) entsprochen. "Entscheidend ist, zu den relevanten Dimensionen Kategorien zu bilden, die auf alle Texte 'passen', um aus dem Text Informationen so zu codieren, daß die auftretenden Häufigkeiten auch die Hypothesen falsifizieren können" (Friedrichs, 1973, S. 321). Der Vorzug dieses zweigleisigen Vorgehens besteht insbesondere darin, daß das Skalensystem während der Konstruktionsphase offen ist für neue, bisher nicht beobachtete, gleichwohl aber denkbare und nach Einschätzung des Untersuchers konzeptkonforme Phänomene. Die hier empfohlene Verbindung von deduktivem und induktivem Vorgehen bei der Konstruktion inhaltsanalytischer Auswertungsskalen ist somit auf die Offenheit halbstrukturierter Interviews abgestimmt.

Das beschriebene Vorgehen führt zu einer Vorform des Skalen- bzw. Kategoriensystems. Bereits diese Vorform muß folgende methodische Kriterien erfüllen (vgl. Friedrichs, 1973, S. 321; Holsti, 1968, p. 646; Jahoda, Deutsch & Cook, 1952, p. 258; Mayntz et al., 1971, S. 157): (1) *Eindimensionalität*. Jede Kategorie einer Skala darf nur aus einem einzigen einheitlichen Klassifikationsprinzip abgeleitet sein, d.h. die Kategorien dürfen sich nur einer Dimension zuordnen lassen. Beispielsweise darf sich die Kategorie "Mäßig ausgeprägter Glaube an Gott" allein der Skala "Glaube an Gott" zuordnen lassen, nicht aber einer anderen Skala zur Erfassung von Religiosität.- (2) *Vollständigkeit*. Die Kategorienreihe muß erschöpfend sein, d.h. jede sprachliche Äußerung, die durch die betreffende Skala erfaßt wird, muß sich einer der Kategorien zuordnen lassen. Dies bedeutet nicht, daß ein Text vollständig, gewissermaßen ohne Reste, durch ein Kategoriensystem erfaßt werden muß. Selbstverständlich kann es Aussagen geben, die im Sinne einer bestimmten Skala irrelevant sind. Gemeint ist vielmehr, daß alle im Sinne einer bestimmten Auswertungsskala relevanten Äußerungen einer der Kategorien dieser Skala eindeutig zugewiesen werden können. Umgekehrt müssen aber nicht alle Kategorien durch Texteinheiten abgedeckt sein. Rustemeyer (1992, S. 104f.) weist zu Recht darauf hin, daß es sinnvoll sein kann, aufgrund theoretischer Erwägungen Dimensionen (einschließlich der zugehörigen Kategorien) zu definieren, die in einem bestimmten Analysematerial möglicherweise keine Entsprechung finden.- (3) *Ausschließlichkeit*. Jede auf eine bestimmte Skala bezogene Aussage darf sich nur einer einzigen Kategorie zuordnen lassen. Mit anderen Worten: Die Kategorien einer Auswertungsskala müssen so beschaffen sein, daß keine Mehrdeutigkeiten hinsichtlich der Zuordnung von Aussagen bestehen bleiben.

Die Vorform des Kategoriensystems wird einem Vortest unterzogen ("Round Robin", vgl. Cartwright, 1953, p. 460). Dabei wird eine weitere Zufallsstichprobe des zu analysierenden Interviewmaterials, die mit der zur Skalenkonstruktion benutzten Auswahl nicht identisch sein sollte, von mehreren Auswertern unabhängig voneinander codiert. Der Vortest beinhaltet sowohl die Bildung von Analyse-Einheiten (siehe unten, Abschnitt 6.2.4) als auch die Vergabe der den Kategorien zugehörigen Punktwerte und kann daher auch als Teil des Auswerter-Trainings (siehe unten) betrachtet werden. Der Vortest bringt Aufschluß darüber, ob die Codierungsanweisungen und die Definitionen der einzelnen Kategorien unmißverständlich gehalten sind, ob die Richtlinien zur Bildung von Analyse-Einheiten problemlos auf das Analysematerial anwendbar sind, ob einzelne Kategorien unterfrequentiert sind. Mängel in der einen oder anderen Hinsicht werden beseitigt, und das revidierte Kategoriensystem wird gegebenenfalls einem zweiten Vortest unterzogen.

Bei der Entwicklung der Würzburger Auswertungsskalen für halbstrukturiertes Interviewmaterial (WAI; siehe Abschnitt 6.3) wurden im Rahmen des Vortests 20 zufällig ausgewählte Transkripte (je ein Mann und eine Frau pro Jahrgang; zur Zusammensetzung der Gesamtstichprobe siehe Abschnitt 5.5.5), die nicht identisch mit den zur Konstruktion der Auswertungsskalen benutzten Protokollen waren, von drei Auswertern (zwei Studenten und Verfasser) bearbeitet. Aufgrund der dabei gemachten Erfahrungen wurden Unzulänglichkeiten der Vorform, welche die Definition einzelner Kategorien, die Anzahl der Skalen und Kategorien die Variabilität innerhalb einzelner Auswertungsskalen betrafen, revidiert.

Die Endform des Skalensystems besteht aus elaborierten Skalen, die einheitlich aufgebaut sind: Auf eine allgemeine Kennzeichnung der Skala einschließlich ihres Meßanspruchs folgt eine detaillierte Codierungsanweisung und die operationale Definition einer jeden Kategorie; zusätzlich wird jede Kategorie durch ein Beispielinventar illustriert, dessen Beispiele aus jener Stichprobe des Analysematerials stammen, die zur Deskription des Merkmalsbereichs verwendet wurde.

Mit der hier vorgestellten Methode der Konstruktion inhaltsanalytischer Auswertungsskalen ist nicht der Anspruch verbunden, Interviewtexte vollständig zu erfassen. Wie jedes Skalensystem ist auch eines, das nach den obigen Empfehlungen erarbeitet wird, selektiv. Entscheidend ist vielmehr, daß das Kategoriensystem hinsichtlich des interessierenden Inhalts so differenziert ist, daß sich Maße entwickeln lassen, die einen Vergleich zwischen den Texteinheiten des untersuchten Materials erlauben. Diese Forderung dürfte anhand des Würzburger Verfahrens der Codierung von halbstrukturiertem Interviewmaterial (WÜCI) erfüllt sein.

6.2.3 Auswerter-Training und Auswerter-Test

Voraussetzung für eine sachgerechte Codierung des Interviewmaterials ist eine sorgfältige Unterweisung der Auswerter. Das Auswerter-Training besteht aus folgenden Schritten: (1) *Einführung in den oder die Merkmalsbereiche, die Gegenstand der Auswertung sein sollen.* Die Auswerter müssen anschauliche und differenzierte Vorstellungen von allen Merkmalen haben, die im Analysematerial vorkommen können. Grundlegende Kenntnisse eigenen ich die Auswerter zweckmäßigerweise durch die Lektüre geeigneter Literatur an; sie werden in Gruppendiskussionen vertieft und gegebenenfalls korrigiert. Von großer Bedeutung ist es, bereits in diesem frühen Stadium des Auswerter-Trainings Mißverständnisse bei den Auswertern zu verhindern oder sie so früh wie möglich zu beseitigen. (2) *Erläuterung der jeweiligen Skala bzw. Skalen und Diskussion von Zweifelsfällen.* Die Handhabung der Skala/Skalen wird anhand ausgewählter Beispiele demonstriert. (3) *Diskriminationstraining* (vgl. Langer & Schulz v. Thun, 1974, S. 139f.). Den zukünftigen Auswertern werden Ausschnitte von Interviewtranskripten vorgelegt. Aufgabe der Auswerter ist es, den richtigen Punktwert gemäß Auswertungsskala zu vergeben. Bei Fehlern sollte der Auswerter um eine Erläuterung seiner Codierungsentscheidung gebeten werden, und die korrekte Codierung sollte ihm ausführlich erläutert werden. (4) *Herstellungstraining* (vgl. Langer & Schulz v. Thun, 1974, S. 140). Dem prospektiven Auswerter werden Ausschnitte von Interviewtranskripten sowie dazugehörige Codes (Punktwerte) vorgelegt; diese vorgegebenen Punktwerte sind jedoch falsch. Der zu trainierende Auswerter wird nun aufgefordert, den Text so zu verändern, daß er dem vorgegebenen Punktwert entspricht.

Um sicherzustellen, daß die Auswertungsskalen konzeptkonform gehandhabt werden können, sollte jeder Auswerter nach Abschluß der Trainingsphase einem Test unterzogen werden. Dabei werden für eine Stichprobe des Analysematerials Abweichungen zwischen Auswerter und Untersucher ermittelt. Für jeden Auswerter und jede Auswertungsskala kann die Fehlerquote sowie ein Kennwert der Gesamtabweichung bestimmt werden.

Im folgenden werden die Ergebnisse der Auswerter-Tests mitgeteilt, die bei der Entwicklung der Würzburger Auswertungsskalen für halbstrukturiertes Interviewmaterial (WAI) im Rahmen des WÜCI (siehe Abschnitt 6.3; Wittkowski, 1984) ermittelt wurden. Bezüglich der Bezeichnungen der Auswerter wird auf Seite 156 verwiesen.

1. *Themenkreis "Soziale Integration"*:

Die Fehlerquote von Auswerter C_1 betrug für SI-A 8,8%, für SI-B/quant. 9,1%, für SI-B/qual. 14,3%; dies entspricht einer Mittleren Fehlerquote von 10,7%. Der Kennwert der Gesamtabweichung G beträgt für alle drei Auswertungsskalen des Themenkreises "Soziale Integration" zusammen 0,10. Die Fehlerquote von Auswerter D betrug für SI-A 22,2%, für SI-B/quant. 0,0%, für SI-B/qual. 0,0%; dies bedeutet eine mittlere Fehlerquote von 7,4%. Wegen des hohen Fehleranteils bei Auswertungsskala SI-A wurde Auswerter D nach weiterem Training erneut einem Test für Skala SI-A unterzogen, der eine Fehlerquote von 9,1% ergab. Die durchschnittliche Fehlerquote beträgt nun 3,0%, der Kennwert der Gesamtabweichung G beläuft sich nunmehr für alle drei Auswertungsskalen zusammen auf 0,05.

2. *Themenkreis "Religiosität"*:

Die Fehlerquote von Auswerter C_2 betrug für REL-KKI und für REL-ÖRP jeweils 6,7%, für REL-ESM 10,0%, für REL-V 14,3%, für REL-GG 13,8%; dies entspricht einer mittleren Fehlerrate von 10,3% und einem Kennwert der Gesamtabweichung G von 0,11 für alle fünf Auswertungsskalen zusammen.

Die Fehlerquote von Auswerter D betrug für REL-KKI 20,0%, für REL-ÖRP 0,0%, für REL-ESM 3,3%, für REL-V 21,4% und für REL-GG 13,8%; dies bedeutet eine durchschnittliche Fehlerquote von 11,7%. Der Kennwert der Gesamtabweichung G beträgt 0,11 für alle fünf Auswertungsskalen zusammen.

3. *Themenkreis "Selbstwertgefühl"*:

Die Fehlerquote von Auswerter C_3 betrug für Skala SWG 11,9%, entsprechend einem Kennwert der Gesamtabweichung G von 0,12.

Auswerter D erzielte bei SWG eine Fehlerquote von 12,2%, was gleichzeitig einem Kennwert der Gesamtabweichung von 0,12 entspricht.

4. *Themenkreis "Lebenszufriedenheit"*:

Die Fehlerquote von Auswerter C_4 betrug für LZ-G 9,0% und für LZ-V 11,6%; die mittlere Fehlerrate ist 10,3%. Der Kennwert der Gesamtabweichung G beträgt für beide Auswertungsskalen zusammen 0,10.

Die Fehlerquote von Auswerter D betrug für LZ-G 12,9% und für LZ-V 10,3%, entsprechend einer mittleren Fehlerquote von 11,6% und einem Kennwert der Gesamtabweichung G von 0,12 für beide Auswertungsskalen zusammen.

5. Themenkreis "Zukunftsperspektive":

Die Fehlerquote von Auswerter C_5 betrug für ZP-A 13,8% und für ZP-T 5,5,%. Die mittlere Fehlerrate beträgt 9,7%, der Kennwert der Gesamtabweichung G für beide Auswertungsskalen zusammen ist 0.09.

Die Fehlerquote von Auswerter D betrug für ZP-A 6,9 und für ZP-T 18,8 bei einer mittleren Fehlerquote von 12,9%. Der Kennwert der Gesamtabweichung beträgt für beide Auswertungsskalen zusammen 0,12.

6. Themenkreis "Sterben und Tod":

Die Fehlerquote von Auswerter C_6 betrug für AET 7,4%, für AES 5,0%, für AFST 5,3%, für BEST 18,2% und für HST 0,0%. Die mittlere Fehlerquote ist 7,2%, der Kennwert der Gesamtabweichung G beträgt für alle fünf Auswertungsskalen zusammen 0,06.

Die Fehlerquote von Auswerter D betrug für AET 19,2%, für AES 14,3%, für AFST 5,6%, für BEST 15,4% und für HST 6,3%. Dies entspricht einer Mittleren Fehlerrate von 12,2% und einem Kennwert der Gesamtabweichung G von 0,13 für alle fünf Auswertungsskalen.

Diese Angaben vermitteln ein detailliertes Bild vom Grad der Konzeptkonformität, mit der die Würzburger Auswertungsskalen für Interviewmaterial (WAI) von den Auswertern nach Abschluß der Trainingsphase gehandhabt wurden. Insgesamt kann man feststellen, daß die Forderung, daß die Summe der quadrierten Abweichungen vom Konzept nicht größer sein sollte als die Zahl der Testobjekte (Langer & Schulz v. Thun, 1974, S. 143) für alle Auswerter und alle Auswertungsskalen erfüllt ist. Ebenso ist der Forderung Genüge getan, daß die Summe der einfachen Abweichungen nicht größer sein soll als ein Drittel der Anzahl der Testobjekte. Aufgrund der Ergebnisse des Auswertertests kann man daher davon ausgehen, daß die Handhabung der Würzburger Auswertungsskalen für Interviewmaterial bei der eigentlichen Auswertung des Interviewmaterials hinreichend konzeptkonform erfolgte.

6.2.4 Inhaltsanalytische Auswertung

Der Auswertungsprozeß gliedert sich in zwei Phasen: (1) Bildung von Analyse-Einheiten und Vorschlag der relevanten Skala; (2) Codierung bzw. Punktvergabe anhand der Auswertungsskalen. An beiden Phasen sollten mehrere Auswerter beteiligt sein, die unabhängig voneinander arbeiten. Insbesondere ist es zweckmäßig, die Bildung von Analyse-Einheiten durch andere Auswerter vornehmen zu lassen als die Codierung. Abbildung 6.1 gibt eine schematische Übersicht über den Ablauf der inhaltsanalytischen Auswertung nach dem Würzburger Verfahren der Codierung von halbstrukturiertem Interviewmaterial (WÜCI).

I. *Bildung von Analyse-Einheiten*	II. *Codierung der Analyse-Einheiten*
Qualitative Strukturierung des Analysematerials Auswerter A und B unabhängig voneinander – Abgrenzung und Numerierung von Teilen des Textes – Zuordnung einer jeden Analyse-Einheit zu einer der Auswertungsskalen = Skalenvorschlag – Möglichkeit des Ausschlusses von Analyse-Einheiten, die keiner der Auswertungsskalen zweifelsfrei zugeordnet werden können	Quantifizierung des (strukturierten) Analysematerials Auswerter C und D unabhängig voneinander – Bei Zustimmung zum Skalenvorschlag: Intensitätseinschätzung (Punktvergabe) für die betreffende Analyse-Einheit – Bei Zweifel am Skalenvorschlag: Ausschluß der Analyse-Einheit. Zuordnung zu einer anderen Skala ist nicht möglich – Analyse-Einheiten, die bereits in I ausgeschlossen wurden, sind/bleiben nicht codierbar
Bei Diskrepanzen zwischen A und B hinsichtlich Einheitenbildung und Skalenvorschlag: Diskussion und Einigung	

Abb. 6.1: Schematische Übersicht über den Ablauf der inhaltsanalytischen Auswertung

6.2.4.1 Bildung von Analyse-Einheiten

Als Analyse-Einheit im Sinne einer "recording unit" kommen für Inhaltsanalysen grundsätzlich in Frage (vgl. Berelson, 1954, p. 508f.; Holsti, 1968, p. 647f.; Krippendorff, 1983, pp. 60-63): das Wort (neben dem einzelnen Wort auch Wortverbindungen bis hin zu mehreren Sätzen), das Thema (eine umschriebene Aussage über eine Person, einen Gegenstand, ein Ereignis oder einen Sachverhalt), der Charakter (eine reale, fiktive oder historische Figur in ihrem Umfeld), das Item (eine ganze natürlicherweise abgegrenzte Einheit, z.B. ein Buch, ein Film, ein Zeitschriftenartikel).

Für die Wahl einer Analyse-Einheit sind nach Holsti (1968, p. 648) folgende Kriterien maßgebend: (1) Die Passung, die zwischen Analyse- bzw. Inhaltseinheit und der Fragestellung einer Untersuchung einerseits und dem Analysematerial andererseits besteht. Die Wahl sollte also auf jene Einheitenart fallen, die sowohl der Forschungsfrage als auch dem Rohmaterial der Untersuchung am besten entspricht.

Dabei ist zu berücksichtigen, in welcher sprachlichen Konfiguration (Wort, Thema, Item) sich die relevanten Inhalte auffinden lassen. (2) Effizienz im Sinne einer Kosten-Nutzen-Rechnung.

In Untersuchungen aus den Bereichen der Persönlichkeitspsychologie, der Motivationspsychologie und der Entwicklungspsychologie werden in Interviews vielfach komplexe Bewertungs- und Verarbeitungsprozesse angezielt, die sich nur in einem Satz und oft nur in mehreren Sätzen adäquat mitteilen lassen. Von daher kommt das einzelne Wort als Analyse-Einheit nicht in Frage (vgl. Mayntz et al., 1971, S. 156), ebensowenig wie das Item oder der Charakter. Indiziert scheint das Thema, das als Satz oder Satzverbindung nach Berelson (1954, p. 508f.) eine der geeignetsten Einheitenarten der Inhaltsanalyse ist und das in Untersuchungen über Motive, emotionale Bewertungen u.ä. als unverzichtbar bezeichnet wird (Holsti, 1968, p. 647; ähnlich Krippendorff, 1983, p. 63). Thematische Analyse-Einheiten haben nämlich den Vorzug, daß die Auswertung flexibel an die Ausführungen des jeweiligen Interviewpartners angepaßt werden kann. Allerdings darf nicht übersehen werden, daß die Festlegung thematischer Analyse-Einheiten nicht so eindeutig möglich ist wie die anderer Arten von Analyse-Einheiten. Die Bildung thematischer Analyse-Einheiten erfordert daher besondere Vorkehrungen und größeren Arbeitsaufwand.

Im Rahmen des WÜCI ist eine Analyse-Einheit definiert als jede in sich geschlossene bzw. abgerundete Aussage zu einer Person, einem Objekt oder Sachverhalt, gleichgültig, ob sie einer bestimmten Skala zugeordnet werden kann oder nicht. Die Länge einer Analyse-Einheit kann sehr unterschiedlich sein; im Extremfall kann sie zwischen einem einzigen Wort (z.B. "Ja" oder "Nein" als Antwort auf eine Frage) und mehreren Transkriptseiten schwanken. Die Bildung von Analyse-Einheiten wird durch "Überschriften" bzw. "Schlagzeilen" erleichtert, die - ohne im Text vermerkt zu werden - den zentralen Inhalt der betreffenden Einheit angeben. Der Wechsel von einer Überschrift zu einer anderen zeigt das Ende der einen und den Beginn der folgenden Analyse-Einheit an. In der Regel ergibt sich die Überschrift einer thematischen Einheit aus der Frage des Interviewers. Es kann jedoch auch notwendig sein, sie ausschließlich aus der Äußerung des Probanden abzuleiten. Ferner ist die Bildung von Analyse-Einheiten nicht an die Gliederung des Interviewtextes gebunden. So können einerseits mehrere Absätze zu einer Einheit zusammengefaßt werden. Andererseits kann es aber auch notwendig sein, innerhalb eines einzigen Absatzes mit nur wenigen Zeilen mehrere Einheiten zu bilden.

Tendenziell sollten große Analyse-Einheiten gebildet werden: Erläuternde Ausführungen und Abschweifungen werden auch dann einer Einheit zugerechnet, wenn sie nichts zur Punktvergabe gemäß Auswertungsskala beitragen, aber inhaltlich

Bezug zum Thema der Analyse-Einheit haben. Aussagen zu ein und demselben Sachverhalt, die sich gegenseitig ergänzen und präzisieren, werden also als eine Analyse-Einheit behandelt, auch wenn sie an verschiedenen Stellen des Textes vorkommen. Liegen in einer Aussage verschiedenartige und zum Teil widersprüchliche Themen vor, ohne daß sinnvoll zwei oder mehrere Einheiten gebildet werden können, muß sich der Auswerter für eines der Themen als das dominante entscheiden und die Einheit mit Blick auf diesen dominanten Inhalt bilden.

Im einzelnen besteht die Bildung von Analyse-Einheiten aus folgendem Procedere (vgl. auch Abb. 6.1 sowie die Markierungen und Marginalien der Beispiel-Interviews in Abschnitt 5.5.6): Das gesamte Interviewmaterial wird unter Berücksichtigung des Kontextes von mindestens zwei Auswertern, die unabhängig voneinander arbeiten, in Analyse-Einheiten gegliedert. Die so gebildeten Analyse-Einheiten werden fortlaufend numeriert. Darüber hinaus wird jede Analyse-Einheit mit dem Kürzel jener Auswertungsskala versehen, die der Auswerter für indiziert hält. Analyse-Einheiten, die durch das jeweilige Skalensystem nicht erfaßt werden, die also überhaupt nicht mit dem Raster des Skalensystems in Einklang gebracht werden können, werden als "nicht codierbar" (NC) gekennzeichnet. Ebenso werden Analyse-Einheiten, die thematisch sehr heterogen sind, d.h. die zwei oder mehr Sachverhalte mit annähernd gleicher Gewichtung (Umfang in Zeilen) enthalten, so daß keine eindeutige Zuordnung zu einer Skala vorgenommen werden kann, als "nicht codierbar" (NC) deklariert. Bereits die Entscheidung eines Auswerters reicht aus, um eine Analyse-Einheit als nicht codierbar von der weiteren Bearbeitung auszuschließen. Bei der Einheitenbildung unberücksichtigt bleiben indifferente Äußerungen i.S. des Skalensystems (z.B. Rückfragen aufgrund von Mißverständnissen, Verständigungsschwierigkeiten oder offensichtliches Unvermögen, eine Frage zu beantworten).

Diskrepanzen zwischen den Auswertern hinsichtlich der Bildung von Analyse-Einheiten werden diskutiert und nach Möglichkeit bereinigt. Kann eine Einigung auf einen Skalenvorschlag nicht erreicht werden, gilt die betreffende Analyse-Einheit als nicht codierbar. Die Bildung von Analyse-Einheiten in Verbindung mit dem Vorschlag der relevanten Auswertungsskala erfolgt zweckmäßigerweise durch dieselben Auswerter, die bereits am Vortest beteiligt waren und die daher sowohl in der Bildung von Analyse-Einheiten geschult als auch mit dem Skalensystem vertraut sind. Die Phase der Bildung von Analyse-Einheiten erbringt eine qualitative Strukturierung des Interviewmaterials, die als Basis für die quantifizierende Auswertung dient.

Für die Kennzeichnung von Analyse-Einheiten wird folgendes Vorgehen empfohlen, das darauf abzielt, Interviewtranskripte im Hinblick auf eine rasche und möglichst fehlerfreie Codierung übersichtlich zu gestalten. Sofern innerhalb eines

Interviews mehrere Themenkreise behandelt wurden, erfolgt zunächst die Markierung der Themenkreise. Der Übergang von einem Themenkreis zum nächsten wird durch einen waagerechten Strich gekennzeichnet, an dessen linkem Rand zwei parallele Striche nach unten und an dessen rechtem Rand zwei parallele Striche nach oben weisen.

Endet ein Themenkreis auf einer Transkriptseite und beginnt auf der folgenden Seite ein neuer Themenkreis, wird am Ende des Themenkreises bzw. der Seite ein waagerechter Strich angebracht, an dessen rechtem Ende zwei parallele Striche nach oben weisen.

Über der ersten Zeile der folgenden Seite wird ein waagerechter Strich eingezeichnet, an dessen linkem Ende zwei parallele Striche nach unten weisen.

Für die Markierung der Analyse-Einheiten in Interviewtranskripten wird ein weicher Bleistift empfohlen. Der Anfang einer Analyse-Einheit wird durch einen rechts oben abwärts gekrümmten Haken (⌒), das Ende durch einen links unten aufwärts gekrümmten Haken (⌣) gekennzeichnet. Grenzen das Ende der einen und der Beginn der folgenden Analyse-Einheit unmittelbar aneinander, wird dies durch Verwendung beider Haken (⌣⌒) angezeigt. Innerhalb eines jeden Themenkreises werden die Analyse-Einheiten fortlaufend mit Ziffern versehen, die am linken Rand angebracht werden.

Für den Fall, daß mehrere Analyse-Einheiten einander ergänzen, erhält die erste vorkommende Teileinheit die in der Bezifferungsabfolge fällige Ziffer und die sie ergänzende(n) Teil-Einheit(en) dieselbe Ziffer mit dem Zusatz "a" (gegebenenfalls "b", "c", usw.). Die erste Einheit wird zusätzlich mit einem nach unten weisenden Pfeil versehen.

1

↓*2*

3

↓*2a*

4

2b

Abb. 6.2: Beispiel für die Markierung mehrerer verstreuter Teileinheiten, die als eine Analyse-Einheit behandelt werden

6.2.4.2 Codierung der Analyse-Einheiten

Eine Orientierung über den Ablauf dieser Auswertungsphase bietet Abbildung 6.1. Die Skalierung von Merkmalsausprägungen erfolgt anhand der Kategorien einer jeden Auswertungsskala. Bestehen bei den Auswertern, welche die Codierung vornehmen und die nicht identisch mit jenen Auswertern sind, welche die Analyse-Einheiten gebildet haben, Zweifel an einem Skalenvorschlag, muß die betreffende Analyse-Einheit als nicht codierbar von der Auswertung ausgeschlossen werden; ihre Zuordnung zu einer anderen Auswertungsskala ist in dieser Phase der Auswertung nicht mehr möglich. Analyse-Einheiten, die in der Phase der Einheitenbildung als nicht codierbar eingestuft worden sind, bleiben nicht codierbar. Diese Verfahrensweise ist zwar einerseits mit einem gewissen Informationsverlust verbunden, sie gewährleistet aber andererseits, daß nur eindeutig konzeptkonforme Analyse-Einheiten hinsichtlich ihres Ausprägungsgrades skaliert werden. Sie stellt mit anderen Worten eine Art Filter für Inhalte dar, die mit den Vorstellungen des Untersuchers von den zu erfassenden Merkmalen nicht oder nur bedingt konform sind, und sorgt damit für die Interne Validität des Verfahrens.

Jede Analyse-Einheit erhält nur einmal einen Punktwert, d.h. sie kann nur einer einzigen Kategorie zugeordnet werden; die Codierung einer Analyse-Einheit in mehreren Kategorien - sei es ein und derselben Auswertungsskala oder sei es auf verschiedenen Auswertungsskalen - ist also von vornherein ausgeschlossen. Kontext-

Einheit ist das gesamte Interviewtranskript oder - wenn innerhalb eines längeren Interviews mehrere Themenkreise vorliegen - der jeweilige Themenkreis. Jede Analyse-Einheit sollte von mindestens zwei Auswertern unabhängig voneinander codiert werden. Es empfiehlt sich, während der Codierungsphase die Konzepttreue jedes Auswerters durch stichprobenartige Kontrollcodierungen ("check coding"; Cartwright, 1953, p. 465; vgl. auch Jahoda et al., 1952, p. 265) zu überwachen. Bei Auswertung mehrerer Themenkreise werden zur Vermeidung von Halo-Effekten die Transkripte innerhalb eines jeden Themenkreises über alle Probanden codiert (und nicht ein Proband über alle Themenkreise). Die Reihenfolge, in der die Transkripte ausgewertet werden, sollte per Zufall festgelegt werden.

Im einzelnen läuft der Codiervorgang wie folgt ab: Der Auswerter liest eine Analyse-Einheit. Er achtet darauf, ob zu der betreffenden Analyse-Einheit weitere ergänzende Einheiten gehören, die im Transkript mit Kleinbuchstaben bezeichnet sind. Ist dies der Fall, bezieht er auch diese Partialeinheiten in seine Überlegungen bezüglich der Punktvergabe ein. Nach der Lektüre der Analyse-Einheit stellt sich der Auswerter zunächst die Frage, ob er sich mit dem bereits vorliegenden Vorschlag einer Auswertungsskala einverstanden erklären kann. Nur bei einer deutlichen bzw. gut begründeten Ablehnung sollte der Auswerter einen Vorschlag zur Zuordnung einer Analyse-Einheit zu einer Auswertungsskala zurückweisen; leichte Bedenken oder Zweifel an der Richtigkeit der bereits vorliegenden Zuordnung sollten eine Ablehnung nicht rechtfertigen. Kann der Auswerter dem Vorschlag nicht zustimmen, deklariert er die Analyse-Einheit als "nicht codierbar". Das bedeutet, daß in Spalte "NC" des Auswertungsblattes ein Kreuz eingetragen wird (vgl. Abschnitt 6.2.5). Stimmt der Auswerter dem Skalenvorschlag zu, legt er nach Maßgabe der einschlägigen Auswertungsskala einen Punktwert für die betreffende Einheit fest und trägt diesen in Spalte "P" der jeweiligen Skala ein. Analyse-Einheiten, die er bereits als "nicht codierbar" vorfindet, werden direkt in Spalte NC eingetragen. Da jede Analyse-Einheit nur einen einzigen Punktwert erhalten kann, darf in jeder Zeile des Auswertungsblattes nur ein Punktwert erscheinen.

Bei der inhaltsanalytischen Auswertung von Interviewmaterial mit dem WÜCI (Wittkowski, 1984) wurden neun Auswerter wie folgt eingesetzt:

Phase I: Bildung von Analyse-Einheiten und Vorschlag der relevanten Auswertungsskala.

Themenkreis	Auswerter	
1. "Soziale Integration"	A	B
2. "Religiosität"	A	B
3. "Selbstwertgefühl"	A	B
4. "Lebenszufriedenheit"	A	B
5. "Zukunftsperspektive"	A	B
6. "Sterben und Tod"	A	B

Phase II: Codierung.

Themenkreis	Auswerter	
1. "Soziale Integration"	C_1	D
2. "Religiosität"	C_2	D
3. "Selbstwertgefühl"	C_3	D
4. "Lebenszufriedenheit"	C_4	D
5. "Zukunftsperspektive"	C_5	D
6. "Sterben und Tod"	C_6	D

Die Übersicht läßt erkennen, daß sowohl für die Bildung von Analyse-Einheiten und den Vorschlag der relevanten Auswertungsskala als auch für die Codierung in jedem Themenkreis zwei Auswerter zur Verfügung standen. Ferner wird deutlich, daß in Phase I alle Themenkreise von denselben Auswertern bearbeitet wurden, daß in Phase II hingegen in jedem Themenkreis ein Auswerter eingesetzt war, der ausschließlich diesen Themenkreis bearbeitete. Die Codierung der Themenkreise durch einen jeweils anderen Auswerter stellt eine vorbeugende Maßnahme gegen systematische Verzerrungen (Bias) der Codierung dar.

6.2.5 *Protokollierung und Aufbereitung der Codierungen*

Die Codierungen erfolgen auf eigens dafür vorgesehenen Auswertungsblättern. Ein Auswertungsblatt besteht aus einer Tabelle mit fünf Spalten und so vielen Zeilen, daß alle Analyse-Einheiten erfaßt werden können; Erfahrungen zeigen, daß die Zahl von 20 Analyse-Einheiten kaum überschritten wird. Die mit "AE" überschriebene Spalte enthält die fortlaufend numerierten Analyse-Einheiten. In der mit "P" überschriebenen Spalte werden die Punktwerte bzw. Codes eingetragen, die der Auswerter für eine jede Analyse-Einheit vergibt. In Spalte "NC" wird mit einem Kreuz vermerkt, wenn eine Analyse-Einheit als nicht codierbar vorgefunden oder vom Auswerter selbst so eingestuft wird. In den mit "Z" überschriebenen Spalten kann eingetragen werden, wieviele Zeilen eine jede Analyse-Einheit im Transkript umfaßt. Gibt es für einen Merkmalsbereich mehrere Auswertungsskalen, können diese auf einem einzigen Auswertungsblatt angeordnet werden. Es versteht sich von selbst, daß für jeden Auswerter ein eigenes Auswertungsblatt zur Verfügung stehen muß, so daß Auswerter D keinen Einblick in die Auswertung seines Kollegen C hat. Abbildung 6.3 zeigt das Muster eines Auswertungsblattes für die Auswertungsskala "Selbstwertgefühl" (SWG) der WAI.

Nachdem alle Codes eingetragen sind, wird für jeden Probanden innerhalb einer jeden Auswertungsskala über die einzelnen Punktwerte der Mittelwert gebildet. Dies geschieht zunächst für jeden Auswerter getrennt, so daß im Falle von zwei Auswertern pro Auswertungsskala zwei Mittelwerte vorliegen. Diese "vertikal" gebildeten Mittelwerte der Auswerter werden sodann innerhalb eines jeden Probanden "horizontal" gemittelt. Das Ergebnis dieser zweiten Mittelwertbildung ist der Punktwert des Probanden in der betreffenden Auswertungsskala.

AE	P	Z	NC	Z
1				
2				
3				
.				
.				
.				
20				

Abb. 6.3: Muster des Auswertungsblattes für Skala "Selbstwertgefühl" (SWG)

6.3 Die Würzburger Auswertungsskalen für Interviewmaterial (WAI)

Den inhaltsanalytischen Auswertungsskalen, die in diesem Abschnitt vorgestellt werden, liegt die Annahme zugrunde, daß Art und Ausprägungsgrad eines psychischen Merkmals in sprachlichen Äußerungen hinreichend valide zum Ausdruck kommt; es wird angenommen, daß die Intensität psychischer Merkmale überzufällig mit der Häufigkeit ihrer Nennung und/oder mit sprachlichen Verstärkungen kovariiert. Die Würzburger Auswertungsskalen für Interviewmaterial zielen auf die Erfassung relativ stabiler Dispositionen ("Traits") ab. Dabei wird sowohl der manifeste als auch der latente Inhalt berücksichtigt, para-verbale Merkmale werden hingegen nicht beachtet.

6.3.1 Skala "Ausmaß eigener sozialer Integration" (SI-A)

Allgemeine Kennzeichnung der Skala:
    Mit einer vierstufigen Skala (Punktwert 0-3) wird eingeschätzt, inwieweit Proband (Pb) in ein Netz zwischenmenschlicher Rollenbeziehungen eingebunden ist. Verflechtung in ein Netz zwischenmenschlicher Beziehungen kommt hauptsächlich zum Ausdruck in einem Einbezogensein in Interaktions- und Kommunikationsprozesse, die in Form direkter Begegnung oder indirekt mittels Telefon oder Brief sich vollziehen.
    Angesprochen ist der quasi-objektive Aspekt sozialer Integration, d.h. Art und Anzahl sozialer Kontakte, wie sie Pb berichtet. Bewertungen seiner Sozialbeziehungen durch Pb sind nicht angesprochen.
    Die Skala ist so aufgebaut, daß das Ausmaß sozialer Integration mit steigendem Punktwert zunimmt.

Codierungsanweisung:
    Die Codierung gemäß Skala SI-A stützt sich auf die Aussagen zu den Fragen Nr. 1 bis Nr. 8 des Interview-Leitfadens. Äußerungen über Art und Anzahl von Sozialkontakten, die an anderen Stellen des Interviews auftauchen, werden grundsätzlich nicht berücksichtigt. Die Aussagen zu den Fragen Nr. 1 bis Nr. 8 bilden die Kontext-Einheit für die Skalierung des Ausmaßes sozialer Integration. Innerhalb dieses Rahmens ist Analyse-Einheit jede Äußerung im Sinne eines "Themas", die sich auf die sozialen Interaktionen des Pb bezieht.

Persönliche Begegnungen und indirekte Kontakte durch Telefon oder Brief werden gleichwertig behandelt. Regelmäßige Kontakte werden bei gleicher Häufigkeit als Indikator für stärkere soziale Integration gewertet als unregelmäßige Kontakte.

In die Codierungsentscheidung gemäß Skala SI-A gehen drei Aspekte sozialer Interaktion ein: die Anzahl von Kontaktpersonen, die Häufigkeit bzw. der zeitliche Abstand von Kontakten und die Art des Kontaktes (formell - persönlich). Diese drei Aspekte können in unterschiedlichen Gewichtungen miteinander kombiniert auftreten. Voraussetzung für die Codierung des Ausmaßes sozialer Integration ist stets ein persönlicher Kontakt. "Persönlicher Kontakt" ist jede zwischenmenschliche Begegnung, die über einen an Rollen oder Funktionen gebundenen formellen Umgang (z.B. Wortwechsel mit dem Beamten am Postschalter, Grüßen von Hausbewohnern auf der Treppe, Wortwechsel mit der Kassiererin im Supermarkt, etc.) hinausgeht.

Ob formeller oder persönlicher Kontakt vorliegt, muß vielfach erschlossen werden. So kann bei der Kundschaft einer Apotheke davon ausgegangen werden, daß einige persönliche Gespräche im Laufe der Zeit zustande kommen; der Begriff "Stammkunde" unterstreicht dies. Liegen keine Anhaltspunkte für formelle Kontakte vor, wird persönlicher Kontakt unterstellt und das Ausmaß sozialer Integration kann codiert werden.

Voraussetzung für die Codierung gemäß Skala SI-A ist ferner, daß Anhaltspunkte über die Zahl der Kontaktpersonen vorliegen. Allein aufgrund der Häufigkeit von Kontakten kann das Ausmaß sozialer Integration nicht codiert werden. Aussagen, die keine Angabe über die Zahl der Kontaktpersonen enthalten und anhand derer die Zahl von Kontaktpersonen auch nicht erschlossen werden kann, sind daher nicht codierbar.

Die Codierung der Kombinationen von Anzahl und Häufigkeit der Kontakte ist bei den jeweiligen Punktwerten aufgeführt.

Es gibt Aussagen unterschiedlicher Eindeutigkeit. Für die Codierungsentscheidung ist stets die im Sinne der Skala präziseste Aussage heranzuziehen. Ferner gründet sich die Codierungsentscheidung stets auf jene Aussage, welche die stärkste Ausprägung sozialer Integration angibt, da andere "schwächere" Aussagen in ihr enthalten sind.

Aussagen über den Umgang mit Angehörigen der Pfarrgemeinde oder mit Personen aus dem kirchlichen Bereich werden nicht berücksichtigt; sie gelten als nicht codierbar.

Für die Aussagen zu den Fragen Nr. 1-3 ist der zeitliche Bezugsrahmen die Woche. Angaben, die sich auf eine andere Zeiteinheit beziehen (täglich, alle 14 Tage) sind daher entsprechend umzuwandeln und auf die Woche zu beziehen. Dies gilt insbesondere für Angaben über Kontakte am Feierabend und am Wochenende. Dort erwähnte Kontakte sind soweit wie möglich in den zeitlichen Bezugsrahmen der Woche einzufügen.

Punktwert 0: Keine oder sehr geringe soziale Integration.

Fehlen oder minimales Ausmaß von Begegnungen mit anderen Menschen direkt oder indirekt mittels Telefon oder Brief im beruflichen Bereich als Arbeitskollege, Vorgesetzter, Mitarbeiter und/oder im privaten Bereich als (erwachsenes) Kind, Vater/Mutter, Großvater/Großmutter, Ehepartner, Verwandter, Freund, Bekannter, Nachbar, Vereinsmitglied.

Es ist damit zu rechnen, daß viele Pbn eine Scheu haben, das Fehlen jeglicher Sozialkontakte einzugestehen. Sie mögen glauben, daß dies ein ungünstiges Licht auf sie wirft ("Sonderling", "komischer Kauz"). Aus diesem Grund sind abmildernde Formulierungen zu erwarten. Aus demselben Grund werden abmildernde Ausdrücke (siehe unten) mit Punktwert 0 codiert, auch wenn sie von der Wortbedeutung her diesem extremen Punktwert nicht entsprechen.

Direkte Kontakte jeweils im *privaten bzw. beruflichen Bereich* (Fragen Nr. 1-3). Erfolgt eine Unterscheidung von Beruf und Privatleben nicht, gelten die Zahlenangaben in Klammern.

Formelle Kontakte, gleichgültig, wie groß die Zahl der Kontaktpersonen und die Häufigkeit der Kontakte ist.

1 Person (2 Personen), auch wenn eine persönliche Beziehung besteht.

1 Person (2 Personen), auch wenn der Kontakt sehr häufig ist (z.B. Ehe- oder Lebensgemeinschaft).

2-4 (4-8) Personen, die in Abständen von mehr als 6 Monaten mit Pb zusammentreffen.

Persönliche bzw. direkte Kontakte mit Verwandten oder anderen Personen (Fragen Nr. 1-3) finden wenig, ausnahmsweise; im Augenblick nicht, kaum; ganz wenig, höchstens zufällig in der Wirtschaft; kaum, in der normalen Woche selten; äußerst selten; in Ausnahmefällen, unregelmäßig statt.- Kontakt zu anderen Menschen hat Pb so gut wie gar nicht, er ist vollkommen isoliert; er lebt allein; die Feierabende verbringt er stets allein, da der Ehepartner nur am Wochenende zu Hause ist; es gibt keine Kontakte, da keine Verwandten am Ort wohnen; Pb ist zu Hause ziemlich einsam.- Andere Menschen trifft Pb ab und zu, nicht sehr oft, er ist gern zu Hause; er lebt sehr zurückgezogen, meist zu Hause; am Feierabend und am Wochenende ist er am liebsten zu Hause.- Pb hat sehr wenige Freunde; Besuche bei bzw. von einem Freund/einer Freundin erfolgen alle 5 bis 10 Jahre; gelegentlich sieht er einen, zwei Freunde, aber auch nicht regelmäßig; Verwandte hat Pb überhaupt nicht, nur einen in einer Stadt, die mehr als 200 km entfernt ist; Besuche bekommt er überhaupt nicht, sehr selten mal von der Schwester/vom Bruder; als Bezugsperson hat Pb niemand, nur einen Telefonpartner.

Telefonische Kontakte mit Verwandten oder anderen Personen (Fragen Nr. 2 und 3) sind ganz sporadisch; nur, wenn es unumgänglich ist; so gut wie überhaupt nicht.- Pb hatte Telefon, hat es aber wieder abgeschafft, da es sinnlos und eine unnötige Ausgabe ist.- Die Telefonrechnung beträgt nicht mehr als DM 30,-- im Monat.

Briefkontakte mit Verwandten oder anderen Personen (Fragen Nr. 2 und 3) bestehen mit niemandem; mit 1-2 Personen 2-3 mal im Jahr ("gar nicht", "sehr selten", "ganz wenig").

Kontakte mit Arbeitskollegen/Geschäftsfreunden in der Freizeit (Frage Nr. 4) finden gar nicht oder seltener als 1 mal im Monat mit 1-3 Personen statt.

Mitgliedschaft in einem Verein oder Club (Frage Nr. 5) besteht nicht oder ausschließlich als zahlendes Mitglied, d.h. Pb nimmt nie an Veranstaltungen o.ä. teil.- Erfolgt lediglich die nicht weiter spezifizierte Aussage "passives Mitglied", wird Punktwert 1 codiert.

Rat- oder Hilfesuche bei einem anderen Menschen (Frage Nr. 6) ist nicht möglich, es gibt niemand, den Pb ansprechen könnte; außer einem professionellen Helfer (Arzt/Pfarrer/Psychologen etc.) hat Pb niemanden, den er ansprechen könnte.

Um *Rat oder Hilfe* (Frage Nr. 7) wird Pb nie bzw. von niemandem gebeten; wird Pb sehr selten und von nicht mehr als 1 Person (2 Personen) gebeten ("gar nicht", "nie", "kaum", "sehr selten").

Beispiele:

"Privat wenig, also ganz wenig. Höchstens Bekanntschaft von der Wirtschaft, daß ich mit dem Tischnachbar mal ins Gespräch reinkomme. <Interviewer-Frage> Zufällig, rein zufällig. Der größte Kontakt ist bei mir geschäftlich, privat wenig ... <I.-Frage> Vielleicht vier, fünf Personen, die ich über's Wochenende so anspreche."

Auf Frage Nr. 1:
"Aufgrund meiner derzeitigen Verfassung mit niemandem. Ich habe nur einen Telefonpartner ..."

"Feierabend? Da komme ich mit niemandem zusammen. Ich verbringe meinen Abend seit ungefähr 10 Jahren alleine. Mein Mann arbeitet in X-Stadt und kommt nur Freitag und Samstag heim. Die Kinder sind inzwischen in dem Alter, daß sie ihren eigenen Kreis haben."

<Und so am Wochenende?>
"Ja, wir leben sehr zurückgezogen, sehr zurückgezogen. Wir sind meist zu Hause. Zum Mittagessen gehen wir dann fort, ansonsten halten wir uns zu Hause auf."

"Also Freunde, unsere Freunde sind zum größten Teil nicht mehr hier in X-Stadt. Zum Teil sind sie schon gestorben. Wir haben an sich wenige Freunde, direkt kann man eigentlich gar nicht sagen ..."

Auf Frage Nr. 2:
"Nein, die sind zu weit weg. <Freunde oder Bekannte?> Wenig, ausnahmsweise."

Auf Frage Nr. 2:
"Nein überhaupt nicht. Wir besitzen einen einzigen Verwandten, das ist der Bruder meines Mannes in München."

Auf Frage Nr. 2:
"Überhaupt nicht. Ich war ein Einzelkind, habe keine Geschwister, bin hier nach X-Stadt gezogen ... Durch den Tod meines Mannes hat sich natürlich viel in meinem Leben geändert. Die Freunde sind andere geworden und die Arbeit frißt einen irgendwie auf. Früh geht man hin und dann den ganzen Tag Trubel, Trubel, Heiterkeit. Und am Abend geht man todmüde nach Hause. Dann liest man was, dann raucht man was, dann schaut man Fernsehen und macht seine Haustätigkeiten. Und dann geht man ins Bett."

Auf Frage Nr. 2:
"Leider nicht. Ich bin nicht von hier und da habe ich eigentlich gar niemanden. <Und Bekannte?> Kaum. Nein, meist sind die Leute, die ich kenne, auch berufstätig, und da kommt man nicht hin. Da ist nur die eine Bekannte, mit der ich ab und zu weggehe..."

Auf Frage Nr. 3:
"Besucht? Eigentlich nein. Ich gehe halt raus aus dem Haus."

Auf Frage Nr. 3:
"Nee, höchstens von Freunden, die auf der Durchfahrt sind. Die weiter weg wohnen ..."

Auf Frage Nr. 3:
"Nein. <I.-Äußerung> Überhaupt nicht. Mal von meiner Schwester oder so, aber das ist selten, weil die ja auch sehr eingespannt ist."

<Telefonieren Sie öfter?>
"Eigentlich nur, wenn ich muß. Ich selbst habe leider kein Telefon ..."
<Und wie sieht es aus mit telefonischen und brieflichen Kontakten zu anderen Leuten?>

"So gut wie überhaupt keinen. <Haben Sie Telefon?> Ich habe gehabt, ich habe es wieder abgeschafft. Es war für mich sinnlos, es war eine unnötige Ausgabe."

"Wenig, wenig. Also Briefe, da sagen wir mal ganz wenig."

"Bin ich zu faul. Da muß ich mich erst (...) -. Also ich bin schon dabei, mich umzustellen, daß ich wieder schreibe. Aber ich bin so schreibfaul."

"Nee, Briefe schreiben mag ich nicht. Ich - das liegt mir nicht, Briefe schreiben ..."

Auf Frage Nr. 4:
"Nein, also das ist ganz wenig. Also die letzte Zeit überhaupt ganz wenig. Sagen wir mal vor einem Jahr noch da war mehr, da habe ich mich mehr beteiligt am Verein, Veranstaltungen zum Beispiel, Treffpunkte gemacht und so. Aber das letzte halbe Jahr, kein Biss, ein wenig nachgelassen. Man kann schon sagen bald ziemlich alles ... die Bekanntschaft, die ich pflege, die ist meistens rein zufällig, also das sind keine Verabredungen. Und überhaupt die letzte Zeit - ich habe mich von sämtlichen Vereinen, oder wo ich Bekanntschaft gepflegt habe, ein wenig abgesetzt und neue Bekanntschaften habe ich zur Zeit nicht."

Auf Frage Nr. 4:
"Nicht mehr, das war früher sehr schön, und wir hatten also ein nettes Verhältnis, aber wie gesagt, die ganze Mannschaft ist neu geworden, und man kann sich in der Freizeit kaum noch treffen ... Und da ist unterschwellig, also da ist eine sehr schlechte Stimmung zur Zeit. Aber nicht nur bei mir, auch bei den anderen."

Auf Frage Nr. 4:
"Nein, Freizeitkontakt ist da nicht. Auch nicht üblich. Es ist auch so kein persönliches, privates Verhältnis da. ..."

"Ja, ich bin in mehreren Vereinen Mitglied, aber da tut sich nicht viel bei mir. Zum Teil nur pro forma ... zum Teil noch aus früherer Zeit, als ich noch intensiver dabei war ... <... Aufgabe vereinsintern ...?> Nein."

Auf Frage Nr. 5:
"Nein - Ja. In einem Tanzclub neuerdings. Für einige Monate ... das geben wir wieder auf."

Auf Frage Nr. 6:
"Tja, würde ich - müßte ich mit nein beantworten."

Auf Frage Nr. 6:

"Ja, an sich nur bei meinem Arzt. ... Aber sonst? Eigentlich niemanden. Mein Mann ist da viel zu - wie soll ich sagen? - eben durch das Geschäft so belastet, daß er da - daß ich ihn dadurch gar nicht ansprechen kann ..."

Auf Frage Nr. 7:

"Nein, nicht daß ich wüßte, eigentlich. Dafür, daß ich quasi noch keine Alteingesessene bin, das macht natürlich sehr viel aus. Von dem Standpunkt aus ist das vielleicht für Sie nicht so ergiebig."

Auf Frage Nr. 7:

"Mein Mann ist sehr selbständig, der braucht fast keine Hilfe ... Ich bin eigentlich derjenige, wo mehr Hilfe braucht und mehr Rat. ... <Und jemand von den Nachbarn oder von Ihren Verwandten, Freunden ...?> Eigentlich, eigentlich nicht sehr. Da ist eigentlich jeder so für sich. Ich meine, man spricht mal über Probleme, aber im großen und ganzen ist da jeder für sich ..."

Auf Frage Nr. 7:

"Habe ich eigentlich nicht. Das heißt, so lange ich also Soldat war, ja ... Aber sonst, privat an und für sich nicht ..."

Auf Frage Nr. 7:

"... Also privater Art, da kommt zu mir niemand. Höchstens geschäftlicher Art ..."

Punktwert 1: Geringe soziale Integration.

Geringes Ausmaß von Begegnungen mit anderen Menschen direkt oder indirekt mittels Telefon oder Brief im beruflichen Bereich als Arbeitskollege, Vorgesetzter, Mitarbeiter und/oder im privaten Bereich als (erwachsenes) Kind, Vater/Mutter, Großvater/Großmutter, Ehe- oder Lebenspartner, Verwandter, Freund, Bekannter, Nachbar, Vereinsmitglied.

Direkte Kontakte jeweils im *privaten bzw. beruflichen Bereich* (Fragen Nr. 1-3). Erfolgt eine Unterscheidung von Beruf und Privatleben nicht, gelten die Zahlenangaben in Klammern.

Persönliche Kontakte mit 2-4 (4-8) Personen.

2-4 (4-8) Personen, mit denen Pb in Abständen zwischen 1 und 4 Wochen zusammenkommt.

5-10 (10-20) Personen, mit denen Pb in Abständen zwischen 1 und 6 Monaten zusammenkommt.

Mehr als 10 (20) Personen, mit denen Pb in Abständen von mehr als 6 Monaten zusammenkommt.

Telefonische Kontakte (Fragen Nr. 2 und 3) gibt es, sie finden aber nur gelegentlich statt, nicht gerade viel, nur wenig. Telefonrechnung von nicht mehr als DM 40,-- pro Monat einschließlich der Benutzung durch andere Familienmitglieder.

Briefkontakte mit Verwandten oder anderen Personen (Fragen Nr. 2 und 3) bestehen mit 1-2 Personen regelmäßig zu Geburtstagen und Festen sowie häufiger als zu bestimmten Anlässen; mit 3-5 Personen 2-3mal im Jahr ("selten").

Kontakte mit Arbeitskollegen/Geschäftsfreunden in der Freizeit (Frage Nr. 4) finden seltener als 1mal im Monat mit mehr als 3 Personen statt; sie finden 1-3mal im Monat mit 1-3 Personen statt.

Mitgliedschaft in einem oder mehreren Verein(en) oder Club(s) (Frage Nr. 5) besteht, jedoch nur als passives Mitglied; d.h. keine Ämter, jedoch gelegentliche Teilnahme an/Besuch von Vereins-Veranstaltungen.

Erfolgt lediglich die nicht weiter spezifizierte Aussage "passives Mitglied", wird Punktwert 1 vergeben.

Rat- oder Hilfesuche bei einem anderen Menschen (Frage Nr. 6) ist im privaten Bereich nicht möglich, im beruflichen Bereich eventuell möglich.

Um *Rat oder Hilfe* (Frage Nr. 7) wird Pb sehr selten von mehr als 1 Person (2 Personen) gebeten; wird Pb gelegentlich von nicht mehr als 1 Person (2 Personen) gebeten ("gelegentlich", "ab und zu", "manchmal").

Beispiele:
Auf Frage Nr. 2:
"Ich habe praktisch keine Verwandten mehr hier. Doch, doch, doch, meine Nichten und Neffen wohnen noch in X-Stadt. Die sind da alle verheiratet und arbeiten da bei den X-Werken. Die kommen dann schon öfter ... Das sind die einzigen Verwandten hier ..."

Auf Frage Nr. 1:
"In erster Linie mit der Familie, mit der ganzen Familie. Die Kinder gehen auch mit. Ich meine, Hauptgesprächspartner sind in erster Linie die Frau, dann auch die Kinder. Meine beiden ältesten Söhne sind im 18. und 19. Lebensjahr ... <I.-Äußerungen> ... so daß man doch es - es beruht schon irgendwie auf Gegenseitigkeit, daß sich ein Gespräch oder eine Diskussion ergibt ..."

"Normalerweise - diese Personen, die ich da angesprochen habe, vier bis fünf Personen, das ist rein zufällig. Also wir sind keine - na wir sind schon Bekannte, ich gehe ja zu meinen Eltern oder so was, ich meine, wenn Sie das einbeziehen wollen. Aber sonst - daß ich Freunde habe, wo ich hingehe übers Wochenende oder so, vielleicht eines oder zwei, also das kommt auch nicht jedes Wochenende vor. Und wenn ich jemand treffe, das ist dann rein zufällig. Also wenig Kontakt, sozusagen."

Auf Frage Nr. 2:
"Nein, so gut wie gar nicht. Wir sind vollkommen isoliert. Ich stamme aus der DDR. Meine Verwandten und mein Vater leben noch da. Geschwister habe ich keine und meine Frau ist aus Norddeutschland. Verwandtenbesuche ist gleich null, abgesehen von meinem Sohn, der jede Woche einmal kommt."

Auf Frage Nr. 2:
"Nein, in W. außer den Omas kann ich es nicht."

Auf Frage Nr. 2:
"... Na ja, am Sonntag. Wie gestern zum Beispiel waren wir in Stuttgart. Da ist meine Schwester ... sonst haben wir an und für sich - habe ich keine weiteren Verwandten in der Nähe hier zum Besuchen. <I.-Frage> ... So alle Vierteljahr fahren wir da mal hin ..."

Auf Frage Nr. 3:
"Äußerst selten, äußerst selten. An größeren Feiertagen da sind wir dann in Familie ... also die Mutter meines Mannes meine ich in dem Fall. Er hat auch eine Schwester, die verheiratet ist."

Auf Frage Nr. 3:
"Das kann passieren, daß meine Angehörigen, die Kinder, mal überraschend kommen, je nachdem, wie sie Zeit haben. Aber sonst im großen und ganzen - kann ich nicht sagen."

<Haben Sie per Telefon Verbindung mit anderen Leuten?> "Ja. <I.-Frage> Ja, sagen wir mal - aber auch nicht in Freundschaftsbeziehungen. Das ist dann auch schon weitläufiger."

<Telefonieren Sie viel?>
"Ja, mit dem Bruder einmal in der Woche vielleicht. Manchmal mehr, manchmal weniger ..."

<Und telefonieren Sie auch viel?>
"Och, gelegentlich, nicht gerade viel, muß ich schon sagen. ... Das Telefon regt mich manchmal so ein bissel auf, wenn es mich bei der Arbeit stört ..."

Auf Frage Nr. 4:
"Mit einem Kollegen, ja. Mit einer Kollegin und deren Mann, da treffen wir uns selten. Sonst nicht. Da ist eine Trennung zwischen den dienstlichen Dingen und den privaten ..."

Auf Frage Nr. 4:
"Mit einer früheren Kollegin aus der Uni treffen wir uns öfters, ja. Aber Geschäftsfreunde haben wir ja nicht ..."

Auf Frage Nr. 4:
"Wir haben von der Schule aus eine ganze Menge Freizeitaktivitäten ... Und diese informellen Lehrertreffen, die sind fast jeden Monat. Oder alle zwei, drei Monate. Dann ist auch ein gemeinsamer Ausflug. Ich kann da natürlich nicht immer hingehen. Ich bin gerade in letzter Zeit weniger dort gewesen, aber die Möglichkeit besteht durchaus."

Auf Frage Nr. 6:
"Na, ich wüßte nicht, daß ich also irgendwo Rat oder Hilfe brauchen würde. Sonst - ... <I.-Fragen> Ja, mein Gott. Mit meinem jetzigen Arbeitgeber, den Arzt da, den kenne ich also schon lange Jahre. Da könnte ich mir da schon vorstellen, daß ich den ansprechen könnte ..."

Punktwert 2: Ausgeprägte soziale Integration.

Begegnungen mit anderen Menschen direkt oder indirekt per Telefon oder Brief finden häufig statt sowohl im beruflichen Bereich als Arbeitskollege, Vorgesetzter, Mitarbeiter als auch bzw. oder im privaten Bereich als (erwachsenes) Kind, Vater/Mutter, Großvater/Großmutter, Ehe- oder Lebenspartner, Verwandter, Freund, Bekannter, Nachbar, Vereinsmitglied.

Direkte Kontakte jeweils im *privaten bzw. beruflichen Bereich* (Fragen Nr. 1-3). Erfolgt eine Unterscheidung von Beruf und Privatleben nicht, gelten die Zahlenangaben in Klammern.

Persönliche Kontakte mit 5-10 (10-20) Personen.

2-4 (4-8) Personen, mit denen Pb in Abständen von weniger als 1 Woche zusammenkommt.

5-10 (10-20) Personen, mit denen Pb in Abständen von 1 und 4 Wochen zusammenkommt.

Mehr als 10 (20) Personen, mit denen Pb in Abständen zwischen 1 und 6 Monaten zusammenkommt.

Telefonische Kontakte (Fragen Nr. 2 und 3): Telefonrechnung zwischen DM 40,-- und DM 80,-- einschließlich der Benutzung durch andere Familienmitglieder. Falls keine derartige Angabe: Telefoniert wird "öfter", "häufiger" o.ä.

Briefkontakte mit Verwandten oder anderen Personen (Fragen Nr. 2 und 3) bestehen mit 3-5 Personen regelmäßig zu Geburtstagen und Festen sowie häufiger als zu bestimmten Anlässen; mit mehr als 5 Personen 2-3 mal im Jahr ("öfter"). Lange/ausführliche Briefe.

Kontakte mit Arbeitskollegen/Geschäftsfreunden in der Freizeit (Frage Nr. 4) finden 1-3mal im Monat mit mehr als 3 Personen statt; sie finden wöchentlich oder häufiger mit 1-3 Personen statt.

Mitgliedschaft in einem oder mehreren Verein(en) oder Club(s) (Frage Nr. 5) besteht als aktives Mitglied: Pb hat zwar kein Amt inne, beteiligt sich aber häufig und/oder regelmäßig an Veranstaltungen. Erfolgt lediglich die nicht weiter spezifizierte Aussage "aktives Mitglied", wird Punktwert 2 vergeben.

Rat- oder Hilfesuche bei einem anderen Menschen (Frage Nr. 6) ist nicht nur im beruflichen, sondern auch im privaten Bereich möglich; es gibt bestimmt eine Person, die Pb ansprechen kann. Pb antwortet nur mit "Ja".

Um *Rat oder Hilfe* (Frage Nr. 7) wird Pb sehr selten von mehr als 1 Person (2 Personen) gebeten; wird Pb gelegentlich von nicht mehr als 1 Person (2 Personen) gebeten. "Öfter", "häufig", Pb antwortet nur mit "Ja".

Beispiele:
"Fünf. <I.-Frage>. Ja, Mann, Kinder und Nachbarin."

"Ja ich habe sehr gute Nachbarn, also im ganzen Haus, wir sind zu sechst im Haus, und oben sind sehr nette ältere Leute. Bei mir gegenüber ein junges Ehepaar, die kenne ich alle schon von Kind auf. Dann unten habe ich jetzt eine neue Nachbarin, noch jung mit 27. Sie hat auch kleine Kinder, auch sehr nett. Da gehe ich auch manchmal runter, dann trinken wir eine Tasse Kaffee oder sie kommt einmal rauf zu mir ..."

"Ach, wissen Sie, ich habe auch mit vielen jungen Leuten Kontakt. Wir schreiben uns nicht regelmäßig, aber meine beiden Großen haben sehr viel Sport getrieben, Handball. Mein Mann war der Trainer. Ich war sozusagen die Betreuerin. Da habe ich immer viel Jugend um mich herum gehabt, da kommen noch manche und besuchen uns ..."

Auf Frage Nr. 1:
"Mein Mann, mein Sohn, meine Tochter, der Verlobte meiner Tochter, die Freundin meines Sohnes, meine Mutter, verschiedene Leute im Haus, mit denen ich die Absicht, gewisse Treppengespräche zu führen, kultiviert habe, bewußt. Kaufleute, ab und zu abends mal einen Vortrag. Da sitzen völlig Fremde neben mir. Das wäre eigentlich alles."

Auf Frage Nr. 2:
"Außerhalb ja. Zwangsläufig meine Schwester, die ist in München. Da kommt man dort mal hin. Auch zu Verwandten meiner Frau, was die letzten Jahre etwas seltener war. Wir bekommen auch von dieser Seite her Besuche, also von außerhalb. <I.-Frage> Man kann sagen, daß ich wöchentlich ein bis zwei Mal Kontakt zu außerhalb der Familie, außerhalb der Verwandten, der eigenen Familie Kontakt habe. Sei es zu Geschwistern oder Elternteilen der Frau oder von mir ..."

Auf Frage Nr. 3:
"Ja, wir besuchen schon so alle paar Wochen unsere Verwandten in der Rhön. Mit denen haben wir ein sehr gutes Verhältnis. Das ist ein ausgesprochen freundschaftliches Verhältnis. Es sind unsere Verwandten und unsere liebsten Freunde. Die kommen auch häufig zu uns ..."

Auf Frage Nr. 3:
"Bestimmt einmal in der Woche eine Freundin. Ja, wie gesagt, das ist immer variabel, ob die zu mir kommen oder ich zu ihnen. Dann sind wieder Einladungen, wo wir weggehen ..."

"Ja, Telefonkontakt habe ich, einen recht guten Telefonkontakt. Mit den Kindern auch. Die rufen mich auch recht oft mal unter der Woche abends an, nach sechs oder nach sieben. Auch mit der Bekannten. Auch von außerhalb. Sogar noch von zu Hause, von Jugoslawien, bekomme ich ab und zu noch einen Telefonanruf, was mich auch wirklich sehr freut."

<Telefonieren Sie auch mit Ihren Verwandten oder mit Ihren Freunden?> "Mit den Freunden fast regelmäßig. Mit den Familienangehörigen zu Haus, sagen wir mal, wenn ich wirklich am Samstag, Sonntag nicht kommen kann, dann ist es nur ein Gespräch ... <I.-Frage> Oh ja, das kann schon ein über den anderen Tag sein. <I.-Frage> ... Ja, ich lasse mich anrufen, daß es 60, 70 Mark kommt, schon."

<Schreiben Sie oft Briefe?>
"Ja. <I.-Frage> Na ja, ich schiebe es immer vor mir her, aber wenn ich dann mal anfange, dann werden das lange Episteln. Es geht tatsächlich immer nur um das Anfangen ..."

"Ich schreibe auch Briefe, in die Ostzone, 24 Seiten. <I.-Frage> Zweimal im Jahr ... Ich schreibe ihnen und dann schreibe ich nach Ungarn, mal an die Oma, das ist auch so ein armes Schwein, die Arme. Nichts außer ein wenig Pension ..."

<Und wie ist es mit Briefen?>
"Im Ganzen ja ... <I.-Frage> Ja, da schreibe ich an Verwandte, die also weiter weg wohnen. Auch an Freunde, die ich schon sehr lange nicht mehr gesehen habe ..."

"Ja, brieflich sehr viel. Ich bekomme ziemlich viel Post und schreibe dann auch bei Gelegenheit. Möglichst schnell natürlich meistens ... <I.-Frage> Am häufigsten schreibe ich mit einer Freundin, die in der Nähe von München verheiratet ist ... Dann meine schwedische Freundin schreibt mir natürlich auch ..."

Auf Frage Nr. 4:
"Ja, die Freizeit ist wie gesagt der Kegelabend, wenn der alle 14 Tage regelmäßig stattfindet. <I.-Äußerung> Eine feste Einrichtung, die alle 14 Tage stattfindet ..."

Auf Frage Nr. 4:

"Ja, selbstverständlich, zu einem Gläschen Wein. Das ist schon drin. Auf alle Fälle bei jedem Geburtstag und Namenstag. Und wenn das doch so fünf, sechs Mitarbeiter sind, dann ist das in jedem Monat auf jeden Fall einmal gegeben. Oder sagen wir mal, man läßt auch eine Sitzung, ein Gespräch dann ausmünden in irgendein persönliches Zusammensein ..."

Auf Frage Nr. 6:

"Hm - meine Frau höchstens. Daß wir da Probleme besprechen, wenn es zum Beispiel welche gibt ... mit den Kindern ... in der Familie."

Auf Frage Nr. 6:

"Mein Mann. <Mit dem besprechen Sie alles?> Ja, also ich glaube, gerade von meiner Seite habe ich kein Geheimnis ..."

Auf Frage Nr. 6:

"Ja, da hätte ich halt meine Frau und dann eventuell meinen Chef ..."

Auf Frage Nr. 6:

"Ja, ja, das ist schon richtig. <I.-Frage> Nein, nein, das ist weniger aus der Familie, das ist aus dem Freundeskreis. <I.-Frage> Ja, soweit ich ein persönliches Anliegen habe, daß ich also - sagen wir einmal irgendwelche - was nicht beruflich ist oder wo man sich mal ein bißchen ausspricht - ja, das kann man schon sagen."

Auf Frage Nr. 7:

"Ja, nachdem mein Bekanntenkreis ziemlich geschmolzen ist, ist eigentlich niemand mehr da. Außer diesem Mädchen. Und mein Sohn natürlich, mit dem kann ich über alles reden. Der spricht auch mit mir über alles. Wenn ich den nicht hätte, ich glaube, dann hätte ich weiß Gott schon Schluß gemacht ..."

Auf Frage Nr. 7:

"Ja, das kommt immer mal vor im Gespräch. <I.-Frage> Ja, beispielsweise Lebenssituationen, die man miteinander bespricht. Mit Krankheit belastete Menschen, die einem ihr Herz ausschütten. Persönliche Schwierigkeiten auch, in diesem Sinne schon. Daß einer sagt: Mir ist das und das passiert, was meinen Sie denn da, wie sehen Sie denn die Dinge oder so."

Auf Frage Nr. 7:

"Ja, eine jüngere Bekannte von uns. Die Patin unserer Jüngsten. Das ist eine ehemalige Arbeitskollegin von vor der Ehe. Die kommt öfters."

Auf Frage Nr. 7:

"Ja, das passiert häufiger. Zumindest eher als umgekehrt."

Auf Frage Nr. 7:
"Ja, ja, ab und an schon. Nicht nur die Verwandtschaft oder mein Mann, auch mal andere Leute ..."

Punktwert 3: Sehr starke soziale Integration.

Begegnungen mit anderen Menschen direkt oder indirekt per Telefon oder Brief finden sehr häufig bzw. mit sehr vielen Personen statt sowohl im beruflichen Bereich als Arbeitskollege, Vorgesetzter, Mitarbeiter als auch bzw. oder im privaten Bereich als (erwachsenes) Kind, Vater/Mutter, Großvater/Großmutter, Ehe- oder Lebenspartner, Verwandter, Freund, Bekannter, Nachbar, Vereinsmitglied.

Direkte Kontakte jeweils im *privaten bzw. beruflichen Bereich* (Fragen Nr. 1-3). Erfolgt eine Unterscheidung von Beruf und Privatleben nicht, gelten die Zahlenangaben in Klammern.

Persönliche Kontakte mit mehr als 10 (20) Personen.

5-10 (10-20) Personen, mit denen Pb in Abständen von weniger als 1 Woche zusammenkommt.

Mehr als 10 (20) Personen, mit denen Pb in Abständen von weniger als 4 Wochen zusammenkommt. Die Zahl der beteiligten Personen muß vielfach erschlossen werden: Bei Erwähnung von Volkshochschulkurs, Tanzkurs, Kaffeeklatsch, Kirchenchor, Seniorenhelferkreis u.ä. kann von mehr als 10 Personen ausgegangen werden.

Rege *telefonische Kontakte* mit Verwandten oder anderen Personen (Fragen Nr. 2 und 3): sehr oft, sehr viel, lang und intensiv. - Telefonrechnung von mehr als DM 80,-- pro Monat (einschließlich der eventuellen Benutzung durch andere Familienmitglieder).

Briefkontakte mit Verwandten oder anderen Personen (Fragen Nr. 2 und 3) bestehen mit mehr als 5 Personen regelmäßig zu Geburtstagen und Festen sowie häufiger als zu bestimmten Anlässen ("viel", "sehr viel").

Kontakte mit Arbeitskollegen/Geschäftsfreunden in der Freizeit (Frage Nr. 4) finden wöchentlich oder häufiger mit mehr als 3 Personen statt.

Pb ist in mehreren *Vereinen* aktives Mitglied ohne Amt (aktive Teilnahme am Vereinsleben) oder in einem Verein Mitglied mit einer vereinsinternen Funktion (Frage Nr. 5). Erfolgt lediglich die nicht weiter spezifizierte Aussage "aktives Mitglied", wird Punktwert 2 vergeben.

Rat- oder Hilfesuche bei einem anderen Menschen (Frage Nr. 6) ist im beruflichen und/oder privaten Bereich bei mehreren Personen möglich.

Um *Rat oder Hilfe* (Frage Nr. 7) wird Pb häufig von mehr als 1 Person (2 Personen) gebeten ("oft", "viel", "sehr häufig").

Beispiele:

"Mit ziemlich vielen, meistens Kaufleute oder Techniker, Ingenieure, auch mit vielen Vertretern ... <I.-Frage> Das geht schon in die zwanzig bis dreißig rein. Also die Personen, die ich täglich anspreche und Kontakt habe."

"Den einen Kreis möchte ich so auf 15 bis 20 Mann begrenzen. Mit denen habe ich ständig zu tun. ... Ich bin in der Herstellung, muß Filme registrieren, habe viele Unterlagen zu verwalten und dadurch erklärt sich auch der große Kontakt ..."

Auf Frage Nr. 1:

"Wir sind - ich bin im Außendienst tätig ... Wasserwerke. Die Kollegen, das sind da sechs Mann, wo ich direkt mit zusammen bin. Also den ganzen Tag über nicht, aber weil wir immer mit zwei Mann auf einem Fahrzeug sind. <Aber diese sechs die sehen Sie dann regelmäßig?> Jeden Tag ..."

"Am Wochenende ist es sehr ruhig. Ich sage Ihnen, ich habe meine alten Eltern mit ... Jahren noch, die holen wir jeden Sonntagnachmittag zum Kaffee. Essen tun wir allein. Mein Sohn und meine Schwiegertochter kommen zum Mittagessen und die gehen dann zum Kaffee wieder raus zu ihren Eltern. Dann kommen meine Eltern, das ist mein Sonntag. Und der Samstag - im Sommer ist der also nicht sehr abwechslungsreich. Da bin ich in meinem Garten ... Wir fahren auch mal nach X-Dorf in die Genossenschaft mit meinen Eltern, das machen wir auch einmal. Da trinken wir ein Schöpple ..."

Auf Frage Nr. 1:

"Ich bin in einer Gymnastikgruppe einmal in der Woche. Meine Familienangehörigen. Ich haben von meinen Kindern nur noch einen zu Hause. Die anderen studieren alle. Mein Mann. In vier Wochen einmal haben wir eine Zusammenkunft von der Kirche her, das ist der Seniorenhelferkreis. Dann besuche ich noch in Abständen von zwei Wochen ältere Leute. Das sind so die - und die man so beim Einkaufen trifft. Sonst nichts ..."

"... Ich telefoniere auch sehr viel im privaten Bereich, da gibt es auch Personen, mit denen ich sehr lange und intensiv telefoniere über Lebensansichten und Ereignisse der Woche ... <Werden Sie mehr angerufen oder rufen Sie selbst vorwiegend an?> Das hält sich so die Waage ..."

<Telefonieren Sie viel?>

"Viel, viel zu viel ... <I.-Frage> Um halb neun meine Mutter, dann meine Freundin, meine andere Freundin - ach, wen rufe ich nicht alles an. <I.-Äußerung> Die Schwiegermutter von meinem Sohn. Ich bin den halben Früh am Telefon <I.-Frage> Mit Gebühren 90 DM haben wir."

" ... Ohne Grundgebühr. Na, das schwankt zwischen 90 und 120 Mark. Wobei aber meine drei Kinder auch eifrig ..."

"Die kann ich schätzen. Da kriege ich jeden Monat Krach. Also, das waren eine Zeit lang so 70 DM, jetzt sind es schon 100 DM. Es hängt aber auch damit zusammen, weil meine Eltern auswärts wohnen. Und meine Kinder - die Tochter ist in Coburg und der Sohn ist in Tübingen, der kommt jetzt nach Göttingen. Da ist natürlich selbst ein kurzes Gespräch teuer ..."

<Schreiben Sie auch Briefe?> "Ja. <Viele?> Ja, eben durch meine Geschwister. Ich habe fünf Geschwister in Amerika und dann sind ja schon wieder viele Neffen und Nichten da. Dann meine andere Schwester in Australien. Dann ist dort auch schon wieder ein Neffe, da ist schon ein reger Briefwechsel. Ich mach' das gern."

Auf Frage Nr. 4:

"Ja, fünf, sechs mal würde ich schon sagen. Wir trinken ein Bier, unterhalten uns ein wenig. Oder auf dem Sportplatz irgendwie, oder es ist eine Veranstaltung, irgendetwas. Musikabend kann es auch sein."

Auf Frage Nr. 5:

"Nein. Wenn Sie es genauer wissen wollen: Ich bin zwar kein Mitglied, aber ich bin immer noch in der Studentenverbindung, auch wenn Veranstaltungen sind. Wo ich alleine hingehe, jetzt ohne meinen Mann ... Ich mache lediglich seit ungefähr neun Jahren den Kaffeeklatsch. Das ist einmal im Monat und das tue ich also organisieren ..."

Auf Frage Nr. 5:

"Ja, ich bin im Kirchenchor und wie gesagt im Kegelclub bin ich noch ... <I.-Äußerung> Ich habe das, wie gesagt, ins Leben gerufen, und ich nehme zwar die Kasse immer mit heim, aber wir haben einen speziellen Kassierer und auch einen, der da die Spiele anschreibt und so. Das heißt, wir wechseln manchmal ab. <I.-Frage> ... Kirchenchor, ja da bin ich aktiv. Da werden im Frühjahr, also ab und zu ... werden immer Kurz ... aufgeführt ..."

Auf Frage Nr. 6:

"Tja, mein Mann und unsere Verwandten, eben Schwager und Schwägerin. Das sind eigentlich die ersten ..."

Auf Frage Nr. 6:

"Ja. <I.-Frage> Das sind mehrere."

Auf Frage Nr. 6:

"Ja, wie gesagt, bei meinem Chef und bei meiner Braut ..."

Auf Frage Nr. 7:

"Gerade auf diesem Sektor und so weiter bekomme ich dauernd Anrufe. Meine Ratsuchenden die gehen bis nach Kenia, Australien oder Japan. Sogar Rußland und so weiter, ausgezeichneter Kontakt ... und dann natürlich eine sehr umfangreiche Korrespondenz."

Auf Frage Nr. 7:

"Sogar öfter. Und zwar unabhängig von dem Dienstlichen, was ich jetzt mache. Auch so privat ... Es geht nicht nur mir so, sondern meiner Frau auch so ..."

Auf Frage Nr. 7:

"Aber sicher. Die Elternsprechstunden zum Beispiel. Oder auch halt Bekannte, ganz private, persönliche Sachen von Bekannten ..."

Auf Frage Nr. 7:

"Sehr viel. Sogar mein Schwiegersohn ..."

Aussagen sind *nicht codierbar,* wenn sie sich auf die Vergangenheit beziehen oder wenn sie unbestimmt im Sinne des Skalensystems sind.

Beispiele:

Auf Frage Nr. 6:

"Schwer zu sagen. Ich mach' mir beinah manchmal einen Spaß, mit irgendeiner Frage zu verschiedenen Leuten zu gehen und zu sagen - herauszufinden, was die an Problemen lösen helfen können ..."

<Schreiben Sie Briefe?>

"Ja, eigentlich habe ich immer sehr ungern Briefe geschrieben. Wenn ich mich dann gezwungen habe, nach einer Weile, ist es dann besser gegangen ..."

Auf Frage Nr. 2:

"Gelegenheit hätte ich genügend. Ich dezimiere diese Besuche, so weit es möglich ist. <Sind Ihnen solche Besuche lästig?> Ja, wie soll ich sagen? Ich besuche meine Schwiegermutter, meine Mutter, meine Tanten nur, weil ich sie für hilfsbedürftig halte. Auch aufgrund einer gewissen Erziehung fühle ich mich verpflichtet, ihnen beizustehen. Gefühlsmäßige Bindungen sind keineswegs vorhanden ..."

<Und nach dem Dienst, am Feierabend und am Wochenende, mit welchen Leuten sind Sie da zusammen?>

"Och, also eben mit welchen, mit denen man schon kameradschaftlich - mit denen trifft man sich immer wieder. Ich habe auch ganz gern, daß man irgendwie nach Feierabend zu sich kommt ..."

Auf Frage Nr. 3:
"Tja, von Freunden ja. In gewissen Zeitabständen guckt mal jemand vorbei. Auch Verwandte kommen vorbei ... <Das ist in gewissem Sinne ein Treffpunkt> Ja, so kann man sagen ..."

6.3.2 Skala "Bewertung eigener sozialer Integration in quantitativer Hinsicht" (SI-B/quant.)

Allgemeine Kennzeichnung der Skala:

Mit einer dreistufigen Skala (Punktwert 0-2) wird eingeschätzt, ob bzw. inwieweit Proband (Pb) die Anzahl seiner Kontakte und Beziehungen zu anderen Menschen als zufriedenstellend bewertet, gleichgültig, wie groß die Anzahl von Sozialkontakten tatsächlich ist. Der eine Pol der Skala entspricht einer positiven Bewertung, der zufolge die Anzahl von Sozialbezügen als mindestens ausreichend erlebt wird. Der andere Pol der Skala bezeichnet eine negative Bewertung, der zufolge die Anzahl von Sozialkontakten als unbefriedigend erlebt wird.

Die Skala ist so gewichtet, daß positive Bewertung von Sozialkontakten in quantitativer Hinsicht mit steigendem Punktwert zunimmt.

Codierungsanweisung:

Die Codierung gemäß Skala SI-B/quant. bezieht sich auf die Aussagen zu den Fragen Nr. 1-8 des Interview-Leitfadens, insbesondere aber auf die Angaben zu Frage Nr. 8. Bewertende Stellungnahmen zu den Sozialkontakten, die in anderen Themenkreisen des Interviews vorkommen, werden grundsätzlich nicht berücksichtigt. Die Aussagen zu den Fragen Nr. 1-8 bilden die Kontext-Einheit für die Skalierung von SI-B/quant. Innerhalb dieses Rahmens wird als Analyse-Einheit jede Äußerung betrachtet, die sich im Sinne eines "Themas" auf Bewertungen des quantitativen Aspekts von Sozialbezügen richtet.

Codiert werden nur Aussagen, die sich auf die derzeitige bzw. gegenwärtige Situation des Pb beziehen.

Aussagen über die Bedeutsamkeit sozialer Beziehungen für Pb (Zusatzfrage zu Frage Nr. 3 "Wären Sie traurig, wenn man Sie nicht mehr besuchen würde?" und Zusatzfrage zu Frage Nr. 7 "Ist die Möglichkeit, jemandem helfen zu können, wichtig für Sie?") werden nicht eigenständig codiert. Ebenfalls nicht eigenständig codiert werden Aussagen über das Selbstbild des Pb hinsichtlich Beliebtheit im Kollegenkreis (Zusatzfrage zu Frage Nr. 4 "Glauben Sie, daß Ihre Kollegen/Geschäftsfreunde Sie gern dabei haben?").

Punktwert 0: Negative Bewertung der Anzahl von Sozialkontakten.

Unzufriedenheit mit der Anzahl von Personen, mit denen man Kontakt hat, kann sich in zweifacher Hinsicht äußern: Jemand ist unzufrieden, weil er *zu wenig* Kontakte zu anderen Menschen hat; jemand ist unzufrieden, weil er sich durch *zu viele* Kontakte zu anderen Menschen überfordert fühlt. Der zweite Aspekt der Unzufriedenheit mit Sozialbezügen wird bei Skala SI-B/quant. nicht berücksichtigt.

Negative Bewertung der Anzahl von Sozialkontakten bzw. Unzufriedenheit mit der Anzahl von Sozialkontakten bezieht sich stets auf eine zu geringe Zahl von Kontaktpersonen. Dies kommt zum Ausdruck in Bedauern über zu wenig Freunde/Bekannte; im Wunsch nach mehr Freunden/Bekannten; in der Feststellung, man habe zur Zeit zu wenig Umgang mit anderen Menschen; in Aktivitäten, um unter die Leute zu kommen. Pb bezeichnet die Zahl von Kontaktpersonen als nicht ausreichend.

Frage Nr. 8 ("Hätten Sie gern mehr Kontakt zu anderen Menschen?") wird bejaht.

Beispiele:

Auf Frage Nr. 3:

"Nein, ist zum Teil ja schon ... <Bedauern Sie das?> Ja. <I.-Frage> Ja, ich bin hier neu zugezogen und ich hätte gerne mehr Freunde, die einen hier besuchen. Das ist bisher noch nicht gelungen ..."

"Ich hätte gerne Kontakt, ich suche auch dauernd, ich hatte auch '75, als ich mich so einigermaßen wieder gefangen hatte, per Zeitung jemanden kennengelernt ..."

Auf Frage Nr. 8:

"Ja, neuerdings ..."

"Es ist mir fast ein bissel zu wenig jetzt."

Auf Frage Nr. 8:

"Doch schon, ja. Ich glaube schon. <I.-Frage> Ja, vielleicht auch allgemein ein bissel mit anderen Familien zusammenkommen ..."

Auf Frage Nr. 8:

"Hätte ich, ja. Ich würde gern in's Theater gehen. Ich würde gern noch mehr Vorträge, Veranstaltungen besuchen ..."

Punktwert 1: Schwankende Bewertung der Anzahl von Sozialkontakten.

Es liegt weder eine eindeutig positive noch eine eindeutig negative Einschätzung der Anzahl von Sozialkontakten vor. Pb scheint sich in seiner Bewertung nicht schlüssig zu sein. Er nennt in derselben Analyse-Einheit Indikatoren für Zufriedenheit mit der Quantität seiner Sozialbezüge wie auch Indikatoren für Unzufriedenheit. Die Anzahl seiner Kontakte zu anderen Menschen scheint einerseits ausreichend, andererseits aber auch unzureichend zu sein. Grundsätzlich besteht der Wunsch nach mehr Kontakt, aufgrund bestimmter Umstände kann er aber nicht verwirklicht werden, und Pb äußert keine Unzufriedenheit darüber.

Frage Nr. 8 wird eingeschänkt bejaht/verneint: Manchmal ja, manchmal nein; teil, teils; ja und nein u.ä.

Beispiele:
Auf Frage Nr. 8:
"Oh ja, ich habe gerne Kontakt zu Menschen. Zu Menschen, mit denen ich klar komme. <I.-Äußerung> Zufrieden ist nicht ganz der richtige Ausdruck. Durch die Tätigkeit sind von vornherein Grenzen gesetzt. Man hat eben mehr mit Materie zu tun als mit Menschen."

<Würden Sie sich mehr Besuch oder Kontakt wünschen?>
"Grundsätzlich bin ich sehr aufgeschlossen für Besuch. Ich wäre sehr interessiert daran. Bloß in meiner Situation jetzt nicht. Ich bin jeden Abend mit Flicken, Stopfen, Waschen und so weiter beschäftigt. Von daher würde ich keinen Wert darauf legen, rein von der Zeit her, aber sonst grundsätzlich gerne ..."

<Hätten Sie das gern, daß man Sie besucht hin und wieder?>
"Ich bin zumindest nicht abgeneigt. Aber wie gesagt, wenn ich abends heimkomme, dann bin ich müde. Aus der Sicht, nicht vom Interesse her."

<Würden Sie sich mehr Kontakte wünschen?>
"Manchmal ja. Manchmal bin ich auch allein, da will man auch allein sein. Ich bin ein Mensch, wie ich bezeichnet werde, wo ich schon oft gehört habe - Einzelgänger."

Auf Frage Nr. 8:
"Ja und nein. Ich habe schon sehr schlechte Erfahrungen gemacht. Ich hatte früher mehr Kontakt zu den Menschen, weil ich ein sehr kontaktfreudiger Mensch bin. Aber ich habe, wie gerade gesagt, schlechte Erfahrungen gemacht und ich muß eigentlich sagen, seit ich die Menschen kenne, liebe ich die Tiere, so ungefähr ..."

Punktwert 2: Positive Bewertung der Anzahl von Sozialkontakten.

Zufriedenheit mit der Anzahl von Sozialkontakten. Frage Nr. 8 ("Hätten Sie gern mehr Kontakt zu anderen Menschen?") wird verneint. Pb hat gern Leute bei sich, ist aber froh, nicht mehr zu haben. So, wie es jetzt ist hinsichtlich Kontakten mit anderen

Menschen, ist es genug. Pb ist ausgelastet, sein Kontaktbedürfnis ist abgedeckt, er hat kein Bedürfnis nach mehr Kontakt.

Pb hat wenig Kontakt mit anderen Menschen und/oder ungern Leute um sich, ist aber damit zufrieden, fühlt sich wohl dabei.

Beispiele:
<Im Anschluß an Frage Nr. 2: Würden Sie sich in dieser Richtung mehr wünschen?>
"Ehrlich gesagt nein. Ich bin eigentlich froh, daß wir nicht mehr Verwandtschaft haben."

Auf Frage Nr. 8:
"Nein, mir genügt das schon. Ich habe mir das ja erst in den letzten Jahren wieder aufgebaut ..."

Auf Frage Nr. 8:
"Nein, das weiß ich. <I.-Äußerung> So kann man sagen. Das Kontaktbedürfnis ist damit abgedeckt ..."

Auf Frage Nr. 8:
"Nein, ich bin total ausgelastet. Genug. <Auch befriedigende Kontakte?> Ja, sehr befriedigend."

Auf Frage Nr. 8:
"Nein, würde ich nicht sagen. Denn den Kontakt, den wir pflegen, den glaube ich als ausreichend betrachten zu können. <I.-Frage> Das reicht mir, ja. Es sind doch - wie ich vorhin schon einmal sagte, bei uns ist immer Leben im Haus ..."

Auf Frage Nr. 8:
"Nein, an und für sich nicht. Ich bin also mehr ein Mensch, der gerne für sich ist. Ich habe also gerne meine Ruhe. ... Das, was ich also an Kontakt mit Menschen brauche, das habe ich also immer ..."

Auf Frage Nr. 8:
"Eigentlich nicht. Ich habe so viele Hobbys, wissen Sie. ... Ich sage Ihnen ganz ehrlich, da ist die Zeit überhaupt nicht da, noch woanders überhaupt Kontakt zu knüpfen. Ich weiß nicht, ob es ein Fehler ist von mir, aber ich habe eigentlich gar nicht das Bedürfnis dazu ..."

<Macht Ihnen das was aus, wenn niemand kommt oder wenn überhaupt niemand mehr käme?>
"An sich nicht. Ich bin nicht jemand, der in seiner Freizeit Kontakt braucht. Ich komme da ganz gut so zurecht ..."

Auf Frage Nr. 8:
"Ich habe an sich den Kontakt, der mich vollauf befriedigt. Ich könnte jederzeit wesentlich größeren Kontakt pflegen und haben, aber das wäre wahrscheinlich körperlich nicht zu verkraften ..."

Auf Frage Nr. 8:
"Ach, was heißt mehr Kontakt? Wissen Sie, ich bin der Meinung, so wie ich es jetzt habe, bin ich an sich ausgelastet. Denn ich muß sagen, ich bin an sich ein bequemer Mensch ..."

Nicht codierbare Aussagen:
<Wären Sie traurig, wenn die Sie nicht mehr besuchen würden?>
"Wenn die Verwandten mich nicht besuchen würden, wäre ich glücklich."

<Wären Sie sehr traurig, wenn man Sie nicht mehr besuchen würde?>
"Ich kann mir das nicht so recht vorstellen, daß man mich nicht mehr besuchen käme. Aber ich muß schon sagen, man freut sich schon besonders, wenn nach ein paar Tagen, in denen niemand war, wieder jemand kommt."

<Glauben Sie, daß die Leute, mit denen Sie bei solchen Anlässen zusammen sind, daß die Sie gern dabei haben?> "Ja <I.-Frage> Ja, ich werde immer gebeten. Ich weiß es einfach. <Sind Sie Ihrerseits gern dabei?> Nein, nicht immer. Soll ich das erklären? <Gibt es bestimmte Anlässe, wo Sie meist nicht so gerne dabei sind?> Ja, aber ich meine, wo viel gegessen und viel getrunken wird und viel geraucht wird ..."

<Wären Sie traurig, wenn das nicht mehr so wäre?> "Ja, dann wäre ich sehr traurig. <I.-Frage> Die Verbindung zu den anderen Leuten. <I.-Äußerung> Das könnte ich nicht haben. Ich muß wissen, daß ich noch Menschen habe, ne?"

<Wären Sie traurig, wenn Ihre Freunde Sie nicht mehr besuchen würden?> "Traurig ist ein falscher Ausdruck. Ich kann sehr gut alleine sein. Ich würde eine Annehmlichkeit vermissen."

<Ist das wichtig für Sie, daß Leute zu Ihnen kommen zu Besuch?>
"Doch, das ist für mich sehr wichtig. <Könnte man schon sagen, daß Sie es vermissen würden, wenn das nicht mehr wäre?> Ja, das würde ich vermissen."

6.3.3 Skala "Bewertung eigener sozialer Integration in qualitativer Hinsicht" (SI-B/qual.)

Allgemeine Kennzeichnung der Skala:

Mit einer dreistufigen Skala (Punktwert 0-2) wird beurteilt, ob bzw. inwieweit Proband (Pb) die Art, die Qualität, die inhaltliche Beschaffenheit seiner Kontakte und Beziehungen zu anderen Menschen als zufriedenstellend bewertet, ungeachtet der Häufigkeit seiner Sozialkontakte. Der eine Pol der Skala entspricht einer positiven Bewertung, der zufolge die Art der Sozialbezüge und insbesondere ihr sozial-emotionaler Ertrag für Pb zufriedenstellend ist. Der andere Pol der Skala markiert eine negative Bewertung, der zufolge die Art der Sozialbezüge und insbesondere ihr sozial-emotionaler Ertrag für Pb unbefriedigend ist.

Die Skala ist so gewichtet, daß positive Bewertung von Sozialkontakten in qualitativer Hinsicht mit steigendem Punktwert zunimmt.

Codierungsanweisung:

Die Codierung gemäß Skala SI-B/qual. fußt auf den Aussagen zu den Fragen Nr. 1-8 des Interview-Leitfadens, insbesondere auf den Angaben zu Frage Nr. 8. Bewertende Stellungnahmen zu qualitativen Aspekten von Sozialkontakten, die in anderen Themenkreisen des Interviews auftauchen, werden grundsätzlich nicht berücksichtigt. Die Angaben zu den Fragen Nr. 1-8 bilden die Kontext-Einheit für die Anwendung von Skala SI-B/qual. Innerhalb dieses Rahmens wird als Analyse-Einheit jede Äußerung betrachtet, die im Sinne eines "Themas" Bewertungen des qualitativen Aspekts von Sozialbezügen des Pb beinhaltet.

Codiert werden nur Aussagen, die sich auf die derzeitige bzw. gegenwärtige Situation des Pb beziehen.

Die Codierung von SI-B/qual. *kann* aufgrund der Zusatzfragen zu den Fragen Nr. 2 ("Sind Ihnen solche Besuche lästig?"), Nr. 3 ("Wären Sie traurig, wenn man Sie nicht mehr besuchen würde?"), Nr. 4 ("Mögen Sie solche Zusammenkünfte?" und "Glauben Sie, daß Ihre Kollegen/Geschäftsfreunde Sie gern dabei haben?") und Nr. 7 ("Ist die Möglichkeit, jemandem helfen zu können, wichtig für Sie?") erfolgen. Voraussetzung ist, daß die entsprechenden Aussagen eine Bewertung qualitativer Aspekte zwischenmenschlicher Beziehungen enthalten.

Aussagen, die eine Selbstbewertung des Pb hinsichtlich seiner Attraktivität im Umgang mit anderen Menschen beinhalten und daher der Skala SWG zuzuordnen wären, werden nicht codiert.

Punktwert 0: Negative Bewertung der Qualität von Sozialkontakten.

Unzufriedenheit mit der inhaltlichen Beschaffenheit von Interaktionen mit anderen Menschen bezieht sich auf ideelle und/oder sozial-emotionale Erträge einer zwischenmenschlichen Beziehung. Dabei spielt die Zahl von Bezugspersonen keine Rolle.

Pb nimmt eine negative Bewertung vor: aufgrund inhaltlicher Merkmale ist ihm der Umgang mit anderen Menschen lästig; wegen deren Verhalten und Äußerungen fühlt er sich im Umgang mit bestimmten Personen nicht wohl; Kontakte und speziell Gespräche sind unbefriedigend; Pb fühlt sich unverstanden bzw. mißverstanden.

Pb bringt den Wunsch nach inhaltlich anders gearteten Beziehungen zum Ausdruck, der auf Unzufriedenheit mit der inhaltlichen Beschaffenheit der tatsächlich bestehenden Beziehungen schließen läßt: Wunsch nach Bekannten, mit denen man sich gut unterhalten kann; Wunsch nach Rat oder Hilfe; Beziehungen sollten/müßten qualitativ intensiver sein.

Frage Nr. 8 wird mit Hinweis auf qualitative Merkmale bejaht.

Beispiele:
<Würden Sie sich mehr solche Besuche wünschen?>
"Wenn Sie das in der Qualität meinen, ja."

<Bedauern Sie das?> - Im Anschluß an Frage Nr. 4:
"Sehr, ja. Wie gesagt, gerade in so einem Betrieb, da gibt es viele, die von Haus aus ein bißchen verklemmt oder von der Erziehung her oder sonst wie. ... Wie gesagt, ich bin ein Mensch - ich bin sehr gern mit Leuten zusammen und ich bedaure das sehr, es war wirklich nett gewesen. Auch meine Frau bedauert das. Wir haben uns immer prima verstanden."

"... und seit 10 Jahren arbeite ich im Notariat. ... Da könnte ich mich wieder total auslassen über die Menschen. Die Menschen nehme ich da auseinander, wie die so sind, was die für Regungen haben, also manchmal fühle ich mich da nicht wohl an meinem Arbeitsplatz, obwohl ich die Arbeit an sich gerne mache, aber die ganzen Leute da ..."

<Wäre es für Sie wichtig, jemanden zu haben, bei dem Sie sich Rat oder Hilfe holen können?>
"Ja".

<Kann man also sagen, daß die Art von Beziehung, die Sie gerne hätten, außer zu ihrem Mann und zu Ihrer Familie, daß Sie die nicht haben?>
"Die vermisse ich. <Hätten Sie gern mehr Kontakt zu anderen Menschen?> Zeitlich gesehen nicht. Intensiver."

Auf Frage Nr. 8:

"... Ich würde gern natürlich manche öfter sehen, manche öfter sprechen oder öfter schreiben, das Ganze ein bissel intensivieren. <I.-Äußerung> Eher Qualität ..."

Auf Frage Nr. 4:

"... Es kommt schon vor, daß Einladungen stattfinden, die haben dann aber mehr offiziellen Charakter. <I.-Frage> Irgendein Abteilungsleiter oder Ministerialdirigent oder Dirigent gibt in einer alten Mühle ein Buffet oder so. Wo dann schrecklich geistlose, geistvolle Reden geführt werden. Ich langweile mich dann gräßlich und dadurch falle ich meist auf ..."

"Ach, ein Besuch. An und für sich gehe ich nur hin, wenn ich eingeladen bin. Außer zwei Personen, wo ich schon wieder sage 'Altenbetreuung', weil das über 80jährige Damen sind, die sich also auf meinen Besuch freuen und ich mir dann wieder das anhören muß von denen - also es bringt mir nichts."

"Was wir vor allen Dingen vermissen, vor allem für die Kinder, sind Großeltern ... Und so ist es für die Kinder schlecht und wahrscheinlich auch für uns. Oder auch für mich, weil man dann die privaten Dinge mit niemandem bereden kann. Oder eine Schwester - in dieser Beziehung vermisse ich es manches Mal, heute eigentlich weniger als früher ..."

Punktwert 1: Schwankende Bewertung der Qualität von Sozialkontakten.

Es liegt weder eine eindeutig positive noch eine eindeutig negative Einschätzung der inhaltlichen Beschaffenheit von Sozialbezügen vor. Pb nennt in derselben Analyse-Einheit Indikatoren für Zufriedenheit wie für Unzufriedenheit mit der Qualität seiner Sozialbezüge. Pb nennt weder einen erkennbaren Ertrag noch eine deutliche Beeinträchtigung im Zusammenhang mit ihren Kontakten zu bestimmten Personen: in dieser oder jener Gesellschaft langweilt sie sich; der Umgang mit diesem oder jenem bringt ihr nichts.

Frage Nr. 8 wird eingeschränkt bejaht/verneint: Manchmal ja, manchmal nein; teils, teils; ja und nein u.ä.

Beispiele:

"Die sind 17, 21 und 23. ... Ja eigentlich sehr viel, über alles mögliche. Über Studien- oder Privatprobleme. Wir reden sehr viel miteinander. <I.-Frage> Sehr viel von meinen Töchtern. Es ist mir manchmal direkt lästig - ich bin aber froh, wenn sie kommen ... Das Gespräch ist schon sehr wichtig bei uns, es nimmt viel Zeit in Anspruch. <Haben Sie den Eindruck, daß Sie gebraucht werden in dieser Hinsicht von Ihren Kindern?> Im Moment würde ich sagen, ja."

<Im Anschluß an Frage Nr. 2: Wäre es Ihnen lieb, wenn da mehr los wäre in der Richtung?>
"Ja und nein. Es ist so, gerade meine Frau hat eine sehr große Verwandtschaft in Norddeutschland. Das habe ich kennengelernt. Das war wieder das andere Extrem. Das war eher lästig als schön. Ich vermisse allerdings so - ich würde es begrüßen, wenn man nicht nur Verwandte, sondern auch so mal nette Leute treffen könnte. Mir schwebt da ein Ehepaar oder sonstwas vor, das so ungefähr auf der gleichen Wellenlänge liegt. Damit könnte man mal ausgehen oder sich unterhalten ..."

<Wären Sie traurig, wenn Sie nicht mehr besucht würden oder angerufen werden würden?>
"Ja sehr. <I.-Frage> Na ja, Kontakt, Unterhaltung und Gespräch ist schon sehr wichtig. Es ist für mich schon sehr wichtig, daß ich überhaupt mal mit einem Menschen sprechen kann. Manchmal interessiert mich das Geschwätz gar nicht. Es ist nur einfach, daß eine Stimme da ist. Wissen Sie, interessant sind die Gespräche alle nicht. Die befriedigen mich alle nicht so arg. Mit meinen Kindern schon, also mit meinem großen Sohn kann man sich schon wirklich gut unterhalten, aber sonst ist mir wichtig, daß ein Mensch überhaupt spricht, daß mal einer anruft und fragt: 'Wie geht's' und so."

<Glauben Sie, daß die Leute, mit denen Sie bei solchen Anlässen zusammen sind, daß die Sie gern dabei haben?> "Ja. <I.-Frage> Ja, ich werde immer gebeten. Ich weiß es einfach. <Sind Sie Ihrerseits gern dabei?> Nein, nicht immer. Soll ich das erklären? <Gibt es bestimmte Anlässe. wo Sie meist nicht so gern dabei sind?> Ja, aber ich meine, wo viel gegessen und viel getrunken wird und viel geraucht wird ..."

<Beeinträchtigt Sie das, daß Sie sich im Augenblick einschränken müssen?>
"Im Augenblick nicht mehr. Das habe ich überwunden, im Anfang ja. Ich weiß jetzt, ich bin für meine Kinder da und das Leben läuft nun mal im Augenblick so. ... <I.-Äußerung> Nach dem Tod meiner Frau da habe ich die Einsamkeit sehr empfunden. Daß ich keinen äquivalenten Partner hatte, mit dem ich mich unterhalten konnte. Aber das ist jetzt vorbei, jetzt habe ich mich mit diesem Zustand abgefunden."

Punktwert 2: Positive Bewertung der Qualität von Sozialkontakten.

Zufriedenheit mit der inhaltlichen Beschaffenheit von Sozialkontakten, die sich bezieht auf ideelle und/oder sozial-emotionale Erträge einer zwischenmenschlichen Beziehung.

Bedeutung von Gesprächen wird hervorgehoben; zu anderen Leuten besteht ein persönliches und gutes Verhältnis aufgrund ähnlicher Ansichten, Interessen etc.; der Verlust bestehenden Kontaktes würde bedauert werden; der Umgang mit anderen Leuten ist keinesfalls lästig; der Umgang mit anderen Leuten macht Spaß, macht Freude, ist nett.

Frage Nr. 8 wird unter Hinweis auf qualitative Merkmale verneint.

Beispiele:
<Wären Sie traurig, wenn diese brieflichen und telefonischen Kontakte nicht mehr wären?>
"Ob ich traurig wäre? Oh ja. Doch, das würde mich schon deprimieren. Es würde ja dann irgend etwas fehlen, der Kontakt und die Neuigkeiten. Wir haben uns schon immer gut verstanden, das würde mir sehr weh tun. ..."

"... Seniorenhelferkreis nennt sich das. Das sollte für die älteren Leute sein, die nicht mehr aus dem Haus kommen. ... Ich muß sagen, das macht mir Spaß. Es gibt dann noch andere Leute, die glücklich sind, wenn man kommt ..."

"Ich bin bei der Gymnastik, das ist Hausfrauengymnastik ... <I.-Frage> Das ist sehr nett ... Das freut mich immer sehr. Sie sagen dann: Ne, ne, Sie und Oma und so. Ich finde das sehr, sehr nett ..."

<Glauben Sie, daß Ihre Kolleginnen Sie da gerne dabei haben?>
"Ja, ja. Oh ja. Sonst würden die ja nicht immer so schimpfen, wenn ich nicht komme. Anschließend gehen wir noch ein Bierchen trinken, so eine Stunde. Das finde ich doch sehr schön."

<... bei diesen regelmäßigen Zusammenkünften, gefallen Ihnen die, mögen Sie die?>
"Ja, ich will mich mal so ausdrücken, das kameradschaftliche Verhältnis allein schon vom Betriebsklima her und der Kontakt wirklich so ... daß vom menschlichen Standpunkt aus ..."

Nicht codierbar als SI-B/qual. sind Aussagen, die weder direkt noch indirekt qualitative Merkmale von Sozialbeziehungen ansprechen oder die in Allgemeinplätzen gehalten sind.

Beispiele:
<Wie denken Sie darüber, ist das wichtig für Sie?> "Der Besuch als solcher? (Ja) In angenehmen Fällen selbstverständlich. <I.-Frage> Ach ja, erfreulicher Menschenkontakt ist immer angenehm. Wobei es keine Rolle spielt, ob verwandt, Freund oder bekannt."

<Wären Sie traurig, wenn das nicht mehr so wäre?> "Ja, dann wäre ich sehr traurig. <I.-Frage> Die Verbindung zu den anderen Leuten. <I.-Äußerung> Das könnte ich nicht haben. Ich muß wissen, daß ich noch Menschen habe, ne?"

<Wären Sie traurig, wenn man Sie nicht mehr besuchen würde?> "Ja, das wäre bestimmt für mich eine negative Sache, weil ich gern unter Leuten bin ..."

<Ist das wichtig für Sie, daß Leute zu Ihnen kommen zu Besuch?> "Doch, das ist für mich sehr wichtig. <Könnte man schon sagen, daß Sie es vermissen würden, wenn das nicht mehr wäre?> Ja, das würde ich vermissen."

<Wären Sie traurig, wenn Sie die Kontakte, die Sie haben, nicht mehr hätten? ...>
"Zum Teil, aber an sich im allgemeinen nicht. Ich bin sonst ein Mensch, der sehr gut allein sein kann ..."

6.3.4 Skala "Glaube an Gott" (REL-GG)

Allgemeine Kennzeichnung der Skala:

Mit einer dreistufigen Skala (Punktwert 0-2) wird die Intensität einer gefühlsbetonten Beziehung zu einem göttlichen, höheren, übernatürlichen Wesen sowie das Ausmaß des Überzeugtseins von seiner Existenz eingeschätzt, das als abstrakte Instanz bzw. als Prinzip oder als personifizierte Gottesgestalt vorgestellt werden kann. Mit der Skala soll beurteilt werden, ob bzw. in welchem Ausmaß eine Gottesvorstellung für Proband (Pb) Bedeutung besitzt.

Mit Skala REL-GG wird ferner erfaßt die Intensität religiösen Glaubens ohne Erwähnung Gottes bzw. die Verbindlichkeit der kirchlichen Lehre für Pb. Von der Auswertung ausgeschlossen sind Stellungnahmen zur Institution Kirche.

Die Skala ist so gewichtet, daß die Intensität des Glaubens an Gott mit steigendem Punktwert zunimmt.

Codierungsanweisung:

Die Codierung gemäß Skala REL-GG basiert auf den Aussagen zu den Fragen Nr. 9 bis Nr. 14 des Interview-Leitfadens, insbesondere jedoch auf den Angaben zu Frage Nr. 13. Äußerungen über Gott und das Verhältnis des Pb zu Gott, die an anderen Stellen des Interviews auftauchen, werden grundsätzlich nicht berücksichtigt. Die Aussagen zu den Fragen Nr. 9 bis Nr. 14 bilden die Kontext-Einheit für die Skalierung von REL-GG. Innerhalb dieses Rahmens ist Analyse-Einheit jede Äußerung im Sinne eines "Themas", die sich auf die persönliche Beziehung des Pb zu Gott bezieht.

Für Skala REL-GG relevante Aussagen wie z.B. der Glaube an die Auferstehung von den Toten kommen auch im Zusammenhang mit Skala REL-V vor. Für die Codierung nach Skala REL-GG ist maßgebend: Die Aussagen sind thematisch eng verknüpft mit einer Gottesfigur; sie besitzen keine thematische Eigenständigkeit, sondern werden zur Erläuterung und Ausgestaltung des Glaubens an Gott gemacht.

Punktwert 0: Kein Glaube an Gott.

Pb verneint die Existenz Gottes.- Pb kann mit dem Begriff "Gott" nichts anfangen, er kann sich zu "Gott" nicht äußern.- Gott ist für Pb nicht vorstellbar.- Gott wird als überflüssig bzw. unnötig bezeichnet.- Pb betrachtet Gott ausschließlich als Produkt menschlicher Erfindung.- Die Frage "Würde es Sie stören, wenn es Gott nicht geben würde?" wird verneint.- Zentrale Glaubenssätze der christlichen Lehre, wie die Wiederauferstehung, werden verneint.

Religiöser Glaube (ohne nähere Spezifizierung) ist für Pb ohne Bedeutung, gibt ihm nichts, wird von Pb verneint/bestritten.

Aussagen wie die hier beschriebenen erfolgen expressis verbis und mit oder ohne Verstärkungen. Auch Aussagen ohne Verstärkungen rechtfertigen Punktwert 0, wenn klar wird, daß Gott für Pb persönlich keinerlei Bedeutung besitzt. Eine abstrakte Gottesvorstellung ist nicht mit fehlendem Glauben an Gott zu verwechseln.

Beispiele:

"... Und ich habe mich das nie getraut. Gottesfurcht war so fest im Herzen drin, aber das ist vorbei. Das habe ich überwunden. Ich glaube wirklich nicht, daß es ein Wiederauferstehen in dem Sinn gibt, wie es die katholische Kirche sagt."

"Nein, es würde mich nicht stören, ich könnte auch so leben."

<Würde es Sie stören, wenn es Gott nicht geben würde?> "Nein, denn direkt hat er ja auf das Menschenleben auf der Erde keinen Einfluß, es sei denn, man glaubt. Und wer kann glauben? Ich beneide die, die glauben können."

<Würde es Sie stören, wenn es Gott nicht gibt, nicht geben würde?> "Nein. Da es ja wahrscheinlich so ist, daß die Menschen seit Urzeiten sich ausgedacht haben, früher als Götter, als beseelte Natur projiziert haben in die Umwelt und jetzt das halt vergeistigt haben. Das ist ja mehr ein Produkt der Menschlichkeit ..."

"... Aber wenn man die Natur als Ganzes betrachtet, ihre Aufbaufähigkeit und Zerstörungsfähigkeit, das ist ja so faszinierend, daß man eigentlich einen persönlichen Gott auf jeden Fall gar nicht braucht. Ich glaube, wenn ich das betrachte, die Natur draußen, dann kann man mit anderen Worten nur Ehrfurcht haben vor jemand oder etwas, was sowas geschaffen hat. Das Wechselspiel und alles, die dauernden Veränderungen. Aber selbst so Gott definieren, das ist schwierig, das ist einfach zu vielgestaltig. Da gibt es zu viele Antworten drauf."

Auf Frage Nr. 13: "Nichts."

<Würde es Sie stören, wenn es Gott nicht geben würde?>
"Nein. Nein, nicht im Geringsten. Ich habe keine Vorstellung ..."

Punktwert 1: Mäßig ausgeprägter Glaube an Gott.

Aussagen über Gott werden gemacht, aber mit Einschränkungen bzw. Abschwächungen.- Pb bekundet Zweifel an der Existenz Gottes und an zentralen Glaubenssätzen der christlichen Lehre, wie der Wiederauferstehung.- Pb schwankt: Er will einerseits die Existenz Gottes nicht eindeutig bestreiten, ist aber andererseits auch nicht fest davon überzeugt.- Aussagen über Gott und den Glauben werden allgemein formuliert (z.B. in der "Man"-Form) und haben so keinen direkten Bezug zum Pb.

Verneinung einer Gottesfigur erfolgt gleichfalls mit Einschränkungen und Abschwächungen. Aussagen über religiösen Glauben (ohne nähere Spezifizierung) lassen Zweifel und Unsicherheiten erkennen.- Die Frage "Würde es Sie stören, wenn es Gott nicht geben würde?" wird weder eindeutig bejaht noch eindeutig verneint.

Beispiele:

"Ich glaube, wenn man älter wird, man ist sowieso gläubig, dann sucht man es doch wieder. Denn ein Atheist bin ich ja nicht. Ich leugne nicht die Existenz Gottes. Obwohl er mir sehr viel lieber ist als Großpapa mit Bart, so wie man sich ihn halt so heutzutage manchmal vorstellt. Der Kinderglaube war mir da schon lieber."

<Würde es Sie stören, wenn es Gott nicht geben würde?>
"Es liegt ja in der Natur des Menschen, an ein höheres Wesen zu glauben. Auch die Naturvölker glauben an irgendwie Götter und an eine höhere Gewalt. Ich bin da - es gibt die Rationalisten, die denken, es gibt nur das, was ich selbst tue und schaffe und was ich sehe, alles andere ist Einbildung."

"Nein, den lieben Gott den kann ich mir nicht vorstellen. Auf der anderen Seite, daß das Allerletzte nicht durch eine hohe Macht entstanden sein sollte, kann ich nicht ganz verneinen. Aber es ist mir unvorstellbar."

Auf Frage Nr. 13:

"Nein, weil ich - seit ich allein bin, eine Leere da ist. ... Man kann den Eindruck haben, daß ich der Meinung bin, es gibt keinen Gott, so stimmt das nicht."

"Dann wüßte ich das nicht. Wenn man von vornherein weiß, daß es das nicht gibt, dann - ich meine, wenn man das nicht weiß, daß es sowas gibt - aber wenn jetzt plötzlich alles abgeschafft würde, dann würde mich das schon stören. Für mich wäre ja dann zumindest eine kleine Stütze verloren."

Auf Frage Nr. 13:
"Nicht viel ... abstrakter Begriff. Allgemein ... nicht Konkretes, nichts Bildhaftes ... <Und diese Form eines Prinzips, würden Sie die anerkennen?> Das ist meine Schwierigkeit. Wollen mal sagen, das schwankt. Ich kann nicht sagen, daß ich jetzt fest daran glaube oder davon überzeugt bin, daß es irgendwas geben müßte oder gibt."

<Würde es Sie stören, wenn es Gott nicht geben würde?>
"Tja, das ist - ich würde sagen, ja. Es muß was Höheres geben, denn wie - wo soll der Mensch sich dran halten?"

"Bei dem Gedanken an Gott? Schön, wenn ich an Gott denke, das ist für mich dann etwas, was mich aufrecht erhalten soll. Wenn ich an Gott denke, dann sage ich: 'Mensch, heute klappt es schon gar nicht. Lieber Gott, zeig' dich mal wieder, daß du da bist. Ich muß mal wieder irgendwie ein Geschäft bringen und so weiter.' <I.-Äußerung> Ja, daß man sagt, man spricht immer, der liebe Gott hilft dem Tüchtigen ... Ich muß sagen, wenn ich solche Gedanken hatte, da hat es nicht lange gedauert, da habe ich wieder ein neues Geschäft gemacht."

<Würde es Sie stören, wenn es Gott nicht geben würde?>
"Ehrlich gesagt, nein. Das wäre vielleicht etwas ärmer, das wäre vielleicht eine Hoffnung ärmer. Man hätte vielleicht niemand, wo man ansprechen könnte ..."

"Ich meine, es gibt ein göttliches Wesen, das muß es ja geben. Ich meine, das muß ja jeder vernünftige Mensch einsehen, daß also die Welt ja irgendwie gesteuert werden muß. Also alles andere - also was da so drumherum gemacht wird, ist also Humbug."

"Schwer zu sagen. Ich habe mir gerade in letzter Zeit ziemlich Gedanken darüber gemacht. ... Das - irgendwo - es ist schwer, darauf eine Antwort zu geben, wobei ich mir schon vorstelle, daß es Gott, einen Schöpfer, schon geben muß. Wenn man sich die Welt, die Natur, alles so anschaut, nach welchen Regeln so alles abläuft, das kann nicht bloß Urknall sein, um da mal ein Stichwort zu nennen ..."

Auf Frage Nr. 13:
"Ja, nicht direkt. Es bereitet Freude an sich, wenn ich die Natur, das Produkt der Schöpfung betrachte. Das schon. Aber so Freude an sich in dem Sinne, wenn ich an Gott denke, nein."

Punktwert 2: Stark ausgeprägter Glaube an Gott.

Pb sagt explizit, daß er an Gott glaubt, sei es als abstrakte Instanz, sei es als personifizierte Gottesgestalt.- Pb kann sich sein Leben ohne Gott nicht vorstellen.- Der Mensch und die Natur sind von Gott geschaffen.- Gott ist für Pb etwas, das Geborgenheit, Halt, Trost und Sinn vermittelt.- Pb nennt angenehme/positive Gedanken und Gefühle im Zusammenhang mit Gott.- Pb hält gelegentlich Zwiesprache mit seinem

Gott. Er sucht und findet darin Zuflucht und Trost.- Pb ist überzeugt von einem Leben nach dem Tod aufgrund göttlicher Allmacht.

Die Frage "Würde es Sie stören, wenn es Gott nicht geben würde?" wird eindeutig bejaht.

Religiöser Glaube (ohne nähere Spezifizierung) ist für Pb von großer Bedeutung, Pb scheint fest im Glauben verwurzelt.

Aussagen wie die hier beschriebenen erfolgen expressis verbis und mit oder ohne Verstärkung. Auch Aussagen ohne Verstärkung rechtfertigen Punktwert 2, wenn ersichtlich ist, daß Gott für Pb persönlich große Bedeutung besitzt.

Eine naive Gottesvorstellung bedeutet nicht zwangsläufig stark ausgeprägten Glauben an Gott.

Beispiele:

Auf Frage Nr. 13, Zusatz:
"Ja. Es wäre für viele Dinge der Sinn verloren. Zum Beispiel für Gerechtigkeit, für Gut und Böse überhaupt ... Grundlage verloren. Der Sinn des Daseins und des Menschen."

"Das ist erst einmal der Glaube. Weil ich glaube, daß es eine höhere Macht gibt und - ja - man hofft auch für sich selber etwas. Zum Beispiel, es gibt ein höheres Wesen und an den glaubt man, wird vielleicht auch erhört, wenn man etwas entgegenbringt, Gesundheit vielleicht. Man hofft irgendwas. So sehe ich das."

Auf Frage Nr. 13:
"... ein höheres Wesen, das über uns allen Menschen steht. Es muß sowas existieren, aber ob es existiert, das weiß ja auch niemand. Ich glaube daran, daß es existiert."

Auf Frage Nr. 13:
"Manchmal bin ich sehr unzufrieden mit ihm ..."

<Würde es Sie stören, wenn es Gott nicht geben würde?>
"Stören ist nicht das richtige Wort. Ich - es wäre für mich unvorstellbar, daß es ihn nicht gäbe. Solche Sachen, die sind nicht von Menschenhand gemacht worden. Ob es mich stört, darauf kann ich keine Antwort geben. Es ist für mich nicht denkbar, daß es keinen gäbe."

Auf Frage Nr. 13:
"Geborgenheit und sagen wir einmal Vertrauen insofern, daß man eben ohne auf die Goldwaage legen zu müssen - wo man seine Gedanken, Ängste, Sorgen und Nöte abladen kann."

<Würde es Sie stören, wenn es Gott nicht geben würde?>
"Dann müßte er meiner Ansicht nach erfunden werden. Irgend etwas braucht der Mensch. Ob das nun Gott oder Allah ist oder zu anderen Religionen dieser oder jener ... <Ist dieses Prinzip Ihrer Meinung nach eine Konstruktion des Menschen?> Ich würde sagen, das ist da. Das ist keine Menschenkonstruktion, denn es hat jeder eben das Gefühl, der eine drückt das so, der andere so aus."

"Ich glaube, daß es einen Gott gibt. Also etwas, das über uns steht, was alles regelt. Das glaube ich schon, aber ich glaube nicht, daß er alles macht, wie es die Kirche sagt."

<Würde es Sie stören, wenn es Gott nicht geben würde?>
"Dann hätte das Leben für mich gar keinen Sinn mehr. Dann würde ich das Leben für völlig sinnlos erachten, obwohl ich auch in diesem Zustand - ich glaube, das muß ich Ihnen ehrlich sagen - von meiner Warte her auch wenig Sinn im Leben erkennen kann."

Auf Frage Nr. 13, Zusatz:
"Das ist für mich eine sehr schöne Person. Nein, Person ist falsch. Es ist ein sehr schönes gefühlsmäßiges Erlebnis, was ich aber mehr pantheistisch ausdeuten möchte. Ich bin sehr naturverbunden ... Für mich ist Gott im weitesten Sinn ein Ordnungsprinzip, was ich auch bejahe, was mich auch einschließt. Ich finde, Gott ist eine gute Einrichtung ..."

<Würde es Sie stören, wenn es Gott nicht geben würde?>
"Das ist ein Gedanke, der bei mir nicht auftauchen würde. ... Mir könnte jemand erzählen, es gibt es nicht. Ich weiß, es gibt es. Es geht gar nicht anders. Sie sehen ja in allen Dingen irgendwelche Prinzipien, die gar nicht abzustreiten sind."

"Erstens einmal, ich - wenn ich an Gott denke, dann denke ich so, als wenn Sie vor mir sitzen. Nicht, daß er fern ist, sondern er ist bei mir. Ich sehe Gott als Gegenwart, empfinde ich stark, fühle ich auch. Ob ich jetzt - es ist ganz egal, in welcher Situation ich bin, irgendwie habe ich das Gespür, das Gefühl in meinem Innern, ein beruhigendes, du bist bei mir ..."

"Daß er nicht faßbar ist. Daß er für den - wissenschaftlich so schwer, an sich gar nicht faßbar ist. Doch aber der Glaube an irgendwas, was da ist, aber doch nicht faßbar ist, nicht erklärbar ist, daß es vorhanden ist, das verstehe ich unter Gott. Nicht als Allvater mit Rauschebart ... <I.-Frage> Bewunderung, Staunen, daß alles so ist, so wie es existiert ..."

"Was heißt stören? Das ist mehr oder weniger das Verlangen des Einzelnen, was ich unter Gott verstehe. Vielleicht ist es auch so, daß ich persönlich mir meinen Gott selber mache. Das ist ja durchaus möglich. Das wird auch so sein. Jeder Mensch hat ja eine andere Vorstellung von Gott. Ich fühle mich wohl und geborgen in dem Gedanken an Gott. Ich lehne es nicht ab."

"Eigentlich, wie soll ich mich ausdrücken? Das ist ein Wesen, Schöpfer oder eben nur ein Gott, der uns eigentlich doch sehr viel Gutes tut und wir so wenig daran denken. ..."

"Bei dem Gedanken an Gott? Der Gott ist für mich etwas Übermenschliches, das Übermenschliche."

Auf Frage Nr. 13, Zusatz:

"Na ja, irgendwas über uns - wie man es jetzt nennen will, ist ja egal - das muß ja wohl jeder anerkennen. Es sei denn - also mich würde es schon stören. ... Ich bin sehr religiös erzogen worden, und so einfach abstreifen kann man das ja auch nicht. Ich kann jetzt nicht von heute auf morgen sagen, ich glaube nichts mehr ... Das möchte ich nicht. Selbst in der Zeit, als ich exkommuniziert war, habe ich die Existenz Gottes nicht geleugnet oder gezweifelt. Er ist einfach für mich da. Ich habe manchmal überlegt, was wäre, wenn? Es ist eine feststehende Tatsache, eigentlich."

"Die ganze Natur, alles ist ja von Gott erschaffen. Und kann mir also nicht vorstellen, wie manche das - der Mann mit dem langen Bart oder so. Also sowas fällt mir also nicht dazu ein, wenn ich an Gott denke. Ich denke also an's Ganze, was halt so eben die ganze Welt, alles, was Natur und so weiter ist. Alles von Gott erschaffen und der ganze Ablauf ..."

<Würde es Sie stören, wenn es Gott nicht geben würde?>
"Ja, ich glaube schon. Die ganzen Völker - es ist ja irgend etwas, woran man sich aufrichten kann. ... Doch, ich finde es gut, daß es einen Glauben gibt. <Und würden Sie das auch für sich persönlich sagen?> Ja, absolut, auch für mich persönlich. Man sieht es ja auch an den anderen Menschen."

"Ich würde mich nie von meinem Glauben abbringen lassen. Ich merke das auch bei meinen Eltern, die finden das so schön. Die sagen: Ach, wir haben unser Leben gelebt, wir waren redlich und anständig. Was kann uns noch passieren? Wenn der Herrgott uns will, dann holt er uns eben. Ich finde, das ist ein Trost für alte Leute ..."

Nicht-Codierbarkeit von Aussagen liegt vor, wenn Äußerungen im Sinne der Skala unklar sind oder wenn sie sich auf die Institution Kirche beziehen.

Beispiel:
"Stören? ... Man fragt sich, wie ohne gestaltende Hand - Hand im weitesten Sinn - das alles sein kann."

6.3.5 Skala "Kirchliche Kommunikation und Information" (REL-KKI)

Allgemeine Kennzeichnung der Skala:

Mit einer dreistufigen Skala (Punktwert 0-2) wird eingeschätzt, ob bzw. inwieweit Pb mit seiner Pfarrgemeinde als Gruppe und mit einzelnen Gemeindegliedern Kontakt hat und welche Einstellung sie zum Gemeindeleben und den daraus erwachsenden Interaktionen hat. Relevant sind auch andere, d.h. von der Pfarrgemeinde unabhängige religiös initiierte formelle oder informelle Sozialbezüge. Im Vordergrund steht bei Skala REL-KKI die Kommunikation zwischen Menschen, deren gemeinsames und verbindendes Merkmal die Zugehörigkeit zur Kirchengemeinde ist.

Die Skala ist so gewichtet, daß das Ausmaß von kirchlicher Kommunikation und Information mit steigendem Punktwert zunimmt.

Codierungsanweisung:

Zur Anwendung der Skala REL-KKI werden die auf die Fragen Nr. 9 bis Nr. 14 des Interview-Leitfadens erhaltenen Informationen herangezogen, insbesondere die Aussagen auf Frage Nr. 9. Äußerungen über Kommunikation und Interaktion mit Gemeindegliedern, die an anderen Stellen des Interviews vorkommen, werden grundsätzlich nicht berücksichtigt. Die Aussagen zu den Fragen Nr. 9 bis Nr. 14 bilden die Kontext-Einheit für die Handhabung von REL-KKI. Innerhalb dieses Rahmens ist Analyse-Einheit jede Äußerung im Sinne eines "Themas", die sich auf die Kommunikation und Interaktion des Pb mit seiner Gemeinde bezieht.

Relevant für die Anwendung der Skala REL-KKI ist in erster Linie das berichtete tatsächliche Verhalten. Insofern liegt hier der Akzent auf dem quasi-objektiven Aspekt.

Skala REL-KKI bezieht sich auf kirchliche Kommunikation und Information in der Gegenwart. Aussagen über die jüngste Vergangenheit ("bis vor kurzem"; "bis vor einem halben Jahr") werden als Gegenwart gewertet und können codiert werden. Aussagen über Verhältnisse, die mehr als ein halbes Jahr zurückliegen oder über deren Erstreckung in die Vergangenheit keine Angaben gemacht werden, sind nicht codierbar.

Im Unterschied zu Skala REL-ÖRP sind für Skala REL-KKI nur die Kommunikation und Interaktion im Rahmen kirchlichen Lebens und daraus erwachsende Positiva (Wohlbefinden, Befriedigung sozial-emotionaler Bedürfnisse) von Belang und nicht die Teilnahme an bestimmten kirchlichen Veranstaltungen.

Punktwert 0: Keine oder sehr geringe kirchliche Kommunikation und Information.

Keine oder nur sehr geringe Bindung an die Pfarrgemeinde als Gruppe und dementsprechend keine oder nur sehr seltene Interaktion mit Gemeindegliedern.- Keine oder nur sehr seltene persönliche Kontakte mit Funktionsträgern der Kirche oder mit anderen Personen, sofern von der Kirche angeregt.

Der Kontakt mit Gemeindegliedern ist unregelmäßig, zufällig, je nach Gelegenheit, gar nicht.- Pb sieht gelegentlich Angehörige seiner Pfarrgemeinde, es ist ihm aber gleichgültig, er hat kein Bedürfnis, mit Leuten aus seiner Pfarrgemeinde zusammenzukommen.- Pb sieht weniger als 10 Gemeindeglieder in Abständen von mehr als 2 Monaten.

Frage Nr. 9 wird verneint.

Punktwert 0 wird auch dann vergeben, wenn Pb häufig mit Mitgliedern seiner Pfarrgemeinde Kontakt hat, dieser Umgang aber ausschließlich oder vorwiegend aufgrund persönlicher materieller Interessen des Pb erfolgen und nicht aus menschlichem und/oder kirchlichem Interesse.

Ein eventuell geäußertes Bedauern über das Fehlen jeglichen Kontakts zur Pfarrgemeinde hat keinen Einfluß auf die Vergabe von Punktwert 0.

Beispiele:

"Ja, ich hab' an und für sich mit Kirchenkreisen einen recht konstruktiven Kontakt. Weniger im Sinne der organisierten Abläufe. (Wie oft etwa im Monat?) Völlig unregelmäßig. Etwa einen Monat überhaupt nicht oder in einer Woche zweimal. <I.-Frage> Auch kein programmierter standardisierter Anlaß, mehr die Gelegenheit oder auch oft der Zufall, dem ich nachhelfe, indem ich hingehe und jemanden anspreche ..."

"Nein, nicht. Es kann einmal vorkommen, daß ich auf der Straße jemand treffe. Gut, wir sprechen ein paar Worte, wie's geht, was er macht, was ich zur Zeit mache, aber das sind ganz harmlose Gespräche und sind auch nur, sagen wir mal, auf diesen Zeitraum begrenzt, wo wir uns treffen. Nicht daß wir dann weitere Verabredungen machen, nichts."

Auf Frage Nr. 9:
"Nein, ich bin gar nicht gläubig."

Auf Frage Nr. 9:
"Nein. <Wie denken Sie über das Zusammenleben in Ihrer Pfarrgemeinde?> Darauf kann ich Ihnen eigentlich überhaupt keine Antwort geben, weil in der Pfarrei, wo ich bin - der Pfarrer ist, man sagt allgemein, nicht so beliebt. Mein Gott, wenn ich nicht hingehe, kann ich kein Urteil abgeben ..."

"Nein. - Ja, ich sehe sie. Aber ich habe mit ihnen da keinen besonderen Kontakt, ehrlich gesagt. Ich sehe sie zwangsläufig eben durch die Gegend, in der man wohnt."

"Eigentlich nicht. Wir treffen - wir sind - wir gehören zu Peter und Paul. Wir, die ganze Pfarrgemeinde ... im Haus und so. <I.-Frage> Ich sage Ihnen ja, es war bis jetzt eben keine Gelegenheit dafür da. Vielleicht ergibt sich das jetzt, vielleicht später noch. Ich weiß es nicht."

"In der Kirchengemeinde, nein." <I.-Frage> Überhaupt keinen Kontakt, nein."

"Das ist ein heikles Thema, wissen Sie. Die habe ich nicht und ich kann Ihnen auch sagen, warum. Ich glaube nämlich nicht an den lieben Gott, obwohl ich evangelisch getauft bin und auch evangelisch konfirmiert. Ich glaube nicht dran und ich bin auch gern bereit, es Ihnen zu erklären."

"Das ist ein bissel problematisch. Überhaupt, in der letzten Zeit habe ich da immer wieder Erkenntnisse gewonnen, die nicht unbedingt positiv sind. Deswegen gehe ich da ein bissel auf Distanz."

Auf Frage Nr. 9:
"Nein, was wir vermissen und worüber wir uns wundern, daß man hier als neu Hinzugekommener nicht angesprochen wird ..."

"... Aber die Pfarrgemeinde, also das ist für mich - also nee. Ich habe mich mit der Pfarrgemeinde total zerworfen. Die hat mir nichts gegeben. In schwierigen Tagen ist das alles für die Katz'. Da kommt der Herr Pfarrer und spricht ein salbungsvolles Wort, aber das ist auch alles. <Sie meinen, wenn man sie braucht -> dann sind sie nicht da. Die katholische Kirche, der ich angehöre, überhaupt. Das ist das Verlogenste, was ich kenne ..."

Punktwert 1: Mäßige kirchliche Kommunikation und Information.

Persönliche Kontakte mit Funktionsträgern oder anderen Mitgliedern der eigenen Pfarrgemeinde finden regelmäßig, aber selten statt.- An den Interaktionen sind nur wenige Personen beteiligt.- Das menschliche und/oder kirchliche Interesse an diesen Interaktionen ist bei Pb vorhanden, jedoch gering.

Der Kontakt mit Gemeindegliedern ist regelmäßig, jedoch in großen Abständen.- Pb sieht öfter Angehörige seiner Pfarrgemeinde, es ist ihm an solchen Begegnungen gelegen.- Er trifft weniger als 10 Mitglieder in Abständen von weniger als 2 Monaten bzw. mehr als 10 Mitglieder in Abständen von mehr als 2 Monaten.

Ein eventuell geäußertes Bedauern über geringen Kontakt zur Pfarrgemeinde hat keinen Einfluß auf die Vergabe von Punktwert 1.

Beispiele:
"Nicht sehr intensiver, aber häufiger. Man kennt einige Leute ... <I.-Frage> Ja, einmal im Monat. ..."

"Ja, wenn wir in der Kirche sind, wenn wir zusammenkommen, die Caritas. Den Herrn Pfarrer sehe ich regelmäßig bei meinem einen Onkel, der ist schon hochbetagt, da kommt der Herr Pfarrer auch jedesmal. Aber sonst habe ich von der Pfarrgemeinde her keinen Kontakt. Ich bin nicht sehr religiös. <I.-Frage> ... Es gibt schon Leute, die begeistert davon sind, wie gesagt, aber ich bin nicht sehr religiös. Der Sonntag ist mir auch zu schade, um mich da hinzustellen und Kaffeegeschirr zu spülen. Da bin ich dann lieber daheim. ..."

"Ja. <Bei welchen Anlässen ist das?> Gottesdiensten zum Beispiel, Veranstaltungen, die in der Gemeinde stattfinden. Gesellige Veranstaltungen, Reisen zum Beispiel. Der Pfarrer ist ein sehr reiselustiger Mann. ... Wobei das Religiöse für mich persönlich im Hintergrund steht ..."

"Ja, ich finde, man sollte schon ein bissel mehr Kontakt haben. Aber er (Ehemann) ist da jetzt zurückhaltend geworden. Er war früher auch anders. Sicher, es ist ein Geistlicher da, der uns nicht so paßt. Er ist für unsere Begriffe sehr lahm. Aber es gibt ja auch Aktivitäten ohne den Pfarrer."

"Ja, wir treffen uns einmal im Monat. Da wird besprochen, was zu tun ist, auch über die Erlebnisse mit den älteren Leuten. ..."

Punktwert 2: Starke kirchliche Kommunikation und Information.

Pb gibt eine intensive Bindung an die Pfarrgemeinde als Gruppe zu erkennen und hat demgemäß häufige Kontakte mit Gemeindegliedern sowie formelle- und informelle Berührung mit Funktionsträgern der Kirche. Bei diesen Kontakten steht stets die Sache "Kirche"/"Glaube"/"Religion" im Vordergrund und nicht eventuelle persönliche materielle Interessen des Pb.

Pb hat regelmäßig Kontakte zu Gemeindeangehörigen; es handelt sich um mehr als 10 Personen, die er in Abständen von weniger als 2 Monaten trifft.- Er sieht häufig/sehr häufig Angehörige seiner Pfarrgemeinde, an solchen Begegnungen ist ihm viel gelegen.

Beispiele:
"Zweimal in der Woche. ... Es sei denn, es sind außergewöhnliche Umstände, die mich am Besuch hindern würden. ..."

"... Dann komm' ich übrigens noch ... alle 14 Tage kommen wir noch mal im Hauskreis, nennen wir das, zusammen. ... Ähnlich wie in der Bibelstunde, allerdings ohne den Pastor."

"Ja, schon mal im Gottesdienst. Und alle Zeit ist ja auch mal Pfarrabend oder so, da trifft man sich dann auch wieder ... Das ist nicht mehr so oft. Das ist alle Vierteljahr, so ungefähr, mal. ... Ja, ja, das ist noch regelmäßig alle Woche, ist da Chor."

"Ja. <Wie oft im Monat, kann man das sagen?> Das sind wie oft? Zweimal. <Und aus welchem Anlaß?> Erst einmal, daß man so den Kontakt - es ist auch erst einmal nachbarschaftlicher Kontakt. Die fühlen sich auch der Pfarrgemeinde sehr verbunden. Das sind gute Bekannte von uns, wo wir einen guten Kontakt zu denen haben. ..."

"Ja, hauptsächlich meinen Pfarrer, der kommt immer und braucht meinen Rat, denn der ist sehr rührig ... Da komme ich auch schon mit Schwestern - ich komme in Klöster ..."

"Oh ja, ich meine, da kommen dann schon auch mal welche ... Man kennt sich auch zum Teil vom Sehen. Wir wohnen so ein bissel verstreut. Da kennt man dann zum Teil die Nachbarn. ... Mit einigen sind wir mal hin und wieder eingeladen. Und Kontakte bestehen durchaus ..."

"Da muß ich einmal durchzählen. Ein, ... vier bis fünf mal offiziell. Manchmal sogar öfters. Jeden Sonntag beim Gottesdienst, als Lektor oder ..."

Nicht-Codierbarkeit von Aussagen bezüglich REL-KKI liegt vor, wenn Äußerungen im Sinne der Skala unklar sind, wenn sie sich auf die Vergangenheit beziehen oder wenn sie ausschließlich eine Einstellung (und nicht auch tatsächliches Verhalten) widergeben.

Beispiele:
"Och ja, unser Pfarrer gibt sich große Mühe und ich bin auch erstaunt, daß Jüngere mitarbeiten ... Für mich war das sehr gut, daß der Pfarrer anrief, mich zu irgendwas gebracht hat. Er wußte genau, ich bin ja zu Hause und habe nichts zu tun. Und das war gut."

Auf Frage Nr. 9:
"Das nicht. Ich bin evangelisch, meine Frau und der Rest der Familie ist katholisch. Ich habe seit meiner Heirat und auch vorher schon keinerlei Kontakt mehr gepflegt zur kirchlichen Gemeinde. Also so, in keiner Form. Wogegen meine Frau und auch die Kinder das pflegen zur katholischen Gemeinde. Wo ich auch innerhalb dieser Pfarrgemeinde, die einer anderen Konfession angehört, Kontakt pflege, auch habe. Der Jüngste ging in den Kindergarten. Da gab es Elternsprechtag und was so dazugehört. Nachdem ich zu solchen Veranstaltungen gegangen bin, nicht nur meine Frau, da hat sich das ergeben, daß ich in diesen Kindergartenbeirat gewählt wurde, als Evangelischer. Ich habe mich auch sehr gut mit dem Pfarrer verstanden. Ich habe auch heute noch Kontakt."

6.3.6 Skala "Öffentliche religiöse Praxis" (REL-ÖRP)

Allgemeine Kennzeichnung der Skala:

Mit einer dreistufigen Skala (Punktwert 0-2) wird der ritualistische Aspekt von Religiosität eingeschätzt: Ob bzw. wie häufig Pb an offiziellen Veranstaltungen der Kirche wie Gottesdienst, Bibelstunde, Kommunion, Abendmahl, Beichte, Prozessionen etc. teilnimmt aufgrund echter Überzeugung von der Bedeutung dieser Veranstaltungen und ihrer Inhalte und welche Einstellung er gegenüber öffentlichen Veranstaltungen der Kirche hat.

Die Skala ist so gewichtet, daß das Ausmaß öffentlicher religiöser Praxis sowie deren Wertschätzung mit steigendem Punktwert zunimmt.

Codierungsanweisung:

Die Codierung gemäß Skala REL-ÖRP bezieht sich auf die Aussagen zu den Fragen Nr. 9 bis Nr. 14 des Interview-Leitfadens, insbesondere jedoch auf die Angaben zu Frage Nr. 10. Äußerungen über den ritualistischen Aspekt von Religiosität, die an anderen Stellen des Interviews vorkommen, werden grundsätzlich nicht berücksichtigt. Die Aussagen zu den Fragen Nr. 9 bis Nr. 14 bilden die Kontext-Einheit für die Skalierung öffentlicher religiöser Praxis.- Innerhalb dieses Rahmens ist Analyse-Einheit jede Äußerung im Sinne eines "Themas", die sich auf die öffentliche religiöse Praxis des Pb bezieht.

Relevant für die Codierung öffentlicher religiöser Praxis ist sowohl die behaviorale als auch die kognitive Komponente der Einstellung zum Besuch kirchlicher Veranstaltungen. Insofern gehen Bewertungen und Stellungnahmen des Pb in die Entscheidung über die Punktvergabe ein.

Bewertende Stellungnahmen können sich auch auf die Gestaltung des Raumes, die Feierlichkeit des Zeremoniells o.ä. beziehen.

Herrscht eine negative bzw. ablehnende Haltung zum Besuch kirchlicher Veranstaltungen vor, wird stets Punktwert 0 vergeben, gleichgültig, wie häufig Pb tatsächlich an kirchlichen Veranstaltungen teilnimmt. Grundlage für die Vergabe der Punktwerte 1 und 2 ist mithin das Fehlen einer ablehnenden bzw. das Vorhandensein einer zumindest unentschiedenen Einstellung zu öffentlicher religiöser Praxis.

Allgemein gilt: Liegen nur Aussagen zu einer der beiden Einstellungskomponenten (behavioral-kognitiv) vor, ist dies für die Codierung gemäß Skala REL-ÖRP ausreichend.

Im Gegensatz zu Skala REL-KKI geht es bei Skala REL-ÖRP um die Beteiligung an kirchlichen Veranstaltungen und um die Einstellung dazu und nicht um die Interaktion zwischen den Teilnehmern.

Punktwert 0: Keine oder sehr geringe öffentliche religiöse Praxis.

Pb nimmt nie an Gottesdiensten, Abendmahl, Beichte, Prozessionen, Rüstzeiten und anderen Veranstaltungen eindeutig religiöser Prägung teil.- Pb nimmt sehr selten an kirchlichen Veranstaltungen teil und dann auch nur bei "Pflichtterminen" wie Hochzeiten, Taufen, Beerdigungen oder bei "Vulgäranlässen" wie Kirchenbesuch zu Weihnachten, Silvester, Ostern, Pfingsten.

Besuch kirchlicher Veranstaltungen ist "unregelmäßig", ohne nähere Angaben.

Pb gibt deutlich zu erkennen, daß er kirchlichen Veranstaltungen und ihren Inhalten ablehnend gegenübersteht: Gottesdienst gibt ihm nichts; dort wird zu viel Bla Bla geredet; Gottesdienst ist Zeitverschwendung; das kann man ebenso gut zu Hause (am Radio) haben; irgend etwas hält Pb ab.

Pb läßt eine unentschiedene Einstellung zu kirchlichen Veranstaltungen erkennen bei gleichzeitig sehr seltenem oder völlig fehlendem tatsächlichem Besuch kirchlicher Veranstaltungen.

Punktwert 0 wird auch vergeben, wenn der Gottesdienstbesuch der Familie wegen oder aus anderen extrinsischen Motiven erfolgt und nicht aus persönlicher Überzeugung. Liegt eine entschieden negative Haltung gegenüber der Religion und Glaubensfragen (nicht gegenüber der Institution "Kirche") vor, wird stets Punktwert 0 codiert, auch wenn tatsächlich starke Aktivitäten öffentlich religiöser Praxis berichtet werden.

Beispiele:

<Gehen Sie öfter in die Kirche?>
"Ja, am liebsten, wenn niemand drin ist. <Könnten Sie sagen, wie oft das ist? Im Schnitt, pro Monat?> Auch keine Regel."

Auf Frage Nr. 10:
"Sicher. Ich sagte das vorhin schon, das ist ein guter Brauch, und wenn einer das möchte und sich davon etwas verspricht, bitte sehr. Ich selbst nicht. Ich komme wieder darauf zurück, ich selbst halte nichts davon ..."

"Das ist so eine Tradition, da halte ich nicht so viel davon. Das kommt auf den Einzelnen an. Der eine braucht das, der soll ruhig gehen. Der das nicht braucht, der kann ja auch den Gottesdienst am Radio hören, was ich zum Beispiel mache sehr oft. Aber auch nicht regelmäßig, wenn es sich so ergibt ..."

<Was halten Sie allgemein von dem Brauch, sonntags in die Kirche zu gehen?>
"Wem's hilft, würde ich schon sagen, ja. Wir waren auch schon in der Kirche, und ich habe mir dann gedacht: Warum magst du das nicht? Ich glaube, mir wäre es lieber, wenn keine Leute da wären. Das ist es, was mich eigentlich abhält von der Kirche, dieses Gucken und Schauen und dies ..."

<... Können Sie ungefähr sagen, wie oft Sie in einem Monat ...?> "Monatelang überhaupt nicht. Ich kann das nämlich genau so gut zu Hause auch machen ..."

"Ich käme ohne aus, ohne Kirche zum Beispiel. Wie soll ich sagen? Diese Ausübung der religiösen Zeremonien, die da ablaufen, sind an sich für mich ohne große Bedeutung. ..."

"... Ich persönlich, ich - also ich selbst kann es nicht. Ich könnte wahrscheinlich schon, aber ich weiß halt nicht, an was es liegt ... <I.-Fragen> Ich gehe schon mit, aber in erster Linie der Familie wegen. Nicht aus persönlichen - aus persönlicher Überzeugung ..."

"Hm - ich persönlich halte nicht viel davon, aber da gibt es Leute, die haben das Bedürfnis dazu, für die ist das ganz gut ..."

Auf Frage Nr. 10:
"Ach, das ist was für Leute, die nichts anderes zu tun wissen ... Ich habe mir eine Meinung gebildet und die ist unumstößlich. Ich glaube einfach nicht daran."

<Und was bedeutet das für Sie?>
"Ich habe in letzter Zeit ziemlich Abstand dazu gewonnen ... ich glaube, da muß man Gott und Kirche etwas trennen. ... Kirche ist eine Institution. Diese Institution zerfällt wohl in einzelne Personen und da geht dann die Problematik an."

Punktwert 1: Mittlere öffentliche religiöse Praxis.

Pb nimmt häufiger als es "Pflichttermine" und "Vulgäranlässe" mit sich bringen an kirchlichen Veranstaltungen teil, jedoch nicht regelmäßig.- Die von der Gelegenheit und Augenblicksgegebenheiten bestimmte öffentliche religiöse Praxis des Pb ist nicht häufiger als einmal im Monat.- Pb geht nicht regelmäßig, aber immer, wenn es geht, wenn das Wetter es zuläßt.

Die Einstellung des Pb zu kirchlichen Veranstaltungen ist nicht negativ bzw. ablehnend, jedoch auch nicht eindeutig positiv. Starkes Engagement in Sachen Religion und Glaube ist nicht zu erkennen.

Pb besucht nie oder sehr selten kirchliche Veranstaltungen, läßt aber gleichzeitig eine sehr positive Einstellung ihnen gegenüber erkennen. Die öffentliche religiöse Praxis des Pb ist von Gelegenheit und Augenblicksgegebenheiten bestimmt und nicht häufiger als einmal im Monat, gleichzeitig ist jedoch eine unentschiedene oder positive Einstellung zu erkennen.

Beispiele:
Auf Frage Nr. 10:
"Viel, davon halte ich viel. Ich gehe nicht regelmäßig jeden Sonntag in die Kirche, aber wenn es geht, sagen wir mal, wenn das Wetter danach ist und so, gehe ich in die Kirche."

"Gelegentlich, ja." <I.-Frage> Na ja, im letzten Vierteljahr überhaupt nicht. Jetzt geht es aber auf den Winter zu, auf Weihnachten. Ab Weihnachten sind wir meist sehr aktiv, da gehen wir dann bis Ostern jede Woche. Als meine halbe Tochter zur Kommunion ging und im Firmunterricht war, da sind wir sowieso jeden Tag marschiert."

"Also von mir selbst wenn ich spreche, dann muß ich sagen, ich gehe gern in die Kirche. Aber Sonntagfrüh konnte ich selbst nicht in die Kirche ... <I.-Frage> Im letzten Jahr überhaupt nicht. Weihnachten zum letzten Mal. Das ist schon Tradition, aber sonst nicht ..."

Auf Frage Nr. 10:
"An und für sich halte ich es für gut, wenn ich es auch nicht regelmäßig mache. Ich meine, ja - ich persönlich sage, erstens fühle ich mich nicht angesprochen von der hiesigen Kirche oder von der hiesigen Gemeinde, zum anderen ist es bei mir irgendwo ein Zeitproblem. Also einmal in der Woche ausschlafen, das ist also ganz einfach der innere Schweinehund."

<Können Sie über den Daumen gepeilt sagen, wie oft im Monat Sie im Jahresschnitt in die Kirche gehen?>
"Einmal."

"Ungefähr fünf-, sechsmal im Jahr. Es kann auch mehr sein. Ich bin bis ungefähr vor fünf Jahren regelmäßig gegangen. Vielleicht mehr aus Druck auch von meinem Mann her. ..."

"Ich selbst bin ein Kirchgänger, der alle vier bis sechs Wochen in die Kirche geht. <I.-Frage> Ja, das bedeutet eine gewisse Bindung an das Wort Jesu."

"Ja, wir gehen ab und zu in die Kirche. Wenn wir also glauben, daß wir es wieder mal nötig haben, dann gehen wir in die Kirche. Aber ich bin also kein Mensch, der sagt, ich muß also jeden Sonntag in die Kirche gehen..."

"Ja, wie oft? Es ist halt verschieden. Manchmal gehen wir im Monat zweimal, manchmal gehen wir den ganzen Monat gar nicht. Das kann man also schlecht sagen. Also ungefähr im Monat einmal oder im Durchschnitt, würde ich sagen. Natürlich an den Feiertagen sowieso, Ostern, Pfingsten, Weihnachten, Neujahr. Da gehen wir also sowieso immer auch."

Punktwert 2: Intensive öffentliche religiöse Praxis.
Regelmäßiger (wenn auch in großen Abständen) Besuch von Gottesdienst, Abendmahl, Beichte, Prozessionen, Rüstzeiten und anderer Veranstaltungen eindeutig religiöser bzw. kirchlicher Prägung.- Unregelmäßiger Besuch obiger Veranstaltungen, der häufiger als einmal im Monat stattfindet.
Deutliche Überzeugung von der Bedeutung dieser Veranstaltungen und ihrer Inhalte (im Gegensatz zu einer bloß auf oberflächlichen Effekt abgestellten Beteiligung oder einer Teilnahme aus Gewohnheit): Der Kirchenbesuch gibt einem etwas;

er ermöglicht Selbstbesinnung; man gibt dem Herrgott seinerseits etwas; Gottesdienstbesuch wird als Bedürfnis empfunden; er vermittelt seelische Erbauung und innere Befriedigung; Gottesdienstbesuch ist Ausdruck der Bindung an das Wort Jesu.

Pb besucht regelmäßig bzw. häufiger als einmal im Monat kirchliche Veranstaltungen und hat eine unentschiedene oder positive Einstellung dazu.

Beispiele:
<Gehen Sie selbst auch gelegentlich in die Kirche?>
"Ja. <I.-Frage> Im Monat - 50 Prozent aller Sonn- und Feiertage."

"Also jetzt die letzten zwei Monate, kann man sagen, war ich fünfmal in der Kirche. Also von acht Wochen fünfmal am Sonntag in die Kirche, sozusagen. Das ist nicht regelmäßig, daß ich sage, ich gehe heute in die Kirche, wie mir's gerade in Gedanken reinkommt."

"Ach, na ja - die Atmosphäre in der Kirche, die Ruhe, das Denken-Müssen an Gott. Man hat ja dann das Gefühl, als ob man mit ihm redet und so."

<Wie oft in einem Monat gehen Sie in die Kirche, ungefähr?> "Ein- bis zweimal. Meist in verschiedene. Nicht immer in die gleiche."

"Ich gehe regelmäßig. Ich habe allerdings in letzter Zeit nicht mehr so das Bedürfnis wie früher ... Früher war es mehr Überzeugung als ich noch in der Jugendarbeit war ..."

"Ich gehe regelmäßig in die Kirche. Also zur Kirche zumindest einmal in der Woche. Wenn mal unter der Woche bestimmte Gottesdienste sind, gehe ich dann auch, soweit es die Zeit erlaubt."

"Was ich davon halte? Wie soll ich mich jetzt da noch ausdrücken? Also noch ist es ja Gebot. Aber ich selbst persönlich, ich brauche einfach den Gottesdienst. Er gibt mir was, und wenn es auch kein Gebot wäre, würde ich in die Kirche gehen. Also ich sehe ihn nicht als Gebot an, sondern ich finde, man wird - man gibt eigentlich viel zu wenig - gibt man dem Herrgott zurück, was man eigentlich kriegt. ..."

"Ich empfinde nicht sonntags - also nicht als Brauch und nicht als Pflicht sozusagen, sondern ich habe das Bedürfnis. Denn wenn der Mensch irgendwie ... irgendwie braucht er ein gewisses Pensum seelisch. Der Mensch ist ja nicht bloß Leib, sondern auch Seele. Und für mich ist es ein Bedürfnis, sozusagen die Sonntagspflicht, wenn es so ausgedrückt wird ..."

<Gehen Sie selbst zur Kirche?> "Ja, aber nicht oft. <Wie oft ist das etwa?> Ich komme nur über sonntags mal - sonntags, unter der Woche gar nicht."

"Das ist für mich wieder die - ich möchte sagen, eine seelische Erbauung, eine Kraftschöpfung, auch eine - ein Treffpunkt von Bekannten. Von Freunden, wo man weiß, der könnte heut' auch in der Kirche sein. Daß man dann wieder so nach der Kirche so einen kleinen Plausch führt."

"Ich kann mir überhaupt nicht vorstellen, daß es anders möglich wäre. Ich habe noch nie im Leben ... einen Sonntagsgottesdienst versäumt. Das werden Sie dann vielleicht als genügend betrachten. Ich halte das für lebensnotwendig für mich. ... ich meine, daß ein christlicher Glaubensvollzug sich immer wieder orientieren muß auch an dem, woher die Quellen sind unseres Glaubens. Und das ist das Wort Gottes und das ist der Altar. Ich kann auch nicht individuell nur meinen Glauben pflegen. Der muß auch einmal eine soziale Größe haben ..."

<Was bedeutet das für Sie, in die Kirche zu gehen?>
"Für mich ist das nicht mehr die Fortführung der Erziehung und Tradition, sondern das ist die Bindung an die Gemeinde und an den Herrn, ... und dann den bewußt transzendenten Gedanken, der damit verbunden ist ..."

<Was bedeutet Ihnen der Kirchenbesuch?>
"Kontemplation und Meditation. Auch eine optische Ergötzung an den äußerlich gebotenen Dingen. Also letztlich Gesamtmilieu, wozu noch ein bißchen mehr gehört als nur Formen."

<Was bedeutet der Kirchenbesuch für Sie?>
"Für mich? Heute ist halt Sonntag, heute übt man seine Religion aus. Sonntag ist der Tag, wo man ruhen soll und nicht arbeiten soll, nur weltlichen Gedanken nachhängen soll. Und das tut gut. <I.-Frage> Das empfinde ich, davon bin ich überzeugt."

Nicht-Codierbarkeit von Aussagen bezüglich Skala REL-ÖRP liegt vor, wenn Pb über den Brauch im allgemeinen spricht, d.h. ohne Bezug zur eigenen Person oder wenn er die Wichtigkeit des Kirchenbesuchs als Erziehungsmaßnahme o.ä. anspricht.

Auf Frage Nr. 10:
"Sicher ein guter Brauch. <Inwiefern?> Es ist ein Erziehungsmoment, eine Raumführung über die Gewohnheit, in einer Ordnung."

"Ich finde, man sollte zum Gottesdienst. Meiner Meinung nach ist das - ich habe - auch vor allem - für viele ältere Leute ist das doch so ein Halt und eine Stütze. Es gibt ja Leute, die sich an nichts mehr klammern können, die gar nichts mehr haben. Der Glaube hält die schon hoch ..."

6.3.7 Skala "Ehe- und Sexualmoral" (REL-ESM)

Allgemeine Kennzeichnung der Skala:
Mit einer dreistufigen Skala (Punktwert 0-2) wird die Einstellung des Pb gegenüber vorehelichen Beziehungen, Empfängnisverhütung bzw. Familienplanung und Abtreibung eingeschätzt. Der Bezugsrahmen, in dem die Aussagen stehen, kann religiös geprägt sein, muß dies aber nicht. Die Skala erfaßt also auch eine von Religiosität unabhängige Ehe- und Sexualmoral.

Die Skala ist so gewichtet, daß eine Zunahme an restriktiver bzw. "moralischer" Einstellung mit steigendem Punktwert einhergeht.

Codierungsanweisung:
Skala REL-ESM bezieht sich auf die Aussagen zu den Fragen Nr. 9 bis Nr. 14 des Interview-Leitfadens, insbesondere jedoch auf die Angaben zu Frage Nr. 11. Äußerungen zu Ehe- und Sexualmoral an anderen Stellen des Interviews werden grundsätzlich nicht berücksichtigt. Die Aussagen zu den Fragen Nr. 9 bis Nr. 14 bilden die Kontext-Einheit für die Skalierung von Ehe- und Sexualmoral. Innerhalb dieses Rahmens ist Analyse-Einheit jede Äußerung im Sinne eines "Themas", die sich auf vorehelichen Geschlechtsverkehr, auf Empfängnisverhütung bzw. Familienplanung oder auf Abtreibung bezieht.

Nicht-religiöse Einwände gegen Empfängnisverhütung, voreheliche Beziehungen und Abtreibung werden nur dann als Grundlage einer Codierungsentscheidung herangezogen, wenn religiöse Einwände fehlen. Sind religiöse Einwände vorhanden, haben sie Vorrang.

Gesundheitliche Bedenken werden von der Bewertung durch Skala REL-ESM ausgenommen.

Punktwert 0: Fehlende oder sehr schwach ausgeprägte Ehe- und Sexualmoral.
Pb gibt explizit zu erkennen, daß er keine Einwände weder gegen voreheliche Beziehungen noch gegen Empfängnisverhütung noch gegen Abtreibung hat.- Pb gibt zu erkennen, daß er keine Bedenken gegen einen dieser drei Aspekte hat, ohne Bedenken gegen einen der beiden anderen Aspekte zu äußern.- Pb begrüßt die Pille, voreheliche Beziehungen bei jungen Leuten oder Abtreibung oder bejaht sie als kleineres Übel im Vergleich zu möglichen Konsequenzen ihrer Unterlassung.

Pb kann sich in diesem Zusammenhang entschieden gegen die Auffassung der (katholischen) Kirche wenden, muß dies aber nicht. Auch ohne Bezugnahme auf die

Kirche wird uneingeschränkte Zustimmung zu den o.g. Aspekten unter Skala REL-ESM mit Punktwert 0 codiert.

Pb bezeichnet die Pille als Segen; voreheliche Beziehungen sollten sein, anders gehe es nicht; sie seien normal.- Pb bezeichnet ein durch die strenge Haltung der Kirche hervorgerufenes schlechtes Gewissen als negativ.- Der Kirche wird das Recht der Einmischung in diesen Fragen abgesprochen.- Pb bezeichnet die Ansichten der Kirche in diesem Zusammenhang als weltfern und rückständig.- Pb wünscht sich, die Kirche würde lockerer werden.

Beispiele:
"Ja, wie ich jetzt denk"? Ich bin ja nimmer jung, also ich kann mich da nimmer reindenken - in meinen jungen Jahren, wie ich war, ich habe mir da nichts draus gemacht. Wie's heute da so ist - also ich persönlich habe nichts dagegen, gegen die vorehelichen Beziehungen. <I.-Frage> Auch, wenn die Kirche sagt: nein. Es ist ja kein Verbot. Also das ist jetzt eine persönliche Meinung, ich habe nichts dagegen."

"... ich meine, diese Sperre, die Angstempfindung, die ist ja - meist fällt das flach durch die Pille, die ich - nebenbei bemerkt - für einen Segen halte. Ich halte sie schon für sehr gut und glaube nicht, daß die Moral der jungen Leute durch die Pille schlechter geworden ist oder besser. Ich meine, wenn die Kirche - die Kirche kann das verbieten, soviel sie will. Seit das besteht, hat sie es mehr oder weniger verboten, und es kam meist doch zum vorehelichen Verkehr, ob es jetzt ganz streng verboten war oder nicht. Ich meine, sie sollten da schon - wenn einer ganz streng gläubig ist - machen tun sie ja trotzdem meistens, was sie selber wollen. Aber dann hinterher mit dem kolossal schlechten Gewissen rumlaufen, das ist für manchen nicht gerade so heilsam."

Auf Frage Nr. 11:
"Ich stehe dem sehr positiv gegenüber. Warum muß das von dem Stück Papier abhängig sein, wenn sich zwei Menschen verstehen. ... Ich würde sagen, außerdem, weil Sie gerade voreheliche Beziehungen ansprechen - ich spreche grundsätzlich in diesen Fragen wie auch Pille und Abtreibung der Kirche das Recht ab, irgendwie zu richten. Ich halte diese Institutionen nicht für kompetent. ..."

"Wissen Sie, ich hatte selbst voreheliche Beziehungen gehabt. Wie kann ich dann von meinen eigenen Kindern oder anderen verlangen, daß sie das nicht machen dürfen. Ich weiß, von Seiten der Kirche sollte man nie, aber ich vergesse es nie: ich war in meiner Hochzeitsnacht war ich so enttäuscht, weil - es war nicht die Hochzeitsnacht, die man sich als junges Mädchen erträumt. ..."

"Also ich halte die für sehr wichtig, denn die Möglichkeit vorehelicher Beziehungen schließt doch schon einmal von vornherein aus, daß man eventuell erst nach der Eheschließung feststellt, daß man sich nicht richtig versteht. Ich halte es absolut für das fast Allerwichtigste im Leben, daß diese Sachen stimmen ..."

"Ja, da denke ich: Gut, das muß sein. Das muß sein, anders geht es gar nicht. Ich bin alt. Wir haben das nicht gehabt und das war verkehrt, das war verkehrt. Total verkehrt. Bis wir uns zusammengerauft haben, das war doch total verkehrt ..."

"Da habe ich auch meine, ja - Ja, na eben. Was soll es dann bringen, egal welches Alter? Und ich würde sagen, gerade für die Jugend. Was sollen sie denn ihr Leben verbauen? Entweder sitzt dann das Mädchen mit dem Kind da - alleine. Oder der Partner fühlt sich verpflichtet. Wieder Zwang und heiratet und es geht schief. Was ist da dabei? Das ist meine Meinung."

"... Über voreheliche Beziehungen finde ich, man sollte die jungen Leute lassen auf diesem Gebiet. ... Aber das strikte Verbot? Dafür bin ich nicht. Ich finde auch, die katholische Kirche müßte da bestimmt wesentlich lockerer werden, meiner Meinung nach. ..."

"Ich muß Ihnen sagen, ich denke, daß das vielleicht richtig ist. Bei uns war das alles viel zu verklemmt und zu streng irgendwie. Vielleicht ist das gar nicht so schlecht, wenn die jungen Leute sich heute etwas besser und näher kennenlernen und vielleicht auch voreheliche Beziehungen haben."

<Und wie denken Sie in diesem Zusammenhang über Empfängnisverhütung?> "Ja, das ist jetzt eigentlich eine schwere Frage. Sehen Sie mal, die jungen Leute heute wollen doch auch nicht gleich ein Kind haben. Und wenn sie dann vorher schon Geschlechtsverkehr haben, dann müssen sie ja mehr oder weniger doch was nehmen. <Habe ich Sie recht verstanden, daß Sie das als notwendiges Übel ansehen?> Ja."

"Wenn Sie jetzt erwarten, einen orthodoxen Katholiken vor sich zu haben, dann sind sie auf dem Holzweg. Das bin ich absolut nicht, sondern ich bin für manche Begriffe ein zu liberaler Katholik, der begrüßen würde, wenn die innere Freiheit mehr zum Zuge käme in dem Sinne, daß man den Katholiken die Freiheit ließe, das zu tun, was er verantworten kann. Ich würde sagen, verantwortete Sexualität im vorehelichen Zustand ist durchaus akzeptabel ..."

Punktwert 1: Ehe- und Sexualmoral in mittlerer Ausprägung.

Pb ist nur mit Einschränkungen für voreheliche Beziehungen, Empfängnisverhütung oder Abtreibung.- Er nennt Für und Wider der genannten Aspekte.- Er spricht sich für das eine aus (z.B. die Pille), lehnt aber das andere (z.B. Abtreibung) ab.- Er befürwortet voreheliche Beziehungen, schränkt aber ein, daß eine seelische Bindung Voraussetzung sein müsse oder ein gewisses Mindestalter.- Die Haltung der Kirche wird als zu streng bezeichnet (aber nicht gänzlich abgelehnt).- Pb hatte früher eine stärker kirchenkonforme Einstellung, die sich aber in den letzten Jahren gelockert hat.

Beispiele:

Auf Frage Nr. 11:

"Das sehe ich weniger als ein böses Problem. Ich sehe das mehr als ein Problem der Persönlichkeitsbildung. Da möchte ich sagen, vorehelicher Verkehr in all zu frühem Jugendalter ist nicht gut für die Persönlichkeitsbildung."

"Ich glaube, daß die Kirche heute, gemessen an der frühen Christenzeit gemessen, vor Augustinus, doch etwas zu streng war."

Auf Frage Nr. 11:

"Ja, also ich bin an und für sich der Meinung, daß es nicht gut ist, wenn die jungen Leute so mit früher Zeit schon anfangen, von einem zum anderen zu hüpfen. Ich finde, das prägt und prägt nicht zum Besten. ... <I.-Frage> ... Ich finde, es bringt der Kirche nichts, daß sie allzusehr mit den Zeitströmungen geht. Sie muß 'ne gewisse Linie haben. Auf der anderen Seite halte ich es nicht richtig, jemand also deshalb zu verdonnern oder zu verdammen ..."

"... Nein, also das finde ich unmöglich. Empfängnisverhütung halte ich für richtig, gegen Abtreibung bin ich allerdings ..."

"Ich halte - ich finde Empfängnisverhütung gut und recht, solange die jungen Menschen im Studium sind. Aber wenn man Anschaffungen und Urlaub davon abhängig macht, wann ein Kind kommt - also das, das lehne ich nach wie vor ab. Weil eben der Egoismus da für meine Begriffe gezüchtet wird. <Aber jungen Leuten, das hatten wir jetzt als Thema, würden Sie denen das zugestehen?> Ja, natürlich. Mit einer 17jährigen Tochter - wir haben eine 17jährige Tochter - das würde ich ablehnen, wenn die schon die Pille verlangen würde."

Auf Frage Nr. 11:

"Ich will nicht sagen: ich will es fördern, aber ich stehe dem ganz positiv gegenüber. Lieber Empfängnisverhütung als Abtreibung. Und junge Menschen, die sich kennenlernen wollen und auch den Wunsch haben, zusammen zu bleiben, denen würde ich ein voreheliches Verhältnis nicht - oder ein intimes Zusammenleben nicht absprechen ..."

"... Ich meine - wollen mal so sagen, die Pille ist natürlich wesentlich besser als eine Abtreibung. Besser ich verhüte, daß ein Kind entsteht, als daß ich ein Kind, das bereits lebt, töte. ..."

"... Wenn Empfängnisverhütung zum System kultiviert wird, das dann zum reinen Funktionieren degradiert, müßte ich das ablehnen. Wenn es aber aus verantworteter Elternschaft und Partnerschaft heraus entspringt, dann müßte man sich klar werden über die Methoden ..."

Punktwert 2: Stark oder sehr stark ausgeprägte Ehe- und Sexualmoral.

Entschiedene und eindeutige Ablehnung vorehelicher Beziehungen, von Empfängnisverhütung oder Abtreibung.- Pb gibt zu erkennen, daß er in diesen Fragen eine feste Position hat.- Ehe wird als etwas Heiliges bezeichnet.- Die Kirche sollte in diesen Dingen mehr bremsen bzw. Einfluß ausüben.- Die Notwendigkeit, Kinder zur Welt zu bringen, wird betont.

Wenn als einzige Einschränkung einer Ablehnung der Empfängnisverhütung oder der Abtreibung das Vorliegen einer Krankheit genannt wird, wird dies nicht als Einschränkung im Sinne von Punktwert 1 behandelt. In solchen Fällen ist - sofern keine anderen Zugeständnisse gemacht werden - Punktwert 2 zu codieren.

Beispiele:
Auf Frage Nr. 11:

"Ja, wie vorhin schon angedeutet, die Kirche ist sicher ein Ordnungsinstrument und sollte hier eher im ... anbietbaren Rahmen bremsen. Und nicht die Freiheiten der Übertreibungen als Scheinfreiheiten freigeben, die mißverstandenen Freiheiten."

"Tja, wie soll ich mich darüber äußern? Also ich persönlich ich finde, die Jugend kriegt das heute alles viel zu leicht gemacht. ... Man soll doch irgendwie die Ehe als etwas Besonderes, Heiliges sehen und da kann man doch nicht einfach vorher schon miteinander leben und so tun ... Also ich finde das nicht ganz richtig, obwohl ich es andererseits - jetzt muß ich mal die andere Seite aufwärmen - nicht ganz beurteile. Es gibt Ehen, wo sich also die Partner gar nicht verstehen und wenn die es vielleicht vorher probiert hätten, würde vielleicht das Unheil abgewendet worden sein. Aber ich persönlich bin halt doch dafür, daß alles noch so sein soll, daß man eben doch, wenn man zueinander "ja" sagt ..."

"... Ich würde so sagen, gerade in diesen Ländern, wo soviel Not herrscht, würde ich sagen "ja". Aber bei uns würde ich sagen, ich finde zwei, drei Kinder eigentlich ganz normal ... <Sind Sie also gegen Empfängnisverhütung?> Ja. Ich meine, wenn eine Krankheit da ist und so weiter, das ist was anderes. Aber wenn es eine normale, gesunde Familie ist, ist es eigentlich auch von den Familien her gesehen viel, viel schöner."

"... Und ich glaube, wenn da die Kirche so offen sagt, vorehelichen Geschlechtsverkehr, dann tut sie das nicht um der Kirche willen, sondern der Partner willen. Denn wenn junge Menschen - also ich finde es für vollständig normal, daß sie sich gern haben, sich sehen und liebhaben, alles, aber es sollte meines Erachtens nicht die volle Liebe schon vorher ausgeschöpft sein. Denn was voll ausgeschöpft ist, ist nachher aus. ..."

<Und innerhalb der Ehe dann?> "Innerhalb der Ehe ist das schon sehr zu begrüßen, wenn das schon fernbleiben würde. Es sollten ja auch Kinder geboren werden. Es soll nicht immer nur alles unterdrückt werden ..."

"... Ich bin überzeugt, daß sich ein junger Mensch schadet, wenn er sich vorweg nimmt, was ihm die Ehe erst geben soll. Was erfährt er dann noch Neues in der Ehe? Das ist so, wie wenn man sich seine Lieblingsnahrung sich ständig nimmt und zum Schluß schmeckt es einem nicht mehr ..."

Auf Frage Nr. 11:
"Wenn ich es einfach sagen darf, dann so, ich halte sie für falsch, aber ich habe Verständnis dafür ... Und deswegen meine ich, man sollte auch die Vorformen durchaus gebraucht werden der ehelichen Zuneigung, der vorehelichen Zärtlichkeiten. Aber die Übergabe des Leibes und ich würde sagen den ehelichen Vollzug, der gehört eben in das, was ich als Ehe verstehe. ..."

(Bezüglich Empfängnisverhütung:)
"Sie werden erstaunt sein oder nicht, ich weiß es nicht - ich bin voll auf der Linie des Papstes. Soviel weiß ich auch von Eheleuten. Und es gehört, glaube ich, auch zur Kraft des Christen dazu, daß in der Ehe es viele Formen ehelicher Zärtlichkeiten geben kann, die die Menschen nicht auseinander dividiert, wenn sie eben nicht der eheliche Vollzug ist ..."

6.3.8 Skala "Religiöse Versprechungen" (REL-V)

Allgemeine Kennzeichnung der Skala:

Mit einer dreistufigen Skala (Punktwert 0-2) wird eingeschätzt, ob bzw. inwieweit verheißungsvolle Aussagen der christlichen Lehre für Pb persönlich Bedeutung besitzen und verbindlich sind, inwieweit Pb von Versprechungen der christlichen Lehre überzeugt ist.

Ein Überzeugtsein von der christlichen Heilslehre ist bei Skala REL-V unabhängig davon, ob Pb an die Existenz Gottes glaubt.

Die Skala ist so gewichtet, daß zunehmende Überzeugung von der Richtigkeit religiöser Versprechungen mit steigendem Punktwert einhergeht.

Codierungsanweisung:

Zur Anwendung der Skala REL-V werden die auf die Fragen Nr. 9 bis Nr. 14 des Interview-Leitfadens erhaltenen Informationen herangezogen, hauptsächlich die Aussagen auf Frage Nr. 12. Äußerungen über verheißungsvolle Aspekte der christlichen Lehre, die an anderen Stellen des Interviews vorkommen, werden grundsätzlich nicht berücksichtigt. Die Aussagen zu den Fragen Nr. 9 bis Nr. 14 bilden die Kontext-Einheit für die Handhabung der Skala REL-V. Innerhalb dieses Rahmens ist Analyse-Einheit jede Äußerung im Sinne eines "Themas", die sich auf religiöse Versprechungen bezieht.

Für Skala REL-V relevante Aussagen wie z.B. der Glaube an die Auferstehung von den Toten kommen auch im Zusammenhang mit Skala REL-GG vor. Für die Codierung nach Skala REL-V ist maßgebend: Die Aussagen sind thematisch unabhängig von einer Gottesfigur, sie werden nicht zur Erläuterung und Ausgestaltung des Glaubens an Gott gemacht, sondern besitzen thematisch Eigenständigkeit; den Aussagen ist zu entnehmen, daß der Akzent auf Versprechungen und damit einhergehend auf Hoffnung, Freude, Zuversicht etc. liegt.

Punktwert 0: Keine Verbindlichkeit religiöser Versprechungen.

Ausdrückliche Ablehnung christlicher Versprechungen im allgemeinen und für Pb persönlich im besonderen.- Pb bestreitet nachdrücklich die Möglichkeit der Wiederauferstehung, von Himmel, Paradies und ewigem Leben.- Pb gibt zu erkennen, daß die christlichen Versprechungen seinem Leben keinen Inhalt geben.- Für Pb sind Liebe und Vergebung keine bedeutsamen Aussagen christlicher Religion.

Verneinung religiöser Versprechungen kann auch in Verbindung mit der Verneinung religiöser Strafandrohungen vorkommen: Pb glaubt weder an den Himmel noch an die Hölle.

Beispiele:
Auf Frage Nr. 12:
"An Himmel oder Hölle denke ich überhaupt nicht. Man hat das Bestreben, sein Bestes zu tun und ein anständiges Leben zu führen. Da braucht man sich auch nicht vor dem Tode oder der Hölle zu fürchten ..."

Auf Frage Nr. 12:
"Ich glaube an gar nichts mehr. Nicht an ein ewiges Leben und nicht an eine Hölle. Weil es beides nicht gibt. ... Ich halte von beiden nichts. Null, weil ich echt nichts glaube. Auch allen anderen Religionen glaube ich nicht, die schwindeln alle, das ist eine totale Volksverdummung, sonst gar nichts ..."

"Ich denke weder an die Hölle noch an das Paradies. Ich stehe auf dem Standpunkt: ich halte es mit der Evolutionstheorie ..."

"Ja, also ich kann mir da - von der Hölle halte ich also überhaupt nichts. Das halte ich also für ein Gerücht. Paradies - na ja, mein Gott, das ist so, wieder ja so eine Versprechung. Es weiß ja keiner, was nach dem Leben kommt. Ich meine, das sind ja alles Vermutungen. <I.-Frage> Ja, also ich bin der Meinung, wenn es aus ist, ist es aus. Daß nach dem Tod - gibt es also weder Himmel noch Hölle - meiner Ansicht nach ..."

Punktwert 1: Mäßige Verbindlichkeit religiöser Versprechungen.

Pb gibt zu erkennen, daß er christliche Versprechungen nicht für gegenstandslos hält, sie haben für Pb aber keine zentrale Bedeutung.- Aussagen erfolgen in der "Man"-Form bzw. im Stil allgemeiner Statements ohne unmittelbaren Bezug zur Person des Pb.- Die Bedeutung christlicher Versprechungen wird indirekt dadurch betont, daß die Hölle entschieden zurückgewiesen wird und im Kontrast dazu für Himmel/Paradies votiert wird.

Beispiele:

"An das Erstere ... Es ist doch besser, wenn man sich an das Gute klammert, das beruhigt einen doch. Und wenn man sich nichts zu Schulden kommen läßt, dann kann man sich doch auch an dem Guten festhalten ..."

"An die Hölle denke ich gar nicht. Eher an das Paradies. Aber ich finde, die Menschen können sich nur hier auf Erden bereits das Paradies oder was man darunter verstehen mag, geben ..."

"Ja, ich meine jetzt, Himmel und Hölle ist ein komischer Ausdruck. Ich finde halt, wenn man zufrieden ist und wenn man als Mensch richtig lebt, und dann erhofft man sich auch, daß man später ein besseres Leben hat, so möchte ich es mal sagen ... Und an die Hölle habe ich eigentlich noch gar nicht gedacht ... Da habe ich noch nicht dran gedacht, daß ich irgendwie mit der Hölle was zu tun hätte."

"An's Paradies. Ich bin nämlich der Meinung, daß jeder Mensch bestrebt ist, nach dem Wort Jesu zu leben und in den Himmel zu kommen. Die Hölle ist wie gesagt eine Strafe, wo der Mensch dann eben nicht mehr von loskommen kann."

"Ich muß sagen, in jüngeren Jahren hat die Hölle auf mich Eindruck gemacht. Heute? Nicht mal verdrängt, entschwunden. Das andere - Gegenteil, wenn man sich einen lieben Gott vorstellt. Warum sollte man sich einen strafenden Gott permanent im Gedächtnis halten? <Hat die Vorstellung eines Paradieses ... Bedeutung für Sie?> Oh ja. Wenn Sie zum Beispiel in die immanenten Systeme hier reinschauen wie den Kommunismus, da ist die Vorstellung vom Paradies mit impliziert ... Das ist irgend eine Grundhoffnung des Menschen ..."

Punktwert 2: Hohe Verbindlichkeit religiöser Versprechungen.

Direkt ausgesprochene und eindeutige Überzeugung vom Bestehen und der Wirksamkeit christlicher Versprechungen, die eindeutig und direkt auf die eigene Person bezogen wird. Pb spricht in der "Ich"-Form bzw. mit Bezug auf Gleichgesinnte in der "Wir"-Form.

Verständnis von Religion als sinngebender Instanz.- Überzeugung, nach dem Tod in den Himmel und ins Paradies zu kommen.- Zuversicht, nach dem Tod ein ewiges

Leben in Freude und Annehmlichkeit zu erhalten.- Vergebung und Liebe werden - im Gegensatz zu Strafe und Sühne - als die entscheidenden Aussagen der christlichen Lehre bezeichnet.- Die Vorstellung von Paradies und ewigem Leben wird als "natürlich" oder "selbstverständlich" bezeichnet.

Beispiele:
"Das hängt jetzt mit meinem Glaubensverständnis zusammen. Die Hölle interessiert mich gar nicht, wenn ich mich so ausdrücken darf, weil wir uns nach der Schrift auf das stellvertretende Leiden Jesu Christi berufen und glauben, daß uns dadurch unsere Sündhaftigkeit und unsere Schulden vergeben sind und wir somit der Hölle entronnen sind. Wir freuen uns also nach unserem Glaubensverständnis auf das ewige Leben."

"Na ja, an die Hölle auf gar keinen Fall. Höchstens in Verbindung mit meiner Mutter ... Ich habe immer wieder versucht, ihr einzureden, daß es ein trauriger Gott ist, der einem nur Angst macht. Auch, daß ich an einen anderen glaube ... Aber ich - an die Hölle glaube ich nicht. <Und die andere Seite, die Vorstellung, Paradies, ewiges Leben?> Ja, das war für mich eigentlich immer klar. Klingt so pathetisch, aber - es muß was geben von daher. ... Jetzt, nachdem meine Eltern tot sind, glaube ich eigentlich in der hintersten Ecke meines Herzens, daß ich die irgendwie wiedersehen werde ..."

"Ich denke natürlich, daß Gott gut ist und daß die Verheißungen für das Gute das Wichtige sind dabei ..."

Nicht codierbar sind Aussagen über religiöse Strafandrohungen.

6.3.9 Skala "Selbstwertgefühl" (SWG)

Allgemeine Kennzeichnung der Skala:
Mit einer dreistufigen Skala (Punktwert 0-2) wird die Selbstbewertung des Erlebens und Verhaltens des Probanden (Pb) sowie die Selbstbewertung der Fähigkeiten und Fertigkeiten des Pb im Vergleich zu seinen eigenen Wert- und Leistungsmaßstäben beurteilt. Diese durch den Pb selbst vorgenommene Einschätzung seiner Werthaftigkeit kann sich u.a. beziehen auf allgemeinen Stellenwert, moralische Selbstbewertung, Kompetenz, Beliebtheit, soziale Macht und Einfluß, Willensstärke und körperliche Attraktivität.

Die Skala ist so gewichtet, daß Selbstwertgefühl mit steigendem Punktwert zunimmt.

Codierungsanweisung:

Die Codierung gemäß Skala SWG basiert nur auf Aussagen zu den Fragen Nr. 15 bis Nr. 17 des Interview-Leitfadens. Äußerungen an anderen Stellen des Interviews werden für die Codierung von Selbstwertgefühl grundsätzlich nicht berücksichtigt. Die Aussagen zu den Fragen Nr. 15 bis Nr. 17 bilden somit auch die Kontext-Einheit für Skala SWG. Analyse-Einheit ist innerhalb dieses Rahmens jede Äußerung, die eine Bewertung mit Bezug auf die eigene Person zum Inhalt bzw. Gegenstand hat ("Thema").

Bei der Codierung von Selbstwertgefühl ist zu berücksichtigen, daß eine spontane Selbstcharakterisierung und Selbstbewertung für die meisten Menschen eine ungewohnte und schwierige Aufgabe darstellt. Von Unsicherheit bestimmte, ausweichende und auf Zeitgewinn abzielende Äußerungen sind daher natürlich und dürfen nicht mit inhaltlichen Einschränkungen verwechselt werden.

Ferner ist bei der Codierung anhand von Skala SWG zu beachten, daß bei den Pbn tendenziell die Scheu besteht, sich selbst in deutlich vorteilhafter Weise zu schildern. Von daher ist stets mit einem gewissen Anteil einschränkender und relativierender Formulierungen zu rechnen.

Frage Nr. 17 ("Nehmen wir einmal an, einer, der über Sie redet, würde Sie ganz und gar falsch einschätzen. Was würde der wohl sagen?") ist negativ gepolt. Das bedeutet, daß negative Aussagen als Antwort auf Frage Nr. 17 im Sinne von vorhandenem bzw. ausgeprägtem Selbstwertgefühl, positive Aussagen entsprechend als Indikatoren für fehlendes oder sehr geringes Selbstwertgefühl gewertet werden.

Punktwert 0: Fehlendes oder sehr geringes Selbstwertgefühl.

Explizite und eindeutige wie auch mit Abschwächungen ("ziemlich", "manchmal", "einigermaßen", "vielleicht", "eventuell" etc.) versehene negative Einschätzung der eigenen Person. Pb bezeichnet sich als unterdurchschnittlich, unter dem Durchschnitt liegend o.ä..- Pb bezeichnet sich in den o.g. Bereichen als schlechter als andere Menschen ihres Alters und Bildungsniveaus.- Pb schildert sich als unfähig, Dinge zu tun, die er tun möchte oder sollte bzw. sie so zu tun, wie sie seines Erachtens getan werden sollten.

Pb schreibt sich selbst eines oder mehrere der folgenden Merkmale (auch in substantivischer Form) zu: abgelehnt; ängstlich; arrogant; dumm; eingebildet; faul; gehemmt; geizig; geldgierig; geschwätzig; (im äußeren Erscheinungsbild) häßlich; hinterlistig; im Gegensatz zu Normen; langweilig; nutzlos; rachsüchtig; rücksichtslos; rückständig; schlaff; schlecht; streitsüchtig; überflüssig; überheblich; unbedeutend;

unbeliebt; unehrlich; unfähig; uninteressiert; unzuverlässig; von niedrigem sozialen Status; verlogen; versagend; wertlos; zu nichts zu gebrauchen.

Beispiele:
"Ja, das kommt auf den Fall dieser ... an. Vielleicht können sie mich auch als arrogant bezeichnen oder überheblich."

"Über mich würden sie halt sagen, daß ich halt so dumm bin und viel zu gutmütig, irgendwie zu laut oder zu geschwätzig. Das sind so meine schlechten Eigenschaften, ich glaube, das würden sie so über mich sagen."

Auf Frage Nr. 16:
"Ich glaube ziemlich schlecht. Ich habe kein richtiges Selbstvertrauen. Ich kann mir nicht vorstellen, daß da jemand irgend etwas Besonderes über mich sagt. Ich bin im Grunde genommen eine nichtssagende graue Maus. Nichts Besonderes rauf oder runter. Ich empfinde mich nicht so groß oder so was. Ich glaube nicht, daß jemand was Besonderes von mir sagen würde."

"... eine Gesellschaft zu unterhalten, einen Witz zu erzählen oder sowas. Das wäre also - da bekäme ich keine guten Noten. Ich kann da mitmachen, aber nicht aktiv, spontan mich vorne hinstellen und da irgendwelche Sketches darbieten ..."

Auf Frage Nr. 17:
"Ja, der würde vielleicht sagen, wo er vielleicht auch recht hätte, vielleicht ein bissel zurückgezogen bin. Daß ich vor vielen Dingen Hemmungen habe. Das ist auch mehr oder weniger wahr, daß ich auch Angst habe, etwas Neues anzufangen. Das würde er bestimmt sagen."

Auf Frage Nr. 17:
"Ja, wieviele Fehler ich wirklich habe. Das ist also - daß mir halt so vorgekommen ist, also eben mich falsch einschätzt und sagt, ich wäre also unnahbar. Ich meine unnahbar und hochnäsig oder so. Das stimmt also gar nicht. Bin halt wie gesagt - ich bin also nur eben kontaktarm. Ich kriege nicht so schnell Kontakt. Wenn der Kontakt - also der Kontakt nicht von der anderen Person ausgeht. <Stört Sie das?> Na ja, stören. Das stört mich an und für sich nicht. Ich kenne mich halt. Mein Gott, sicher, es wäre natürlich besser, wenn es anders wäre. Wenn man kontaktfreudiger wäre. Es kommt wahrscheinlich daher - ich habe also ziemlich Hemmungen ..."

Punktwert 1: In mittlerer Stärke ausgeprägtes Selbstwertgefühl.

Erwähnung positiver Merkmale wie bei Punktwert 2, jedoch mit inhaltlichen Einschränkungen, Zweifeln und Unsicherheiten.- Pb bezeichnet sich als durchschnittlich, dem Durchschnitt entsprechend, im Durchschnitt liegend, als nicht besser und nicht schlechter als andere Menschen.- Innerhalb einer Analyse-Einheit werden einem oder mehreren positiven Merkmalen ein oder mehrere negative Merkmale gegenübergestellt.- Die Ausgewogenheit von guten und schlechten Seiten wird betont.- Pb bestreitet, unter dem Durchschnitt zu sein ohne sich gleichzeitig als überdurchschnittlich zu bezeichnen.- Erwähnung positiver Merkmale nicht als Faktum, sondern als Wunsch oder Hoffnung.- Nennung negativer Merkmale wie bei Punktwert 0 mit dem Zusatz, das störe Pb nicht.- Mutmaßung einer global "guten Meinung" über Pb, ohne daß diese weiter spezifiziert wird.- Explizite Betroffenheit durch unzutreffende negative Einschätzung von seiten anderer (Frage Nr. 17).

Pb antwortet auf die Frage: "Könnte er sagen, daß Sie in mancher Hinsicht ein wertvoller Mensch sind?" mit "Ich hoffe es".

Auf Frage Nr. 17 erfolgt Erwähnung negativer Merkmale ohne ergänzende Erwähnung positiver Merkmale.

Auf Frage Nr. 15 antwortet Pb: "Er kann nichts Schlechtes über mich sagen" ohne weitere Erläuterungen.

Pb bezeichnet sich als anders als andere Menschen.

Beispiele:
<Würden Sie sich selbst als wertvollen Menschen bezeichnen?>
"Nein, da würde noch einiges fehlen. Ich würde mich bedanken, gesagt zu bekommen, ich sei wertlos. Aber im Sinne der glorifizierten Überbewertung würde ich mich nicht als absonderlich wertvoll bezeichnen."

<Könnte so jemand, der Sie gut kennt, wohl sagen, daß Sie ein wertvoller Mensch sind in irgendeiner Hinsicht?> "Na ja, sagen könnte er es vielleicht. Aber ich - ich weiß nicht, ob es zutrifft ... <I.-Äußerung und Frage> Ja, könnte vielleicht. Mein Sohn oder mein Mann, die mich gut kennen vielleicht."

Auf Frage Nr. 17:
"Der engagiert sich nicht, der kümmert sich nicht um die Dinge. Oder, der mag mich nicht. Ungerecht, ja ungerecht. Ich glaube, gerade das ist ein Punkt, da ich sehr empfindlich würde."

"Dem Durchschnittsmenschen? Ja, ist das jetzt von meiner Sicht aus gesehen? Also, von meiner Sicht aus etwas besser als ein Durchschnittsmensch. Was vielleicht andere wieder das Gegenteil sehen ..."

Auf Frage Nr. 17:
"Ein sonderbarer Mensch, würde er sagen. Daß ich schlechter bin, kann er nicht sagen. Na, eben daß ich ein sonderbarer Mensch bin, nicht so wie er, zum Beispiel ..."

"Ach ja, ganz normaler Durchschnitt bin ich schon. Gut, manchmal bilde ich mir natürlich ein, ich bin besser als der Durchschnitt, was im Grunde eigentlich nicht stimmt. Es sind manchmal so Situationen, da sagt man sich, also nee, also nee, wie kann die nur oder wie kann der nur, wie kann der nur so verbohrt sein? Aber ich denke schon, daß ich schön im Durchschnitt bin. Manchmal bilde ich mir ein, ich wäre besser als der Durchschnitt, aber ... Als Kind hat man auch gedacht, man ist gescheiter, klüger, schöner, aber das hat sich inzwischen ein bißchen geschliffen. Na ja, also kein schlechter Durchschnitt, guter Durchschnitt, sagen wir mal."

"Ach Gott, ich halte mich für einen Durchschnittsmenschen. Einmal, ich selbst bin auch ein Durchschnittsmensch, der sich halt auf das eine oder andere spezialisiert hat. Eisenbahn oder sonst was, was meine Hobbys sind, wo er etwas über dem Durchschnitt steht. Wogegen ein anderer wahrscheinlich in den Bereichen, wo ich unter Durchschnitt bin, über Durchschnitt ist. Daß sich das irgendwie die Waage hält ... Ich bin auf Lokomotiven in England und Amerika mitgefahren, auch in der Tschechoslowakei. Ich bilde mir ein, ein guter Lokführer zu sein ..."

"Als solches empfinde ich mich ja auch. Ich empfinde mich weder irgendwie außergewöhnlich noch unter Durchschnitt ... <I.-Äußerung> ... Vielleicht bin ich auf dem einen oder anderen Gebiet mehr begabt oder hervorragend und auf anderem wieder unter Durchschnitt. Aber das ist bei jedem Menschen so, jeder hat das eine Gute und das andere weniger gut ..."

"Ich glaube, ich bin auch Durchschnitt, ja. Es wird gar nicht viel über mich erzählt."

<Befürchten Sie, daß Sie da schlechter wegkommen?> "In meiner Einbildung? <Als der Durchschnitt?> Nein, dazu habe ich viel zu viel Selbstbewußtsein, ich hoffe jedenfalls."

"Ich würde es so formulieren: Ich bemühe mich, ein wertvolles Glied der menschlichen Gesellschaft zu sein, als ich nicht wie ein Schmarotzer leben möchte. Für mein Leben möchte ich auch in irgendeiner Weise eine Leistung erbringen, dafür, daß ich leben kann und darf. ... <Gelingt Ihnen das, was Sie da anstreben?> So vorbildlich, wie ich es anstrebe, gelingt es mir natürlich nicht. <Zumindest in Ansätzen?> Ja, würde ich sagen."

"Hm. - Einer hat mich einmal falsch eingeschätzt. Der hat behauptet, ich sei geizig. Das hat mich wahnsinnig getroffen, das vergesse ich dem nie ..."

"Ein guter Freund über mich? Ich glaube nicht Negatives. Der würde höchstens sagen, da war er ein bißchen schlecht aufgelegt oder er hat halt seine Mucken gehabt. Ein guter Freund meinerseits würde sich bestimmt nicht negativ äußern."

Punktwert 2: Stark ausgeprägtes Selbstwertgefühl.

Explizite und eindeutige positive Einschätzung der eigenen Person. Äußerungen erfolgen mit Überzeugung und ohne inhaltliche Einschränkungen, sie können Verstärkungen ("sehr", "ausgesprochen", "unbedingt", "wirklich", "ehrlich", "echt", etc.) enthalten.

Pb bezeichnet sich in den o.g. Bereichen als ein wenig oder deutlich besser als andere Menschen seines Alters und Ausbildungsniveaus.- Pb bezeichnet sich als über dem Durchschnitt liegend, als etwas besser als der Durchschnitt, als guter Durchschnitt.- Pb verneint jegliche Fehler oder negativen Merkmale.- Pb gesteht Fehler oder Schwächen in pauschaler Weise zu, gibt aber gleichzeitig zu erkennen, daß er dazu "steht".- Pb erfährt Wertschätzung, Anerkennung und Respekt von seiten wichtiger Bezugspersonen.- Pb schreibt sich selbst die Fähigkeit zu, Menschen und Ereignisse nach seinen Vorstellungen und Wünschen beeinflussen zu können.- Pb ist überzeugt von der Richtigkeit seiner Ansichten und Entscheidungen und von der hohen Qualität seiner Arbeit bzw. Leistungen.- Explizite Nicht-Betroffenheit durch unzutreffende negative Einschätzung von Seiten anderer (Frage Nr. 17).- Uneingeschränkte Zustimmung zu Fragen wie: "Könnte er sagen, daß Sie ein wertvoller Mensch sind?"

Auf Frage Nr. 17 erfolgt Erwähnung negativer Merkmale mit ergänzender Erwähnung positiver Merkmale.

Einschränkungen sind auch bei Punktwert 2 möglich, wenn deutlich wird, daß Pb sich trotz der Einschränkung als überdurchschnittlich einstuft. Z.B.: "Es gibt Leute, die noch interessanter sind als ich."

Pb schreibt sich selbst eines oder mehrere der folgenden Merkmale (auch in substantivischer Form) zu: akzeptiert; anerkannt; aufgeschlossen; ausdauernd; begabt; beliebt; besser als der Durchschnitt; bescheiden; einfühlsam; ehrlich; fleißig; fortschrittlich; freigiebig; gastfreundlich; geachtet; gerade heraus; gerecht; gewissenhaft; großzügig; hervorragend; hilfsbereit; interessiert; kameradschaftlich; klug; kritisch; normenkonform; leistungsfähig; nützlich; offen; pflichtbewußt; redlich; rücksichtsvoll; sensibel; strebsam; stolz; tüchtig; überdurchschnittlich; vertrauenerweckend; von hohem sozialen Status; vorbildlich; wertvoll.

Beispiele:

Auf Frage Nr. 17:

"Na ja, der tut ja auch nur seine Arbeit und ist auch sonst nicht ansprechbar. Er ist bürokratisch. Zu Frauen hat er überhaupt keinen Kontakt, ganz selten, wenn, dann verkracht er sich gleich..."

Auf Frage Nr. 17:

"Harter Krimineller zu sein, oder Drogenabhängiger zu sein, oder unzuverlässig zu sein, im Sinne auch des Intriganten."

Auf Frage Nr. 17:
"Die hat daheim die Hosen an. Die kann ihren Schnabel nicht halten.- Völlig falsch? Das kann man schlecht sagen. ... Es passiert Ihnen öfter, daß gesagt wird: 'Du bist ja viel netter, als ich gedacht habe.' Das passiert mir öfter ..."

"Wie ein anderer das sieht, weiß ich nicht, aber - also ich bin der Meinung, daß ich nicht ganz so bin, wie der normale Durchschnitt ... <I.-Frage> Nein, eigentlich nicht. Schlechter komme ich mir nicht vor. Ich würde sagen, ich komme mir interessierter vor als die meisten Frauen, die ich kenne ... Also mein Dasein beschränkt sich nicht auf Haushalt, Kinder, Mann oder Sex, wie Sie das wollen, sondern ich habe vielseitige Interessen. Ich interessiere mich für Politik, ich interessiere mich für Wirtschaft und so würde ich sagen, ich bin interessierter wie viele ..."

<Würden Sie sagen, daß Sie in der einen oder anderen Hinsicht ein wertvoller Mensch sind?> "Für meine Kinder ja. Das weiß ich, sie haben es mir oft genug gesagt. Das ist auch für mich am wichtigsten, doch."

"Na, was würden sie sagen? Na, daß ich vielleicht ein prima Kumpel bin und alles mitmache. Daß man so über alles mit mir reden kann, das hat man mir schon direkt gesagt, auch junge Mädchen ... Aber sonst wüßte ich auch nicht."

<Könnte er sagen, daß Sie in der einen oder anderen Hinsicht ein guter oder wertvoller Mensch sind?> "Ja, das glaube ich schon, das glaube ich schon. Ich helfe, wo ich kann. Ich gebe auch für die Kirche, monatlich, mache ich alles. Ich schicke in die Ostzone, mach' alles, helfe, wo ich kann, also nee, nee."

Auf Frage Nr. 16:
"Ein wenig besser schon."

"Nein, sonst habe ich keine Fehler, nein sonst habe ich keine Fehler, man kann sich doch selber einschätzen."

"Ja - sensibel, nicht ganz dumm, wenn das nicht zu überheblich wirkt. Auch hilfsbereit im Rahmen meiner Kräfte."

"Ja, da muß ich als erstes sagen, das weiß ich nicht. Bin eigentlich der Meinung, daß es nicht viel Schlechtes zu sagen gibt über mich. Außer, daß ich zu großzügig bin und zu freizügig bei meinen Kindern. Daß es heißt: na ja, sie hängt sich an zu viele Kleinigkeiten hin. Das sind halt Sachen, die ich selber weiß. Aber was sonst gesprochen wird, ich weiß es nicht."

<Könnte dieser Freund sagen, daß Sie in mancher Hinsicht ein wertvoller Mensch sind?> "Das weiß ich nicht. Ich kann doch nicht über mich selbst urteilen. Das würde ich auch nie sagen. Zum

Beispiel bin ich jetzt in meinen Augen gesehen in der Kirche wertvoll, weil ich mich den älteren Menschen widme."

<Könnte er sagen, daß Sie in mancher Hinsicht ein wertvoller Mensch sind?> "... In einem gewissen Maße vielleicht."

"Ich habe das Gefühl, ich bin wer, so will ich einmal sagen."

Auf Frage Nr. 16:
"Ja, Unterschiede sehe ich schon darin, daß er sicher sagt: Der Mann hat Begabung. Ich habe künstlerische Begabungen. Der Mann hat Fähigkeiten, er hat Organisationstalent, er ist sensibel. Er ist auch, sagen wir mal, emotional ansprechbar, das würde er schon stark herausheben. Er ist auch selbstbewußt, kann autoritär sein. Das sind solche Dinge, die eben hier er sicher sagen würde. Aber es ist auch meine Meinung."

6.3.10 Skala "Lebenszufriedenheit bezüglich der Gegenwart" (LZ-G)

Allgemeine Kennzeichnung der Skala:

Anhand einer dreistufigen Skala (Punktwert 0-2) wird das Ausmaß der Zufriedenheit eines Probanden (Pb) mit seinem gegenwärtigen Leben u.a. in den Bereichen Ehe und Familie, Beruf, Gesundheit, Einkommen und Lebensstandard sowie Interessen und Hobbys eingeschätzt. Zufriedenheit mit dem gegenwärtigen Leben ist definiert als die Bewertung der für einen Pb gegenwärtig gegebenen Möglichkeiten zur Befriedigung persönlich wichtiger Bedürfnisse. Der eine Pol der Skala entspricht einer positiven Bewertung, der zufolge Pb mit seinem gegenwärtigen Leben zufrieden ist. Der andere Pol der Skala bezeichnet eine negative Bewertung, der zufolge Pb mit seinem gegenwärtigen Leben unzufrieden ist.

Die Skala ist so gewichtet, daß Zufriedenheit mit dem gegenwärtigen Leben mit steigendem Punktwert zunimmt.

Codierungsanweisung:

Lebenszufriedenheit in der Gegenwart wird nur aufgrund der Aussagen zu den Fragen Nr. 18 bis Nr. 21 des Interview-Leitfadens, speziell aber aufgrund der Aussagen zu den Fragen Nr. 18 *und* Nr. 21 codiert. Aussagen im Sinne von Skala LZ-G an anderen Stellen des Interviews werden zur Codierung gegenwartsbezogener Lebenszufriedenheit grundsätzlich nicht herangezogen. Kontext-Einheit für die Skalierung gemäß Skala LZ-G ist der gesamte Themenkreis "Lebenszufriedenheit" (Fragen Nr.

18 bis Nr. 21). Innerhalb dieses Rahmens ist Analyse-Einheit jede Äußerung im Sinne eines "Themas", in der Pb einen bestimmten Aspekt seiner gegenwärtigen Lebensverhältnisse bewertet.

Relevant für die Codierung gegenwartsbezogener Lebenszufriedenheit sind nur solche Inhalte, die für Pb persönliche Bedeutung besitzen, nicht aber allgemeine Statements über "die Leistungsgesellschaft heutzutage" oder Allgemeinplätze wie "man muß zufrieden sein". Codiert werden ferner nur Aussagen, die sich auf die derzeitige bzw. gegenwärtige Situation des Pb beziehen. Aussagen wie "in letzter Zeit", "vor kurzem", "neulich" werden der Gegenwart zugerechnet. Nicht codierbar sind Aussagen, die sich auf die Vergangenheit des Pb beziehen, die eine Bewertung der Person des Pb im Sinne von Selbstwertgefühl (Skala SWG) enthalten und die eine Bewertung der Sozialkontakte des Pb in quantitativer oder qualitativer Hinsicht (Skala SI-B/quant. bzw. Skala SI-B/qual.) beinhalten sowie Wünsche hinsichtlich verbesserter Verhältnisse.

Punktwert 0: Fehlende oder sehr geringe Zufriedenheit mit den gegenwärtigen Lebensverhältnissen.

Unzufriedenheit mit den derzeitigen Lebensverhältnissen in einem der folgenden Bereiche: Ehe und Familie, Beruf, Gesundheit, Einkommen/Lebensstandard, Interessen/Hobbys sowie anderer für Pb wichtiger Lebensbereiche.

Pb lebt in täglicher Routine; alles ist ihm einerlei; er hält nichts für wertvoll und tuenswert.- Er fühlt sich zur Zeit hilflos bzw. von bestimmten Ereignissen überwältigt.- Pb äußert negative Gefühle; das Erleben des Pb ist bestimmt von Verbitterung, Enttäuschung, Gleichgültigkeit und Apathie.

Pb verneint Zufriedenheit bzw. bejaht Unzufriedenheit.- Pb bezeichnet sich mit Blick auf einen der obigen Bereiche als abhängig, bedrückt, eingeengt, enttäuscht, leidend, unglücklich, Unglücksrabe, unverstanden, verbittert.- Pb hat Kummer und/oder Sorgen, er befindet sich in einer Krise.- Bestimmte Verhältnisse sind ihm eine Bürde, Last, Qual, sie sind ihr unerträglich und beeinträchtigen ihn.

Auf Frage Nr. 21 ("Nehmen wir einmal an, Sie könnten zaubern - was würden Sie an Ihrem jetzigen Leben ändern?") werden deutliche Veränderungs- bzw. Verbesserungswünsche geäußert: Ein anderer Ehepartner, ein anderer Beruf, andere Vorgesetzte, bessere Gesundheit, mehr Freizeit etc.

Der Wunsch nach mehr Geld kann als Trivial-Wunsch gelten. Es dürfte nur wenige Menschen geben, die - obwohl in finanziell zufriedenstellenden Verhältnissen - nicht gerne noch etwas mehr Geld hätten bzw. gebrauchen könnten. Von daher wird der Wunsch nach (mehr) Geld nur dann mit Punktwert 0 codiert, wenn er sehr nachdrücklich vorgebracht wird. Soweit möglich, ist aus dem Kontext zu erschließen, wie die Bedürftigkeit des Pb beschaffen ist.

Beispiele:

"Ja, also im privaten Leben bei mir, ja. Im Eheleben sozusagen. Also wollen wir mal sagen, da bin ich ein Unglückspilz oder ein Unglücksrabe oder wie man das immer ausdrückt. Also da habe ich kein Glück. Ich habe auch schon Enttäuschungen hinter mir. Das ist vielleicht das einzige, weshalb ich unglücklich bin, mein familiärer Bereich. Da bin ich nicht zufrieden ..."

"Zur Zeit bedrückt uns eines furchtbar: Meine Mutti ist nicht gerade am gesündesten, man kann aber nicht sagen, sie hat das oder das. Sie hat eigentlich alles. Sie geht aber nicht in's Krankenhaus, um sich richtig untersuchen zu lassen, sie doktert halt nur so rum und das wird immer schlimmer. Das liegt uns zur Zeit sehr auf dem Gemüt ..."

Auf Frage Nr. 21:
"... Dann würde ich eine andere Frau für meinen Mann suchen, mit der er sich versteht. Ich würde ihm viel Geld geben und dann würde ich mit meinem Kleinen irgendwohin reisen. Ich muß das Bewußtsein haben, daß mein Mann nicht unglücklich ist. Ich würde für ihn sorgen, aber ich könnte dann machen, was ich will ..."

"Unzufrieden bin ich zum Beispiel mit Entwicklungen, sagen wir mal so bei uns im Internat. ... Trotz der Investitionen, die wir leisten geistlich, bin ich unzufrieden mit der Entwicklung meines Arbeitsbereichs. ... Das ist schon schwierig, das macht mir Unruhe, solche Dinge, die ich selber nicht im Griff habe ..."

"Na, wie gesagt, ich würde das mit der Eisenbahn, das würde ich ändern, so daß ich beim technischen Personal von der Eisenbahn wäre ..."

"Für mich ein Beruf? Ja, nachdem ich jetzt ohne Partner bin, ja. Aber nicht den, den ich zur Zeit habe, das ist keiner. Das ist nichts. Nur wartet niemand auf mich."

"Wie gesagt, mein Chef ist gestorben. Wir hatten zuvor ein sehr gutes menschliches Verhältnis. Die nachkommen, sind sehr materialistisch eingestellt. Na ja, mein Chef konnte auch ganz gut rechnen und hat alles ein bißchen anders gehandhabt. Aus der Sicht bin ich nicht unbedingt glücklich im Augenblick. Wenn Geld alles ist, dann hört es irgendwo bei mir auf."

Auf Frage Nr. 21:
"Ich würde ändern, daß ich gesünder wäre. Weil, ich habe seit 15 Jahren schweres Asthma. Da leide ich unheimlich drunter ..."

<Wie sind Sie in gesundheitlicher Hinsicht zufrieden?>
"Bisher war ich immer sehr zufrieden, in letzter Zeit sind halt die Wechseljahrgeschichten. Da habe ich manchmal depressive Phasen ... Ich fühle mich innerlich wahnsinnig jung, also vom Geist her, es zieht mich zur jungen Welt, ich verstehe sie. Aber irgendwo macht mein Körper jetzt schon nicht mehr mit, der will nicht mehr, der hört auf, ganz jung zu sein. Das muß man sich eingestehen. Irgendwo muß man dann passen. Und das ist eine echte Krise ..."

"Na ja, daran werde ich nicht gern erinnert, weil es mir gesundheitlich nicht so gut geht. Im Moment ist es etwas erträglicher, aber sonst habe ich immer damit zu kämpfen."

"Ich habe immer zu wenig Geld. ... Ich wäre schon zufrieden, wenn ich mein Konto nicht überziehen müßte."

"Ja, zufrieden, ja, kann man ja nie sein. ... <... Wie ist es aber für Sie persönlich?> Ob ich mit dem zufrieden bin? <Sie haben einige Dinge genannt wie Beruf, Gesundheit, Lebensverhältnisse und so> Nein, nein. Für mich persönlich ganz und gar nicht."

"Ach, da habe ich schon oft drüber nachgedacht. Im Grunde genommen eigentlich nicht. <I.-Äußerung> Weil ich von mir aus gar nichts verändere durch meine Labilität ... Und wenn ich zaubern könnte, dann würde ich mir sehr viel Selbstvertrauen herzaubern, einmal ein richtig selbstsicherer Mensch sein, einmal noch bevor ich sterbe. Das würde ich mir wünschen, nichts Materielles, immer nur ideelle Sachen, da habe ich Neidgefühle."

Auf Frage Nr. 21:
"Wenn ich zaubern könnte? Ja, daß ich mehr Zeit hätte eben für private Sachen. Mehr für die Allgemeinbildung tun, für Fortbildung und so weiter..."

Punktwert 1: Mäßige Zufriedenheit mit den gegenwärtigen Lebensverhältnissen.

Es liegt weder eine eindeutig positive noch eine eindeutig negative Bewertung der gegenwärtigen Lebensverhältnisse in einem der folgenden Bereiche vor: Ehe/Familie, Beruf, Gesundheit, Einkommen/Lebensstandard, Interessen/Hobbys sowie anderer für Pb wichtige Lebensbereiche.- Pb scheint sich in der Beurteilung seiner Lebensverhältnisse in der Gegenwart nicht schlüssig zu sein: Er nennt in derselben Analyse-Einheit Indikatoren für Zufriedenheit wie auch Indikatoren für Unzufriedenheit.- Pb bezeichnet sich mit Blick auf einen der obigen Bereiche einerseits als zufrieden, andererseits als unzufrieden.- Äußerungen der Zufriedenheit werden deutlich eingeschränkt.- Pb ist nicht glücklich, aber er ist in der Lage, sich und die bestehenden Verhältnisse zu akzeptieren.- Pb gibt Unzufriedenheit in einer bestimmten Hinsicht zu erkennen, fügt jedoch hinzu, daß er darüber nicht traurig sei bzw. das sei nicht schlimm für ihn.

Auf Frage Nr. 21 ("Nehmen wir einmal an, Sie könnten zaubern - was würden Sie an Ihrem jetzigen Leben ändern?") werden eingeschränkte bzw. abgeschwächte Veränderungs- bzw. Verbesserungswünsche geäußert: Eigentlich würde Pb nichts ändern, höchstens ein paar Kleinigkeiten.

Beispiele:
"Auch meine Mutter macht mir Kummer. Die ist so sklerotisch, daß sie dauernd in der Gegend rumrennt. Ich will sie aber nicht in ein Altersheim geben, weil ich Altersheime würdelos finde. Ich habe aber auch kein eigenes Haus, wo ich sie unterbringen kann. So, dies ist ein Konflikt, der mich sehr beschäftigt. Ansonsten bin ich absolut zufrieden. Teilweise glücklich."

"Ja, eigentlich nicht so nach Wunsch gegangen - was ich jetzt vermisse ist, daß ich keine Kinder habe. Das ist das, was ich speziell vermisse. So im großen und ganzen. Wenn man normale Maßstäbe anlegt, dann ist alles nach Wunsch gegangen."

Auf Frage Nr. 21:
"Ach, eigentlich nicht. Im Prinzip gar nichts. Ich würde in mein Hirn vielleicht noch ein paar Sprachen hineinzaubern, gesundere Zähne, vielleicht noch bessere Haare. Daß ich jünger aussähe - so was würde ich zaubern."

Auf Frage Nr. 21:
"Ja, eigentlich gar nichts. Ich würde meinem Mann hier eine Baustelle hier in der Nähe zaubern. ... Nee, also sicher, ein bissele mehr Geld; das Wetter würde ich manchmal verzaubern; die Mutter gesund zaubern; daß die Kinder meiner Geschwister alle weiter so werden, wie sie die Ansätze haben; ach, einfach alles nur ein kleines bißchen besser ..."

"Ja, sehr. Ich bin eigentlich sehr zufrieden. Nicht zufrieden bin ich mit den Dingen, die ich nicht im Griff habe ..."

"Zufrieden ist sicherlich übertrieben. Aber ich bin innerlich bereit, sie zu akzeptieren, weil ich sie nicht ändern kann, weil ich mich darein schicken muß. Sowohl religiös, sowohl familiär, sowohl beruflich und was weiß ... Also nicht Zufriedenheit, das wäre übertrieben. Wie soll ich das nennen? Ich nehme es so an."

"Nicht immer, weil man sie doch auch nicht so hundertprozentig durchführen könnte, wie man sie mal geplant hat. Weil wieder kleine Nebensächlichkeiten kommen, die einen davon abhalten, so gründlich zu machen, wie man es vorhat. <I.-Frage> Speziell bei Beratungen ..."

"Und nun, in meinem Beruf, den ich jetzt habe, bin ich zufrieden. Manchmal nicht, weil Anerkennung der Leistung, die man bringt, heute nicht mehr - oder vielleicht vom Chef nicht - gezeigt wird ..."

"Ja, ja. Auch im - auch in der persönlichen, inneren Entwicklung. Man ist hinter dem zurückgeblieben. ... Also ich glaube, hier hat man - habe ich immer noch die Idealvorstellung, so müßte man sein, und das ist man eben nicht. <I.-Frage> Ich bin nicht unglücklich, aber man lernt, sich anzunehmen. Ich lerne, mich dann so zu akzeptieren, wie ich halt bin. ... Das ist für mich eine, schon immer wieder eine gewisse - nicht Unglück, aber Unzufriedenheit. Aber die äußeren Umstände keineswegs."

Punktwert 2: Ausgeprägte Zufriedenheit mit den gegenwärtigen Lebensverhältnissen.

Positive Bewertung der derzeitigen Lebensverhältnisse in einem der folgenden Bereiche: Ehe/Familie, Beruf, Gesundheit, Einkommen/Lebensstandard, Interessen/Hobbys sowie anderer für Pb wichtiger Lebensbereiche.

Pb spricht mit Begeisterung von bestimmten Dingen; er zeigt Engagement in seinen Daseinsbezügen.- Pb betrachtet die Gegenwart (das "jetzt") als die beste Zeit seines Lebens; was er tut, tut er mit Genuß; er äußert Freude an (über) bestimmte(n) Dinge(n).- Pb schätzt sein Leben als sinnvoll und nützlich ein.- Pb nimmt das Gute wie das Schlechte und macht das Beste daraus.- Pb äußert Optimismus und Zuversicht.

Pb bezeichnet sich als (wunschlos) glücklich und zufrieden, als Glückspilz in einem bestimmten Zusammenhang.- Er erfährt Anerkennung und Würdigung seiner Tätigkeit; er erzielt Befriedigung bei seiner Tätigkeit; er kann eigene Ideen verwirklichen.- Pb erhält Anregungen und Bereicherungen ideeller Art.- Pb hat die Möglichkeit, sich exklusive/teure Annehmlichkeiten leisten zu können; er würde auch mit weniger als ihrem derzeitigen Verdienst auskommen.

Auf Frage Nr. 21 ("Nehmen wir einmal an, Sie könnten zaubern - was würden Sie an ihrem jetzigen Leben ändern?") werden keinerlei Veränderungs- bzw. Verbesserungswünsche geäußert. Pb bezeichnet sich als wunschlos.

Beispiele:

"Wichtig? Ja, also schon mal ein gutes Familienleben. Das war für mich eigentlich das A und O. Ich meine, es kommt doch überall mal was vor, auch bei uns. So ist das nicht. Wir können auch mal ganz schön streiten. Wir haben uns am Anfang unserer Ehe ganz schön zusammengerauft. Das war also alles andere als Flitterwochen, sondern da ging es manchmal ganz schön hart her. Aber ich muß sagen, im großen und ganzen bin ich jetzt damit zufrieden ..."

"Wir haben einfach aus der Einsicht heraus, die Kinder nicht allein lassen zu können, Stück für Stück versucht, uns näher zu kommen. Mit vielen Mißerfolgen. In der Zwischenzeit haben wir herrliche Gespräche, daß es mir viel bedeutet."

"Na ja wichtig. Was heißt wichtig? Na, wichtig ist meine Ehe zum Beispiel, das ist mir wichtig. Daß die in Ordnung ist und schon so lange in Ordnung ist. Das freut mich also ganz besonders. Wenn man heute so sieht, was gerade so in meinem Alter dann - so viele Ehen geschieden werden und so weiter. Da bin ich also direkt froh, daß bei uns alles in Ordnung ist."

"Ja, vollkommen zufrieden. Mit der Tätigkeit, mit dem Einkommen, mit den Mitarbeitern. Da bin ich vollauf zufrieden ..."

"Und zweitens Haushalt mache ich auch gern. Ich meine, das wäre ja schlimm, wenn das eine Hausfrau nicht gern machen würde ... Ich mache jetzt noch einen Kurs mit und möchte mich jetzt weiterbilden zur Hauswirtschaftsmeisterin nach drei Jahren ..."

"Ja, Beruf für mich ja. Wie gesagt, ich sagte vorhin schon einmal, ich bin mit Leib und Seele Glasbläser. Ich arbeite sehr gerne. Ich verstehe auch mein Handwerk. Das weiß ich selbst auch. Darauf bin ich, darauf bilde ich mir selbst etwas ein ..."

"Gesundheitlich ja, da habe ich nichts auszusetzen. Wenn alles so geht, wie gesundheitlich, dann wäre das schon in Ordnung."

"Ach natürlich, es ist sehr angenehm, daß ich nicht jeden Pfennig umdrehen muß, aber so zum Rauspulvern haben wir es nicht. Ich bin aber überzeugt davon, wir würden auch damit fertig werden, wenn wir weniger hätten ..."

"Ja, nicht gerade überströmend glücklich, das kann vielleicht in meinem Alter nicht mehr sein ... Ich kann es mir nicht viel schöner vorstellen. Daß ich noch mehr Geld hätte, noch ein schöneres Haus und so. Ich bin mit meinem Reihenhaus zufrieden. ... Ohne Resignation, daß man die Sterne, die man erreichen wollte, nicht erreicht hat. So hochgesteckt waren meine Ziele auch nie..."

"Ja, nachdem man einen gewissen Lebensstandard gewohnt ist - ich aber sagen muß, daß ich also mit meiner Pension sehr zufrieden bin. ..."

"Ja, wichtig. Ich will mal so sagen, so ist es angenehm, wenn es so bleiben würde. Denn wir können uns doch ganz schön was leisten. Wir haben ein eigenes Haus, schönes großes eigenes Haus und mein Mann verdient so gut, daß wir die letzten Jahre sehr große Reisen gemacht haben ..."

"Ja, man könnte es ungefähr sagen. Das heißt, ich bin mit dem jetzigen Lebensalter zufrieden. Doch, es ist teilweise noch besser, wie es früher war."

"Ja, vollauf. Sehr zufrieden. Die Gesundheit habe ich immer so im Zügel, nicht, daß ich es immer so hinkriege. Ich habe ein Rezept von Dr. NN daheim und nach drei Tagen bin ich wieder so im Gleis. Die Musik gibt mir ja viel. Um Gottes willen, wenn ich die Musik nicht hätte. Mein Sohn ist anständig und verdient sein Geld und die Brigitte ist anständig. Mein Mann ist anständig und bleibt daheim und verdient sein Geld. Ich sage Ihnen ja, wir haben genug. Also ich bin zufrieden. Ich bin rundum zufrieden."

Auf Frage Nr. 21:
"Nichts, gar nichts."

"Ich bin momentan mit dem eigentlich sehr zufrieden. Wenn Sie mich jetzt so fragen, kann ich sagen, das ist die schönste Zeit in meinem Leben ... Ja, im Kontrast zu dem, wo ich früher gelebt habe, ist das eigentlich - die letzten zwei, drei Jahre die schönste Zeit meines Lebens."

"Was ich ändern würde? Gar nichts. Wenn das so bleiben würden, wie es im Augenblick ist, dann möchte ich überhaupt nichts ändern. Nichts, gar nichts möchte ich da ändern."

Beispiele für *nicht codierbare Äußerungen:*
"Och, ja. Ich muß es ja. Ich kann es ja nicht mehr ändern. Das Vergangene kann ich ohnehin nicht mehr ändern und das Zukünftige, da gebe ich mir natürlich Mühe, daß - das eine oder andere halt erfahrungsgemäß etwas besser zu machen. Und ob das nun immer gelingt, das kann man im voraus nicht sagen."

Auf Frage Nr. 20:
"Schwer zu sagen. Wie oft, daß man hinterher irgendwas, was man versäumt hat - gar nicht so wichtig gewesen war. Man denkt manchmal, man hat irgendwas versäumt, das war es dann doch nicht."

Auf Frage Nr. 21:
"Also zaubern - weil ich ja nicht an das Zaubern glaube - daß Friede wäre. Denn der Unfriede ist ja das größte Unglück der Menschheit. Ich empfinde mich nicht zufrieden, wenn ich allein Zufriedenheit sozusagen bin. Ich fühle mich erst zufrieden, wenn ich merke, daß alles um mich herum auch friedlich ist. ... Und da möchte ich, daß Friede herrsche. Das wäre mein Wunsch."

6.3.11 Skala "Lebenszufriedenheit bezüglich der Vergangenheit" (LZ-V)

Allgemeine Kennzeichnung der Skala:

Anhand einer dreistufigen Skala (Punktwert 0-2) wird das Ausmaß der Zufriedenheit eines Probanden (Pb) mit seinem vergangenen bzw. bisherigen Leben u.a. in den Bereichen Ehe/Familie, Beruf, Gesundheit, Einkommen/Lebensstandard und Interessen/Hobbys eingeschätzt. Zufriedenheit mit dem bisherigen Leben ist definiert als die retrospektive Bewertung der für einen Pb in der Vergangenheit vorhanden gewesenen Möglichkeiten zur Befriedigung persönlich wichtiger Bedürfnisse. Der eine Pol der Skala entspricht einer positiven Bewertung, der zufolge Pb mit seinem bisherigen Leben zufrieden ist. Der andere Pol der Skala bezeichnet eine negative Bewertung, der zufolge Pb mit seinem bisherigen Leben unzufrieden ist.

Die Skala ist so gewichtet, daß Zufriedenheit mit dem bisherigen Leben mit steigendem Punktwert zunimmt.

Codierungsanweisung:

Lebenszufriedenheit mit der Vergangenheit wird nur aufgrund der Aussagen zu den Fragen Nr. 18 bis Nr. 21 des Interview-Leitfadens, speziell aber aufgrund der Aussagen zu den Fragen Nr. 19 und Nr. 20 codiert. Aussagen im Sinne von Skala LZ-V an anderen Stellen des Interviews werden zur Codierung vergangenheitsbezogener Lebenszufriedenheit grundsätzlich nicht herangezogen. Kontext-Einheit für die Codierung gemäß Skala LZ-V ist der gesamte Themenkreis "Lebenszufriedenheit" (Fragen Nr. 18 bis Nr. 21). Innerhalb dieses Rahmens ist Analyse-Einheit jede Äußerung im Sinne eines "Themas", in der Pb einen bestimmten Aspekt seiner vergangenen/bisherigen Lebensverhältnisse bewertet.

Relevant für die Codierung vergangenheitsbezogener Lebenszufriedenheit sind nur solche Inhalte, die für Pb persönliche Bedeutung besitzen, nicht aber persönlich nichtssagende allgemeine Statements wie z.B. "früher war eben alles besser" o.ä. oder "man muß damit zufrieden sein, es ist nicht mehr zu ändern."

Codiert werden ferner nur Aussagen, die sich auf die vergangene bzw. bisherige Situation des Pb beziehen. Aussagen wie "in letzter Zeit", "vor kurzem", "neulich" werden der Gegenwart zugerechnet. Nicht codierbar sind Aussagen, die sich auf die Gegenwart des Pb beziehen, die eine Bewertung der Person des Pb im Sinne von Selbstwertgefühl (Skala SWG) enthalten (auch wenn diese Bewertung retrospektiv erfolgt) und die eine (retrospektive) Bewertung der Sozialkontakte des Pb in quantitativer (Skala SI-B/quant.) oder qualitativer Hinsicht (SI-B/qual.) beinhalten.

Punktwert 0: Fehlende oder sehr geringe Zufriedenheit mit den bisherigen Lebensverhältnissen.

Unzufriedenheit mit den vergangenen/bisherigen Lebensverhältnissen in einem der folgenden Bereiche: Ehe/Familie, Beruf, Gesundheit, Einkommen/Lebensstandard, Interessen/Hobbys sowie anderer für Pb wichtiger Lebensbereiche.

Rückblickend war das bisherige Leben des Pb bestimmt von Routine und täglichem Einerlei.- In seinem bisherigen Leben hielt Pb nichts für wertvoll und tuenswert.- In der Vergangenheit fühlte er sich hilflos bzw. von bestimmten Ereignissen überwältigt.- Mit Blick auf seine Vergangenheit äußert Pb negative Gefühle.- Pb ist der Überzeugung, in seinem bisherigen Leben sehr wichtige Dinge versäumt zu haben bzw. einen großen Teil "ungelebtes Leben" zu haben; das Erleben des Pb ist beim Gedanken an ihr bisheriges Leben bestimmt von Verbitterung, Enttäuschung, Gleichgültigkeit und Apathie.

Rückblickend verneint Pb Zufriedenheit bzw. bejaht Unzufriedenheit.- Pb bezeichnet sich mit Blick auf seine früheren Lebensverhältnisse in einem der obigen Bereiche als abhängig, bedrückt, eingeengt, enttäuscht, leidend, unglücklich, Unglücksrabe, unverstanden, verbittert.- Pb hatte Kummer und/oder Sorgen, er befand sich in einer Krise.- Bestimmte Verhältnisse waren ihm eine Bürde, Last, Qual, sie waren ihm unerträglich und beeinträchtigten ihn.

Frage Nr. 19 ("Wenn Sie Ihr bisheriges Leben überblicken - haben diese für Sie besonders wichtigen Dinge sich so entwickelt, wie Sie es sich gewünscht haben?") wird verneint und es ist zu erkennen, daß Pb dies auch heute noch betrifft bzw. beeinträchtigt. Wird die Frage ohne zusätzliche Erläuterung verneint, wird Punktwert 0 vergeben.

Frage Nr. 20 ("Glauben Sie, daß Sie in Ihrem bisherigen Leben etwas Wichtiges versäumt haben?") wird bejaht und es ist zu erkennen, daß Pb dies auch heute noch betrifft. Wird die Frage ohne zusätzliche Erläuterung bejaht, wird Punktwert 0 vergeben.

Beispiele:
Auf Frage Nr. 19:
"Nee. Die Dinge haben sich nie so entwickelt. Ich bin wohl vollkommen zufrieden jetzt, aber ich habe eine schwere Zeit durchgemacht, auch mit der Familie. Und - aber im Moment ist alles wunderbar und ich bin eigentlich recht zufrieden."

"Mein Mann hat mal eine Zeitlang einen Mittagsstammtisch gehabt. ... Und dann hat mein Mann, abends, wenn er nach Hause gekommen ist, immer so einen leichten Dings gehabt, will ich ihnen sagen, so ganz leicht angehaucht mit Alkoholstimmung. Das hat mich dann kolossal gestört. Das war doch - es war das Familienleben dadurch etwas gestört. Auch mein Sohn hat das gespürt, obwohl der damals noch sehr klein war, als das anfing. Das war an sich das Unschönste in meinem Leben..."

"Zumindest in meiner Ehe ist es nicht nach Wunsch gegangen. Ich habe meine Frau bedauerlicherweise erst kennengelernt, nachdem wir schon vier Jahre verheiratet waren. <I.-Äußerung> Dann hat sie mich das erste Mal betrogen. Das heißt, sie hat mich wahrscheinlich schon öfter betrogen, aber ich habe es nur nicht gemerkt. Und das hat mich doch, möchte ich sagen - ich war erschüttert, ich war fast depressiv. Ich habe echt Depressionen gehabt ..."

Auf Frage Nr. 20:
"Tja, versäumt? Wohl schon einiges. <Zum Beispiel?> Ich hätte mir zum Beispiel einen verläßlichen Mann gewünscht. Einen Kameraden, mit dem man durch Dick und Dünn gehen kann. Das habe ich leider nicht ... Es nützt dann auch nicht mehr, wenn dann viel später dann Einsichten kommen, die <die dann eben zu spät> - zu spät, genau. <Ist das heute noch etwas Schlimmes für Sie?> Na, irgendwann resigniert man. Ich bin ziemlich nüchtern, und dann kann man sich eins und eins selber vorrechnen."

Auf Frage Nr. 19:
"Natürlich nicht. Es ist ja so: wer ist schon mit seinem Leben zufrieden? Es wären einige Sachen, die vielleicht anders gemacht sind, aber es ist ja grundsätzlich so - also das ist jetzt meine Meinung - man kann das machen, wie man will, wenn man sich in einer stillen Stunde zusammensetzt, dann hat man immer etwas falsch gemacht. Das ist meine Meinung, immer. <I.-Frage> Ja, es stört mich insofern, weil ich gern zur Eisenbahn wollte, das war mein Wunschtraum. Dann wäre es jetzt vielleicht nicht mehr mein Hobby... Das ist ein schwarzer Fleck. Ich wäre gern zur Eisenbahn gegangen. Das ist ein wesentlicher Punkt würde ich sagen, der mich noch etwas stört. Jetzt nicht mehr so sehr, jetzt hat man den nötigen Abstand gewonnen."

Auf Frage Nr. 19:
"Ich hätte einen anderen Beruf ergreifen sollen. Das ist etwas, was mich stört ..."

"Ich habe einen Beruf erlernt, der mir eigentlich nicht viel Spaß gemacht hat ... Ich habe das wohl auch eine Zeitlang gelernt und habe mehrere Berufe gelernt und habe sie nie ausgeführt, weil sie mir nicht gefallen haben. Da bin ich praktisch immer so hineingepreßt worden von den Eltern, du mußt das werden ... Das war an sich a bisserl enttäuschend für mich. Das hat mich nicht ganz so sehr befriedigt."

"Sie meinen vorher? In materiellen Dingen ist es nicht nach Wunsch gegangen. Es hat immer wieder am Materiellen und am Geld gefehlt. Und ich meine, ... das Geld macht zwar nicht glücklich, aber es beruhigt unwahrscheinlich. Sie müssen nicht für den morgigen Tag in Not und Ängsten denken, wie es weitergeht."

"Ich hatte mir vorgenommen, also als ich 1951 in Thüringen weg bin, mal reich zu werden. Das ist nun gehörig mißlungen ..."

Auf Frage Nr. 20:
"Ja. Ach, was heißt wichtig. Ich weiß nicht, ob das so wichtig ist. Für mich war es immer wichtig, als ich noch jung war. Da hatte ich drei Wünsche. Es waren drei Riesenwünsche für mich ... Sie waren eigentlich immer wichtig für mich, nur wenn ich jetzt so abschließend - na ja, nicht mal einer von denen drei Wünschen wurde für dich war. <Ist das ein tiefergehendes Bedauern?> Ja. Sonst hätte ich es ja schon längst vergessen ..."

Auf Frage Nr. 20:
> "Ja, sicher. Wirklich intensiv zu leben. Ich meine, die zehn Jahre nur mit drei, vier Stunden Schlaf und Schlaftabletten, das war kein Leben. Obwohl ich mich seelisch wohlgefühlt habe, trotzdem ..."

> "Aber wenn ich so zurückblicke, blicke auf mein Leben ... Wir sind leider Gottes - ich bin zur Zeit geboren worden, wo eigentlich der Krieg war. ... Ich meine, wir hätten uns anders entwickelt, wenn der Krieg nicht gewesen wäre. Und das bedauere ich unendlich. Ich möchte - möchte unbedingt 20 Jahre zurückdrehen und möchte noch lernen. Ich habe so viel versäumt ... Und jetzt tut mir die Zeit so leid. ..."

Auf Frage Nr. 19:
> "Nein. ... Mein Leben? Durch Umwelt und höhere Gewalt teilweise mißgestaltetes Leben."

Auf Frage Nr. 20:
> "Ja. Ich hätte mir persönlich mehr Wissen aneignen können, müssen. Ich hatte sehr wenig Zeit. Da hätte ich noch mehr tun können, auf dem Sektor der Selbstverwirklichung der Frau ... <Ist das schlimm für Sie?> Ja, manchmal habe ich schon einen Tick. Dann sage ich: Ich habe kein Abitur und kein Studium ... Aber sie trösten mich dann hinterher immer sehr nett."

> "Vielleicht, wenn man das sagen kann, daß man vielleicht mehr ausgegangen wäre, oder vielleicht mehr Kontakt - was ich schon erwähnt habe - mit Menschen bekommen hätte. Als man jünger war. Die Jahre bringen das nicht mehr so mit sich, den Anschluß zu finden ... Ja, das ist vielleicht ein Nachteil, das könnte man vielleicht aufholen."

Auf Frage Nr. 19:
> "... Wenn ich so jetzt drüber nachdenke, es ist teilweise - ich leide oder habe darunter gelitten, wie man so schön sagt, unter der Selbstverwirklichung, die ich gedacht habe, nie richtig leben zu können. ... Und jetzt ist mir das teilweise - daß ich sage, da hast du was versäumt. Das stimmt."

Punktwert 1: Mäßige Zufriedenheit mit den bisherigen Lebensverhältnissen.

Es liegt weder eine eindeutig positive noch eine eindeutig negative rückblickende Bewertung der vergangenen/bisherigen Lebensverhältnisse in einem der folgenden Bereiche vor: Ehe/Familie, Beruf, Gesundheit, Einkommen/Lebensstandard, Interessen/Hobbys sowie anderer für Pb wichtiger Lebensbereiche.- Pb scheint sich in der retrospektiven Beurteilung seiner früheren Lebensverhältnisse nicht schlüssig zu sein: Er nennt in derselben Analyse-Einheit Indikatoren für Zufriedenheit wie auch Indikatoren für Unzufriedenheit.- Pb bezeichnet sich mit Blick auf einen der obigen Bereiche rückblickend einerseits als zufrieden, andererseits als unzufrieden.- Äußerungen der Zufriedenheit wie der Unzufriedenheit werden deutlich eingeschränkt.- Pb ist rückblickend nicht zufrieden, aber er ist in der Lage, die Entwicklungen der Vergangenheit zu akzeptieren.- Pb gibt rückblickend Unzufriedenheit in einer bestimmten Hinsicht zu erkennen, fügt jedoch hinzu, daß er darüber nicht (mehr) traurig sei bzw. daß es nicht (mehr) schlimm für ihn sei.

Frage Nr. 19 ("Wenn Sie Ihr bisheriges Leben überblicken, haben diese für Sie besonders wichtigen Dinge sich so entwickelt, wie Sie es sich gewünscht haben?") wird unschlüssig beantwortet: teils ja, teils nein; in gewisser Weise nicht etc. Oder Frage Nr. 19 wird verneint; Pb gibt aber zu erkennen, daß sie dies heute nicht mehr beeinträchtigt. Wird die Frage einfach verneint (ohne Zusatz), wird Punktwert 0 vergeben.

Frage Nr. 20 ("Glauben Sie, daß Sie in Ihrem bisherigen Leben etwas Wichtiges versäumt haben?") wird unschlüssig beantwortet: teils ja, teils nein; in gewisser Weise nicht etc. Oder Frage Nr. 20 wird bejaht, Pb gibt aber zu erkennen, daß ihn dies heute nicht mehr beeinträchtigt. Wird die Frage ohne zusätzliche Erläuterung bejaht, wird Punktwert 0 vergeben.

Aussagen im Anschluß an die Fragen Nr. 19 und Nr. 20 wie "darüber bin ich nicht traurig", "das ist nicht schlimm" werden mit Punktwert 1 bewertet.

Beispiele:
Auf Frage Nr. 19:
"Nein, das war nicht immer so. ... <I.-Fragen> ... Ich habe ihn (meinen Mann) mit 19 Jahren kennengelernt, das war halt nichts. Wissen Sie, ein Mann müßte halt ein wenig älter sein. Das war nix. Aber ich bin rundum zufrieden, jetzt. Jetzt, früher nicht. Das Kind kam dann nach 4jähriger Ehe. Ich habe nur ein Kind gehabt, einen Sohn. Aber immer zufrieden war ich, kann ich nicht anders sagen."

Auf Frage Nr. 19:
"... Nicht ganz so, wie ich es eigentlich gedacht habe. Das hat weniger mit dem Kind zu tun, eigentlich mit meiner Ehe selbst. Da habe ich mir etwas anderes drunter vorgestellt. Kein Paradies, aber die Ehe war doch nicht das, was ich erwartet habe. Das Verständnis zwischen den Partnern, das aufeinander Eingehen und so weiter, das hat mir die Ehe nicht gebracht, was ich eigentlich gedacht habe. Also ich kann nicht sagen, ich bin absolut enttäuscht von der Ehe ... - wie soll ich das jetzt ausdrücken? Sagen wir mal, daß die Liebe nie ganz weggehen soll. Die himmelhoch jauchzende nicht, sondern nur das Verständnis, auch Zärtlichkeit sollte nie aus einer Ehe weggehen. Das ist eigentlich das, weshalb ich so enttäuscht bin ... Ich meine, ich bin nicht in dem Sinne unzufrieden, aber vielleicht ist es das, was ich gerne mehr gehabt hätte für mich. Keine materiellen Dinge, sondern einfach für mich persönlich hätte ich gerne ein wenig mehr gehabt. Das ist eigentlich das Einzige, aber es ist ein wenig viel, nicht?"

Auf Frage Nr. 20:
"Ja, nicht. Eigentlich nicht. Ich meine, ich hätte halt doch mehr aus meinem Leben machen können. <I.-Frage> ... Also mit meinem Leben an sich bin ich schon zufrieden. Nur man hätte mehr daraus machen können. <Ist es schlimm für Sie, daß Sie da nicht mehr daraus machen konnten?> Och nein, so ist es nicht, daß ich also - wie gesagt - unzufrieden wäre. Ich bin schon zufrieden, nur manchmal bin ich traurig, daß ich eben nur ein Kind habe ..."

Auf Frage Nr. 20:
"Nein, nein. - Doch, das muß ich sagen, etwas sehr Wichtiges, das mich eigentlich Jahre beschäftigt hat. Nur bin ich jetzt drüber weg. Daß ich mein Abitur nicht gemacht habe und dann nicht studieren konnte ... Das hat mich jahrelang stark beschäftigt. Aber da bin ich jetzt drüber weg. ... Ich vermisse es jetzt nicht mehr, aber ich habe es sehr vermißt, muß ich sagen."

<Mit Blick auf Dinge, die anders gelaufen sind als Sie sie sich mal erträumt haben. Frißt das sozusagen in Ihnen?>
"Frißt und kratzt teilweise, aber es zerfrißt mich nicht."

"Es ist alles anders gegangen, als ich gedacht habe. Es hat gewisse Vorteile. Dadurch, daß ich - wie soll ich sagen - so furchtbar ins Pech geraten bin, bin ich ins Ausland. ... Für mich persönlich hat es durchaus auch wieder Vorteile gehabt. Womit ich mich tröste."

Auf Frage Nr. 19:
"Im großen und ganzen schon. Ja. Ich finde doch, es waren schon - die ersten Jahre waren auch mal nicht so sehr schön. Aber da ist man ja jung und da schafft man auch manches. Und wenn ich im großen und ganzen zurückblicke, dann ist es schon gut verlaufen."

Auf Frage Nr. 19:
"Ja, es hat nur sehr lange gedauert. Es ist doch nicht immer so glatt verlaufen, wie ich immer gedacht habe. Mit einiger Mühe bin ich dahin gekommen."

"Na ja, man hat natürlich seine Fehler gemacht, wo man so sich nachher denkt: wenn du das so und so gemacht hättest, dann wäre das alles ganz anders verlaufen. Na ja, versäumt? Man hat es dann auf anderer Seite wieder wett gemacht, es ist ja deswegen kein Leerlauf gewesen. Beruflich habe ich einiges versäumt, aber wenn ich anders reagiert hätte, dann wäre es wieder anders gekommen."

"Oh ja, du lieber Himmel. Ich habe in meinem Leben sehr viel versäumt. Ich bin nicht traurig deswegen, aber versäumt habe ich viel. ... <I.-Frage> Ja, eigentlich kann man nicht sagen, verlorene Jahre, aber es ging ja den anderen genauso, es war halt die Zeit. Ich finde - ja doch, ich finde schon, daß man was versäumt hat. Jugend, schöne Jugend. Auf irgendeine Art ist jede Jugend schön. ... <I.-Frage> Nein, ich bedaure nichts, was weg ist, ist weg. ... Das verlorene Nachtrauern bringt mir gar nichts, ich schaue immer nach vorne. <I.-Äußerung> Na, traurig bin ich deshalb nicht. Nein, das ist halt so gewesen und das ist Schicksal."

Auf Frage Nr. 19:
"Ja, nein. ... Ich wollte Tierarzt werden und das hat also aus finanziellen Gründen nicht geklappt. ... Dann bin ich also zum Bundesgrenzschutz mal gegangen. Haben sie mich zum Militär. Aber, mein Gott, ich bin damit auch zufrieden, was ich damit erreicht habe."

"Eigentlich ja; eigentlich ja. <I.-Frage> ... Ich muß auch sagen, ich bin nicht unglücklich darüber geworden, aber man hat sich das manchmal anders vorgestellt, als Pfarrer draußen zu wirken. <I.-Äußerung> ... Aber die Vorstellung, die man gehabt hat, ist nicht so in Erfüllung gegangen ..."

Auf Frage Nr. 20:
"Ein paar Männer. <Wäre das was Wichtiges?> Der Vergleich wäre schon schön. <Also ist das eine Sache, der Sie schon ein bißchen nachtrauern?> Ach, vielleicht heute mit 54 nicht mehr, aber als ich so 40 war, habe ich schon einmal gedacht, hättest du doch einmal einen anderen Mann vorher gehabt, damit du vergleichen kannst. Heute nicht. Man wird ruhiger."

Punktwert 2: Ausgeprägte Zufriedenheit mit den bisherigen Lebensverhältnissen.

Positive Bewertung der vergangenen/früheren Lebensverhältnisse in einem der folgenden Bereiche: Ehe/Familie, Beruf, Gesundheit, Einkommen/Lebensstandard, Interessen/Hobbys sowie anderer für Pb wichtiger Lebensbereiche.

Pb spricht mit Begeisterung von früheren Erlebnissen; rückblickend äußert er Engagement für vergangene Ereignisse.- Pb schätzt sein bisheriges Leben als sinnvoll und nützlich ein.- Pb bejaht ausdrücklich, alles noch einmal so erleben zu wollen, wie es war bzw. verneint, am Ablauf seines bisherigen Lebens irgend etwas ändern zu wollen.- Pb betont, voll auf seine Kosten gekommen zu sein.

Rückblickend bezeichnet Pb sich als glücklich und zufrieden, als Glückspilz in einem bestimmten Zusammenhang.- Früher erfuhr er Anerkennung und Würdigung seiner Tätigkeit; er erzielte Befriedigung bei seiner Tätigkeit.- Er konnte eigene Ideen verwirklichen; sie erhielt Anregungen und Bereicherungen ideeller Art.- Pb hatte die Möglichkeit, sich exklusive/teure Annehmlichkeiten leisten zu können; er hätte in der Vergangenheit mit weniger als ihrem tatsächlichen Verdienst auskommen können.

Frage Nr. 19 ("Wenn Sie Ihr bisheriges Leben überblicken - haben diese für Sie besonders wichtigen Dinge sich so entwickelt, wie Sie es sich gewünscht haben?") wird bejaht.

Frage Nr. 20 ("Glauben Sie, daß Sie in Ihrem bisherigen Leben etwas Wichtiges versäumt haben?") wird verneint.

Beispiele:
"Doch, es haben sich schon viele Dinge nach meinem Wunsch ... Ich kann sagen, ich bin zufrieden damit. Denn, schauen Sie mal, was auch sehr wichtig für mich persönlich war, daß die Kinder überhaupt auch einen Beruf bekommen, Schulen und so weiter, daß man sie schulen kann. Das war für mich wirklich wichtig. Denn ich selbst bin ja ohne Beruf ..."

Auf Frage Nr. 19:
"Ja, die Ehe schon."

Auf Frage Nr. 19:
"Nein. An und für sich ist alles nach Wunsch gegangen. Meine Ehe. Ich habe zwei Kinder, wie gewünscht und so. Also ich könnte nicht sagen, daß es nicht nach Wunsch gegangen wäre. Bin also rundum zufrieden mit meinem Leben."

"Kann ich nicht sagen. Ich würde sagen, es ist nachdem - wie schon erwähnt - nach dem Stand - nach dem Krieg, als ich aus der Gefangenschaft kam, eben doch vom Nullpunkt anfangen mußte - muß ich doch sagen, daß ich das erreicht habe, was ich erreichen wollte. Denn man muß ja doch die Jahre nach dem Krieg berücksichtigen. Da hatte man ja doch nicht dieses Fortkommen, wie heute. ..."

Auf Frage Nr. 20:
"Na ja, man sagt immer, wenn man wieder auf die Welt kommt, dann macht man es anders. <Denken Sie da an was Bestimmtes?> ... Also ich würde sagen, ich habe nichts versäumt. Das, was man sich so vorgestellt hat beruflich - ich bin emporgestiegen. Man könnte heute gar nicht mehr höher steigen, weil, je höher man heute kommt, desto mehr muß man arbeiten ... je höher man hinaufkommt, desto weniger Zeit hat man für seine Bekannten und die Familie. Da möchte ich gar nicht mehr höher raufkommen, das reicht."

"Doch, doch. Im Beruf habe ich praktisch alles erreicht, was ich wollte ..."

"Ich bin eigentlich immer zufrieden gewesen. Meine Mutter hat mir immer beigebracht: Guck nach unten, dann bist du zufrieden. Ich muß sagen, wenn es mich manchmal ein bißchen packt, dann dreh' ich mich und guck immer in andere Richtungen, dann ist man eigentlich zufrieden."

Auf Frage Nr. 19:
"... Ja, es ist eigentlich schon so gekommen, wie ich mir das schon gedacht habe. Es war kein direkter Wunsch. Ich kann nicht sagen, daß ich also vor 20, 30 Jahren für mein Alter so gewünscht habe. Aber es ist in etwa schon so gekommen, so, wie ich es mir erhofft habe, vielleicht."

Auf Frage Nr. 19:
"Doch ja, möchte ich sagen. Vielleicht nicht in dem Ausmaß, wie ich mir das vorgestellt habe, aber das liegt dann mehr an mir. Eine gewisse Initiative, um in den Vordergrund zu ... dadurch würde man das nie erreichen. Und das ist nicht meine Art. Ich bin lieber etwas im Hintergrund."

Auf Frage Nr. 19:
"Ja, ja doch. Was heute noch wichtig ist oder heute noch wichtig wäre, das ist also alles gut gelaufen. ..."

Auf Frage Nr. 19:
"Ja."

Auf Frage Nr. 20:
"Nein."

Auf Frage Nr. 20:
"Das bedauere ich in keiner Weise. Im Gegenteil. Je mehr ich darüber nachdenke und überlege, freue ich mich, daß es so gelaufen ist. Ich bilde mir ein, nichts versäumt zu haben."

Auf Frage Nr. 19:
"Noch nicht ganz. Die letzte Vervollkommnung fehlt natürlich noch. Wenn ich es in Relation zu anderen Familien setze, dann finde ich es gut."

Auf Frage Nr. 20:
"Nein, habe ich nicht. Ich habe meine Erwartungen nicht so hoch geschraubt."

Auf Frage Nr. 19:
"Weitgehend. Beruf, familiär, Einkommen, alles noch ... optimal. <Gibt es eine Hinsicht, in der es nicht nach Wunsch gegangen ist?> Ich wüßte nicht. Vielleicht, wenn man systematisch Bereiche abklopft, daß da was käme. Momentan fällt mir nichts dazu ein. Da müßte ja irgendwo ein Stachel drin sein ..."

"Ob ich was versäumt habe? Ich wüßte nichts, was ich, was ich irgend schon mal einen Wunsch gehabt hätte. Daß ich gesagt hätte, ich hätte was versäumt. Kann ich mir nicht vorstellen. Ich wüßte nun wirklich nicht."

Auf Frage Nr. 19:
"... Ich bin kein Mensch, der ehrgeizig ist, der sich gewisse Ziele gesetzt hat. Ich bin immer vom Spontanen her getrieben worden. ... <I.-Frage> Bei uns gab es gar keine hochgeschraubten

Erwartungen ... Dann ist man zufrieden, was man erreicht hat. Was will einer wie ich, was will der, was soll der?"

Auf Frage Nr. 20:
"Nein, versäumt habe ich nichts. Ich mache mein Theater selber, dann kann ich auch gar nichts Wichtiges versäumt haben ..."

"... Wenn ich nochmal 18 Jahre alt wäre und nochmal beginnen könnte, wie damals, dann bin ich der festen Überzeugung, ich würde alle Fehler wiederholen ... ich würde mich noch einmal zurückversetzen, denn die Jugend ist halt doch was Schönes".

Beispiele für *nicht codierbare Aussagen:*
"Versäumt ist nicht ganz richtig ausgedrückt, denn wenn ich was versäume, das habe ich unterlassen. Und wenn ich im Leben, ganz egal welches Alter, welchen Beruf, mein Möglichstes tue, dann habe ich das Empfinden, ich habe mein Möglichstes getan. Und dann brauche ich mir nachher keinen Vorwurf zu machen ..."

Auf Frage Nr. 20:
"Schwer zu sagen. Wie oft, daß man hinterher irgendwas, was man versäumt hat - gar nicht so wichtig gewesen. Man denkt manchmal, man hat irgendwas versäumt, das war es dann doch nicht."

6.3.12 Skala "Ausdehnung der Zukunftsperspektive" (ZP-A)

Allgemeine Kennzeichnung der Skala:
Mit einer vierstufigen Skala (Punktwert 0-3) wird die Ausdehnung, Erstreckung, Protension oder Spannweite der in die Zukunft gerichteten Gedanken eines Probanden (Pb) eingeschätzt. Grundlegende Information für die Anwendung der Skala ist daher die direkt oder indirekt geäußerte Zahl von Jahren, in der Pb gedanklich vorauseilt. Gedankliche Beschäftigung mit der eigenen Zukunft kommt hauptsächlich in Plänen, aber auch in Wünschen und Hoffnungen zum Ausdruck, die sich beziehen können auf Familie, Beruf, wirtschaftliche Verhältnisse, Wohnsituation, eigene Gesundheit und die der Angehörigen, Reisen und Erholung, Tod u.a..
Neben der Anzahl von Jahren, die sich Pb gedanklich in der Zukunft bewegt, ist auch die Anzahl antizipierter bzw. zukunftsbezogener Inhalte, die individuelle "Füllung" der Zukunft, ein Kriterium für Ausdehnung der Zukunftsperspektive. Bei einem Pb, der mit Blick auf seine eigene Zukunft keine oder nur vage Pläne, Wün-

sche, Vorhaben etc. nennen kann, ist von einer kürzeren Zukunftsperspektive auszugehen als bei einem Pb, der für die vor ihm liegenden Jahre zahlreiche Inhalte nennt.

Die Skala ist so gewichtet, daß die Ausdehnung der Zukunftsperspektive mit steigendem Punktwert zunimmt.

Codierungsanweisung:

Die Codierung der Ausdehnung der Zukunftsperspektive erfolgt anhand der Informationen, die durch die Fragen Nr. 22 bis Nr. 25 des Interview-Leitfadens gewonnen wurden, hauptsächlich aber anhand von Aussagen auf die Fragen Nr. 22 und Nr. 24. Äußerungen an anderen Stellen des Interviews werden für die Codierung gemäß Skala ZP-A grundsätzlich nicht berücksichtigt. Die Aussagen zu den Fragen Nr. 22 bis Nr. 25 bilden somit die Kontext-Einheit für die Skala ZP-A. Analyse-Einheit ist innerhalb dieses Rahmens jede Äußerung im Sinne eines "Themas", die sich auf die Ausdehnung der in die Zukunft gerichteten Gedanken eines Pb bezieht.

Bei der Codierung der Ausdehnung der Zukunftsperspektive ist stets das derzeitige Alter des Pb zu berücksichtigen.

Nicht codiert werden allgemeine Erwartungen, die Pb nicht persönlich betreffen und/oder bezüglich derer Pb nicht engagiert ist. Nicht codiert werden ferner Zeit- bzw. Jahresangaben, die sich auf die - durch ein Mißverständnis angeregte - Schätzung der Lebenserwartung des Pb beziehen.

Hoffnungen, Wünsche und Erwartungen werden gleichwertig behandelt.

Punktwert 0: Keine oder sehr kurze Zukunftsperspektive (0-3 Monate).

Pb gibt zu erkennen, daß er sich keinerlei Gedanken über seine eigene Zukunft macht bzw. daß er sich nie mit Dingen beschäftigt, die in der Zukunft auf ihn zukommen werden oder die er selbst in der Zukunft in Gang setzen könnte. Pb nennt diffuse oder triviale Pläne und Vorhaben ohne zeitlichen Rahmen. Pb nennt gänzlich verschwommene Vorstellungen ("... das ist unbestimmt..."). Den Aussagen des Pb ist direkt oder indirekt zu entnehmen, daß er sich gedanklich in einem Zeitraum bewegt, der nicht weiter als 3 Monate in der Zukunft liegt, gleichgültig, ob dieser Zeitraum mit Plänen, Wünschen, Vorhaben etc. gefüllt ist oder nicht. Keine Aussagen über Füllung wird als fehlende Füllung gewertet.

Pb gebraucht Formulierungen wie: "in nächster Zeit", "in kürzester Zeit", "in nächster Zukunft", "sehr bald".

Pb plant grundsätzlich nicht; er befaßt sich nicht mit Gedanken an die Zukunft.- Pb hält Planen für zwecklos, da doch alles anders komme, alles vorprogrammiert sei oder man Zwängen unterliege.- Auf seine Pläne angesprochen, kann Pb es noch nicht überblicken, seine Pläne liegen noch im Ungewissen.- Pb nennt Pläne, die jedoch so diffus sind, daß sie nicht als Pläne aufgefaßt werden können: die Absicht, gesund leben zu wollen; die Absicht, mit dem Ehepartner zusammenbleiben zu wollen; die Absicht, Bücher lesen zu wollen; die Absicht, so weiterleben zu wollen wie bisher.- Pb lebt zeitlich von der Hand in den Mund.- Pb bezeichnet seine Zukunft als langweilig oder uninteressant.

Beispiele:

"Ja, ich muß mir irgend - im Laufe der Zeit - was suchen, wenn meine Kinder aus dem Haus sind, daß ich eine Beschäftigung habe. ..."

"Ja schön, man hat den Plan, noch das Höchste irgendwie zu erreichen, noch eine Stufe hochsteigen ..."

"Ja, wissen Sie, ich möchte gerne noch Rente bekommen. <I.-Frage> Ich bin jetzt 46. Ich habe die Absicht, bis zum 65. Lebensjahr zu arbeiten. Ich arbeite gerne ..."

Auf die Frage nach Plänen für die fernere Zukunft:
"Nein, das habe ich eigentlich nicht. Nein, weil ich es noch nicht überblicken kann. ... Ja, doch - ich habe mir schon Pläne gemacht oder versucht, Pläne zu machen. Und dann bin ich darüber gestolpert, was kann ich eigentliche viele Pläne machen? Mit einem 15jährigen? Soviel kann ich gar nicht machen noch. Und dann bin ich zu alt."

"Ich befasse mich gar nicht mit dem Gedanken, daß mir die Zukunft so viel bringen kann."

"Pläne? Nein, Pläne habe ich nicht. Es hat keinen Sinn, sich feste Pläne zu machen und dann kommt alles durcheinander."

"Ja, da habe ich an sich keine großen Pläne mehr."

Auf die Frage nach den Plänen für das nächste Jahr oder die nächsten zwei Jahre:
"Nein, nein. Weil ja mein Aufgabenbereich sich - es gibt da keine Veränderungen in dem Sinn. Es wird ja einfach mitgetragen, die Gemeinschaft, das ist ein Bestreben, daß so ein Kreislauf weitergeht ..."

"Tue ich nicht so gern, weit vorplanen, weil oft es die Gefahr in sich birgt, daß was dazwischen kommt, und wenn man da was abbrechen muß, das ist unangenehm ... "

Auf die Frage nach Plänen für die fernere Zukunft:
"Die sind noch ganz im Ungewissen. Ich meine, ich habe noch so viele Bücher zu lesen, daß ich meine ganze Pensionierungszeit damit verbringen könnte. Aber man kann sich ja nicht den ganzen

Tag hinter Bücher setzen. Das Fernsehen würde auch natürlich einen beanspruchen, weil da viel Interessantes geboten wird."

Auf Frage Nr. 22:
"Nein. Es wird ja immer so weiter gehen, es wird eine ziemlich langweilige Zukunft werden."

Punktwert 1: Kurze Zukunftsperspektive (4 Monate - 2 Jahre).

Den Aussagen des Pb ist direkt oder indirekt zu entnehmen, daß sich seine in die Zukunft gerichteten Gedanken in einem Zeitraum zwischen 4 Monaten und 2 Jahren bewegen, gleichgültig, ob dieser Zeitraum mit Plänen, Wünschen, Vorhaben etc. gefüllt ist oder nicht.- Den Aussagen des Pb ist direkt oder indirekt zu entnehmen, daß er sich gedanklich in einem Zeitraum zwischen 3 und 10 Jahren in der Zukunft bewegt, daß dieser Zeitraum aber inhaltlich nicht gefüllt ist. Keine Aussage über Füllung wird als fehlende Füllung gewertet.

Pb gebraucht Formulierungen wie: "bald", "in naher Zukunft", "in absehbarer Zeit", "mittelfristig", "dieses Jahr", "nächstes Jahr".

Pb erwähnt Ereignisse, die nach allgemeiner Erfahrung innerhalb von zwei Jahren eintreten, wie z.B. die Niederkunft einer schwangeren Tochter/Schwiegertochter; ein Umzug; Sohn/Tochter erreicht Schul-/Studienabschluß; Sohn wird aus der Bundeswehr entlassen.

Beispiele:

"Pläne? Da habe ich mir eigentlich weniger Gedanken gemacht. Der Urlaub eben, jedes Jahr mal schön in Urlaub gehen ..."

"Ja, ich habe schon nächstes Jahr über Gedanken gemacht, daß ich irgendwie in grober Form - da habe ich schon durchgeplant. <So ein Jahr> Ja. ... Aber so grob gedacht, ein Jahr."

"Also die nächste Zeit, die Pfingstferien, werde ich in England und Schottland verbringen. Auch wieder mit einem unserer Gäste und habe da ein volles Programm..."

"Nicht fixiert. Das kann ich gar nicht sagen. Man weiß auch nie, was eintritt. ... Aber das ist derartig theoretisch, daß ich mir da meinen Kopf nicht zerbreche. <I.-Frage> Dieses Jahr, nächstes Jahr, nicht weiter. Was konkretes ..."

"Beruflicher Art an sich nur, das Geschäft etwas besser auszubauen. ... In nächster Zukunft sogar. Da habe ich schon Ansatzpunkte zu geschaffen, daß es in diesem, spätestens im nächsten Jahr möglich ist."

Auf die Frage, wie groß der vor der Vp liegende Zeitraum sei:
"Ganz klein. <I.-Frage> Es kommt vielleicht daher, meine Eltern sind sehr früh gestorben und ich habe halt das Gefühl, daß ich nicht sehr alt werde. Ich möchte auch nicht so alt werden ... <I.-Äußerung> ... Aber für mich da gibt es nur kurze Zeiträume. Und immer wieder ein Jährchen, das empfinde ich als Geschenk ... Was anderes denke ich mir überhaupt nicht. Ich habe keine Zukunftspläne. <I.-Frage> Mehr als ein Jahr schätze ich nicht, es liegt noch unter einem Jahr."

"Nein, ich rechne damit, daß die Kinder aus dem Haus gehen, daß ich dann allein sein werde, wie und was, da mach' ich mir keine Gedanken. Das laß' ich einfach auf mich zukommen. <I.-Frage> ... Ich habe nicht einmal eine Vorstellung, ob ich mir nochmal einen anderen Partner suchen würde oder nicht. Es ist also innerlich alles offen bei mir."

"Ein bis zwei Jahre, viel weiter geht's nicht, die Gedanken an die Zukunft."

"Das nächste ist, daß mein Mann wahrscheinlich wieder versetzt wird in zwei Jahren und daß dadurch der nächste Umzug schon programmiert ist. Das belastet mich im Moment, diese Umzieherei. Das wären also die rein materiellen Pläne."

"Fünf, sechs Jahre. Gewiß, ich denke als mal schon dran, daß man mit 60 in Pension gehen kann, aber so wie die Zeit heut' läuft - fünf, sechs Jahre voraus, weiter nicht."

"Vielleicht noch auf 10? Auf 10 Jahre."

"Die nächsten 10 Jahre. Maximal 10 Jahre, würde ich sagen. Später wahrscheinlich nicht mehr..."

Punktwert 2: Mittlere Zukunftsperspektive (3-10 Jahre).

Pb gibt direkt oder indirekt zu erkennen, daß seine Gedanken weiter als 2 Jahre, jedoch nicht weiter als 10 Jahre in die Zukunft reichen und daß dieser Zeitraum mit Plänen, Vorhaben etc. inhaltlich gefüllt ist.- Pb gibt direkt oder indirekt zu erkennen, daß seine Gedanken weiter als 10 Jahre in die Zukunft reichen, daß dieser sehr weite Zeitraum aber nicht mit Inhalten gefüllt ist. Keine Aussagen über Füllung wird als fehlende Füllung gewertet.

Pb gebraucht Formulierungen wie: "in den nächsten Jahren", "in der ferneren Zukunft", "längerfristig".

Pb spricht Pläne und Wünsche an, deren Verwirklichung nach allgemeiner Erfahrung mehr als zwei Jahre, aber nicht mehr als 10 Jahre benötigt. Z.B.: Möglichkeit des Hausbaus; verschiedene Gegenden der Welt ansehen; Mitwirken am Wohlergehen und der Entwicklung von Angehörigen.

Beispiele:

"Ja, ich sagte es ja schon, ich bin jetzt bei dem Kurs und will sehen, daß ich den durchziehe. Im Juli mache ich die erste Prüfung und habe mir das vorgenommen, daß ich eben das schaffen muß, ob ich will oder nicht. ... Und dann habe ich erst die Möglichkeit, in den eigentlichen Meisterkurs einzusteigen, der drei Jahre dauert. Und dann habe ich noch Wünsche an die Zukunft, daß ich eben mit meiner Gesundheit etwas besser hinkomme."

"Ich würde mir gern verschiedene Gegenden der Welt ansehen. ... <I.-Frage> Ja, da gibt es vage Pläne. <I.-Frage> Na, vielleicht in den nächsten 10 Jahren, daß ich nicht jedes Jahr eine große Reise mache, aber alle drei Jahre."

"Also, um es gleich vorauszuschicken, groß Pläne keine, nur kleine. Ich interessiere mich dann für Sprachen. Französisch will ich dann vervollkommnen. Dann habe ich vor, wenn ich das Französische gemacht habe, mich mit Gälisch zu beschäftigen. Das ist das eine, und eisenbahnmäßig mache ich mit meinen Artikeln weiter. Dann werde ich meine Unterlagen vervollständigen, Korrespondenzen führen und so weiter und so fort. Meine Mineraliensammlung vielleicht etwas aufstocken, mit Wappen beschäftigen und so weiter."

"Ja, man muß ja - ich meine, wenn man die 50 schon überschritten hat so langsam dran denken, daß das (die Pensionierung) eines Tages ja auf einen zukommt."

"Ich möchte - ich denke immer so, wenn ich pensioniert bin, dann möchte ich ja das alles, was ich mir so vorstelle, erreichen. ... Daß ich das beanspruchen kann und - ich sehe das bis ins Jahr 2000 rein, daß das nun so kontinuierlich weiter läuft."

"Was noch wirklich mein Ziel ist auf weitere Zukunft, daß das Mädchen auch noch wirklich ihren Weg machen tut. Das ist für mich noch eine sehr große Aufgabe. Ich betrachte das noch als Aufgabe für den weiteren Weg ..."

"Ja, wieviel Jahre? Vielleicht noch 20, vielleicht, vielleicht auch ein wenig mehr."

"Ja also, in sechs Jahren will sich mein Mann pensionieren lassen. Dann wollen wir halt viel reisen. Der Bub ist versorgt, der hat seine Häuser und verdient gut."

"Vielleicht zunächst bis zum Eintritt ins Rentenalter, wenn man das erreicht. <I.-Frage> Das ist zunächst eine Grenze. Was dann ist, weiß man nicht."

"Ja eigentlich bis 65, 70. Ja, das sind so 20 Jahre. Die nächsten 20 Jahre sind für mich ein bißchen überschaubar - danach weiß ich nichts mehr."

Punktwert 3: Weite Zukunftsperspektive (mehr als 10 Jahre).

Den Aussagen des Pb ist direkt oder indirekt zu entnehmen, daß seine Gedanken weiter als 10 Jahre in die Zukunft reichen und daß dieser sehr ferne Zeitraum inhaltlich gefüllt ist.

Pb äußert sehr langfristige Vorhaben, die über 10 Jahre hinausgehen.- Pb glaubt, 100 Jahre alt werden zu müssen, um all das tun zu können, was er tun möchte und erwähnt einiges davon.- Pb denkt weit über das Pensionierungsdatum hinaus und erwähnt mindestens einen konkreten Inhalt.- Pb denkt bis an sein Lebensende und erwähnt mindestens einen konkreten Inhalt.

Pb gebraucht Formulierungen wie: "auf weite/lange Sicht", "langfristig", "in der fernen Zukunft".

Beispiele:

"Das ist unterschiedlich. Im Moment, oder sagen wir mal vordergründig, relativ kurzfristig. Einfach durch die viele Unruhe in unserem Leben bis zur nächsten Station. Aber manchmal, in ruhigen Stunden oder Minuten, denkt man dann so, was ist in 10 Jahren? Wie gesagt, der Gedanke, wo gehen wir hin, wenn wir pensioniert werden? Wie wollen wir dann unser Leben gestalten? ... Ich glaube manchmal, wir müssen mindestens 100 Jahre alt werden, um all das erledigen zu können, was wir jetzt bis nach der Pensionierung verschieben ..."

Auf Frage Nr. 24:
"Sehr weit. <Können Sie ungefähr sagen, wie weit?> Bis zum Sterben. <Ja nun, das weiß man natürlich nicht> Ich mache mir immer Gedanken um die Zukunft. <Auch über die ganz ferne Zukunft?> Ja. <Was geht Ihnen da so durch den Kopf?> Wie ich sterbe, was dann nach mir kommt, wie alles weitergeht, was mein Mann macht, der Sohn ist ja versorgt. Ich denke immer weiter."

"Oder eine Weltreise unternehmen. Mal rausgehen, mal sich auch umschauen. So ein Vierteljahr Urlaub machen können. <I.-Frage> Ja, das ist ein Plan. ... Daß - auch meine Frau - daß man da hinstrebt, auch spart und sagt: gut, diesen Plan durchzuführen, der kostet so für jeden 15.000 DM, so eine Reise um die Welt mit dem Schiff so ein Vierteljahr. Das wäre dann die Erfüllung. <Wann wollen Sie das machen?> Ja, das möchte ich schon, wenn ich so mit 60 -."

"Ja, ich möchte noch so ein rüstiger Rentner sein, daß ich Deutschland kreuz und quer durchlaufen könnte gemeinsam mit meiner Frau. Was ich erreichen möchte. <I.-Frage> Das ist ein Plan. Das möchte ich auch wirklich."

"So meine eigene Person, Gott, da erstreckt sich meine Erwartung, beziehungsweise - erstreckt sich so ungefähr, daß ich so 30 Jahre älter werde als ich jetzt bin in etwa. So auf die Zeit hinaus kann ich mir das auch vorstellen. <I.-Äußerung> Umfaßt an sich den gesamten Bereich. Die nächste Zukunft und auch so Blicke auf das ältere - das kann ich mir sehr gut bildlich vorstellen."

Beispiele für *Nicht-Codierbarkeit:*
Auf die Frage nach konkreten Plänen für später:
"Ja, ja, ja. Gäbe es schon, aber ich kriege nicht die Kurve. Hab's sogar versprochen. Natürlich auch wieder einem - ach Gott, wenn ich davon jetzt anfange, gibt es einen Roman."

"Na klar, das sind politische. Warum sollte ich, da ich einmal im Stadtrat war, nicht wieder in den Stadtrat wollen? ..."

"Großvater, der 97 wird. Mein Vater der ist so 77 geworden. Ich muß davon ausgehen, daß ich noch 15 oder 20 Jahre lebe, dann kann die Vitalität erschöpft sein. ..."

"Und nachdem ich, es hat niemand in der Hand, aber nicht sehr alt werden möchte, ist die Spanne so groß nicht. 15 Jahre, das wäre ideal, dann nicht mehr dazusein."

6.3.13 Skala "Tönung der Zukunftsperspektive" (ZP-T)

Allgemeine Kennzeichnung der Skala:

Mit einer dreistufigen Skala (Punktwert 0-2) wird die emotionale Bewertung oder Gefühlstönung der Zukunft bzw. die auf die Zukunft gerichtete "Erwartungsemotion" eines Probanden (Pb) eingeschätzt. Es werden daher nur Aussagen verwendet, die sich auf die Zukunft des Pb beziehen.

Die Skala ist so gewichtet, daß negative Gefühlstönung einem geringen und positive Gefühlstönung einem hohen Punktwert entspricht.

Codierungsanweisung:

Die Codierung der Tönung der Zukunftsperspektive stützt sich auf jene Aussagen, die auf die Fragen Nr. 22 bis Nr. 25 des Interview-Leitfadens erfolgten, hauptsächlich jedoch auf die Äußerungen zu den Fragen Nr. 23 und Nr. 25. Äußerungen zur emotionalen Tönung der eigenen Zukunft an anderen Stellen des Interviews werden für die Codierung gemäß Skala ZP-T grundsätzlich nicht berücksichtigt. Die Aussagen zu den Fragen Nr. 22 bis Nr. 25 bilden die Kontext-Einheit für die Skalierung mittels Skala ZP-T. Innerhalb dieses Rahmens ist Analyse-Einheit jede Äußerung im Sinne eines "Themas", die sich auf die Gefühlstönung des zukunftsbezogenen Erlebens bezieht.

Persönliche Erwartungen, Hoffnungen, Befürchtungen etc. und Erwartungen, Hoffnungen, Befürchtungen etc., die Pb nur mittelbar betreffen, werden gleichwertig behandelt.

Nicht codiert werden Aussagen über Sterben und Tod, die innerhalb des Themenkreises "Zukunftsperspektive" vorkommen. Als nicht codierbar gilt ferner die Antwort "gar nichts" auf die Fragen Nr. 23 und Nr. 25.

Punktwert 0: Negative Zukunftsperspektive.

Ausgeprägt negative Einstellung zur eigenen Zukunft. Pb äußert Angst, Schrecken, Befürchtungen, Sorgen oder Pessimismus bezüglich Krieg, Krankheit, Umweltverschmutzung, Energieversorgung, wirtschaftlicher Verhältnisse oder anderer Sachverhalte, die ihn direkt oder indirekt betreffen können.

Pb spricht mit Blick auf ihre eigene Zukunft von Leere.- Pb erwartet nichts von seinem weiteren Leben, er äußert ein ungutes Gefühl beim Gedanken an die Zukunft.- Pb sieht schwarz für die Zukunft, der Höhepunkt/Zenit ist nach seiner Meinung überschritten, von jetzt an geht es bergab.- Der Gedanke an die Zukunft ist Pb unangenehm.

Seine Zukunft erscheint Pb weitgehend fremdbestimmt.

Beispiele:

"Ich habe Befürchtungen. <I.-Frage> Vorausgesetzt, es gibt keine politischen Auseinandersetzungen atomarer oder sonstiger Art, meine ich, werden unsere Lebensverhältnisse derart eingeschränkt im Laufe der Zukunft. Was Luft, Energie und so weiter angeht. Da sehe ich sehr schwarz..."

Auf Frage Nr. 24:
"Darüber habe ich nie nachgedacht. Ich habe nur ein ganz ungutes Gefühl, wenn ich daran denke ..."

"Ja, dann neige ich zu Befürchtungen. Ich bin ein Pessimist."

"Ja, eventuell doch Ängste in diesen ... Oder seit einem halben Jahr, daß ich irgendeine Krankheit kriegen könnte, weil meine Kinder noch nicht versorgt sind und die mich also wirklich noch brauchen. ..."

"Unsicherheit, trotz der guten Erfahrungen, auch politisch. Besonders da."

"Ich habe manchmal auch Angst, daß das Leben, wie wir es eben zur Zeit führen, fast zu schön ist. Und daß es - daß es mal irgendwann einen dumpfen Schlag tut. Irgendwie habe ich das immer so im Genick sitzen, die Angst ..."

"Ich befürchte hinsichtlich Gesundheit - lassen wir einmal das Weltpolitische weg - daß man da nicht Schritt halten kann mit den Anforderungen, die an einen gestellt werden."

Auf Frage Nr. 25:
"Ziemliche Leere".

"... Aber manches Mal fürchte ich, daß man in den nächsten Jahren ganz schön eine auf's Dach bekommt. Manchmal habe ich die Vision, wenn wir dann alt oder älter sind, dann in einem sicheren Stuhl sitzen würden, daß wir dann Holz im Walde sammeln und Kartoffeln buddeln. Ich sehe da manches Mal sehr schwarz für die Zukunft."

Punktwert 1: Neutrale Zukunftsperspektive.

Neutrale Einstellung zur eigenen Zukunft, bei der weder ausgeprägte Zuversicht noch starke Befürchtungen bestehen.

Pb äußert Skepsis und/oder Desinteresse bezüglich seiner eigenen Zukunft.- Pb erwartet, daß die bestehenden Verhältnisse so bleiben werden, wie sie derzeit sind, d.h. er nimmt für die Zukunft weder eine Aufwärts- noch eine Abwärtsentwicklung an.

Positive oder negative Aussagen werden eingeschränkt und relativiert; in einer Aussage stehen positive und negative Aspekte nebeneinander; Aussagen erfolgen im Konjunktiv; positive wie negative Verstärkungen, speziell Steigerungsformen, fehlen.- Pb äußert eindeutig Hoffnungen (im Gegensatz zu Erwartungen).- Pb kann oder will sich nicht festlegen, er scheint keine Vorstellungen von seiner Zukunft zu haben.

Pb äußert Hoffnungen und Wünsche (im Gegensatz zu Erwartungen).- Pb spricht mit Blick auf seine eigene Zukunft von Langeweile.

Beispiele:
"Von meiner eigenen Zukunft erwarte ich, daß ich vielleicht gesund bleibe, daß ich hier noch ein paar Jahre mit meiner Familie, daß ich die Kinder noch recht oft sehe und daß ich noch erleben darf vielleicht auch noch einen Enkel ..."

Auf die Frage nach persönlichen Wünschen an die Zukunft: "Ich meine, das kommt hier drauf an - wenn ich meinetwegen pensioniert wäre oder vorzeitig pensioniert werde und ich hätte wirklich meine Zeit voll zur Verfügung, dann würde ich natürlich auch an Reisen denken, an Hobby im Garten und dergleichen mehr."

"Wenn ich an die Zukunft denke? Ich erwarte eigentlich nicht mehr als im Moment da ist. ... <I.-Frage> Ja, ja. Also, das sind Aussichten, die mich an sich befriedigen. Ich habe keine Höhenflüge, daß ich mir irgendwelche Luftschlösser in die Zukunft setze. ..."

"Eigentlich, Angst vor der Zukunft habe ich eigentlich nicht. Ich bin schon neugierig, gespannt ... Die Neugier ist eigentlich größer als die Angst. Im Moment jedenfalls ..."

"Wenn ich so Zukunft höre, ganz allgemein - wenn man so die Gegenwart sieht und in die Zukunft schaut, es ist manches nicht rosig. Aber ich vertraue auf unseren Herrgott."

"Na ja, das schon. Ich meine, wenn jemand von der Familie sterben würde vielleicht. Das ist natürlich ein unschöner Gedanke. Vor allen Dingen ängstigt der mich schon ein bissel. Aber ich schiebe das weit weg, ich denke, die sind alle gesund - was soll's?"

"Ja, ich erwarte für die Zukunft ganz allgemein, daß sich keine geradlinige Entwicklung, wie wir sie in den jetzt hinter uns liegenden 20 Jahren hatten, abzeichnet. Daß wir vielleicht auf dem Bogen, auf dem Zenit schon sind. Daß sich irgendwie die Dinge etwas komplizierter darstellen, von der weltpolitischen Lage."

"Na ja, bei mir sind da so komische Gefühle damit verbunden. Unsichere, in die Unsicherheit tappt man hinein. Das kann ich gar nicht so richtig ausdrücken mit Worten, was ich da denke ..."

"Mehr Befürchtungen. Manchmal schon Hoffnungen. Es ist verschieden. Es kommt ganz darauf an, was für Stimmungen ich manchmal habe. Ich kann manchmal auch sehr pessimistisch sein, aber es gibt auch wieder Tage, dann sehe ich das mit ganz anderen Augen an."

"Das ist schwierig. Bei meinem gebremsten Optimismus habe ich keine allzu großen Erwartungen. Ich erwarte, daß es so weitergeht wie bisher ..."

"Das ist schwer, so in mich hineinzuhorchen. Was sie für mich persönlich bringen kann? Ja, relative Zufriedenheit. So im Rahmen, wie es jetzt ist. Ich habe weder Befürchtungen noch Ängste oder gar pessimistische Erwartungen ..."

Punktwert 2: Positive Zukunftsperspektive.

Positive Einstellung zur eigenen Zukunft. Pb bringt zum Ausdruck, daß er für die Zukunft eine Steigerung bzw. Verbesserung bestehender Verhältnisse erwartet oder daß er "Zukunft an sich" als Bereicherung erlebt.

Pb äußert ohne Einschränkungen Vorfreude, Optimismus, Zuversicht, Neugier und Interesse hinsichtlich jeglicher in der Zukunft zu erwartender Ereignisse.- Pb ist überzeugt, daß ihm die Zukunft Gutes bringt.- Pb bezeichnet seine Zukunft als "besser", "angenehmer", "günstig", "erfreulich", "glücklich", "zufrieden".- Pb ist zuversichtlich, trotz eventueller Schwierigkeiten mit der Zukunft gut fertig werden zu können.

Pb äußert Erwartungen (im Gegensatz zu Hoffnungen und Wünschen).

Beispiele:

"Die Zukunft kann mir eigentlich nur noch Besseres bringen. Ich will nicht sagen Schöneres ... Aber persönlich angenehmere, eine angenehmere Zeit müßte in meinen Augen jetzt so kommen. ..."

"Ich sehe das nicht negativ, ich sehe es positiv. Ich würde Erfreuliches - die Zukunft ist doch so - ich glaube, der medizinische Fortschritt ist im Jahr 2000 bestimmt für einen alten Menschen günstig ..."

"Glück und Zufriedenheit. Wenn es so geht, wie ich das meine, wenn es so bleibt. Dann möchte ich wirklich sagen, daß ich sehr zufrieden mit dem allem bin."

"Empfinden? Vielleicht so ein bißchen unterschwellig, unbewußt eine große Zuversicht, daß doch auch das Schlimme irgendwie wieder gut ausgehen kann. ..."

"Eigentlich habe ich noch ein bißchen Spannung. Das heißt, ich bin gespannt, was aus der nächsten Ecke kommt, was mich überrascht, wo ich auf einmal neu anfangen muß. ... Ich habe also schon noch die Initiative, irgendwas so zu tun ..."

"Ich würde schon sagen, sehr optimistisch in die Zukunft. Bei allen pessimistischen Sirenentönen."

"Politisch, das beunruhigt mich sehr. Dann würden die Existenzen ja gewirbelt, dann müssen sie, falls sie es überleben, auf die Füße fallen. Ich bin bisher immer auf die Füße gefallen. Ich würde da auch auf die Füße fallen. ..."

"Hoffnungen ja, das auf jeden Fall. <I.-Frage> Es kann nur noch aufwärts gehen. ... Insofern kann ich nur denken, es kann nur aufwärts gehen."

Beispiele für *Nicht-Codierbarkeit:*
Auf Frage Nr. 23:
"Gar nichts."

"Das ist also erstens einmal das erste, das bedeutet: Daß trotz Krisengerede und tatsächlicher Angst und tatsächlichen Vorgängen, politischen Vorgängen, die man nie ausschließen darf, ich mich nicht abhalten lasse von der Gestaltung meiner eigenen Zukunft und der meiner Familie."

"... diese furchtbare Angst habe ich. Beim Herzinfarkt geht's ja schnell, da ist es ja aus. Aber Krebs wäre doch schlimm."

6.3.14 Skala "Angst vor dem eigenen Sterben" (AES)

Allgemeine Kennzeichnung der Skala:

Mit einer dreistufigen Skala (Punktwert 0-2) wird die Intensität von Unwohlsein, Nervosität, Anspannung und Angst beim Gedanken an den Prozeß des eigenen Sterbens eingeschätzt. Es handelt sich also um die Beurteilung von Angst, die durch antizipierte bzw. imaginierte Bewußtseinsinhalte ausgelöst wird.

Die Skala ist so gewichtet, daß die Intensität der Angst vor dem eigenen Sterben mit steigendem Punktwert zunimmt.

Codierungsanweisung:

Die Codierung gemäß Skala AES basiert auf den Aussagen zu den Fragen Nr. 26 bis Nr. 31 des Interview-Leitfadens, hauptsächlich jedoch auf den Angaben zu Frage Nr. 27. Äußerungen zur Angst vor dem eigenen Sterben, die in anderen Themenkreisen des Interviews auftauchen, werden grundsätzlich nicht berücksichtigt. Die Aussagen zu den Fragen Nr. 26 bis Nr. 31 bilden die Kontext-Einheit für die Codierung der Angst vor dem eigenen Sterben.

Innerhalb dieses Rahmens ist Analyse-Einheit jede Äußerung im Sinne eines "Themas", die sich auf die Angst des Pb vor seinem eigenen Sterben bezieht.

Relevant für die Codierung gemäß Skala AES sind auch Aussagen über den eigenen Tod, wenn aus dem Zusammenhang hervorgeht, daß Pb sein eigenes Sterben meint, obwohl er "Tod" sagt.

Relevant für die Codierung der Angst vor dem eigenen Sterben können ferner Berichte über das Sterben anderer Menschen sein, sofern Pb einen Bezug zu seinem eigenen (antizipierten) Sterben herstellt.

Nicht codierbar ist tatsächlich erlebte Angst vor dem eigenen Sterben (retrospektive Betrachtung). Nicht codierbar sind ferner Aussagen über die vermutlichen oder gewünschten Begleitumstände des eigenen Sterbens sowie allgemeine Äußerungen über das Sterben ohne Bezug zur eigenen Person.

Punktwert 0: Keine oder sehr geringe Angst vor dem eigenen Sterben.

Verneinung von Unbehagen, Nervosität, Gespanntheit oder Angst beim Gedanken an den Prozeß des eigenen Sterbens global und/oder an einzelne Komponenten des eigenen Sterbens wie Schmerzen, Abhängigkeit, Hilflosigkeit, Verlust persönlicher Würde.

Gelassenheit, Fatalismus, Bedauern beim Gedanken an das eigene Sterben. Die Aussicht des eigenen Sterbens ist "nicht schlimm". Dabei sind Anhaltspunkte dafür, daß Pb seinem eigenen Sterben aufgrund der Einordnung in übergeordnete Zusammenhänge gelassen entgegensieht, nicht gegeben.

Beispiel:
"Ich habe schon von frühester Jugend an keine Angst vor dem Sterben gehabt. Das ist sicher nicht allgemein gültig, was ich da sage. Mein ganzes Schicksal eben, beschissen war es von Anfang an, so, jetzt sage ich es doch."

Punktwert 1: Mäßige Angst vor dem eigenen Sterben.

Äußerung(en) des Unbehagens oder Unwohlseins und/oder eingeschränkte bzw. abgeschwächte oder vage Äußerung(en) der Angst oder Bedrohung beim Gedanken an den eigenen Sterbeprozeß.

Der Gedanke an das eigene Sterben insgesamt oder an einzelne Teilaspekte ist belastend, bedrückend, beunruhigend, schlimm, negativ (nicht aber furchterregend oder bedrohlich); der Gedanke an das eigene Sterben löst ein bißchen Angst bzw. keine große Angst aus.

Der Wunsch nach einem schnellen und schmerzfreien Sterben wird mit geringer Entschiedenheit oder mit Einschränkungen geäußert.

Beispiele:
"Nicht sehr Angenehmes. Eine Abhängigkeit, Pflegezustand und eine Ausgliefertheit an einen unbekannten, nennen wir es Retterkreis."

"Oder daß ich gerammt werde und ich stehe alleine da. Für einen Menschen ist es ja schlimm, wenn man allein dasteht. ... Aber wenn man krank ist, dann ist es schon schwierig."

"Also wenn ich keinen Todeskampf mitmachen muß, dann gern. Aber einen Todeskampf hätte ich nicht so arg gern, nicht?"

"Bedrohung nicht, es ist nur etwas bedrückend. Also an's Sterben, nicht der Tod. Der Tod - eben weil ich nicht weiß, wie das so dann vor sich geht - wenn ich dann wochenlang auf einem Krankenlager liege und gelähmt bin, ganz auf andere angewiesen bin, selber gar nichts mehr machen kann - was mich am meisten betrifft, wenn ich geistig da bin aber körperlich total unbeweglich bin, das würde mich bedrücken."

"Zur Last fallen, ja. Sonst nichts. <I.-Äußerung> Ich meine, das ist mir im Moment - es gibt noch ein paar, die für mich schlimm sind."

"Solange man sich selbst vorstehen kann, kann man sagen, na ja, solange kannst du leben. Aber in dem Moment, wenn man das nicht mehr kann, so schnell wie möglich sterben. Das halte ich für eine Gnade. Ja nicht lange liegen. <I.-Frage> Erstens einmal die Abhängigkeit, die Belastung für die anderen. Auf jeden Fall niemand belasten müssen."

"Mein Gott, wie man das sieht, wie die Leute da rumliegen und Schmerzen haben und - <I.-Äußerung> Die Qualen, auf Hilfe anderer angewiesen zu sein. Meine jetzt die Gelähmten, die rumgeschoben werden müssen und alles in's Bett gehen lassen und sauber gemacht werden müssen. Das ist doch nicht unbedingt angenehm."

Punktwert 2: Starke Angst vor dem eigenen Sterben.

Äußerung(en) starken Unbehagens bzw. Unwohlseins beim Gedanken an den eigenen Sterbeprozeß. Äußerung(en) der Angst oder Bedrohung beim Gedanken an die Vorgänge kurz vor Eintritt des Todes.

Gefühle starker Beunruhigung, der Bedrohung und der Angst können sich auf folgende Aspekte des eigenen Sterbens beziehen: Auf körperliches Leiden, z.B. Atemnot; auf Schmerzen; auf Einsamkeit und Isolation im Krankenhaus, Alten- oder Pflegeheim; auf Hilflosigkeit in der Erledigung alltäglicher Verrichtungen und auf daraus sich ergebende Abhängigkeit von Pflegepersonal und/oder Verwandten; auf den Verlust persönlicher Würde durch erniedrigende Behandlung von seiten des Pflegepersonals; auf den Todeskampf.

Pb spricht mit Blick auf sein eigenes Sterben von Angst und/oder Bedrohung bzw. von starker Beunruhigung.- Pb wünscht sich ausdrücklich einen möglichst kurzen Sterbeprozeß (z.B. Herzversagen, sofortiger Unfalltod).- Pb wünscht sich ausdrücklich einen möglichst schmerzfreien Sterbeprozeß.- Pb schiebt den Gedanken an sein eigenes Sterben beiseite, er "verdrängt" ihn.

Beispiele:
"Daß es nicht qualvoll sein soll ..."

"Ja, auf der Intensivstation liegen, wochenlang, monatelang ... Lieber eines natürlichen Todes sterben. Da möchte ich lieber erst gar nicht ins Krankenhaus rein, sondern vorher sterben."

"... wenn die Stunde geschlagen hat zum Tod, dann möchte ich schnell sterben, nicht leiden, sondern schnell sterben."

"Ich möchte es vorher gar nicht wissen. Es gibt ja auch Fälle - manche Menschen, die wissen schon, daß sie sterben müssen. Das möchte ich auf keinen Fall, also das beunruhigt mich sehr."

"Ich fürchte mich schon. ... und ganz trivial vor den Schmerzen. Wenn ich mir so vorstelle, wie manche Leute so vor sich hin leiden, bis sie endlich tot sind, das finde ich ist ein äußerst unangenehmer Gedanke."

"Ich glaube, es sind nicht nur die Schmerzen, sondern einfach dieses Abhängigsein von den anderen und das ihnen Zur-Last-Fallen. Ich finde, wenn man länger krank ist, können viele Menschen nicht mehr sie selbst bleiben, davor fürchte ich mich."

"Da kommt mir in den Sinn, daß es hoffentlich nicht so arg lang ist. Daß ich vor allem keine Hilfe von außen brauche, das ist mir sehr wichtig. Ich möchte dann doch zumindest schnell sterben oder eine Krankheit haben, daß man keinem anderen zur Last fällt. Das wäre für mich schon sehr wichtig. Das wäre so das Schlimmste, was mir noch passieren könnte."

"Ja, ein bissel Angst schon. Angst und Beklemmung. Ich habe vor allem Angst vor einem langen Leidenslager. Da habe ich Angst. <Verbalisierung des I.> Ja, das Sterben. Der Tod ist nimmer schlimm, glaube ich. Aber das Sterben, das ist schlimm. Das betrifft, das macht betroffen."

"Also wenn ich an meinen eigenen Tod denke, ich möchte den weit rausschieben, ja? ... Aber ich möchte mein Lebensende in geistiger Frische erwarten. Ich möchte nicht in geistiger Umnachtung dahinvegetieren, bettlägerig werden. Das wäre natürlich das Schlimmste."

"Ich wünsche mir nur - mein Vater ist an Krebs gestorben und hat da verhältnismäßig lange leiden müssen - daß ich mir wünschen würde, daß ich keinen so qualvollen Tod hätte. Oder wie jetzt wieder direkt vor Augen, öffentlich vor Augen, wie schwer es Tito gemacht wurde, zu sterben. Also so möchte ich nicht sterben."

Beispiele für *Nicht-Codierbarkeit:*

"Man muß ja sterben, ewig kann man ja nicht leben, der eine früher, der andere später, aber in jungen Jahren, sagen wir mal bis 50, was so unter 50 ist, das geht einem doch mehr an's Herz als wenn ein Älterer stirbt."

"Ja - ich würde da sagen, so schon christlich und mit dem Pfarrer. Ja, und mit geistigem Beistand. Und dann möchte ich so sterben mit dem Gedanken, hoffentlich alles recht gemacht zu haben."

6.3.15 Skala "Angst vor dem eigenen Tod" (AET)

Allgemeine Kennzeichnung der Skala:

Mit einer dreistufigen Skala (Punktwert 0-2) wird die Intensität von Unwohlsein, Nervosität, Anspannung und Angst beim Gedanken an die Endlichkeit des eigenen Daseins, an das "Totsein" bzw. das "Danach" eingeschätzt. Es handelt sich also um die Beurteilung von Angst, die durch antizipierte bzw. imaginierte Bewußtseinsinhalte ausgelöst wird.

Die Skala ist so gewichtet, daß die Intensität der Angst vor dem eigenen Tod mit steigendem Punktwert zunimmt.

Codierungsanweisung:

Die Codierung gemäß Skala AET basiert auf den Aussagen zu den Fragen Nr. 26 bis Nr. 31 des Interview-Leitfadens, schwerpunktmäßig jedoch auf den Angaben zu den Fragen Nr. 26 *und* Nr. 31. Äußerungen zur Angst vor dem eigenen Tod, die an anderen Stellen des Interviews vorkommen (z.B. in den Themenkreisen "Religiosität" oder "Zukunftsperspektive"), werden grundsätzlich nicht berücksichtigt. Die Aussagen zu den Fragen Nr. 26 bis Nr. 31 bilden die Kontext-Einheit für die Codierung der Angst vor dem eigenen Tod. Innerhalb dieses Rahmens ist Analyse-Einheit jede Äußerung im Sinne eines "Themas", die sich auf die Angst des Pb vor seinem eigenen Tod bezieht.

Relevant für die Codierung der Angst vor dem eigenen Tod sind auch Aussagen über das eigene Sterben, wenn aus dem Zusammenhang hervorgeht, daß Pb seinen eigenen Tod meint, obwohl er von "Sterben" spricht.

Nicht codierbar ist tatsächlich erlebte Angst vor dem eigenen Tod oder tatsächlich erlebte Todesangst (retrospektive Betrachtung). Nicht codierbar sind ferner Aussagen über den Sinn/Nutzen des eigenen Lebens, über ein Leben nach dem Tod; Direktiven für die Angehörigen, wie im Falle des eigenen Todes mit dem eigenen Leichnam verfahren werden soll; Aussagen über die Regelung der Hinterlassenschaft; Ärger, Enttäuschung, Trauer etc.

Punktwert 0: Keine oder sehr geringe Angst vor dem eigenen Tod.

Verneinung von Unbehagen, Nervosität, Gespanntheit oder Angst beim Gedanken an den eigenen Tod global und/oder beim Gedanken an einzelne Komponenten des eigenen Todes wie ein unbekanntes/ungewisses "Danach", das Nichts, den Verlust von Welt, Verwesung, Dunkelheit, Einsamkeit, Kälte.

Gelassenheit, Fatalismus, Bedauern beim Gedanken an die eigene Endlichkeit. Die Aussicht des eigenen Todes ist "nicht schlimm". Dabei sind Anhaltspunkte dafür, daß Pb seinen eigenen Tod aufgrund der Einordnung in übergeordnete Zusammenhänge gelassen entgegensieht, nicht gegeben.

Beispiele:
"Ich weiß es ehrlich nicht, ich habe versucht, mich selbst zurückzuerinnern, aber ich weiß es genau, ich habe keine Angst vor dem Sterben mehr. Ich denke eher an Ruhe."

"Jedenfalls keine Angst, weil ich mich mit dem Gedanken schon zu oft befaßt habe. Manchmal erschien es mir fast als die einzige Lösung. Aber ein bissle Hoffnung hat man ja doch noch."

"Ich fürchte den Tod nicht. Ich gehe schon gelassen dem Tod entgegen."

Auf Frage Nr. 31:
"Nein, wenn ich heute oder morgen sterben muß, dann kann ich dies und das nicht mehr erleben, aber Angst habe ich in gar keinem Fall."

"Vor dem eigenen Tod habe ich an sich keine Angst. Ich bin vollkommen real, sehe das vollkommen real, daß mir das selbst passieren kann, wenn ich jetzt bei Ihnen unten zum Tor rausgehe, daß es in dem Moment schon passieren könnte. Und ich habe da an sich keine Angst vor'm - kann ich mir nicht vorstellen, daß ich im Alter, daß ich da vor'm Tod Angst hätte."

"... Wie soll ich es anders ausdrücken, als daß ich keine Angst davor habe? Ich habe auch keine Angst vor Schmerz ..."

"... Für mich ist halt der Tod der Abschluß des Lebens. Ob es etwas danach gibt, das weiß ich nicht. Das muß man abwarten. Selbst wenn es das nicht gibt, das Leben war wert, gelebt zu werden. Aber direkt Angst vor dem Tod, das könnte ich also nicht sagen. Ich habe schon mehrere Todesfälle in der Verwandtschaft miterlebt. Ich habe auch schon festgestellt, daß die Angst vor dem Tod gar nicht so groß ist."

"Ja, dem kann man nicht entrinnen, Fatalismus."

"Es ist nur ein Bedauern, daß es nicht länger sein könnte ..."

"Ich kann so abtreten, wie ich gelebt habe. Es kommt mir nichts in den Sinn, gar nichts. Ich habe anständig gelebt und meine Pflicht getan. Der Sohn ist versorgt, der Mann kriegt wieder eine. Ich kann doch gehen, nicht?"

"Es ist ein Zwang, wenn ich gehen muß, gehe ich. Was soll ich machen?"

Auf Frage Nr. 26:
"Finde ich nicht schlimm, weil ich auf dem Standpunkt stehe, daß der Geist weiter besteht. Ich glaube also an ein Weiterleben nach dem Tode. ..."

Punktwert 1: Mäßige Angst vor dem eigenen Tod.

Äußerung(en) des Unbehagens oder Unwohlseins und/oder eingeschränkte bzw. abgeschwächte oder vage Äußerungen der Angst oder Bedrohung beim Gedanken an den eigenen Tod bzw. an die Endlichkeit des eigenen Daseins.

Der Gedanke an den eigenen Tod ist belastend, bedrückend, beunruhigend, negativ (und nicht furchterregend oder bedrohlich).- Der Gedanke an den eigenen Tod löst ein bißchen Angst bzw. keine große Angst aus.- Angst vor dem eigenen Tod ist schon da, sie ist aber nicht allgegenwärtig, sie vergällt nicht das Leben.

Beispiele:

"Im Augenblick nein. Ich denke nicht viel daran, aber ich würde sagen, im Moment fände ich es nicht recht hübsch, wenn es soweit käme. Ich habe noch viel vor, habe noch viele Pläne. Das Leben ist mir im Moment recht wertvoll. ... Es ist nicht so, daß der Gedanke überhaupt nicht existiert. Er ist fein verschnürt, erst mal weggelegt. Er ist nicht allgegenwärtig."

"Nein, man muß sich das nur nicht so ausmalen."

"Nein, keine Bedrohung. Es ist eine Belastung jetzt, muß ich sagen, wegen des Kindes, weil es noch so klein ist. Sonst wäre es keine Belastung für mich."

"Als Bedrohung empfinde ich es nicht. Nein, so daß es mich lähmt in allem und so, das ist es nicht. Aber ich empfinde es manchmal als Last. Daß man immerzu solche Sachen denkt."

"Was mich daran (an Gelassenheit) hindert, ist das noch unvollständige Dasein meiner Kinder. Es beunruhigt mich noch etwas. Mich beunruhigt auch, daß mein Mann noch nicht alleine sein könnte."

"Ja, so ein bißchen Angst habe ich schon vor dem Tod. Aber nicht so, daß ich sagen könnte, daß das mich irgendwie sehr bedroht. Nein, bedroht mich nicht."

"Vom heutigen Standpunkt aus vielleicht, weil man sich ja gar keine Vorstellung machen kann, wie das mal ist. Irgendwie denkt man ja so doch, es wird schwer. Daß man plötzlich von hier weg soll, vielleicht auch seine Familie zurückläßt - und nicht genau weiß, was auf einen zukommt. Aber da ist immer tröstlich der Gedanke, denke ich häufig - ich glaube eben an Gott. Er wird mir schon helfen, das zu schaffen."

Auf Frage Nr. 31:
"Nein, kann ich nicht sagen. Eine große Angst oder so habe ich nicht. Wie sagt man so schön? Es liegt im Zentrum meiner Gefühle. Das wirklich am Rande ... Also es ist keine große Angst, keine große Bedrohung, auch kein Wunsch danach ..."

"Eine Bedrohung und andererseits auch ein Trost. In hundert Jahren ist alles vorbei."

Punktwert 2: Starke Angst vor dem eigenen Tod.
Äußerung(en) starken Unbehagens bzw. Unwohlseins beim Gedanken an den eigenen Tod. Äußerung(en) der Angst und Bedrohung beim Gedanken an die Endlichkeit des eigenen Daseins.

Gefühle starker Beunruhigung, der Bedrohung und der Angst können sich auf folgende Aspekte des eigenen Todes beziehen: Auf ein unbekanntes und ungewisses "Danach"; auf das Nichts; auf den Verlust jeglicher Erlebnismöglichkeit bzw. den Abschied von der Welt; auf Verfäulnis, Verwesung, Zerfall; auf das Verschwinden der eigenen Individualität und Identität; auf Dunkelheit, Kälte und Einsamkeit; auf unversorgt oder hilfsbedürftig zurückbleibende Angehörige.

Pb spricht mit Blick auf seinen eigenen Tod konkret von Angst und/oder von Bedrohung; er verneint Angst und/oder Bedrohung beim Gedanken an seinen eigenen Tod, bejaht sie aber für den Fall, daß sein Tod unmittelbar bevorstünde.- Pb schiebt den Gedanken an seinen Tod beiseite, er "verdrängt" ihn.- Pb gibt eine starke Abneigung gegenüber Dingen zu erkennen, die an die eigene Endlichkeit erinnern können (z.B. Friedhof).- Pb möchte keine Angst vor dem eigenen Tod haben.

Beispiele:
"Wenn es (der Tod) jetzt wäre, dann wäre es eine Bedrohung, aber so allgemein gefragt nicht."

"Ja, ich habe Angst, daß ich vielleicht einen Herzinfarkt bekomme, daß ich plötzlich sterbe."

"Da muß ich sagen, das Thema klammere ich vollkommen aus. Diesen Gedanken den verdränge ich immer so erfolgreich, da denke ich jetzt einmal gar nicht daran. Und ich möchte jetzt auch gar nicht dran denken."

"Ich fürchte mich schon. Einfach vor dem Unbekannten ..."

"Tja, Gefühle? Wahrscheinlich Angst. Ich möchte keine Angst haben. Vielleicht ist deshalb der Wille, keine Angst zu haben, so stark."

"Wenn ich ehrlich bin, dann habe ich bis vor nicht allzu langer Zeit diesen Gedanken immer verdrängt. Ich habe jetzt teilweise versucht, mich damit abzufinden - nicht abzufinden, damit zu beschäftigen."

"Und wenn ich ganz ehrlich sein soll, freilich hat man Angst vor dem Tod. Ich denke immer, das Loslösen, das Ganze. Vom Leben überhaupt und dann auch wahrscheinlich schmerzhaft wird das auch sein."

"Da würde ich zum Beispiel einmal die ganzen Angstgefühle miteinbringen, die man bei anderen und bei sich selbst erlebt. Warum soll man die abstreiten? Die gehören dazu. Das ist eine Existenzvernichtung, unwiederbringlich ..."

"Ja, irgendwo ist es eine Bedrohung. Weil man ganz einfach nicht weiß, was hinten nachkommt, diese Ungewißheit."

"Tja, ob man alles recht gemacht hat. Ob man der ist, den Gott eigentlich einem gedacht hat. ... Das ist für mich schon eine Frage der Bedrückung, daß man dann halt da steht mit einem zu kurzen Hemd. Und das ängstigt mich ..."

Beispiele für *Nicht-Codierbarkeit:*
"Dann anschließend auch mit sehr vielen Freundinnen, die damals im Lager gestorben sind. Da ist der Tod mir sehr oft begegnet. <I.-Verbalisierung>. Ganz hautnah. Denn wir sind ja rausgestellt worden und da sind andere erschossen worden vor uns ... Jeder hat um sein Überleben gekämpft. ... Da haben Sie eigentlich nur immer wieder dran gedacht: 'Ob ich morgen auch diejenige bin?'"

"Wozu habe ich gelebt, hat es einen Sinn gehabt?"

"Ich hoffe immer auf das Bessere und ich denke, daß so doch nicht in irgendeiner Weise noch nicht alles vorbei ist. Es sind doch einige Leute gestorben und wieder lebendig geworden."

"Daß mein Leben nicht nutzlos war."

"Daß es eben ein Wiedersehen gibt mit den anderen."

"Und dann möchte ich vor allen Dingen, wenn ich heute gestorben bin, das habe ich auch schon festgelegt, zumindest mündlich, daß sofort der Sarg zugemacht werden soll. Die Leute sollen mich alle so behalten, wie ich zu Lebzeiten war."

"Ja, die Gedanken und Gefühle sind etwas - daß die Sachen alle in Ordnung sind, wenn man wirklich ablebt, daß die Nachkommen - oder, daß man alles regelt, bevor das soweit ist."

"Man ärgert sich dann, wenn man sein Leben noch nicht - also ich würde mich ärgern, wenn ich mein Soll noch nicht erfüllt hätte und müßte abtreten von der Welt, das wäre mir das Schlimmste."

"Wie gesagt, Trauer. Es stimmt mich etwas deprimierend, wenn ich daran (an den eigenen Tod) denke."

"Ich habe halt mal Granaten pfeifen und krachen gehört. Ich habe eine furchtbare Angst gehabt. Ich möchte mal sagen Todesangst. Aber das war von kurzer Dauer. Das waren ein, zwei Stunden, dann war das vorbei."

6.3.16 Skala "Angst vor fremdem Sterben und Tod" (AFST)

Allgemeine Kennzeichnung der Skala:

Mit einer dreistufigen Skala (Punktwert 0-2) wird die Intensität von Unbehagen, Nervosität, Gespanntheit und Angst beim Gedanken an das Sterben und/oder an den Tod anderer Menschen beurteilt. Es handelt sich hier um die Einschätzung von Angst, die gleichermaßen durch die Erinnerung an tatsächlich erlebte Ereignisse wie auch durch die Antizipation zukünftiger Ereignisse ausgelöst werden kann.

Die Skala ist so gewichtet, daß die Intensität der Angst vor dem Sterben und/oder dem Tod anderer Menschen mit steigendem Punktwert zunimmt.

Codierungsanweisung:

Die Codierung anhand von Skala AFST basiert auf den Aussagen zu den Fragen Nr. 26 bis Nr. 31 des Interview-Leitfadens, vornehmlich jedoch auf den Angaben zu Frage Nr. 28. Äußerungen zur Angst vor dem Tod anderer Menschen, zur Angst vor Toten oder zur Angst vor dem Sterben anderer Menschen, die außerhalb des Themenkreises "Sterben und Tod" vorkommen, werden grundsätzlich nicht berücksichtigt. Die Aussagen zu den Fragen Nr. 26 bis Nr. 31 bilden die Kontext-Einheit für die Codierung der Angst vor fremdem Sterben und Tod. Innerhalb dieses Rahmens ist Analyse-Einheit jede Äußerung im Sinne eines "Themas", die sich auf die Angst des Pb vor dem Sterben anderer Menschen, vor dem Tod anderer Menschen oder vor Toten bezieht.

Relevant für die Codierung gemäß Skala AFST sind sowohl Aussagen, die sich auf tatsächlich erlebte Sterbevorgänge und Todesfälle beziehen als auch Aussagen, die antizipierte zukünftige Todesfälle bzw. vorgestelltes zukünftiges Sterben anderer Menschen zum Inhalt haben.

Nicht codiert werden Aussagen, die sich auf das Geschehen bei Unfällen, Katastrophen und im Krieg in globaler Weise beziehen, d.h. bei denen Sterben/Tod anderer Menschen nicht deutlich hervorgehoben wird.

"Beeindrucken" wird nur dann im Sinne von Skala AFST gewertet, wenn erkennbar ist, daß es sich um ein angstbesetztes Beeindruckt-Werden handelt.

Punktwert 0: Keine oder sehr geringe Angst vor Sterben/Tod anderer Menschen.

Verneinung von Unbehagen, Nervosität, Gespanntheit oder Angst bei der Erinnerung an tatsächlich erlebtes Sterben anderer Menschen oder beim Gedanken an mögliches Sterben anderer Menschen in der Zukunft. Verneinung von Unbehagen, Nervosität, Gespanntheit oder Angst bei der Erinnerung an tatsächlich erlebte Todesfälle bzw. tatsächlich gesehene Tote oder beim Gedanken an mögliche Todesfälle in der Zukunft.

Gelassenheit beim Gedanken an das Sterben anderer Menschen, die sich beziehen kann auf einen mehr oder weniger langen Leidensweg, auf zunehmenden körperlichen Verfall, auf Schmerzen und den "Todeskampf". Gelassenheit kann auch die Hilfesuche von seiten des Sterbenden betreffen, d.h. seine Bitte um Beistand und Trost.

Gelassenheit beim Gedanken an den Tod anderer Menschen, die sich beziehen kann auf den Verlust persönlich wertvoller Bezugspersonen und daraus resultierende eigene Einsamkeit und Hilflosigkeit, auf das Fehlen von Hilfe und emotionaler Unterstützung; sie kann sich ferner beziehen auf die Abschieds- bzw. Trennungssituation, die sich in der Beerdigung konkretisiert; sie bezieht sich nicht zuletzt auf den Anblick des Leichnams.

Beispiele:
Auf Frage Nr. 28:
"Eigentlich keine schrecklichen. Gut, meine Schulzeit, da ist mein Schulkamerad in der Sandkuhle mit noch einem umgekommen. Und dann hat man so gesehen, wie ... das war dann brutal eigentlich, wie die Toten so direkt ... war das eigentlich für mich nie. Ich halte den Tod für etwas ganz Natürliches. Nicht abschreckend. Also ich habe nie Angst gehabt, wie andere, muß ich sagen ..."

Auf Frage Nr. 28:
"Ich habe sehr viele Erfahrungen gemacht schon als junger Mensch, indem mehrere Verwandte gestorben sind. So wie ich das im Ablauf gesehen habe, war das eigentlich nur wie ein Erschöpfungsstadium, was da abgelaufen ist. Ich habe da eigentlich kaum irgendwie Qualen in der äußeren Vorstellung bemerkt. Und so sehe ich das in diesem Zusammenhang, was ich zu Sterben schon gesagt habe, daß da ein Lebensabschnitt, der keine Erneuerung mehr bringt, endet."

Punktwert 1: Mäßige Angst vor Sterben/Tod anderer Menschen.

Äußerung(en) des Unbehagens oder Unwohlseins und/oder eingeschränkte bzw. abgeschwächte oder vage Äußerungen der Angst oder Bedrohung beim Gedanken an das Sterben bzw. den Tod anderer Menschen oder beim Gedanken an Tote.

Der Gedanke an den erlebten oder antizipierten Tod anderer Menschen bzw. an das erlebte oder antizipierte Sterben anderer Menschen global oder in Teilaspekten (vgl. Punktwert 2) ist bedrückend, belastend, beunruhigend, negativ, schlimm, unangenehm (nicht aber furchterregend oder bedrohlich).- Der Gedanke an das Sterben bzw. an den Tod anderer Menschen oder an Tote löst ein wenig Angst bzw. keine große Angst aus. Der Gedanke an Sterben/Tod anderer Menschen ist "beeindruckend", wobei es sich um eine angstbetonte Beeindruckung handelt. "Beeindrucken" allein bzw. nicht angstbesetzt wird nicht codiert.

Beispiele:
"Also, ich habe zwei Menschen in meinem Leben sterben gesehen. ... Beide Male war es schlimm. ... Der Tod ist nichts Schönes."

"Ein alter Herr, ein Bekannter meiner Mutti, der sehr selbständig war, hat einen Oberschenkelhalsbruch gehabt, war im Krankenhaus. ... Er hat dann einen Schlaganfall gehabt. ... Das war schlimm in dem Moment, aber als er dann tot war, war es doch eine Erlösung."

Punktwert 2: Starke Angst vor Sterben/Tod anderer Menschen.

Äußerung(en) starken Unbehagens bzw. Unwohlseins beim Gedanken an tatsächlich erlebte oder antizipierte Sterbevorgänge bzw. Todesfälle anderer Menschen oder beim Gedanken an Tote. Aussagen der Angst und Betroffenheit beim Gedanken an tatsächlich erlebte oder antizipierte Sterbevorgänge bzw. Todesfälle oder beim Gedanken an Tote.

Gefühle starker Beunruhigung, der Bedrohung und der Angst können sich auf folgende Aspekte des Todes anderer Menschen beziehen: Auf den Verlust persönlich wichtiger Bezugspersonen und daraus resultierende Einsamkeit und Hilflosigkeit sowie auf das Fehlen von Hilfe und emotionaler Unterstützung; auf die Beerdigung als Höhepunkt des Abschiedszeremoniells; auf das äußere Erscheinungsbild des Leichnams (Blässe, Starre, Kälte).

Gefühle starker Beunruhigung, starker Erregung und der Angst können sich auf folgende Aspekte des Sterbens anderer Menschen beziehen: Auf körperliches Leiden (Atemnot, Schmerzen), das miterlebt wird und nicht gelindert werden kann; auf fortschreitenden körperlichen Verfall, den man hilflos mitansehen muß; auf den eigentlichen "Todeskampf"; auf Hilfesuche, Bitten nach Beistand und Trost von seiten des Sterbenden.

Pb ist durch die Erinnerung an real erlebtes Sterben oder die Antizipation zukünftigen Sterbens anderer Menschen tief beeindruckt, erschüttert, aufgewühlt.- Die Erinnerung an das Sterben eines anderen Menschen macht ihm immer noch zu schaffen.- Pb bezeichnet im Zusammenhang mit dem Sterbeprozeß den Tod als Erlösung.- Pb schiebt den Gedanken an das Sterben anderer Menschen beiseite, er "verdrängt" ihn.

Pb ist durch tatsächlichen oder vorgestellten Tod eines anderen Menschen sehr erschüttert, er hat keine Worte zur Beschreibung seiner Gefühle.- Der antizipierte Tod eines anderen Menschen ist bedrohlicher als der (antizipierte) eigene Tod.- Die Erinnerung an den Tod eines anderen Menschen verursacht Pb heute noch Schmerzen.- Der Anblick eines Toten verfolgt Pb heute noch, er ist ihm sehr lange nachgegangen.- Pb bezeichnet es als unmöglich, einen Toten anzuschauen.

Beispiele:

"Dann ist ein guter Bekannter gestorben an Drüsenkrebs, das war also auch sehr, sehr schlimm. Man hat beim Sterben mit zugeschaut, gesehen, wie er so voller Hoffnung war und man hat trotzdem gewußt, er muß sterben. Das war grausam. Ich war auch froh, daß ich nicht gerade drin war, als er starb."

"Mein Vater ist zwei Jahre und meine Mutter ein Jahr lang gestorben. Wissen Sie, das ist Wahnsinn. Da lernt man das Beten, glauben Sie das? Damit der andere Mensch sterben kann. ... Der Arzt hat damals gesagt, ich hätte Krankenschwester werden sollen. 'Ich würde mit jedem Menschen sterben', habe ich gesagt. Das kann ich nicht, nein."

"Es hat sich dann über ein Vierteljahr hingezogen und dann ist er gestorben. ... Ich habe das Sterben gesehen, also für mich war das sehr bitter."

"... und mein Mann, das war das Allerschlimmste. Ich kann da immer noch nicht drüber sprechen. Der ist plötzlich gestorben, über Nacht. Das war für mich das Schlimmste, das habe ich noch nicht überwinden können. Ich liege oft nachts wach und sehe das alles vor mir. Es war fürchterlich. Das war ganz entsetzlich."

"Irgendwie war der Schock so groß, der ist noch nicht weg. ... Also ist das noch nicht bewältigt. ... Meine Nerven sind in der Beziehung also echt schlecht."

"Ich habe meinen Vater monatelang in den Tod begleitet. Das war der erste Mensch, den ich sterben gesehen habe. Das hat mich schon erschüttert. Ich war bei ihm. Auch in den letzten Stunden war ich bei ihm. Er hat keinen starken Todeskampf gehabt, aber dieses, diese letzten, es waren vielleicht nur 10 Sekunden, aber es ist mir vorgekommen wie eine Ewigkeit. Ewigkeit kann ich nicht sagen. Aber wie eine Stunde. Diese 10 Sekunden, wo sich der Organismus noch einmal gegen das Absterben gewehrt hat. ... Das hat mich schon erschüttert. Das war dieses Aufbäumen der letzten Lebenskraft. ... Es hat mich erschüttert, das muß ich schon sagen."

"Vor acht Jahren ist dann mein Vater gestorben. Das war auch sehr schlimm für mich. Die letzte Zeit eigentlich mehr."

"Na sicher, das macht einen doch fertig. Als junger Kerl, wenn man mit so was konfrontiert wurde. <I.-Frage> Ja vor allem, daß man eben nicht helfen konnte. Daß man eben so hilflos den Leuten da gegenüber steht. ..."

"Ich konnte von Kind auf keine toten Menschen sehen. Ich konnte das nicht. Die haben mich Tag und Nacht verfolgt. ... Vor kurzem, vor einiger Zeit ist eine ältere Frau gestorben, eine sehr gute Bekannte. ... ich habe immer noch das Gefühl, daß mir das noch so nahe geht. Ich sehe die da immer noch."

"Ich hatte einen Freund mit 17 Jahren, der ist tödlich verunglückt. Mit seinem Motorrad. Man brachte mich dann in die Klinik und ich mußte ihn mir anschauen. Da habe ich Jahre gebraucht - ... Das war schrecklich. Daraufhin habe ich mir nie mehr einen Toten angesehen. Er sah furchtbar aus durch diesen Unfall. ..."

"Direkt nur bei meinem Vater. Der ist gestorben, da war ich 17. Das hat mich irgendwie sehr mitgenommen. ... Die Erinnerung daran, die tut heute noch richtig weh."

"Ja, im Krieg, nach dem Bombenangriff, wie ich dann die toten Menschen gesehen habe, die zerfleischten. Das hat mich auch sehr erschüttert."

"Das war damals schrecklich, ich war 11 Jahre. ... Ich hatte noch nie einen Toten gesehen zu dieser Zeit. Ich konnte es ja nicht glauben, daß meine Mutter sterben würde. ... Da kam meine Cousine rein, heulte und sagte: 'Eure Mutter ist tot.' Und da habe ich so den Eindruck gehabt, für einen Moment, plötzlich, als wäre ich gar nicht mehr existent. Ich kann das nicht beschreiben ..."

"Ich habe dieses Bild ziemlich lange vor Augen gehabt, das habe ich als sehr verbittert dann empfunden. Das junge Gesicht so verbittert - warum mußte der sich totfahren? So ist mir das sehr, sehr lange nachgegangen."

"Wenn ich mir vorstelle, andere würden sterben, das ist für mich viel bedrohlicher als mein eigener Tod."

"Wenn es wieder wäre, ginge es mir wieder unter die Haut. Jetzt kommen ja meine eigenen Eltern dran, 84. Das ist noch viel schlimmer als die Schwiegereltern. Das ist eigen Fleisch und Blut."

6.3.17 Skala "Bejahung von eigenem Sterben und Tod" (BEST)

Allgemeine Kennzeichnung der Skala:

Mit einer dreistufigen Skala (Punktwert 0-2) wird der Ausprägungsgrad einer akzeptierenden Einstellung zum Prozeß des eigenen Sterbens bzw. zum eigenen Tod eingeschätzt. Akzeptieren des eigenen Todes manifestiert sich in Gelassenheit und Ausgeglichenheit sowie in einsichts- und verständnisvollen Gedanken mit Blick auf die eigene Endlichkeit.

Akzeptieren des eigenen Sterbens drückt sich aus in Gelassenheit, Ausgeglichenheit und Zuversicht beim Gedanken an den eigenen Sterbeprozeß. Bejahung des eigenen Sterbens kann sich darauf gründen, daß das eigene Sterben in übergeordnete Bezüge eingebettet wird. Der Verlust jeglicher Erlebensmöglichkeiten wird mehr oder weniger ausgeprägt als notwendig und sinnvoll auch mit Blick auf die eigene Person angesehen und in größere Zusammenhänge eingeordnet oder auch nur spontan positiv beurteilt.

Die Skala ist so gewichtet, daß die Intensität einer akzeptierenden bzw. bejahenden Einstellung zum eigenen Sterben bzw. zum eigenen Tod mit steigendem Punktwert zunimmt.

Codierungsanweisung:

Die Codierung mittels Skala BEST fußt auf den Aussagen zu den Fragen Nr. 26 bis Nr. 31 des Interview-Leitfadens, hauptsächlich jedoch auf den Angaben zu den Fragen Nr. 26, 27 und 30. Äußerungen zur Bejahung des eigenen Sterbens bzw. des eigenen Todes, die in anderen Themenkreisen des Interviews vorkommen, werden grundsätzlich nicht berücksichtigt. Die Aussagen zu den Fragen Nr. 26 bis Nr. 31 (Themenkreis "Sterben und Tod") bilden die Kontext-Einheit für die Codierung gemäß Skala BEST. Innerhalb dieses Rahmens ist Analyse-Einheit jede Äußerung im Sinne eines "Themas", die sich auf das Akzeptieren des eigenen Sterbens bzw. des eigenen Todes durch Pb bezieht.

Äußerungen im Sinne von Skala BEST sind sorgfältig zu trennen von Aussagen im Stil von Punktwert 0 der Skalen AES bzw. AET. Einfache Verneinung von Angst vor dem eigenen Tod/Sterben oder Gelassenheit gegenüber dem eigenen Sterben/Tod ist keine hinreichende Bedingung für die Codierung nach Skala BEST. Vielmehr bedarf es weitergehender Ausführungen des Pb im Sinne von Zustimmung, Akzeptieren, Bejahen bzw. Einordnen in größere Seinsbezüge.

Antworten auf Frage Nr. 30 ("Manche Leute sagen, daß sie ihren Tod begrüßen. Wie ist das bei Ihnen zur Zeit?"), die zu Suizidabsichten Stellung nehmen, werden nicht codiert. Ferner werden Aussagen über das Bejahen von fremdem Sterben/fremdem Tod bzw. dem Sterben/Tod anderer Menschen nicht codiert.

Punktwert 0: Keine oder sehr schwache Bejahung des eigenen Sterbens/Todes.

Verneinung von Verständnis für bzw. Einsicht in die Notwendigkeit des eigenen Sterbens/Todes und seiner einzelnen Aspekte. Zustimmung zur Tatsache der Endlichkeit ihres eigenen Lebens bzw. zur Aussicht ihres eigenen Sterbeprozesses aufgrund der Einordnung in übergeordnete ideelle Zusammenhänge ist Pb nicht möglich.- Pb lehnt sich gegen die Zwangsläufigkeit seines eigenen Sterbens/Todes innerlich auf, er hadert mit seinem (zukünftigen) Schicksal.

Die Negation einer akzeptierenden Haltung gegenüber dem eigenen Tod kann sich auf die bei Punktwert 2 genannten Aspekte des eigenen Todes beziehen.- Pb kann die Aussicht, daß er einen möglicherweise qualvollen Sterbeprozeß erleben wird, nicht in sein derzeitiges Leben einordnen. Er weist die Vorstellung, das Sterben könnte eine neuartige und bereichernde Erfahrung sein, von sich.

Punktwert 1: Mäßige Bejahung des eigenen Sterbens/Todes.

Abgeschwächte bzw. eingeschränkte Äußerung(en) des Bejahens/Akzeptierens des eigenen Sterbens bzw. der eigenen Endlichkeit. Eine Zustimmung zur Notwendigkeit und Unausweichlichkeit des eigenen Sterbens/Todes ist zwar grundsätzlich denkbar, hat aber für Pb keine vorrangige Bedeutung. Ein Bejahen des eigenen Sterbens/Todes und seiner einzelnen Aspekte wird als Wunsch oder Hoffnung für einen späteren Zeitpunkt geäußert.- Pb äußert nicht Bejahen, Akzeptieren, Begrüßen, Zustimmen, sondern verneint Angst und Bedrohung bei gleichzeitigem Hinweis auf das "Muß" des eigenen Todes/Sterbens.- Eingeschränkte Bereitschaft zu sterben (ohne erkennbare Suizidtendenzen).- Bedauern und Schicksalergebenheit, verbunden mit dem Hinweis, Sterben/Tod bleibe niemandem erspart oder man werde das Beste daraus machen.

Beispiele:

"Wenn es (das Sterben) morgen sein müßte, könnte ich auch nichts dran ändern. Man versucht, das Beste draus zu machen."

"Und dann halt, na ja, Ergebung. Es bleibt keinem erspart."

"Nein, das war einmal. Jetzt nicht mehr. Ich meine, ich muß sterben, irgendwann, hoffentlich möglichst spät. Ich möchte nicht alt werden, ich möchte nur lange leben. Als bedrohend empfinde ich das eigentlich nicht, nein. Jedenfalls aus meiner jetzigen Situation heraus."

"Ja, ich hoffe, daß ich es kann. Ob ich es wirklich kann, weiß ich nicht, da sind so Unsicherheiten drin. Aber ich hoffe, daß ich bis dahin, oder wenn es halt ist, es kann ja auch schon eher sein, das einfach annehme, wie es kommt."

"Ich hoffe, daß ich so viel innere Ruhe habe, daß ich einem gräßlichen Todeskampf entgehe. ... Ich hoffe, daß man bis dahin die Gelassenheit und die Reife hat, mehr erlischt. Ich würde mich nicht an tausend Geräte anschließen lassen, damit ich weiterleben kann."

"Ich möchte bis dahin so viel innere Reife und Ruhe haben, daß mich das nicht aufregt."

"Das kann schlimm werden, bis man stirbt. Es kann vielleicht auch leichter sein, vielleicht schneller sein. Vielleicht kommt auch noch ein langes Leiden auf einen zu, was ich ja nicht so gern hätte. Es wäre mir wünschenswert, wenn es schnell ginge als ein langes Leiden ... <I.-Äußerung> Wenn ich an längeres Leiden denke, dann stimmt mich das eigentlich doch recht traurig. Aber ich glaube doch, daß ich das doch auch auf mich nehmen würde und das durchstehen würde."

Punktwert 2: Starke Bejahung des eigenen Sterbens/Todes.

Äußerung(en) im Sinne einsichts- und verständnisvoller Vorstellungen und Gefühle beim Gedanken an das eigene Sterben bzw. an die Endlichkeit des eigenen Daseins.

Gelassenheit, Ausgeglichenheit und Ruhe bezüglich negativer Begleiterscheinungen des Sterbens wie Schmerzen, Einsamkeit und Isolation, Hilflosigkeit und Abhängigkeit, Verlust persönlicher Würde aufgrund der Überzeugung von der Notwendigkeit und Bedeutung des eigenen Sterbeprozesses im Rahmen der eigenen Biographie und/oder einer höheren Ordnung. Die Einbindung des eigenen Sterbens in eine höhere Ordnung ist die Bedingung für die Vergabe von Punktwert 2 bei BEST. Ist sie nicht erfüllt, wird Punktwert 0 bei AES vergeben.

Gelassenheit, Ausgeglichenheit und Ruhe beim Gedanken an ein ungewisses "Danach", an das Nichts, an einen Abschied von der Welt, an Verwesung und Zerfall, an das Verschwinden der eigenen Identität und Individualität, an Dunkelheit, Kälte und Einsamkeit, an unversorgt oder hilfsbedürftig zurückbleibende Angehörige aufgrund der Überzeugung von der Notwendigkeit und Richtigkeit des eigenen Todes im Rahmen einer höheren Ordnung. Die Einbindung des eigenen Todes in übergeordnete Zusammenhänge ist die Bedingung für die Vergabe von Punktwert 2 bei BEST. Ist diese Bedingung nicht erfüllt, wird Punktwert 0 bei AET vergeben.

Pb betrachtet einen mehr oder weniger langen Sterbevorgang als Bestandteil seines Lebens und bejaht ihn.- Pb ist auf das Sterben neugierig und will es bewußt erleben und durchstehen.- Pb sieht das Sterben als eine Möglichkeit an, eine neue Erfahrung zu machen.- Pb lehnt Suizid auch bei schwerem Leiden ab.- Obwohl der Gedanke an das eigene Sterben schlimm ist und einen traurig stimmt, ist man doch der Überzeugung, es durchstehen zu müssen und zu können.- Das eigene Sterben wird als Möglichkeit einer letzten Reifung gesehen.

Pb betont das "Muß" des eigenen Todes ohne irgendwelche Einschränkungen.- Pb bezeichnet den eigenen Tod als Bestandteil des Lebens und als unvermeidlich, ohne daß ihn dies beunruhigt.- Der eigene Tod wird als Selbstverständlichkeit betrachtet, um die nicht viel Aufhebens gemacht werden sollte.- Pb äußert Neugier beim Gedanken an seinen eigenen Tod.- Der eigene Tod wird als Ablösung, Erlösung und auch als Trost bezeichnet.- Pb sieht es als seine Pflicht, den eigenen Tod so anzunehmen, wie er auf ihn zukommt.- Ein Ordnungsprinzip (z.B biologisches Weltbild) dient als Hilfe und ermöglicht Bejahung des eigenen Todes.- Pb wünscht sich den Tod (ohne Hinweise auf Suizidabsichten).

Beispiele:
"Gott, man muß sich den Tod nicht als furchtbaren Gesellen vorstellen, sondern man muß eben denken, es ist eine Ablösung."

"Man soll nicht so viel Gehabe drum rum machen, das ist meine Einstellung. Wenn es eben mal sein muß, dann muß es sein."

"Ich bin fast ein bißchen neugierig. Wie der Tod wohl ist, wie sich der Tod wohl darstellt. ... Da mache ich mir eigentlich gar keine Gedanken, wie es sein könnte oder so. Ich bin echt neugierig auf den Zustand dann."

"Ich stelle mir vor, daß diese Ordnung im weitesten Rahmen mir den Schritt erleichtern hilft. ... Wenn man biologische Gegebenheiten anerkennt, sie ins Leben einbezieht, ist es eine sehr gute Sache, die es erleichtert."

"Ich finde, ich sage, wenn das Lichtlein abgebrannt ist, dann ist das eben so. ... Wenn die Uhr abgelaufen ist, dann - damit habe ich mich schon abgefunden. ... Wenn nicht ein dringender Fall vorliegt, dann sollte man die Leute doch in Ruhe sterben lassen, wenn es soweit ist."

"Ich kann nicht sagen begrüßen, ich bejahe ihn. Wenn es Gottes Wille ist, ja. Aber nicht herbeisehnen."

"Nur habe ich ihn (den Tod) mir schon im letzten Jahr öfters gewünscht, aber sonstige Gedanken hatte ich nicht."

"Eine Bedrohung? Nein. Das ist, glaube ich, selbstverständlich. Mit dem Gedanken muß man sich ja abfinden. Und damit findet man sich immer mehr ab, finde ich, je länger man lebt, desto mehr findet man sich damit ab."

"Was sollte ich anders als den nicht annehmen wollen? Das wäre ja töricht. Den muß ich annehmen und weil ich ihn annehmen muß, da will ich ihn annehmen. <I.-Frage> Ich kann es, ja. Ich hoffe aber, daß er erduldbar ist."

"Bestandteil des Lebens. Unsere Gesellschaft, die nimmt den Tod ja weg. Die nimmt ihn raus aus dem Leben. Die sondert ihn ab. Wir haben das erlebt als Kinder, daß der Tod zum Leben gehört."

"Abwartend. Es wird ein neues Erlebnis sein. Soweit ich da so die Todkranken beobachtet habe, also das waren nicht die ersten Fälle, ich hatte vorher schon einige andere auch sterben sehen. Da habe ich zum großen Teil den Eindruck gehabt, daß das mit einer entsprechenden Einstellung ein Erlebnis ist. Ein einmaliges Erlebnis, das eben nur einer hat."

"Ist für mich ganz normal."

"Ich glaube, ich habe einiges erreicht. Ich war zufrieden mit meinem Leben. Und wenn es dann zu Ende geht, dann nehme ich es so, wie es kommt. Die ... jetzt, die Art des Todes. Daß das keine so große Katastrophe wäre."

"Welche Erfahrung ich da gemacht habe? Na, das ist wie - wie wenn da Abschied ist auf ewig, ne. Das ist die Erfahrung, wo ich mit anderen gemacht habe im Sterben, die war nicht einmal übermäßig grausam. Für mich ist Leben und Tod - das gehört zusammen. Ich kann - das kann man nicht voneinander trennen. Das sieht man in der Natur draußen auch. An sich auch was, was nicht so angenehm ist, aber es ist einfach unvermeidbar ..."

<... ein furchtbarer Zustand.>
"Ja, den ich aber nicht ändern kann. Den ich auch durchstehen muß, was bleibt mir übrig? Ich würde mich nicht berechtigt sehen, wenn ich das könnte, mir das Leben zu nehmen. Ich bin andererseits der Meinung, daß die Ärzte nicht so weit gehen können, mir mit Apparaten das Leben zu verlängern ..."

"Ich habe schon mehrere Menschen sterben sehen. In so schöner Weise, daß ich nicht glauben kann, daß mich der Tod irgendwann erschrecken würde. ... Und wenn man nicht ausweicht und sich eben keinen Schwindel erlaubt, ..., daß man da eine Erfahrung machen kann - die muß großartig sein. Das habe ich auch miterlebt, voriges Jahr und im Jahr zuvor auch."

Beispiele für *Nicht-Codierbarkeit:*
"Na, begrüßen möchte ich ihn noch nicht. Und wenn er da ist, na in Gottes Namen, aber begrüßen würde ich ihn jetzt noch nicht."

Auf Frage Nr. 30:
"Manchmal würde ich das auch sagen. Ich wäre vielleicht zu feige, um mich zu erhängen, aber schön sanft hinüberschlummern mit Tabletten ..."

Auf Frage Nr. 30:
"Da wäre der Tod eine Störung. Ich bin da noch nicht scharf drauf. ... Aber wenn mir heute jemand eröffnen würde: es ist soweit - dann würde ich versuchen, mich so weit wie möglich darauf einzustellen."

6.3.18 Skala "Häufigkeit gedanklicher Beschäftigung mit Sterben und Tod" (HST)

Allgemeine Kennzeichnung der Skala:

Mit einer dreistufigen Skala (Punktwert 0-2) wird die Intensität eingeschätzt, mit der sich Pb gedanklich mit der Todesthematik beschäftigt; dazu zählen Gedanken an eigenes wie fremdes Sterben, an eigenen wie fremden Tod, sei es tatsächlich erlebt oder in der Phantasie vorgestellt. Gedankliche Beschäftigung mit der Todesthematik liegt auch dann vor, wenn Begleitumstände wie Beerdigung, Grab, Trauerzeremoniell etc. ihr Gegenstand sind. "Intensität" wird hier operational gefaßt als "Häufigkeit der Gedanken".

Die Skala ist so aufgebaut, daß die Häufigkeit der gedanklichen Beschäftigung mit Sterben und Tod mit steigendem Punktwert zunimmt.

Codierungsanweisung:

Die Codierung gemäß Skala HST basiert auf den Informationen, die durch die Fragen Nr. 26 bis Nr. 31 des Interview-Leitfadens gewonnen wurden. Äußerungen zur Häufigkeit gedanklicher Beschäftigung mit Sterben und Tod, die in anderen Themenkreisen des Interviews vorkommen, werden grundsätzlich nicht berücksichtigt. Der Themenkreis "Sterben und Tod" mit den Fragen Nr. 26 bis Nr. 31 bildet somit die Kontext-Einheit für die Codierung von HST. Innerhalb dieses Rahmens ist Analyse-Einheit jede Äußerung im Sinne eines "Themas", die sich auf die Häufigkeit gedanklicher Beschäftigung mit der Todesthematik bezieht.

Punktwert 0: Keine oder sehr geringe Beschäftigung mit der Todesthematik.

Verneinung von Gedanken, die sich auf Sterben und Tod oder entsprechende Begleitumstände richten oder Bezeichnungen derartiger Gedanken als "sehr selten", "äußerst selten", "fast nie" etc.

Pb bezeichnet Gedanken über die Todesthematik als vergeudete Zeit.- Pb sieht nicht ein, warum er sich darüber Gedanken machen soll.

Beispiele:
"Nein. Warum soll ich mir über unnötige Dinge den Kopf zerbrechen? ... es ist vergeudete Zeit, wenn man sich da so reinkniet."

"An meinen eigenen Tod habe ich eigentlich in dem Sinne noch nicht gedacht."

"Ja, also soweit habe ich also noch nicht voraus gedacht. Ich meine, ich bin 53 Jahre. Da habe ich also noch überhaupt nicht dran gedacht, an den Tod ..."

Punktwert 1: Mäßige gedankliche Beschäftigung mit der Todesthematik.

Abgeschwächte bzw. eingeschränkte Gedanken an die Todesthematik. Pb denkt schon an Sterben und Tod, jedoch nicht sonderlich häufig. Die Todesthematik ist für Pb kein zentrales Thema, sondern beschäftigt ihn nur am Rande.

Pb denkt manchmal, gelegentlich, ab und zu, hin und wieder an Sterben und Tod.- Er macht sich (noch) nicht sehr viel, nicht häufig, kaum Gedanken über die Todesthematik.- Teils macht er sich Gedanken über die Todesthematik, teils macht er sich keine Gedanken.

Pb denkt nicht häufiger an Sterben/Tod als früher.

Beispiele:
"Man denkt schon darüber nach, aber ich habe vorhin gesagt, wie ich es mir ungefähr vorstelle, wie es ist, wenn man tot ist oder stirbt. Ich fühle mich im Moment nicht betroffen davon. Ich habe gar keine Zeit, darüber nachzudenken. Manchmal ja, aber es ist kein Thema."

"Sehr viel habe ich noch nicht darüber nachgedacht."

"Aber damit beschäftige ich mich eigentlich kaum. Im Moment noch nicht."

Auf die Frage, ob Pb heute öfter an den Tod denkt als früher:
"Nein, auch nicht sehr viel mehr. Ich meine, man denkt schon mal dran, ab und zu kommen dann Gedanken, aber im großen und ganzen möchte ich schon noch leben."

"Ja und nein. Das kommt. Es gibt auch wieder mal, wo man natürlich. - Ich muß dazu sagen, ich habe Depressionen, ja, aber wenn man keine hat, dann denken Sie an das nicht."

"Nein, das muß ich Ihnen ehrlich sagen, da denke ich nicht häufig dran. Bin ich ganz ehrlich zu Ihnen. Dazu geht es mir im Augenblick viel zu gut, daß ich da so oft dran denke."

"Nein, man spricht vielleicht ab und zu darüber, macht sich am Rande ein bißchen Gedanken. Wobei ich das von mir weniger sagen kann. ..."

Punktwert 2: Starke gedankliche Beschäftigung mit der Todesthematik.

Ausdrückliche und eindeutige Bestätigung von häufigen Gedanken über Sterben und Tod sowie entsprechender Begleitumstände.

Pb denkt jetzt häufiger an die Todesthematik als früher bzw. er hat früher seltener daran gedacht als er es heute tut.- Pb denkt (nach eigener Einschätzung) häufiger an die Todesthematik als Gleichaltrige.

Pb gibt zu erkennen, daß seine Wahrnehmungs- bzw. "Erlebnis-Schwelle" für todbezogene Inhalte herabgesetzt ist.

Beispiele:

"Früher hat man sich weniger Gedanken um den Tod gemacht. Man hat das, was die Kirche gelehrt hat, geglaubt. ... Und jetzt, man wird immer älter, man weiß, man muß den Schritt irgendwann auch tun. Die Zeit vergeht so schnell. Man ist selber erstaunt, daß man selber schon auf eine so lange Vergangenheit zurückschauen kann. Der Tod kommt also immer näher."

"Ich muß sagen, ich habe früher nicht so viel an Tod und Sterben gedacht."

"Ja, da muß ich sagen, wenn man älter wird, denkt man da schon eher dran als wenn man ein junger Mensch ist."

"Also als junger Mensch, wenn ich zurückblicke, war man doch - man dachte erst einmal gar nicht so daran und war eben - weil der Lebenswille doch eben größer ist. Als Älterer, muß ich sagen, wird man ruhiger. Man geht mehr in sich hinein, was eben als junger Mensch zu verneinen ist."- Auf I.-Frage, ob man sich mit zunehmendem Alter häufiger mit Sterben/Tod beschäftige: "Würde ich sagen."

"Ja das stimmt. In der Jugend denkt man ja gar nicht an den Tod. Wenn man älter wird, ab einem gewissen Teilabschnitt, da kommt einem öfters der Gedanke 'Mein Gott, was wäre, wenn du jetzt morgen früh tot wärst'."

"Ja, da hat sich schon einiges geändert, denn ich meine, wenn man älter wird, denkt man mehr darüber nach. Vielleicht auch öfters."

"Früher hat man sich wenig oder fast gar nicht damit auseinandergesetzt, während man hier jetzt ja unmittelbar konfrontiert wird. Man ist ja auch nimmer so jung, wahrscheinlich auch nicht mehr so oberflächlich, ohne - ohne daß es spurlos an einem vorbeigegangen ist. Da kommen sie einem zwangsläufig, die Gedanken."

"Ja, es ist insofern als ich mehr daran gedacht habe. <I.-Frage> Häufiger und das wurde dann auch emotionaler. Irgendwie war es dann beklemmender. Früher, ich glaube in den zwanziger, dreißiger Jahren, da war das nicht so da."

"Na, ja, man macht sich dann enger vertraut mit der Tatsache, daß eines Tages das Leben zu Ende ist. Während das früher ja doch trotz allem ein wenig weiter in die Ferne gerückt ist ..."

"In jüngeren Jahren hat man noch weniger daran gedacht, in älteren Jahren denkt man da mehr dran."

"Je älter ich werde, desto mehr denke ich an Tod und Leben, das stimmt."

"Allerdings, diese ganzen Erfahrungen lassen mich mit dem Tod beschäftigen. Im Gegensatz zu gleichaltrigen Menschen, die interessieren sich überhaupt noch nicht für den Tod. ... Meine Erfahrungen haben gezeigt, daß die meisten in meinem Alter überhaupt noch nicht an den Tod denken. Die Erfahrungen, die ich gemacht habe, diese bitteren, die bringen bei mir den Gedanken auf Tod. Öfter als vielleicht bei einem anderen Menschen."

6.4 Inhaltsanalytische Codierungen der Beispiel-Interviews anhand der Würzburger Auswertungsskalen für Interviewmaterial (WAI)

Im folgenden werden die Ergebnisse der inhaltsanalytischen Auswertung der fünf Beispiel-Interviews mit Hilfe der Auswertungsskalen des Abschnitts 6.3 mitgeteilt, wie sie von unabhängigen Auswertern vorgenommen wurde (Wittkowski, 1984). Der Leser hat damit die Möglichkeit, den Gang der Codierung im Detail nachzuvollziehen. Darüber hinaus wird auch die Aufbereitung der Codierungen (siehe Abschnitt 6.2.5) für jedes Beispiel-Interview demonstriert.

Die folgenden Tabellen sind aus Gründen der Übersichtlichkeit und der Platzersparnis anders gestaltet als das in Abschnitt 6.2.5 beschriebene Auswertungsblatt. Um Übereinstimmungen und Diskrepanzen zwischen den Auswertern deutlich zu machen, sind die Codes beider Auswerter hier in benachbarten Spalten angeordnet; auf die Spalte für die Anzahl der Zeilen wurde verzichtet. Es sei ausdrücklich betont, daß bei der Auswertung jeder Auswerter ein eigenes Auswertungsblatt zur Verfügung hatte.

Jede der folgenden Tabellen enthält eine Spalte mit Analyse-Einheiten (Spaltenkopf "AE"), pro Auswertungsskala zwei Spalten für die Punktwerte der beiden Auswerter ("Rater C", "Rater D") sowie eine Spalte, in der Nicht-Codierbarkeit einer Analyse-Einheit mit einem Kreuz vermerkt wird (Spaltenkopf "NC"). Bezüglich der Bezeichnungen der C-Rater wird auf Abschnitt 6.2.4.2 verwiesen.

6.4.1 Themenkreis "Soziale Integration"

Die Tabellen 6.1 bis 6.5 enthalten die Codierungen der fünf Beispiel-Interviews anhand der Auswertungsskalen SI-A und SI-B/quant.; Skala SI-B/qual. ist nicht aufgeführt, da in dem vorliegenden Beispielmaterial entsprechende Analyse-Einheiten nicht vorkommen.

Tabelle 6.1: Codierungen anhand der Skalen SI-A und SI-B/quant. für Beispiel-Interview A

AE	SI-A		SI-B/quant.		NC
	Rater C_1	Rater D	Rater C_1	Rater D	
1	3	3			
2	3	3			
3	3	3			
4	3	3			
5	2	1			
6			2	2	

Von den sechs Analyse-Einheiten des Probanden A (Tabelle 6.1) sind alle codierbar. Fünf Analyse-Einheiten entfallen auf das Ausmaß eigener sozialer Integration (Skala SI-A), eine Analyse-Einheit bezieht sich auf die Bewertung des Ausmaßes der eigenen sozialen Integration (Skala SI-B/quant.). Für Skala SI-A ergibt sich der Mittelwert der Codierungen von Rater C_1 zu (3+3+3+3+1):5 = 14:5 = 2,8, der Mittelwert der Codierungen von Rater D beträgt (3+3+3+3+1):5 = 13:5 = 2,6. Daraus wird der Punktwert von Proband A für das Merkmal "Ausmaß eigener sozialer Integration" wie folgt bestimmt: (2,8+2,6):2 = 2,7. Für Skala SI-B/quant. ergibt sich - wie unmittelbar einsichtig - 2,0 als Punktwert für Proband A.

Tabelle 6.2: Codierungen anhand der Skalen SI-A und SI-B/quant. für Beispiel-Interview B

AE	SI-A		SI-B/quant.		NC
	Rater C_1	Rater D	Rater C_1	Rater D	
1					X
2	3	3			
3	2	3			
4	2	2			
5	1	1			
6	1	0			
7	3	3			
8	3	3			
9	2	3			
10			2	2	

Tabelle 6.2 enthält die inhaltsanalytische Auswertung des Themenkreises "Soziale Integration" für Proband B. Die erste der 10 Analyse-Einheiten wurde von beiden Auswertern als nicht codierbar eingestuft bzw. als solches vorgefunden, so daß keine Punktwerte vergeben wurden. Für Skala SI-A ergibt sich als Mittelwert der Codierungen von Rater C_1: (3+2+2+1+1+3+3+2):8 = 17:8 = 2,1; der Mittelwert der Codes von Rater D beträgt: (3+3+2+1+0+3+3+3):8 = 18:8 = 2,3. Daraus resultiert ein "horizontaler" Mittelwert von (2,1+2,3):2 = 2,2. Dies ist der Punktwert von Proband B für das Ausmaß der eigenen sozialen Integration. Das entsprechende Ergebnis für Skala SI-B/quant. ist 2,0.

Aufgrund der Auswertung der Tabelle 6.3 ergibt sich für Proband C ein Punktwert von (2,1+2,3):2 = 2,2 hinsichtlich des Ausmaßes der eigenen sozialen Integration (Skala SI-A) sowie ein Punktwert von (2,0+2,0): 2 = 2,0 für die Bewertung des Ausmaßes er eigenen sozialen Integration (Skala SI-B/quant.).

Tabelle 6.3: Codierungen anhand der Skalen SI-A und SI-B/quant. für Beispiel-Interview C

AE	SI-A		SI-B/quant.		NC
	Rater C_1	Rater D	Rater C_1	Rater D	
1	3	3			
2	2	2			
3	2	3			
4	1	1			
5	1	1			
6	3	3			
7	3	3			
8	2	2			
9			2	2	

Tabelle 6.4 zeigt das Ergebnis der inhaltsanalytischen Auswertung für Proband D. Analyse-Einheit 1 entfällt wegen Nicht-Codierbarkeit. Die Berechnung des Punktwertes von Proband D aufgrund der Auswertung mittels Skala SI-A verläuft wie

Tabelle 6.4: Codierungen anhand der Skalen SI-A und SI-B/quant. für Beispiel-Interview D

AE	SI-A		SI-B/quant.		NC
	Rater C_1	Rater D	Rater C_1	Rater D	
1					X
2	3	3			
3	1	1			
4	2	2			
5	0	0			
6	0	1			
7	0	0			
8	3	3			
9	0	0			
10			1	2	

folgt: "Vertikale" Mittelwertbildung für Rater C_1: (3+1++2+0+0+0+3+0):8 = 9:8 = 1,1; "vertikale" Mittelwertbildung für Rater D: (3+1+2+0+1+0+3+0):8 = 10:8 = 1,3. Als "horizontaler" Mittelwert ergibt sich: (1,1+1,3):2 = 1,2. Aufgrund von Skala SI B/quant. ist der individuelle Punktwert des Probanden D: (1+2):2 = 1,5.

Tabelle 6.5: Codierungen anhand der Skalen SI-A und SI-B/quant. für Beispiel-Interview E

AE	SI-A		SI-B/quant.		NC
	Rater C_1	Rater D	Rater C_1	Rater D	
1	3	2			
2	1	0			
3	2	2			
4	2	2			
5	0	0			
6	0	0			
7	2	2			
8	0	0			
9			2	2	

Aufgrund der Daten in Tabelle 6.5 ergibt sich für Proband E ein Punktwert von (1,3+1,0):2 = 2,2 hinsichtlich des Ausmaßes der eigenen sozialen Integration (Skala SI-A) sowie ein Punktwert von (2,0+2,0):2 = 2,0 für die Bewertung des Ausmaßes er eigenen sozialen Integration (Skala SI-B/quant.).

6.4.2 Themenkreis "Religiosität"

In den Tabellen 6.6 bis 6.10 sind die Codierungen der Beispiel-Interviews anhand der Auswertungsskalen des Merkmalsbereichs "Religiosität" zusammengestellt. Die Tabellen lassen eine sehr ähnliche Struktur hinsichtlich der Zahl der Analyse-Einheiten innerhalb der einzelnen Skalen erkenen. In Interview D konnte für das Merkmal "Religiöse Versprechungen" (Skala REL-V) keine Analyse-Einheit gebildet werden (siehe Tabelle 6.9). Nicht-Codierbarkeit wurde stets übereinstimmend vergeben oder von den Auswertern bereits vorgefunden, die entsprechenden Zeilen sind daher leer.

Da meist nur ein Punktwert pro Auswerter und Skala vorliegt, wird auf die Demonstration der Berechnung individueller Punktwerte verzichtet.

Tabelle 6.6: Codierungen anhand der Skalen REL-GG, REL-KKI, REL-ÖRP, REL-ESM und REL-V für Beispiel-Interview A

AE	REL-KKI		REL-ÖRP		REL-ESM		REL-V		REL-GG		NC
	Rater C_2	Rater D	Rater C_2	Rater D	Rater C_2	Rater D	Rater C_2	Rater D	Rater C_2	Rater D	
1	2	2									
2			2	2							
3					0	0					
4					0	0					
5							2	1			
6									2	1	
7											X

Tabelle 6.7: Codierungen anhand der Skalen REL-GG, REL-KKI, REL-ÖRP, REL-ESM und REL-V für Beispiel-Interview B

AE	REL-KKI		REL-ÖRP		REL-ESM		REL-V		REL-GG		NC
	Rater C_2	Rater D	Rater C_2	Rater D	Rater C_2	Rater D	Rater C_2	Rater D	Rater C_2	Rater D	
1	0	0									
2			0	0							
3					1	1					
4					0	1					
5							0	0			
6									1	1	
7											X

Tabelle 6.8: Codierungen anhand der Skalen REL-GG, REL-KKI, REL-ÖRP, REL-ESM und REL-V für Beispiel-Interview C

AE	REL-KKI		REL-ÖRP		REL-ESM		REL-V		REL-GG		NC
	Rater C_2	Rater D	Rater C_2	Rater D	Rater C_2	Rater D	Rater C_2	Rater D	Rater C_2	Rater D	
1	1	0									
2			2	2							
3					1	1					
4					1	1					
5							2	2			
6									2	2	
7									2	2	
8											X

Tabelle 6.9: Codierungen anhand der Skalen REL-GG, REL-KKI, REL-ÖRP, REL-ESM und REL-V für Beispiel-Interview D

AE	REL-KKI		REL-ÖRP		REL-ESM		REL-V		REL-GG		NC
	Rater C_2	Rater D	Rater C_2	Rater D	Rater C_2	Rater D	Rater C_2	Rater D	Rater C_2	Rater D	
1	0	0									
2			1	1							
3					2	2					
4					2	2					
5											X
6											X
7									2	1	
8											X

Tabelle 6.10: Codierungen anhand der Skalen REL-GG, REL-KKI, REL-ÖRP, REL-ESM und REL-V für Beispiel-Interview E

AE	REL-KKI		REL-ÖRP		REL-ESM		REL-V		REL-GG		NC
	Rater C_2	Rater D	Rater C_2	Rater D	Rater C_2	Rater D	Rater C_2	Rater D	Rater C_2	Rater D	
1	0	0									
2			0	1							
3					0	1					
4					0	0					
5									2	2	
6							0	0			
7									2	2	
8											X
9									2	1	

6.4.3 Themenkreis "Selbstwertgefühl"

Die Tabellen 6.11 und 6.12 weichen in ihrem Aufbau von den übrigen Tabellen dieses Abschnitts insofern ab, als für jedes Beispiel-Interview eine Spalte "NC" vorgesehen ist. Nicht-Codierbarkeit einer Analyse-Einheit liegt allerdings nur ein Mal in Interview D vor.

Die Punktwerte für Selbstwertgefühl lauten wie folgt: (1,0+1,3):2 = 1,2 für Proband A; (1,3+1,3):2 = 1,3 für Proband B; (1,0+1,3):2 = 1,2 für Proband C; (1,0+1,0):2 = 1,0 für Proband D; (1,3+1,5):2 = 1,4 für Proband E.

Tabelle 6.11: Codierungen anhand Skala SWG für die Beispiel-Interviews A-C

AE	Interview A			Interview B			Interview C		
	Rater C_3	Rater D	NC	Rater C_3	Rater D	NC	Rater C_3	Rater D	NC
1	0	1		1	1		1	1	
2	2	2		1	1		1	1	
3	1	1		2	2		1	2	
4	1	1		1	1		1	1	

Tabelle 6.12: Codierungen anhand Skala SWG für die Beispiel-Interviews D und E

AE	Interview D			Interview E		
	Rater C_3	Rater D	NC	Rater C_3	Rater D	NC
1	0	0		1	1	
2	2	1		1	2	
3			X	2	2	
4	2	2		1	1	
5	0	1				

6.4.4 Themenkreis "Lebenszufriedenheit"

Die Tabellen 6.13 bis 6.17 enthalten die Codierungen der fünf Beispiel-Interviews anhand der Auswertungsskalen LZ-G und LZ-V. In vier Interviews sind insgesamt sieben Analyse-Eineiten nicht codierbar. Da stets Übereinstimmung hinsichtlich Nicht-Codierbarkeit besteht, enthalten die entsprechenden Zeilen keine Punktwerte.

Für Skala LZ-G führen die Codierungen von Rater C_4 und Rater D zu folgenden Punktwerten: (1,7+1,3):2 = 1,5 für Proband A; (1,6+1,0):2 = 1,3 für Proband B; (2,0+2,0):2 = 2,0 für Proband C; (1,3+1,0):2 = 1,2 für Proband D; (1,8+1,8):2 = 1,8 für Proband E. Die entsprechenden Ergebnisse für Skala LZ-V lauten: (1,5+1,5):2 = 1,5 für Proband A; (1,0+1,0):2 = 1,0 für Proband B; (2,0+2,0):2 = 2,0 für Proband C; (1,0+1,0):2 = 1,0 für Proband D; (1,5+1,5):2 = 1,5 für Proband E.

Tabelle 6.13: Codierungen anhand der Skalen LZ-G und LZ-V für Beispiel-Interview A

AE	LZ-G		LZ-V		NC
	Rater C_4	Rater D	Rater C_4	Rater D	
1					X
2	2	1			
3	2	2			
4	2	2			
5	1	1			
6	2	1			
7			1	1	
8			2	2	
9	1	1			

Tabelle 6.14: Codierungen anhand der Skalen LZ-G und LZ-V für Beispiel-Interview B

AE	LZ-G		LZ-V		NC
	Rater C_4	Rater D	Rater C_4	Rater D	
1					X
2	1	0			
3					X
4	1	0			
5	2	1			
6					X
7	1	1			
8			0	0	
9	2	2			
10			1	1	
11	2	2			

Tabelle 6.15: Codierungen anhand der Skalen LZ-G und LZ-V für Beispiel-Interview C

AE	LZ-G		LZ-V		NC
	Rater C_4	Rater D	Rater C_4	Rater D	
1	2	2			
2			2	2	
3			0	0	
4	2	2			

Tabelle 6.16: Codierungen anhand der Skalen LZ-G und LZ-V für Beispiel-Interview D

AE	LZ-G		LZ-V		NC
	Rater C_4	Rater D	Rater C_4	Rater D	
1	2	1			
2					X
3	1	1			
4			1	0	
5			1	1	
6	1	1			

Tabelle 6.17: Codierungen anhand der Skalen LZ-G und LZ-V für Beispiel-Interview E

AE	LZ-G		LZ-V		NC
	Rater C_4	Rater D	Rater C_4	Rater D	
1					X
2	2	2			
3	2	2			
4	2	2			
5	2	2			
6					X
7	2	2			
8			2	2	
9			1	1	
10	1	1			

6.4.5 Themenkreis "Zukunftsperspektive"

In den Tabellen 6.18 bis 6.22 sind die Codierungen der Beispiel-Interviews anhand der Auswertungsskalen des Merkmalsbereichs "Zukunftsperspektive" zusammengefaßt. Man beachte, daß in Interview E (Tabelle 6.22) die Analyse-Einheit 4 nur von Rater D als nicht codierbar eingestuft wurde, Rater C_5 hielt sie hingegen für codierbar und hat anhand Skala ZP-A Punktwert 3 vergeben. Da eine Analyse-Einheit bereits dann von der weiteren Verrechnung ausgeschlossen wird, wenn *ein* Auswerter sie als nicht codierbar bezeichnet hat (vgl. Abschnitt 6.2.4.2), wird Analyse-Einheit 4 in Tabelle 6.22 bei der Bestimmung des Punktwertes von Proband E nicht berücksichtigt.

Tabelle 6.18: Codierungen anhand der Skalen ZP-A und ZP-T für Beispiel-Interview A

	ZP-A		ZP-T		
AE	Rater C_5	Rater D	Rater C_5	Rater D	NC
1	2	2			
2			2	2	
3			1	0	

Tabelle 6.19: Codierungen anhand der Skalen ZP-A und ZP-T für Beispiel-Interview B

	ZP-A		ZP-T		
AE	Rater C_5	Rater D	Rater C_5	Rater D	NC
1	1	1			
2			0	0	
3	2	2			
4			1	1	

Tabelle 6.20: Codierungen anhand der Skalen ZP-A und ZP-T für Beispiel-Interview C

AE	ZP-A		ZP-T		NC
	Rater C_5	Rater D	Rater C_5	Rater D	
1	1	1			
2			0	0	
3	0	0			
4			2	1	

Tabelle 6.21: Codierungen anhand der Skalen ZP-A und ZP-T für Beispiel-Interview D

AE	ZP-A		ZP-T		NC
	Rater C_5	Rater D	Rater C_5	Rater D	
1	2	2			
2			1	0	
3			0	0	

Tabelle 6.22: Codierungen anhand der Skalen ZP-A und ZP-T für Beispiel-Interview E

AE	ZP-A		ZP-T		NC
	Rater C_5	Rater D	Rater C_5	Rater D	
1	1	1			
2			1	1	
3			1	1	
4	3				X
5			1	1	

Für Skala ZP-A ergeben sich aufgrund der Codierungen von Rater C_5 und Rater D folgende Punktwerte: $((2,0+2,0):2 = 2,0$ für Proband A; $(1,5+1,5):2 = 1,5$ für Proband B; $(1,0+1,0):2 = 1,0$ für Proband C; $(2,0+2,0):2 = 2,0$ für Proband D; $(1,0+1,0):2 = 1,0$ für Proband E. Die entsprechenden Resultate für Skala ZP-T lauten: $(1,5+2,0):2 = 1,8$ für Proband A; $(1,0+1,0):2 = 1,0$ für Proband B; $(2,0 + 1,0):2 = 1,5$ für Proband C; $(1,0+0,0):2 = 0,5$ für Proband D; $(1,0+1,0):2 = 1,0$ für Proband E.

6.4.6 Themenkreis "Sterben und Tod"

Die inhaltsanalytischen Auswertungen der verschiedenen Aspekte des Merkmalsbereichs "Sterben und Tod" sind aus den Tabellen 6.23 bis 6.27 ersichtlich. In den Tabellen 6.23 und 6.26 sind die Spalten der Skalen BEST und HST leer, da in den Beispiel-Interviews A und D keine entsprechenden Analyse-Einheiten gebildet werden konnten; aus demselben Grund finden sich auch in den Tabellen 6.24 und 6.25 unbesetzte Zellen.

Tabelle 6.23: Codierungen anhand der Skalen AET, AES, AFST, BEST und HST für Beispiel-Interview A

AE	AET		AES		AFST		BEST		HST		NC
	Rater C_6	Rater D	Rater C_6	Rater D	Rater C_6	Rater D	Rater C_6	Rater D	Rater C_6	Rater D	
1		1									X
2			2	1							
3					0	1					
4											X
5	1	1									
6			2	2							

Tabelle 6.24: Codierungen anhand der Skalen AET, AES, AFST, BEST und HST für Beispiel-Interview B

AE	AET		AES		AFST		BEST		HST		NC
	Rater C_6	Rater D	Rater C_6	Rater D	Rater C_6	Rater D	Rater C_6	Rater D	Rater C_6	Rater D	
1							2	2			
2											X
3	1	1									
4					1	2					
5									1	2	
6											X
7	0	0									

Tabelle 6.25: Codierungen anhand der Skalen AET, AES, AFST, BEST und HST für Beispiel-Interview C

	AET		AES		AFST		BEST		HST		
AE	Rater C_6	Rater D	Rater C_6	Rater D	Rater C_6	Rater D	Rater C_6	Rater D	Rater C_6	Rater D	NC
1							1	2			
2			1	1							
3					0						X
4											X
5							1	1			
6	0	0									

Tabelle 6.26: Codierungen anhand der Skalen AET, AES, AFST, BEST und HST für Beispiel-Interview D

	AET		AES		AFST		BEST		HST		
AE	Rater C_6	Rater D	Rater C_6	Rater D	Rater C_6	Rater D	Rater C_6	Rater D	Rater C_6	Rater D	NC
1			2	2							
2	2	2									
3					2	2					
4	2	2									
5											X
6					2	2					

Man beachte, daß in den Tabellen 6.23 (AE 1), 6.25 (AE 3) und 6.27 (AE 7) Nicht-Codierbarkeit nicht übereinstimmend beurteilt wird. Aus diesem Grund findet sich in der entsprechenden Zeile jeweils nur der Punktwert eines Auswerters, die benachbarte Zelle ist leer. Gleichwohl entfällt die betreffende Analyse-Einheit für die weitere Verrechnung, so daß im Beispiel-Interview C für Skala AFST und in Beispiel-Interview E für Skala AET jeweils keine verrechenbare Analyse-Einheit vorliegt (siehe Tabelle 6.25 bzw. 6.27).

Tabelle 6.27: Codierungen anhand der Skalen AET, AES, AFST, BEST und HST für Beispiel-Interview E

	AET		AES		AFST		BEST		HST		NC
AE	Rater C_6	Rater D	Rater C_6	Rater D	Rater C_6	Rater D	Rater C_6	Rater D	Rater C_6	Rater D	
1							2	1			
2									0	0	
3			1	1							
4											X
5											X
6											X
7	0										X

6.5 Gütekriterien und Skalenkennwerte der Würzburger Auswertungsskalen für Interviewmaterial (WAI)

Grundlage für die Ermittlung der Inter-Rater-Reliabilität, der kriterienbezogenen Validität, der Skalenkennwerte und der Passung von Interviewmaterial und Auswertungsskalen ist die Auswertung von 186 Interviewprotokollen (93 Männer, 93 Frauen, Altersbereich 45-55 Jahre; wegen weiterer Einzelheiten siehe Abschnitt 5.5.5). Sowohl bei der Bildung von Analyse-Einheiten als auch bei der Codierung der Analyse-Einheiten arbeiteten stets zwei Auswerter unabhängig voneinander (siehe Abbildung 6.1 in Abschnitt 6.2.4 sowie die Übersicht in Abschnitt 6.2.4.2).

6.5.1 Inter-Rater-Reliabilität

Tabelle 6.28 enthält die Koeffizienten der Inter-Auswerter-Übereinstimmung für die Würzburger Auswertungsskalen für Interviewmaterial (WAI). Berücksichtigt sind alle codierbaren Analyse-Einheiten, so daß die Tabelle Auskunft über den Grad der Übereinstimmung zwischen den beiden Auswertern bei der Anwendung der Kategorien einer jeden Auswertungsskala auf das korrespondierende Interviewmaterial gibt. Als Übereinstimmungsmaß wurde Krippendorff's α anhand von Koinzidenzmatrizen berechnet (siehe Krippendorff, 1980, S. 140 ff.). Dieses Übereinstimmungsmaß ist um zufallsbedingte Übereinstimmungen bereinigt, und es trägt dem Ordinal-Skalenniveau der Daten dadurch Rechnung, daß bei diskrepanten Codierungen von mehr als einem Punktwert entsprechende Gewichtungen vorgenommen werden.

Sieht man von Skala BEST ab, liegen die Übereinstimmungskoeffizienten in Tabelle 6.28 zwischen $\alpha = 0.61$ (Skalen REL-GG und SWG) und $\alpha = 0.78$ (Skala SI-B/qual.) in der Gesamtstichprobe. In den Teilstichproben der Männer und Frauen liegen Übereinstimmungskoeffizienten in der gleichen Größenordnung vor, so daß von einer Kreuzvalidierung der Inter-Rater-Reliabilitäten der Würzburger Auswertungsskalen für Interviewmaterial gesprochen werden kann. Bewertet man die Koeffizienten von Skala SI-B/qual. wegen der geringen Zahl von Analyse-Einheiten als wenig aussagekräftig, verbleiben Auswerter-Übereinstimmungen, die zwischen 61% und 73% über Zufall liegen. Zur Einschätzung dieser Ergebnisse sei darauf hingewiesen, daß beispielsweise der Übereinstimmungskoeffizient von $\alpha = 0.65$ für Skala REL-KKI (Gesamtstichprobe) bei einer nicht zufallskorrigierten Berechnung 0.82 betragen würde. Wendet man die Bewertung, die Landis und Koch (1977, S.165) mit Blick auf den Kappa-Koeffizienten von Fleiss (1971) vorgenommen haben, auf die Übereinstimmungskoeffizienten der Tabelle 6.28 an, so lassen sich diese durchweg als "substantiell" bezeichnen. Sie bieten den Beleg dafür, daß die Kategorien der Würzburger Auswertungsskalen für Interviewmaterial hinreichend explizit sind, um mit befriedigender Präzision und Reproduzierbarkeit auf (halbstrukturiertes) Interviewmaterial angewendet werden zu können. Dies gilt allerdings nicht für Skala BEST, die mit einem Übereinstimmungskoeffizienten von $\alpha = 0.27$ als unbrauchbar bezeichnet werden muß.

Beim Vergleich der Übereinstimmungskoeffizienten von Männern und Frauen fallen in Tabelle 6.28 teilweise deutliche Unterschiede auf (z.B. bei den Skalen REL-KKI und REL-V). Eine Ursache hierfür ist zunächst nicht erkennbar. Zweifellos sind aber in dieser Hinsicht Verbesserungen wünschenswert, so daß geschlechtsspezifische Diskrepanzen in der Auswerterübereinstimmung geringer werden; für Skala ZP-A ist dies bereits der Fall.

Tabelle 6.28: Übereinstimmungskoeffizienten (Krippendorff's α) für die codierbaren Analyse-Einheiten der Würzburger Auswertungsskalen für Interviewmaterial (Anzahl der Analyse-Einheiten in Klammern)

Skala	Gesamtstichprobe	Männer	Frauen
SI-A	0.63 (n = 1267)	0.66 (n = 658)	0.60 (n = 609)
SI-B/quant.	0.63 (n = 150)	0.68 (n = 76)	0.59 (n = 74)
SI-B/qual.	0.78 (n = 35)	0.89 (n = 15)	0.67 (n = 20)
REL-GG	0.61 (n = 291)	0.58 (n = 136)	0.64 (n = 155)
REL-KKI	0.65 (n = 182)	0.59 (n = 89)	0.71 (n = 93)
REL-ÖRP	0.73 (n = 181)	0.78 (n = 91)	0.67 (n = 90)
REL-ESM	0.67 (n = 328)	0.70 (n = 167)	0.64 (n = 161)
REL-V	0.62 (n = 152)	0.68 (n = 73)	0.55 (n = 79)
SWG	0.61 (n = 668)	0.65 (n = 330)	0.57 (n = 338)
LZ-G	0.67 (n = 716)	0.71 (n = 351)	0.62 (n = 365)
LZ-V	0.66 (n = 464)	0.70 (n = 237)	0.63 (n = 227)
ZP-A	0.64 (n = 327)	0.63 (n = 168)	0.64 (n = 159)
ZP-T	0.65 (n = 373)	0.61 (n = 180)	0.68 (n = 193)
AES	0.64 (n = 222)	0.59 (n = 110)	0.68 (n = 112)
AET	0.73 (n = 220)	0.77 (n = 99)	0.70 (n = 121)
AFST	0.62 (n = 172)	0.57 (n = 79)	0.65 (n = 93)
BEST	0.27 (n = 157)	0.24 (n = 84)	0.29 (n = 73)
HST	0.70 (n = 118)	0.66 (n = 63)	0.73 (n = 55)

Tabelle 6.29: Anzahl der übereinstimmend und diskrepant codierten Analyse-Einheiten.- Gesamtstichprobe

Themenkreis/ Merkmalsbereich	Anzahl der Analyse-Einheiten		
	Übereinstimmung bezügl. Codierbarkeit f	Übereinstimmung bezügl. Nicht-Codierbarkeit f	Diskrepanz bezügl. Codierbarkeit f
Soziale Integration	1 452	67	9
Religiosität	1 134	289	40
Selbstwertgefühl	668	33	56
Lebenszufriedenheit	1 180	274	50
Zukunftsperspektive	700	41	36
Sterben und Tod	889	375	97

Die Tabellen 6.29 bis 6.31 geben eine Übersicht über die Anzahl der Analyse-Einheiten in den einzelnen Themenkreisen, die von den Auswertern übereinstimmend als codierbar und übereinstimmend als nicht codierbar bezeichnet wurden und bei denen Diskrepanz bezüglich Codierbarkeit bestand. Bei den übereinstimmend als nicht codierbar bezeichneten Analyse-Einheiten sind die Einstufungen aus Phase I und Phase II der inhaltsanalytischen Auswertung (siehe Abbildung 6.1, Abschnitt 6.2.4) zusammengefaßt. Im Themenkreis "Selbstwertgefühl" fällt auf, daß Diskrepanzen bezüglich Codierbarkeit zahlreicher sind als die Übereinstimmungen bezüglich Nicht-Codierbarkeit. Dies ist ein Indiz dafür, daß die Anweisungen zur Nicht-Codierbarkeit von Analyse-Einheiten in Skala SWG revisionsbedürftig sind. Im übrigen aber ist der Anteil von Analyse-Einheiten, die von einem Auswerter als nicht codierbar eingestuft wurden, deutlich geringer als die Anzahl der übereinstimmend als nicht codierbar deklarierten Analyse-Einheiten.

Tabelle 6.30: Anzahl der übereinstimmend und diskrepant codierten Analyse-Einheiten.- Teilstichprobe Männer

Themenkreis/ Merkmalsbereich	Anzahl der Analyse-Einheiten		
	Übereinstimmung bezügl. Codierbarkeit f	Übereinstimmung bezügl. Nicht-Codierbarkeit f	Diskrepanz bezügl. Codierbarkeit f
Soziale Integration	749	40	5
Religiosität	556	137	20
Selbstwertgefühl	330	15	30
Lebenszufriedenheit	588	142	19
Zukunftsperspektive	348	13	17
Sterben und Tod	435	191	54

Tabelle 6.31: Anzahl der übereinstimmend und diskrepant codierten Analyse-Einheiten.- Teilstichprobe Frauen

Themenkreis/ Merkmalsbereich	Anzahl der Analyse-Einheiten		
	Übereinstimmung bezügl. Codierbarkeit f	Übereinstimmung bezügl. Nicht-Codierbarkeit f	Diskrepanz bezügl. Codierbarkeit f
Soziale Integration	703	27	4
Religiosität	548	152	20
Selbstwertgefühl	338	18	26
Lebenszufriedenheit	602	132	31
Zukunftsperspektive	352	28	19
Sterben und Tod	454	184	43

Tabelle 6.32: Übereinstimmungskoeffizienten (Krippendorff's α) bezüglich Codierbarkeit von Analyse-Einheiten

Themenkreis/ Merkmalsbereich	Übereinstimmungskoeffizienten		
	Gesamtstichprobe	Männer	Frauen
Soziale Integration	0.93	0.94	0.93
Religiosität	0.92	0.91	0.92
Selbstwertgefühl	0.50	0.46	0.54
Lebenszufriedenheit	0.90	0.92	0.87
Zukunftsperspektive	0.67	0.58	0.72
Sterben und Tod	0.83	0.82	0.85

Aufbauend auf den Daten der Tabellen 6.29 bis 6.31 sind in Tabelle 6.32 die zufallskorrigierten Übereinstimmungskoeffizienten hinsichtlich Codierbarkeit für jeden der sechs Themenkreise zusammengestellt; die Berechnung entspricht der von Tabelle 6.28. Man beachte, daß bei den Berechnungen für Tabelle 6.32 jene Analyse-Einheiten, die von beiden Auswertern anhand einer Auswertungsskala codiert wurden, und jene Analyse-Einheiten, die von beiden Auswertern als nicht codierbar ausgeschlossen wurden, als Übereinstimmungen zusammengefaßt sind. Wie Tabelle 6.32 zeigt, liegen für die Themenkreise "Soziale Integration", "Religiosität", "Lebenszufriedenheit" und "Sterben und Tod" sehr ansprechende Übereinstimmungskoeffizienten vor. Die Anweisungen für den Ausschluß von Analyse-Einheiten, wie sie in den Auswertungsskalen dieser Merkmalsbereiche enthalten sind, sind offensichtlich in hohem Maße einheitlich anwendbar. Für die Skalen des Merkmalsbereichs "Zukunftsperspektive" gilt dies in geringerem, aber noch befriedigendem Maß. Die Codierungsanweisungen bezüglich Nicht-Codierbarkeit in Skala SWG scheinen hingegen nicht ausführlich genug oder mißverständlich zu sein.

6.5.2 Validität

Tabelle 6.33 gibt Hinweise auf die kriterienbezogene Validität einiger ausgewählter Skalen der Würzburger Auswertungsskalen für Interviewmaterial. Die Fragebogenverfahren, die zur Validierung herangezogen wurden, waren die Skalen "Glaube an Gott" (REL 1; Cronbach-Alpha = 0.93), "Kirchliche Kommunikation und Information" (REL 2; Cronbach-Alpha = 0.86) und "Ehe- und Sexualmoral" (REL 3; Cronbach-Apha = 0.60) von Boos-Nünning (1972), die Skala "Selbstwertgefühl" (SWG; Cronbach-Alpha = 0.80) von Theissen (1971) sowie die Skala "Lebenszufriedenheit" (LZ; Cronbach-Alpha = 0.67) von Wiendieck (1970).

Tabelle 6.33: Rang-Korrelationskoeffizienten (Kendall's τ) für den Zusammenhang zwischen inhaltsanalytischen Auswertungsskalen (in der Vertikalen) und Fragebogenverfahren mit vergleichbarem Meßanspruch (in der Horizonzalen).- Gesamtstichprobe (Anzahl der Versuchspersonen in Klammern).-

WAI-Skala	Fragebogenverfahren				
	REL 1	REL 2	REL 3	SWG	LZ
REL-GG	.54 *** (n = 178)				
REL-KKI		.70 *** (n = 177)			
REL-ESM			.42 *** (n = 172)		
SWG				.26 ** (n = 184)	
LZ-G					.32 *** (n = 180)

** $p < .01$ *** $p < .001$

Die Ergebnisse der Tabelle 6.33 zeigen, daß nicht für alle der dort aufgeführten inhaltsanalytischen Auswertungsskalen befriedigende Kriteriumsvalidität gegeben ist. Die Skalen SWG und LZ-G der WAI erfassen nur zu einem geringen Teil jene Merkmale, welche durch die korrespondierenden psychometrischen Fragebogenverfahren erfaßt werden. Den Skalen REL-GG und REL-KKI ist vergleichsweise hohe kriterienbezogene Validität zuzubilligen. Berücksichtigt man, daß Kendalls τ numerisch stets kleiner als Pearsons r ist, so liegen hier durchaus befriedigende Validitätskoeffizienten vor.

Tabelle 6.34 enthält Resultate zur krieterienbezogenen und differentiellen Validität jener Skalen der Würzburger Auswertungsskalen für Interviewmaterial, die im Merkmalsbereich "Sterben und Tod" zusammengefaßt sind. Als Validierungskriterium dient die Fragebogenskala "Angst vor eigenem und fremdem Sterben und Tod", deren Items auf Hensle (1977) zurückgehen und die nach faktorenanalytischer Überprüfung in der vorliegenden Stichprobe eine Interne Konsistenz (Cronbach's Alpha) von 0.74 aufweisen.

Tabelle 6.34: Rang-Korrelationskoeffizienten (Kendalls's τ) für den Zusammenhang zwischen den inhaltsanalytischen Auswertungsskalen des Merkmalsbereichs "Sterben und Tod" und der Fragebogenskala "Angst vor eigenem und fremdem Sterben und Tod" (Anzahl der Versuchspersonen in Klammern)

Inhaltsanalytische Auswertungsskala	Fragebogenskala "Angst vor eigenem und fremdem Sterben und Tod"		
	Gesamtstichprobe	Männer	Frauen
AES	.26 ** (n = 157)	.23 (n = 77)	.27 (n = 80)
AET	.49 *** (n = 146)	.47 *** (n = 68)	.50 *** (n = 78)
AFST	.32 *** (n = 151)	.29 (n = 72)	.33 * (n = 79)
BEST	-.26 * (n = 101)	-.38 * (n = 55)	-.12 (n = 46)
HST	.18 (n = 96)	.13 (n = 49)	.14 (n = 47)

* p < .05   ** p < .01   *** p < .001

Tabelle 6.34 weist für die Skalen AES, AET und AFST mäßige oder sogar geringe Korrelationen mit der Fragebogenskala "Angst vor eigenem und fremdem Sterben und Tod" auf. Der engste Zusammenhang besteht nicht zwischen den Verfahren mit gleicher Bezeichnung, sondern zwischen Skala AET und der Fragebogenskala. Eine Inspektion der Items bestätigt, daß die Komponente "Angst vor dem eigenen Tod" in der Kriteriumsvariablen am stärksten enthalten ist.

Mindestens ebenso wichtig wie die Höhe der einzelnen Validitätskoeffizienten scheint das Muster der korrelativen Beziehungen in Tabelle 6.34. Zwischen den inhaltsanalytischen Auswertungsskalen, die einen Aspekt der Angst erfassen, und der Fragebogenskala "Angst vor eigenem und fremdem Sterben und Tod" bestehen durchgängig positive korrelative Beziehungen. Im Gegensatz dazu korreliert Skala BEST negativ mit der Kriteriumsvariablen. Dies steht in Einklang mit Befunden der Thanatopsychologie (zusammenfassend Wittkowski, 1990, S. 106ff.). Ebenfalls im Sinne konzeptioneller Erwartungen sind die geringen und nicht signifikanten Korrelationen zwischen Skala HST und der Fragebogenskala "Angst vor eigenem und fremdem Sterben und Tod". Wenngleich die Befundlage in diesem Punkt widersprüchlich ist, gibt es Belege dafür, daß die Häufigkeit der gedanklichen Beschäftigung mit der Todesthematik statistisch weitgehend unabhängig von einer angsterfüllten emotionalen Bewertung ist (Durlak, 1973). Die vorliegenden Befunde zeigen also, daß die Auswertungsskalen des Merkmalsbereichs "Sterben und Tod" der WAI differentielle Validität besitzen.

6.5.3 Skalenkennwerte

Die Tabellen 6.35 bis 6.37 enthalten die Verteilungscharakteristika der Würzburger Auswertungsskalen für Interviewmaterial (WAI) in der Gesamtstichprobe, in der Teilstichprobe der Männer und in der Teilstichprobe der Frauen.

Aus Tabelle 6.35 ist ersichtlich, daß einige der Würzburger Auswertungsskalen für Interviewmaterial bei Betrachtung der Gesamtstichprobe unvorteilhaft hohe oder niedrige Schwierigkeiten aufweisen (z.B. REL-GG: $\bar{x} = 1.58$; REL-KKI: $\bar{x} = 0.49$; BEST: $\bar{x} = 1.64$); entsprechend liegt bei diesen Auswertungsskalen (hoch-)signifikante Schiefe der Verteilungsform vor. Die bemerkenswert hohen bzw. niedrigen Schwierigkeitsindizes verweisen auf verbesserungsbedürftige Trennschärfe der betreffenden Skalen. Die Inspektion der Häufigkeitsverteilungen der einzelnen Auswertungsskalen ergab für "Bewertung eigener sozialer Integration in qualitativer Hinsicht" (SI-B/qual.), für "Öffentliche religiöse Praxis" (REL-ÖRP) und für "Häufigkeit gedanklicher Beschäftigung mit Sterben und Tod" (HST) eine bimodale Verteilungsform und für "Ehe- und Sexualmoral" (REL-ESM), für "Lebenszufriedenheit bezüglich der Vergangenheit" (LZ-V), für "Angst vor dem eigenen Sterben" (AES) sowie für "Bejahung von eigenem Sterben und Tod" (BEST) jeweils eine mehrmodale Verteilungsform. Von den übrigen aufgrund der Inspektion der Häufigkeitspolygone unimodal verteilten Variablen weisen sieben keine signifikante Abweichung von der Normalverteilung im Sinne von Steilgipfligkeit/Flachgipfligkeit auf (SI-A, SI-B/quant., REL-KKI, SWG, LZ-G, ZP-A, ZP-T). Von den hinsichtlich Exzeß insignifikanten unimodal verteilten Variablen sind "Ausmaß eigener sozialer Integration" (SI-A), "Selbstwertgefühl" (SWG) und "Emotionale Tönung der Zukunftsperspektive" (ZP-T) symmetrisch verteilt und entsprechen dem meßtheoretisch vorteilhaften Kriterium der Normalverteilung.

Tabelle 6.35: Verteilungscharakteristika der Würzburger Auswertungsskalen für Interviewmaterial in der Gesamtstichprobe

Skala	möglicher Punktwert	N	x̄	s	Schiefe	Exzeß	Verteilungsform
SI-A	0 - 3	186	1.67	0.49	0.24	-1.50	unimodal
SI-B/quant.	0 - 2	147	1.56	0.69	-6.16 ***	-0.04	unimodal
SI-B/qual.	0 - 2	34	0.57	0.81	2.64 **	---	bimodal
REL-GG	0 - 2	184	1.58	0.62	-8.19 ***	2.80 **	unimodal
REL-KKI	0 - 2	182	0.49	0.70	6.27 ***	-0.59	unimodal
REL-ÖRP	0 - 2	182	0.89	0.88	1.29	---	bimodal
REL-ESM	0 - 2	179	0.67	0.62	4.10 ***	---	multimodal
REL-V	0 - 2	152	0.65	0.69	2.14 *	-3.10**	unimodal
SWG	0 - 2	185	1.32	0.32	-0.17	-0.99	unimodal
LZ-G	0 - 2	186	1.22	0.47	-3.51 ***	-0.03	unimodal
LZ-V	0 - 2	185	0.93	0.51	0.61	---	multimodal
ZP-A	0 - 3	186	1.72	0.78	-2.15 *	-1.48	unimodal
ZP-T	0 - 2	185	0.93	0.51	0.27	-1.88	unimodal
AES	0 - 2	162	1.44	0.55	-4.02 ***	---	multimodal
AET	0 - 2	152	0.67	0.71	3.13 **	-2.60 **	unimodal
AFST	0 - 2	157	1.37	0.75	-4.00 ***	-2.45 *	unimodal
BEST	0 - 2	106	1.64	0.40	-4.22 ***	---	multimodal
HST	0 - 2	98	1.15	0.80	-1.11	---	bimodal

* p < .05   ** p < .01   *** p < .001

Tabelle 6.36: Verteilungscharakteristika der Würzburger Auswertungsskalen für Interviewmaterial in der Teilstichprobe der Männer

Skala	möglicher Punktwert	N	x̄	s	Schiefe	Exzeß	Verteilungsform
SI-A	0 - 3	93	1.61	0.46	0.41	-1.14	unimodal
SI-B/quant.	0 - 2	76	1.57	0.70	-4.82 ***	0.43	unimodal
SI-B/qual.	0 - 2	14	0.77	0.89	0.92	---	bimodal
REL-GG	0 - 2	91	1.46	0.67	-4.30 ***	-0.20	unimodal
REL-KKI	0 - 2	90	0.49	0.70	4.21 ***	-0.72	unimodal
REL-ÖRP	0 - 2	91	0.76	0.87	1.96	---	bimodal
REL-ESM	0 - 2	90	0.56	0.57	3.93 ***	---	multimodal
REL-V	0 - 2	74	0.55	0.71	2.94 **	-1.56	unimodal
SWG	0 - 2	93	1.34	0.32	-0.03	-0.87	unimodal
LZ-G	0 - 2	93	1.24	0.50	-3.23 **	0.29	unimodal
LZ-V	0 - 2	92	1.03	0.53	-0.53	---	multimodal
ZP-A	0 - 3	93	1.88	0.74	-2.34 *	-0.18	unimodal
ZP-T	0 - 2	93	0.97	0.50	-0.31	-1.03	unimodal
AES	0 - 2	80	1.40	0.56	-2.59 **	---	multimodal
AET	0 - 2	71	0.65	0.71	2.55 *	-1.53	unimodal
AFST	0 - 2	75	1.30	0.74	-2.10 *	-2.07 *	unimodal
BEST	0 - 2	58	1.67	0.40	-3.64 ***	---	multimodal
HST	0 - 2	50	0.89	0.80	0.91	---	bimodal

* p < .05   ** p < .01   *** p < .001

Mit Blick auf den Exzeß ist dieses Bild vorteilhafter, wenn die Auswertungsskalen ausschließlich auf das Interviewmaterial der männlichen Teilstichprobe angewendet werden (vgl. Tabelle 6.36). Von 11 unimodal verteilten Skalen weisen 10 Übereinstimmung mit der Normalverteilung hinsichtlich Steil-/Flachgipfligkeit auf. Die Skalen "Ausmaß eigener sozialer Integration" (SI-A), "Selbstwertgefühl" (SWG) und "Emotionale Tönung der Zukunftsperspektive" (ZP-T) sind wie auch in der Gesamtstichprobe nicht signifikant asymmetrisch.

Für die Teilstichprobe der Frauen stellt sich die Befundlage hinsichtlich der Schiefe der Verteilungsform gleichfalls günstig dar. Die Skalen "Ausmaß eigener sozialer Integration" (SI-A), "Selbstwertgefühl" (SWG), "Lebenszufriedenheit bezüglich der Gegenwart" (LZ-G), "Ausdehnung der Zukunftsperspektive" (ZP-A) weisen sowohl Symmetrie der Verteilung als auch insignifikanten Exzeß auf. Die Verteilungskennwerte der Skalen "Öffentliche religiöse Praxis" (REL-ÖRP), "Ehe- und Sexualmoral" (REL-ESM), "Lebenszufriedenheit bezüglich der Vergangenheit"

(LZ-V), "Tönung der Zukunftsperspektive" (ZP-T), "Angst vor dem eigenen Sterben" (AES) und "Bejahung des eigenen Sterbens" (BEST) sind wegen bimodaler oder mehrmodaler Verteilungsformen in der Teilstichprobe der Frauen nicht sinnvoll interpretierbar.

Tabelle 6.37: Verteilungscharakteristika der Würzburger Auswertungsskalen für Interviewmaterial in der Teilstichprobe der Frauen

Skala	möglicher Punktwert	N	$\bar{x}$	s	Schiefe	Exzeß	Verteilungsform
SI-A	0 - 3	93	1.74	0.51	- 0.31	-0.98	unimodal
SI-B/quant.	0 - 2	71	1.55	0.67	-4.02 ***	-0.43	unimodal
SI-B/qual.	0 - 2	20	0.43	0.73	3.20 **	1.29	unimodal
REL-GG	0 - 2	93	1.70	0.55	-8.13 ***	6.83 ***	unimodal
REL-KKI	0 - 2	92	0.48	0.71	4.79 ***	-0.02	unimodal
REL-ÖRP	0 - 2	91	1.02	0.88	-0.05	---	bimodal
REL-ESM	0 - 2	89	0.78	0.64	2.07 *	---	multimodal
REL-V	0 - 2	78	0.75	0.65	0.66	-2.39*	unimodal
SWG	0 - 2	92	1.31	0.33	-0.17	-0.50	unimodal
LZ-G	0 - 2	93	1.21	0.45	-1.66	- 0.28	unimodal
LZ-V	0 - 2	93	0.84	0.49	1.30	---	multimodal
ZP-A	0 - 3	93	1.57	0.80	-0.73	-1.40	unimodal
ZP-T	0 - 2	92	0.89	0.52	0.71	---	bimodal
AES	0 - 2	82	1.47	0.55	-3.22 **	---	multimodal
AET	0 - 2	81	0.68	0.71	1.99 *	-2.13 *	unimodal
AFST	0 - 2	82	1.45	0.75	-3.72 ***	-1.19	unimodal
BEST	0 - 2	48	1.61	0.40	-2.51 *	0.00	unimodal
HST	0 - 2	48	1.42	0.71	-2.78 **	---	bimodal

* p < .05   ** p < .01   *** p < .001

Ein Vergleich der Würzburger Auswertungsskalen für Interviewmaterial mit Fragebogenverfahren gleichen Meßanspruchs (siehe Tabelle 6.33) hinsichtlich Schiefe und Kurtosis (Wittkowski, 1987) zeigt, daß die psychometrisch konstruierten Fragebogenverfahren den inhaltsanalytischen Auswertungsskalen eher unterlegen sind.

Sowohl in der Gesamtstichprobe als auch in der Teilstichprobe der Männer besteht für beide methodischen Zugangswege hochsignifikante Asymmetrie der Meßwertverteilung in vier von fünf Skalen. Ferner zeigt sich, daß die inhaltsanalytische Auswertungsskala "Selbstwertgefühl" (SWG) ihrem Pendant auf der Fragebogenseite hinsichtlich der Schiefe der Verteilungsform überlegen ist. Für die Teilstichprobe der

Frauen gilt, daß neben Skala SWG auch Skala LZ-G ihrem korrespondierenden Fragebogentest überlegen ist, wenn man das Kriterium der Normalverteilung zugrunde legt. Mit Blick auf den Exzeß weisen die inhaltsanalytischen Skalen "Selbstwertgefühl" (SWG) und "Lebenszufriedenheit bezüglich der Gegenwart" (LZ-G) in der Gesamtstichprobe sowie in den beiden Teilstichproben insignifikante Kennwerte auf, die entsprechenden Fragebogenverfahren weichen hingegen überzufällig von der Normalverteilung ab.

6.5.4 Passung von Interviewmaterial und Auswertungsskalen

Das Würzburger Verfahren der Codierung von halbstrukturiertem Interviewmaterial (WÜCI) sieht die Möglichkeit vor, Textabschnitte, die nicht konzeptkonform sind, als nicht codierbar zu erklären und von der Codierung auszuschließen (vgl. Abschnitt 6.2.4.2). Bei einem Verfahren wie dem hier vorgestellten, bei dem die Durchführung von Interviews und ihre inhaltsanalytische Auswertung anhand elaborierter Skalen eng aufeinander abgestimmt sind, ist zwar ein gewisser Anteil nicht codierbaren Interviewmaterials von vornherein zu erwarten, dieser Anteil sollte aber nicht zu groß sein.

Tabelle 6.38: Absoluter und relativer Anteil nicht codierbarer Analyse-Einheiten am Umfang aller Analyse-Einheiten in der Gesamtstichprobe

Themenkreis/ Merkmalsbereich	Summe der Zeilen aller Analyse-Einheiten	Summe der Zeilen der NC-Analyse-Einheiten	
		absolut	in Prozent
Soziale Integration	31 189	1 931	6,2
Religiosität	25 781	6 350	24,6
Selbstwertgefühl	11 178	1 433	12,8
Lebenszufriedenheit	18 909	2 908	15,4
Zukunftsperspektive	15 143	1 320	8,7
Sterben und Tod	20 259	6 693	33,0

Einen Eindruck von der Passung von Interviewmaterial und Auswertungsskalen vermitteln die Tabellen 6.29 bis 6.31 (siehe Abschnitt 6.5.1). Sie zeigen in absoluten Zahlen, wie sich die Anzahl codierter Analyse-Einheiten zur Anzahl nicht codierter

Analyse-Einheiten verhält. Man erkennt, daß in den Themenkreisen "Religiosität", "Lebenszufriedenheit" und besonders im Themenkreis "Sterben und Tod" der Anteil nicht codierter Analyse-Einheiten relativ hoch ist. So stehen im Merkmalsbereich "Sterben und Tod" 889 codierte Analyse-Einheiten 472 nicht codierten Analyse-Einheiten gegenüber, die nicht codierten Analyse-Einheiten machen mithin 34,7% aller Analyse-Einheiten dieses Themenkreises aus.

Tabelle 6.39: Absoluter und relativer Anteil nicht codierbarer Analyse-Einheiten am Umfang aller Analyse-Einheiten in der Teilstichprobe der Männer

Themenkreis/ Merkmalsbereich	Summe der Zeilen aller Analyse-Einheiten	Summe der Zeilen der NC-Analyse-Einheiten	
		absolut	in Prozent
Soziale Integration	15 426	1 051	6,8
Religiosität	12 594	3 210	25,5
Selbstwertgefühl	5 257	721	13,7
Lebenszufriedenheit	8 672	1 335	15,4
Zukunftsperspektive	7 025	389	5,5
Sterben und Tod	9 508	3 044	32,0

Die Anzahl der nicht codierten Analyse-Einheiten gestattet nur eine ungefähre Aussage über die Passung von Interviewmaterial und Auswertungsskalen, denn sie besagt nichts über den Umfang des zugehörigen Textes. In den Tabellen 6.38 bis 6.40 sind daher die Umfänge der Analyse-Einheiten in Transkriptzeilen enthalten. Abgesehen vom Themenkreis "Zukunftsperspektive" ergibt sich für die Gesamtstichprobe und die beiden Teilstichproben ein konsistentes Bild. Die Themenkreise "Sterben und Tod" und "Religiosität" weisen die größten Anteile nicht codierten Analysematerials auf. Der Anteil von etwa einem Drittel nicht codierbaren Interviewmaterials im Themenkreis "Sterben und Tod" kommt nicht durch Frage Nr. 30 des Interview-Leitfadens zustande, die bereits als unbrauchbar gekennzeichnet wuurde (siehe Abschnitt 5.5.3), und er ist auch nicht durch die darauf abgestimmte Skala BEST bedingt. Bereinigt man nämlich die Zeilensummen im Merkmalsbereich "Sterben und Tod" um jene Anteile, die auf Skala BEST entfallen, so ändert sich der relative Anteil nicht codierter Analyse-Einheiten kaum. In den Themenkreisen "Soziale Integration" und "Zukunftsperspektive" wird das Interviewmaterial vergleichsweise am besten genutzt, wobei freilich auf den deutlichen Unterschied hinzuweisen ist, der im Themenkreis "Zukunftsperspektive" zwischen den Teilstichproben der Männer und Frauen besteht.

Tabelle 6.40 Absoluter und relativer Anteil nicht codierbarer Analyse-Einheiten am Umfang aller Analyse-Einheiten in der Teilstichprobe der Frauen

Themenkreis/ Merkmalsbereich	Summe der Zeilen aller Analyse-Einheiten	Summe der Zeilen der NC-Analyse-Einheiten	
		absolut	in Prozent
Soziale Integration	15 763	880	5,6
Religiosität	13 187	3 140	23,8
Selbstwertgefühl	5 921	712	12,0
Lebenszufriedenheit	10 237	1 573	15,4
Zukunftsperspektive	8 118	931	11,5
Sterben und Tod	10 751	3 649	33,9

7 Ausblick

In diesem Buch wurde gezeigt, wie halbstrukturierte Interviews und eine quantifizierende inhaltsanalytische Auswertung als integrierte Strategie der Datenerhebung in der Psychologie gehandhabt werden können. In Kapitel 5 wurden die Regeln der Interviewtechnik in ihren Grundzügen skizziert und bei der Konzeption eines Interview-Leitfadens umgesetzt. Beispiel-Interviews vermittelten einen Eindruck von den Interviews, die damit gewonnen wurden, und stellten zugleich Anschauungsmaterial für die inhaltsanalytische Auswertung dar. In Kapitel 6 wurde das Würzburger Verfahren der Codierung von halbstrukturiertem Interviewmaterial (WÜCI) vorgestellt, dessen spezifische Kennzeichen (1) die Trennung einer qualitativen Phase der Auswertung (Phase I: Bildung von Analyse-Einheiten) und einer quantifizierenden Phase der Auswertung (Phase II: Codierung der zuvor gebildeten Analyse-Einheiten), (2) die Möglichkeit des Ausschlusses nicht konzeptkonformer Analyse-Einheiten in jeder der beiden Phasen und (3) der Einsatz verschiedener und jeweils unabhängig voneinander arbeitender Auswerter in jeder Phase des Auswertungsprozesses sind. Als Instrumente der quantifizierenden inhaltsanalytischen Auswertung im Rahmen des WÜCI stehen die Würzburger Auswertungsskalen für Interviewmaterial (WAI) zur Verfügung, die ein relativ breites Spektrum psychischer Merkmale abdecken. Die Codierungen der Beispiel-Interviews wurden im Detail mitgeteilt. Schließlich wurden Angaben zu den Gütekriterien und Skalenkennwerten der Würzburger Auswertungsskalen für Interviewmaterial gemacht, und es wurde ein operationales Maß für die Passung von Interviewmaterial und Auswertungsskala eingeführt.

Bei halbstrukturierten Interviews kann es vorkommen, daß ein Sachverhalt vom Interviewer gemäß Leitfaden angesprochen wird, obwohl sich der Proband bereits ausführlich dazu geäußert hat. Ferner kann es vorkommen, daß ein Proband durch eine bestimmte Thematik überfordert ist. Beides ist vereinzelt auch in den Beispiel-Interviews der Fall. Der Gesprächsverlauf wirkt dann gequält, und in der Regel kommt es zu einer Beeinträchtigung der Interviewatmosphäre. Dennoch handelt es sich hierbei nicht um einen Fehler der Interviewdurchführung. Die wiederholte

Behandlung desselben Gesprächsgegenstandes ist notwendig, um mehrere Analyse-Einheiten bilden zu können und so in Analogie zu Fragebogenverfahren eine Mindestzahl von Items zu erhalten. Die vollständige Durchführung der Primärfragen, die im Interview-Leitfaden vorgesehen sind, ist darüber hinaus die Voraussetzung für die Vergleichbarkeit mehrerer Interviews. Und nicht zuletzt lehrt die Erfahrung, daß viele Probanden ihre ursprüngliche Äußerung zu einem bestimmten Sachverhalt im Laufe einer längeren Interviewpassage modifizieren, so daß eine Auswertung allein aufgrund einer einzigen Äußerung des Probanden ein unzutreffendes Bild vermitteln würde. Man muß daher feststellen, daß gelegentliche Beeinträchtigungen der Interviewatmosphäre durch Fragen, die aus Sicht des Probanden überflüssig sind, zum Wesen des halbstrukturierten Interviews gehören und prinzipiell unvermeidbar sind. Allerdings können Interviewer darauf vorbereitet werden, eine Beeinträchtigung der Gesprächsatmosphäre so weit wie möglich auszugleichen.

Das Würzburger Verfahren der Codierung von halbstrukturiertem Interviewmaterial (WÜCI) sieht sowohl in der Phase der Bildung von Analyse-Einheiten als auch in der eigentlichen Codierungsphase mehrere und verschiedene Auswerter vor. Abgesehen von der Möglichkeit, Inter-Auswerter-Übereinstimmungen ermitteln zu können, bietet dieses Verfahren einen relativ guten Schutz vor systematischen Verzerrungen (Bias) bei der Auswertung. Wegen des relativ hohen Aufwandes wäre mit Blick auf die Phase der Bildung von Analyse-Einheiten zu prüfen, ob auch *ein* Auswerter genügen könnte. Was die Kennzeichnung von Analyse-Einheiten als nicht codierbar betrifft, scheint ein Auswerter dann durchaus vertretbar, wenn für die betreffende Auswertungsskala hohe Auswerter-Übereinstimmung hinsichtlich Nicht-Codierbarkeit nachgewiesen ist; ohnehin erfolgt eine Art Kontrolle durch die Auswerter der Codierungsphase, die Analyse-Einheiten ebenfalls zurückweisen können. Bedenken gegen die Verwendung nur eines Auswerters in Phase I richten sich eher auf den Vorschlag der Auswertungsskala. Erfolgt dieser mit geringer Präzision hinsichtlich Konzeptkonformität, werden die Auswerter der Phase II zahlreiche Analyse-Einheiten, die grundsätzlich codierbar sind, als nicht codierbar erklären, so daß sich der Anteil nicht codierbaren Analysematerials in unzweckmäßiger Weise erhöht. Diese Frage kann durch vergleichende Auswertungen geklärt werden. Außer Zweifel steht allerdings, daß der Einsatz von *drei* Auswertern in der Phase der Codierung ungeachtet des Mehraufwandes sinnvoll und empfehlenswert ist.

In der vorliegenden Fassung ist Skala BEST der Würzburger Auswertungsskalen für Interviewmaterial nicht brauchbar. Hier ist eine grundlegende Überarbeitung erforderlich, zu der auch neue Interviewfragen (als Ersatz für Frage Nr. 30 des Interview-Leitfadens) gehören. Dabei können konzeptionelle Vorarbeiten zum Konstrukt

"Akzeptieren von Sterben und Tod" (z.B. Wittkowski, 1990, S. 106ff.; Wittkowski, in Vorbereitung) genutzt werden.

Im Unterschied zu Skala BEST ist Skala SWG nur partiell revisionsbedürftig. Überarbeitungen sollten die Instruktionen zur Nicht-Codierbarkeit von Analyse-Einheiten betreffen und der Frage der kriterienbezogenen Validität nachgehen. Die übrigen Skalen der WAI können pragmatische Brauchbarkeit beanspruchen. Für alle inhaltsanalytischen Auswertungsskalen stehen aber noch weitere Befunde zur Inter-Auswerter-Übereinstimmung (z.B. bei drei Auswertern), zur Intra-Auswerter-Übereinstimmung sowie zur kriterienbezogenen und differentiellen Validität aus.

Da nicht codierbare Analyse-Einheiten ausgeschlossen werden können, unterscheiden sich die Probanden einer Stichprobe mehr oder weniger stark in der Zahl der Analyse-Einheiten, die ihrem jeweiligen Punktwert in einer Auswertungsskala zugrunde liegen. Im Prinzip entspricht dies dem Problem fehlender Werte ("missing data") bei Fragebogenverfahren. Durch Simulationsstudien wäre zu klären, inwieweit die Methoden zur Schätzung fehlender Werte (Lösel & Wüstendörfer, 1974) auf das WÜCI angewendet werden können.

Wenn ein halbstrukturiertes Interview und seine inhaltsanalytische Auswertung eng aufeinander abgestimmt sind, liegt es nahe, den Grad der Passung, d.h. das Ausmaß, in dem Analysematerial und Kategoriensystem deckungsgleich sind, als ein spezifisches Gütekriterium eines solchen Verfahrens anzusehen. Für das WÜCI ist Passung operational definiert als der Anteil nicht codierbaren Interviewtextes am Gesamtumfang eines Interviews. Da noch keine Erfahrungen mit einem derartigen Gütekriterium vorliegen, ist eine Bewertung der Resultate zur Passung von Interviewmaterial und Auswertungsskalen in Abschnitt 6.5.4 kaum möglich. Was ist als gute, was als ausreichende und was als unzureichende Passung anzusehen? Ist geringe Passung bzw. ein relativ hoher Anteil nicht codierbaren Interviewtextes ein Indikator für einen Interview-Leitfaden, der mit der jeweiligen Auswertungsskala nicht korrespondiert, oder handelt es sich um einen Hinweis auf fehlerhaftes Verhalten des Interviewers?

Sicher scheint, daß die Möglichkeit einer Restkategorie bei inhaltsanalytischen Auswertungen grundsätzlich gegeben ist, daß ihr Umfang aber möglichst gering sein sollte (vgl. Rustemeyer, 1992, S. 104). Fest steht ferner, daß bei halbstrukturierten Interviews ein gewisses Maß an Fehlpassung hingenommen werden muß. Dies ist der Preis für eine sorgfältige und individuelle Definition von Bezugsrahmen bei der Durchführung des Interviews (vgl. Abschnitt 5.2). Beispielsweise erklärt sich der Anteil nicht codierbarer Analyse-Einheiten im Themenkreis "Lebenszufriedenheit" zum Teil aus den vorbereitenden Äußerungen der Probanden auf Frage Nr. 18 des

Interview-Leitfadens ("Gibt es Dinge in Ihrem Leben, die für Sie persönlich besonders wichtig sind?"). Eine gewisse Fehlpassung ist auch der Preis für den Freiraum, den der Proband in einem halbstrukturierten Interview für Abschweifungen hat. Schließlich schlagen sich in ihr auch jene Interviewpassagen nieder, die der Abklärung von Mißverständnissen dienen. Inwieweit ein besonders großer Anteil nicht codierbaren Interviewmaterials mit bestimmten Themen (z.B. im vorliegenden Fall mit Glaubensfragen oder der Todesthematik) in Verbindung gebracht werden kann, werden zukünftige Forschungsarbeiten klären müssen.

Literatur

Atteslander, P. & Kneubühler, H.-U. (1975). *Verzerrungen im Interview*. Opladen: Westdeutscher Verlag.

Berdie, R.F. (1943). Psychological processes in the interview. *Journal of Social Psycholoy, 18*, 3-31.

Berelson, B. (1954). Content Analysis. In G. Lindzey (Ed.), *Handbook of Social Psychology*, Vol. I (pp. 488-522). Cambridge, Mass.: Addison-Wesley.

Bingham, W. & Moore, B.V. (1941). *How to Interview*. Now York: Harper & Brothers (Third Ed.).

Bock, M. (1992). "Das halbstrukturierte-leitfadenorientierte Tiefeninterview". Theorie und Praxis der Methode am Beispiel von Paarinterviews. In J.H.P. Hofmeyer-Zlotnik (Hrsg.), *Analyse verbaler Daten. Über den Umgang mit qualitativen Daten* (S. 90-109). Opladen: Westdeutscher Verlag.

Bos, W. & Tarnai, Ch. (Hrsg.)(1989a). *Angewandte Inhaltsanalyse in Empirischer Pädagogik und Psychologie*. Münster: Waxmann.

Bos, W. & Tarnai, Ch. (1989b). Entwicklung und Verfahren der Inhaltsanalyse in der empirischen Sozialforschung. In W. Bos & Ch. Tarnai (Hrsg.), *Angewandte Inhaltsanalyse in Empirischer Pädagogik und Psychologie* (S. 1-13). Münster: Waxmann.

Boos-Nünning, U. (1972). *Dimensionen der Religiosität. Zur Operationalisierung und Messung religiöser Einstellungen*. München: Kaiser.

Brähler, E. (1980). Untersuchungsmethoden der klinischen Interviewforschung. *Zeitschrift für Psychotherapie und medizinische Psychologie, 30*, 206-211.

Breesch-Grommen, R. (1975). Het tijdsperspectief in volwassenheid en onderdom: theoretische en empirische bijdragen. *Nederlands Tijdschrift voor Gerontologie, 6*, 90-105.

Brenner, M (1985a). Survey Interviewing. In M. Brenner, J. Brown & D. Canter (Eds.), *The Research Interview. Uses and Approaches* (pp. 9-36). London: Academic Press.

Brenner, M (1985b). Intensive Interviewing. In M. Brenner, J. Brown & D. Canter (Eds.), *The Research Interview. Uses and Approaches* (pp. 147-162). London: Academic Press.

Brenner, M., Brown, J. & Canter, D. (1985a). Introduction. In M. Brenner, J. Brown & D. Canter (Eds.), *The Research Interview. Uses and Approaches* (pp. 1-8). London: Academic Press.

Brenner, M., Brown, J. & Canter, D. (Eds.)(1985b). *The Research Interview. Uses and Approaches*. London: Academic Press.

Brown, J. & Canter, D. (1985). The Uses of Explanation in the Research Interview. In M. Brenner, J. Brown & D. Canter (Eds.), *The Research Interview. Uses and Approaches* (pp. 217-245). London: Academic Press.

Brunner, E.J. (1989). Quantifizierende und qualitativ interpretierende Analysen von Familienberatungsgesprächen. In W. Bos & Ch. Tarnai (Hrsg.), *Angewandte Inhaltsanalyse in Empirischer Pädagogik und Psychologie* (S. 229-238). Münster: Waxmann.

Bungard, W. (1979). Methodische Probleme bei der Befragung älterer Menschen. *Zeitschrift für experimentelle und angewandte Psychologie, 26*, 211-237.

Bureau of Applied Research (1972). Das qualitative Interview: In R. König (Hrsg.), *Das Interview* (S. 143-160). Köln: Kiepenheuer & Witsch (7. Aufl.).

Campbell, A.A. (1945). Two problems in the use of the open question. *Journal of Abnormal and Social Psychology, 40*, 340-343.

Campbell, D.T. & Fiske, D.W. (1959). Convergent and discriminant validation by the multitrait-multimethod matrix. *Psychological Bulletin, 56*, 81-105.

Cannell, C.F. (1984). Antwortverzerrungen im Interview - Wie läßt sich die Güte der Daten verbessern? *ZUMA-Nachrichten, 15*, 3-17.
Cannell, C.F. & Kahn, R.L. (1968). Interviewing. In G. Lindzey & E. Aronson (Eds.), *The Handbook of Social Psychology*, Vol. 2 (pp. 526-595). Reading, Mass.: Addison-Wesley.
Cartwright, D.P. (1953). Analysis of Qualitative Material. In L. Festinger & D. Katz (Eds.), *Research Methods in the Behavioral Sciences* (pp. 421-470). New York: Holt, Rinehart & Winston.
Clare, A.W. & Cairns, V.E. (1978). Design, development and use of a standardized interview to assess social maladjustment and dysfunction in community studies. *Psychological Medicine, 8*, 589-604.
Cooley, C.H. (1902). *Human Nature and the Social Order*. New York: Charles Scribner's Sons. (Reprinted by The Free Press of Glencoe, New York, 1956).
Coopersmith, S. (1967). *The Antecedents of Self-esteem*. San Francisco: Freeman & Co.
Denzin, N.K. (1978). *The Research Act*. New York: McGraw-Hill.
Dittes, J.E. (1969). Psychology of Religion. In G. Lindzey & E. Aronson (Eds.), *The Handbook of Social Psychology*, Vol. 5 (pp. 602-659). Reading, Mass.: Addison-Wesley.
Donaghy, W.C. (1984). *The Interview: Skills and Applications*. Glenview, Ill.: Scott, Foresman & Co.
Durlak, J.A. (1973). Relationship between various measures of death concern and fear of death. *Journal of Consulting and Clinical Psychology, 41*, 162.
Engel, K. (1986). Zur theoretischen Einordnung des Gottschalk-Gleser-Verfahrens (unter besonderer Berücksichtigung der psychoanalytischen Theorie und der Kommunikationstheorie). In U. Koch & G. Schöfer (Hrsg.), *Sprachinhaltsanalyse in der psychiatrischen und psychosomatischen Forschung. Grundlagen und Anwendungsstudien mit den Affektskalen von Gottschalk und Gleser* (S. 19-34). Weinheim: Psychologie Verlags Union.
Esser, H. (1986). Können Befragte lügen? Zum Konzept des "wahren Wertes" im Rahmen der handlungstheoretischen Erklärung von Situationseinflüssen bei der Befragung. *Kölner Zeitschrift für Soziologie und Sozialpsychologie, 38*, 314-336.
Faller, H. (1989). Emotionale Verarbeitung wahrgenommener Belastungen bei Herzinfarktrehabilitanden: Eine sprachinhaltsanalytische Untersuchung der Affekte in narrativen Interviews. *Psychotherapie, Psychosomatik und Medizinische Psychologie, 39*, 151-160.
Faltermeier, T., Wittchen, H.-U., Ellmann, R. & Lässle, R. (1985). The Social Interview Schedule (SIS) - content, structure and reliability. *Social Psychiatry, 20*, 115-124.
Fisseni, H.-J. (1987). Exploration und Fragebogen im Vergleich. In G. Jüttemann & H. Thomae (Hrsg.), *Biographie und Psychologie* (S. 168-177). Berlin: Springer.
Fleiss, J.L. (1971). Measuring nominal scale agreement among many raters. *Psychological Bulletin, 76*, 378-382.
Flick, U. (1992). Entzauberung der Intuition. Systematische Perspektiven-Triangulation als Strategie der Geltungsbegründung qualitativer Daten und Interpretationen. In J.H.P. Hoffmeyer-Zlotnik (Hrsg.), *Analyse verbaler Daten. Über den Umgang mit qualitativen Daten* (S. 11-55). Opladen: Westdeutscher Verlag.
Freitag, C.B. & Barry, J.R. (1974). Interaction and interviewer bias in a survey of the aged. *Psychological Reports, 34*, 771-774.
Frey, D. (Hrsg.)(1991). *Bericht über den 37. Kongress der Deutschen Gesellschaft für Psychologie in Kiel 1990*. Göttingen. Hogrefe.
Friedrichs, J. (1973). *Methoden empirischer Sozialforschung*. Hamburg: Rowohlt.
Früh, W. (1981). *Inhaltsanalyse. Theorie und Praxis*. München: Ölschläger.
Früh, W. (1992). Analyse verbaler Daten. Zur konvergenten Entwicklung "quantitativer" und "qualitativer" Methoden. In J.H.P. Hoffmeyer-Zlotnik (Hrsg.), *Analyse verbaler Daten. Über den Umgang mit qualitativen Daten* (S. 59-89). Opladen: Westdeutscher Verlag.
Fuchs, W. (1984). *Biographische Forschung. Eine Einführung in Praxis und Methoden*. Opladen: Westdeutscher Verlag.
Gergen, K.J. (1971). *The Concept of Self*. New York: Holt, Rinehart & Winston.
Giegler, H. (1992). Zur computerunterstützten Analyse sozialwissenschaftlicher Textdaten: Quantitative und qualitative Strategien. In J.H.P. Hoffmeyer-Zlotnik (Hrsg.), *Analyse verbaler Daten. Über den Umgang mit qualitativen Daten* (S. 335-388). Opladen: Westdeutscher Verlag.

Goode, W.J. & Hatt, P.K. (1972). Beispiel für den Aufbau eines Fragebogens. In R. König (Hrsg.), *Das Interview* (S. 115-124). Köln: Kiepenheuer & Witsch (7. Aufl.).

Gordon, R.L. (1976). *Interviewing - Strategy, Techniques, and Tactics.* Homewood, Ill.: The Dorsey Press.

Gottschalk, L.A. (Ed.)(1979). *The Content Analysis of Verbal Behavior. Further Studies.* New York: Spectrum Publications.

Gottschalk, L.A. (1986). Untersuchungen mittels Gottschalk-Gleser-Sprachinhaltsanalyse-Skalen in englischer Sprache seit 1969. In U. Koch & G. Schöfer (Hrsg.), *Sprachinhaltsanalyse in der psychiatrischen und psychosomatischen Forschung. Grundlagen und Anwendungsstudien mit den Affektskalen von Gottschalk und Gleser* (S. 35-55). Weinheim: Psychologie Verlags Union.

Gottschalk, L.A. & Gleser, G.C. (1969). *The Measurement of Psychological States Through the Content Analysis of Verbal Behavior.* Berkeley: University of California Press.

Gottschalk, L.A., Winget, C.N. & Gleser, G.C. (1969). *Manual of Instructions for Using the Gottschalk-Gleser Content Analysis Scales: Anxiety, Hostility, and Social Alienation-Personal Disorganisation.* Berkeley: University of California Press.

Häfner, H., Riecher, A., Maurer, K., Meissner, S., Schmidtke, A. et al. (1990). Ein Instrument zur retrospektiven Einschätzung des Erkrankungsbeginns bei Schizophrenie. Entwicklung und erste Ergebnisse. *Zeitschrift für Klinische Psychologie, 19,* 230-255.

Hasenbring, M., Kurtz, B. & Marienfeld, G. (1989). Erfahrungen mit dem Kieler Interview zur subjektiven Situation (KISS). In R. Verres & M. Hasenbring (Hrsg.), *Psychosoziale Onkologie* (S. 68-85). Berlin: Springer.

Hecht, H., Faltermeier, A. & Wittchen, H.-U. (1987). *Social Interview Schedule (SIS). Halbstrukturiertes Interview zur Erfassung der aktuellen sozialpsychologischen Situation.* Regensburg: Roderer.

Heckmann, F. (1992). Interpretationsregeln zur Auswertung qualitativer Interviews und sozialwissenschaftlich relevanter "Texte". Anwendungen der Hermeneutik für die empirische Sozialforschung. In J.H.P. Hoffmeyer-Zlotnik (Hrsg.), *Analyse verbaler Daten. Über den Umgang mit qualitativen Daten* (S. 142-167). Opladen: Westdeutscher Verlag.

Hensle, U. (1977). Todesfurcht. Versuch einer Strukturierung und Entwicklung einer Fragebogenskala. *Psychologische Beiträge, 19,* 545-566.

Hermanns, H. (1992). Die Auswertung narrativer Interviews. Ein Beispiel für qualitative Verfahren. In J.H.P. Hoffmeyer-Zlotnik (Hrsg.), *Analyse verbaler Daten. Über den Umgang mit qualitativen Daten* (S. 110-141). Opladen: Westdeutscher Verlag.

Hoff, E.H. (1989). Die Erfassung des Kontrollbewußtseins durch Interviews. In G. Krampen (Hrsg.), *Diagnostik von Attributionen und Kontrollüberzeugungen* (S. 186-193). Göttingen: Hogrefe.

Hoffmeyer-Zlotnik, J.H.P (Hrsg.)(1992). *Analyse verbaler Daten. Über den Umgang mit qualitativen Daten.* Opladen: Westdeutscher Verlag.

Holsti, O.R. (1968). Content Analysis. In G. Lindzey & E. Aronson (Eds.), *The Handbook of Social Psychology*, Vol. 2 (pp. 896-692). Reading, Mass.: Addison-Wesley.

Hoornaert, J. (1973). Time perspective - theoretical and methodological considerations. *Psychologica Belgica, 13,* 265-294.

Jahoda, M. Deutsch, M. & Cook, S.W. (1952). Die Technik der Auswertung: Analyse und Interpretation. In R. König (Hrsg.), *Praktische Sozialforschung* (S. 251-274). Dortmund: Ardey.

Janke, W. & Hüppe, M. (1991). Emotionalität. In W.D. Oswald, W.M. Herrmann, S. Kanowski, U.M. Lehr & H. Thomae (Hrsg.), *Gerontologie* (S. 88-124). Stuttgart: Kohlhammer (2. überarb. Aufl.).

Kahn, R.L. & Cannell, C.F. (1957). *The Dynamics of Interviewing.* New York: Wiley & Sons.

Kastenbaum, R. & Aisenberg, R. (1972). *The Psychology of Death.* New York: Springer.

Koch, U. (1980). Möglichkeiten und Grenzen einer Messung von Affekten mit Hilfe der inhaltsanalytischen Methode nach Gottschalk und Gleser. *Medizinische Psychologie, 6,* 81-94.

Koch, U. & Bruhn, M. (1986). Inhaltsanalytische Skalen zur Messung sogenannter positiver Affekte. In U. Koch & G. Schöfer (Hrsg.), *Sprachinhaltsanalyse in der psychiatrischen und psychosomatischen Forschung. Grundlagen und Anwendungsstudien mit den Affektskalen von Gottschalk und Gleser* (S. 225-241). Weinheim: Psychologie Verlags Union.

Koch, U. & Schöfer, G. (Hrsg.)(1986). *Sprachinhaltsanalyse in der psychiatrischen und psychosomatischen Forschung. Grundlagen und Anwendungsstudien mit den Affektskalen von Gottschalk und Gleser*. Weinheim: Psychologie Verlags Union.

Köhnken, G. & Brockmann, C. (1988). Das Kognitive Interview: Eine neue Explorationstechnik (nicht nur) für die forensische Aussagepsychologie. *Zeitschrift für Differentielle und Diagnostische Psychologie, 9*, 257-265.

Kordy, H., Lolas, F. & Wagner, G. (1986). Zur Stabilität der inhaltsanalytischen Erfassung von Affekten nach Gottschalk und Gleser. In U. Koch & G. Schöfer (Hrsg.), *Sprachinhaltsanalyse in der psychiatrischen und psychosomatischen Forschung. Grundlagen und Anwendungsstudien mit den Affektskalen von Gottschalk und Gleser* (S. 76-88). Weinheim: Psychologie Verlags Union.

Krippendorff, K. (1980). *Content Analysis. An Introduction to Its Methodology*. Beverly Hills: Sage.

Landis, J.R. & Koch, G.G. (1977). The measurement of observer agreement for categorical data. *Biometrics, 33*, 159-174.

Langer, I. & Schulz v. Thun, F. (1974). *Messung komplexer Merkmale in Psychologie und Pädagogik*. München: Reinhardt.

Langosch, W., Schmidt, T. & Rüddel, H. (1985). Die deutsche Form des strukturierten Interviews zur Diagnostik des Verhaltenstyp-A-Musters (V.-A.-M.). In W. Langosch (Hrsg.), *Psychische Bewältigung der chronischen Herzerkrankung* (S. 53-72). Berlin: Springer.

Lisch, R. & Kriz, J. (1981). *Grundlagen und Modelle der Inhaltsanalyse. Bestandsaufnahme und Kritik*. Reinbek: Rowohlt.

Lösel, F. & Wüstendörfer, W. (1974). Zum Problem unvollständiger Datenmatrizen in der empirischen Sozialforschung. *Kölner Zeitschrift für Soziologie und Sozialpsychologie, 26*, 342-357.

Maccoby, E.E. & Maccoby, N. (1954). The Interview: A Tool of Social Science. In G. Lindzey (Ed.), *Handbook of Social Psychology*, Vol. 1 (pp. 449-487). Cambridge, Mass.: Addison-Wesley.

Mahl, G.F. (1959). Exploring emotional states by content analysis. In I. de S. Pool (Ed.), *Trends in Content Analysis* (pp. 89-130). Urbana, Ill.: University of Illinois Press.

Mathes, R. (1988). "Quantitative" Analyse "qualitativ" erhobener Daten? Die hermeneutisch-klassifikatorische Inhaltsanalyse von Leitfadengesprächen. *ZUMA-Nachrichten, 23*, 60-78.

Mayntz, R., Holm, K. & Hübner, P. (1971). *Einführung in die Methoden der empirischen Soziologie*. Opladen: Westdeutscher Verlag (2. Aufl.).

Mayring, Ph. (1989). Qualitative Inhaltsanalyse. In G. Jüttemann (Hrsg.), *Qualitative Forschung in der Psychologie. Grundfragen, Verfahrensweisen, Anwendungsfelder* (S. 187-211). Heidelberg: Asanger (2. Aufl.).

Mayring, Ph. (1993). *Qualitative Inhaltsanalyse. Grundlagen und Techniken*. Deutscher Studien Verlag (4. erweiterte Aufl.).

Medley, M.L. (1976). Satisfaction with life among persons sixtyfive years and older: A causal model. *Journal of Gerontology, 31*, 448-455.

Merten, K. (1983). *Inhaltsanalyse. Einführung in Theorie, Methode und Praxis*. Opladen: Westdeutscher Verlag.

Miles, M.B. & Huberman, A.M. (1984). *Qualitative Data Analysis: A Sourcebook of New Methods*. Beverly Hills: Sage.

Mühlfeld, C., Windolf, P., Lampert, N. & Krüger, H. (1981). Auswertungsprobleme offener Interviews. *Soziale Welt, 32*, 325-352.

Neugarten, B.L., Havighurst, R.J. & Tobin, S.S. (1961). The measurement of life satisfaction. *Journal of Gerontology, 16*, 134-143.

Nord-Rüdiger, D. & Kraak, B. (1979). Der Fragebogen zu Lebenszielen und zur Lebenszufriedenheit (FLL) als Instrument der Wertforschung. In H. Klages & P. Kmieciak (Hrsg.), *Wertwandel und gesellschaftlicher Wandel* (S. 480-484). Frankfurt/M.: Campus.

Nowotny, B., Schlote-Sautter, B. & Rey, E.-R. (1990). Entwicklung eines strukturierten Angstinterviews für Senioren. *Zeitschrift für Gerontologie, 23*, 218-225.

Oevermann, U., Allert, T., Konau, E. & Krameck, J. (1979). Die Methodologie einer "objektiven" Hermeneutik und ihre allgemeine forschungslogische Bedeutung in den Sozialwissenschaften. In H.-G. Soeffner (Hrsg.), *Interpretative Verfahren in den Sozial- und Textwissenschaften* (S. 352-434). Stuttgart: Metzler.

Olbrich, E. (1976). *Der ältere Mensch in der Interaktion mit seiner sozialen Umwelt: Inter- und intraindividuelle Unterschiede.* Bonn, Phil. Diss.

Osgood, Ch. E. (1959). The representational model and relevant research methods. In I. de S. Pool (Ed.), *Trends in Content Analysis* (pp. 33-88). Urbana, Ill.: University of Illinois Press.

Osgood, Ch.E., Suci, G.J. & Tannenbaum, P.H. (1957). *The Measurement of Meaning.* Urbana, Ill.: University of Illinois Press.

Patton, M.Q. (1980). *Qualitative Evaluation Methods.* Beverly Hills: Sage.

Payne, S.L. (1951). *The Art of Asking Questions.* Princeton, N.J.: Princeton University Press.

Pool, I. de S. (1959). Trends in Content Analysis Today: A Summary. In I. de S. Pool (Ed.), *Trends in Content Analysis* (pp. 189-233). Urbana, Ill.: University of Illinois Press.

Reinecke, J. (1986). Sozial erwünschtes Antwortverhalten: Gewiß kein fiktives Forschungsproblem! Anmerkungen zu Meiers Forschungsstrategie. *Diagnostica, 32,* 193-196.

Reinecke, J. (1991a). *Interviewer- und Befragtenverhalten: Theoretische Ansätze und methodische Konzepte.* Opladen: Westdeutscher Verlag.

Reinecke, J. (1991b). Interviewereffekte und soziale Erwünschtheit: Theorie, Modell und empirische Ergebnisse. *Journal für Sozialforschung, 31,* 293-320.

Reisenzein, E., Baumann, U., Laireiter, A. et al. (1989). Interviewleitfaden "SONET" zur Erfassung von Sozialem Netzwerk und Sozialer Unterstützung: Theoretische Grundlagen, Konstruktion und empirische Befunde. In D. Rüger, W. Nöldner, D. Haug & E. Kopp (Hrsg.), *Gesundheitspsychologie - Konzepte und empirische Beiträge* (S. 225-232). Regensburg: Roderer.

Remington, M. & Tyrer, P. (1979). The social functioning schedule - a brief semi-structured interview. *Social Psychiatry, 14,* 151-157.

Renner, M.M.T. (1969). *Strukturen sozialer Teilhabe im höheren Lebensalter mit besonderer Berücksichtigung der sozialen Bezüge zwischen den Mitgliedern der erweiterten Kernfamilie.* Bonn, Phil. Diss.

Reuband, K.-H. (1988). Soziale Erwünschtheit und unzureichende Erinnerung als Fehlerquelle im Interview. Möglichkeiten und Grenzen bei der Rekonstruktion von früherem Verhalten - das Beispiel Drogengebrauch. *ZA-Information, 23,* 63-72.

Rogers, P., Rearden, J.J. & Hillner, W. (1981). Effects of distance from interviewer and intimacy of topic on verbal productivity and anxiety. *Psychological Reports, 49,* 303-307.

Rudinger, G., Chaselon, F., Zimmermann, E.J. & Henning, H.J. (1985). *Qualitative Daten. Neue Wege sozialwissenschaftlicher Methodik.* München: Urban & Schwarzenberg.

Rust, H. (1981). *Methoden und Probleme der Inhaltsanalyse. Eine Einführung.* Tübingen: Narr.

Rust, H. (1983). *Inhaltsanalyse. Die Praxis der indirekten Interaktionsforschung in Psychologie und Psychotherapie.* München: Urban & Schwarzenberg.

Rustemeyer, R. (1992). *Praktisch-methodische Schritte der Inhaltsanalyse. Eine Einführung am Beispiel der Analyse von Interviewtexten.* Münster: Aschendorff.

Scherer, K.R. (Hrsg.) (1982). *Vokale Kommunikation: Nonverbale Aspekte des Sprachverhaltens.* Weinheim: Beltz.

Scheuch, E.K. (1962). Das Interview in der Sozialforschung. In R. König (Hrsg.), *Handbuch der Empirischen Sozialforschung,* Bd. 1 (S. 136-196). Stuttgart: Enke.

Schneewind, K.A. (1977). Selbstkonzept. In T. Herrmann, P.R. Hofstätter, H.P. Huber & F.E. Weinert (Hrsg.), *Handbuch psychologischer Grundbegriffe* (S. 424-431). München: Kösel.

Schneider-Düker, M. & Schneider, J.F. (1980). Zur Diagnostik von Interaktionsproblemen in der Familie. Durchführungsanleitung und Bearbeitungshinweise für das Strukturierte Familieninterview (SFI) nach Watzlawick. *Gruppenpsychotherapie und Gruppendynamik, 16,* 76-90.

Schöfer, G. (Hrsg.)(1980). *Gottschalk-Gleser Sprachinhaltsanalyse.* Weinheim: Beltz.

Schöfer, G., Koch, U. & Balck, F. (1979). Test criteria of the Gottschalk-Gleser Content Analysis of speech: objectivity, reliability, validity in German studies. In L.A. Gottschalk (Ed.), *The Content Analysis of Verbal Behavior. Further Studies* (pp. 121-139). New York: Spectrum Publications.

Schreiner, M. (1970). Zur zukunftsbezogenen Zeitperspektive älterer Menschen. *Zeitschrift für Entwicklungspsychologie und Pädagogische Psychologie, 2,* 28-46.

Semler, G. (1990). *Reliabilität und Validität des Composite International Diagnostic Interview.* Regensburg: Roderer.

Sidney, E. & Brown, M. (1961). *The Skills of Interviewing*. London: Tavistock Publications.
Siegrist, K. (1987). Interview zum sozialen Rückhalt. Kurzbericht. *Zeitschrift für Klinische Psychologie, 16*, 439-441.
Sudman, S. & Bradburn, N.M. (1982). *Asking Questions. A Practical Guide to Questionnaire Design*. San Francisco: Jossey-Bass.
Tagg, S.K. (1985). Life Story Interviews and Their Interpretation. In M. Brenner, J. Brown & D. Canter (Eds.), *The Research Interview. Uses and Approaches* (pp. 163-199). London: Academic Press.
Tausch, R. & Tausch, A.-M. (1990). *Gesprächspsychotherapie: Hilfreiche Gruppen- und Einzelgespräche in Psychotherapie und alltäglichem Leben*. Göttingen: Hogrefe (9. erg. Aufl.).
Theissen, Ch. (1971). Das Selbstbild und seine Variabilität. Untersuchungen an einer Gruppe 60-80jähriger Personen. *Archiv für Psychologie, 123*, 142-163.
Thomae, H. (Hrsg.)(1960). *Bericht über den 22. Kongreß der Deutschen Gesellschaft für Psychologie in Heidelberg vom 27. September bis 1. Oktober 1959*. Göttingen: Hogrefe.
Thouless, R.H. (1971). *An Introduction to the Psychology of Religion*. Cambridge: Cambridge University Press.
Thurm-Mussgay, I., Galle, G. & Häfner, H. (1991). Krankheitsbewältigung Schizophrener: Ein theoretisches Konzept zu ihrer Erfassung und erste Erfahrungen mit einem neuen Meßinstrument. *Verhaltenstherapie, 1*, 193-300.
Veiel, H.O.F. (1987). Das "Mannheimer Interview zur sozialen Unterstützung" (MISU). Kurzbericht. *Zeitschrift für Klinische Psychologie, 16*, 442-443.
Veiel, H.O.F. (1990). The Mannheim Interview on Social Support. Reliability and validity data from three samples. *Social Psychiatry and Psychiatric Epidemiology, 25*, 250-259.
Viney, L. (1983). The assessment of psychological states through content analysis of verbal communications. *Psychological Bulletin, 94*, 542-563.
Viney, L. & Westbrook, M.T. (1976). Cognitive anxiety: A method of content analysis for verbal samples. *Journal of Personality Assessment, 40*, 140-150.
Viney, L. & Westbrook, M.T. (1979). Sociality: A content analysis scale for verbalizations. *Social Behavior and Personality, 7*, 129-137.
Viney, L. & Westbrook, M.T. (1981). Measuring patients' experienced quality of life: The application of content analysis scales in health care. *Community Health Studies, 5*, 45-52.
Volk, W. & Tschuschke, V. (1982). Untersuchungen von Affektveränderungen während einer Gruppenpsychotherapie mittels Sprachinhaltsanalyse (Gottschalk-Gleser). *Zeitschrift für Klinische Psychologie und Psychotherapie, 30*, 52-67.
Watzlawick, P., Beavin, J.H. & Jackson, D.D. (1974). *Menschliche Kommunikation. Formen, Störungen, Paradoxien*. Bern: Huber (4. Aufl.).
Weissmann, M.M. & Bothwell, S. (1976). The assessment of social adjustment by patient self-report. *Archiv of General Psychiatry, 33*, 1111-1115.
Wellek, A. (Hrsg.)(1956). *Bericht über den 20. Kongress der Deutschen Gesellschaft für Psychologie in Berlin vom 26. bis 29. September 1955*. Göttingen: Hogrefe.
Wellek, A. (Hrsg.)(1958). *Bericht über den 21. Kongress der Deutschen Gesellschaft für Psychologie in Bonn vom 23. bis 27. September 1957*. Göttingen: Hogrefe.
Westbrook, M.T. (1976). Positive affect: A method of content analysis for verbal samples. *Journal of Consulting and Clinical Psychology, 47*, 715-719.
Westbrook, M.T. & Viney, L. (1980). Scales measuring people's perception of themselves as origins and pawns. *Journal of Personality Assessment, 44*, 167-174.
Westhoff, G. (1993). *Handbuch psychosozialer Meßinstrumente. Ein Kompendium für epidemiologische und klinische Forschung zu chronischer Krankheit*. Göttingen: Hogrefe.
Wiedemann, P.M. (1986). *Erzählte Wirklichkeit. Zur Theorie und Auswertung narrativer Interviews*. Weinheim: Psychologie Verlags Union.
Wiendieck, G. (1970). Entwicklung einer Skala zur Messung der Lebenszufriedenheit im höheren Lebensalter. *Zeitschrift für Gerontologie, 3*, 765-778.
Winnubst, J. (1974). Tijdperspektief: Oberzicht-Kritiek-Bibliografie. *Nederlands Tijdschrift voor de Psychologie en haar Grensgebieden, 28*, 581-617.

Wittchen, H.-U. & Unland, H. (1991). Neue Ansätze zur Symptomerfassung und Diagnosestellung nach ICD-10 und DSM-III-R: Strukturierte und standardisierte Interviews. *Zeitschrift für Klinische Psychologie, 20,* 321-342.

Wittchen, H.-U., Semler, G., Schramm, E. & Spengler, P. (1988). Diagnostik psychischer Störungen mit strukturierten und standardisierten Interviews: Konzepte und Vorgehensweisen. *Diagnostica, 34,* 58-84.

Wittchen, H.-U., Zaudig, M., Spengler, P., Mombour, W., Hiller, W. et al. (1991). Wie zuverlässig ist operationalisierte Diagnostik? Die Test-Retest-Reliabilität des Strukturierten Klinischen Interviews für DSM-III-R. *Zeitschrift für Klinische Psychologie, 20,* 136-153.

Wittkowski, J. (1978). *Tod und Sterben - Ergebnisse der Thanatopsychologie.* Heidelberg: Quelle & Meyer.

Wittkowski, J. (1980). Todespsychologie. In R. Asanger & G: Wenninger (Hrsg.), *Handwörterbuch der Psychologie* (S. 520-524). Weinheim: Beltz.

Wittkowski, J. (1984). *Korrelate des Erlebens und Verhaltens gegenüber Tod und Sterben im mittleren Lebensalter.* Würzburg, Habilitationsschrift.

Wittkowski, J. (1987). Zur Erfassung emotional-motivationaler Merkmale anhand von Interviewmaterial: Darstellung und vorläufige Evaluation einer inhaltsanalytischen Methode. *Zeitschrift für Differentielle und Diagnostische Psychologie, 8,* 57-67.

Wittkowski, J. (1990). *Psychologie des Todes.* Darmstadt: Wissenschaftliche Buchgesellschaft.

Wittkowski, J. (in Vorbereitung). Ein Fragebogenverfahren zur mehrdimensionalen Erfassung des Erlebens gegenüber Sterben und Tod.

Aus dem Programm Sozialwissenschaften

Thomas Heinze
Qualitative Sozialforschung
Erfahrungen, Probleme und Perspektiven
2., um einen Nachtrag erw. Aufl. 1992. 216 S. (wv studium, Bd. 144) Pb.
ISBN 3-531-22144-2

Diese Einführung in Ansätze und Methoden qualitativer Forschung zielt auf die Vermittlung anwendbaren Grundwissens. Der Autor geht vom „Konzept der Lebensweltanalyse" aus und entfaltet in nachvollziehbaren Schritten Programm und Praxis „interventiver Sozialforschung".

Norbert Schröer (Hrsg.)
Interpretative Sozialforschung
Auf dem Wege zu einer hermeneutischen Wissenssoziologie
1994. 329 S. Kart.
ISBN 3-531-12504-4

Mit der hermeneutischen Wissenssoziologie wird im Bereich der qualitativen Sozialforschung ein neuer Versuch unternommen, die interaktionistische und strukturtheoretische Sichtweise zu integrieren. In der Tradition der verstehenden Soziologie (Weber, Schütz) geht es nach diesem Ansatz darum, zu rekonstruieren, wie handelnde Subjekte sich in einer historisch vorgegebenen, sozialen Welt immer wieder neu ‚finden' und ‚erschaffen'. Die Autoren des Readers diskutieren diesen Integrationsansatz auf theoretischer wie empirischer Basis. Während die methodologisch-methodischen Beiträge die Eckpfeiler des Konzepts herleiten und vorstellen, dienen die empirischen Fallstudien zu verschiedenen Themenbereichen (Polizeisoziologie, Medizinsoziologie, Soziologie der Werbung etc.) der Plausibilisierung und Veranschaulichung.

Jürgen H. P. Hoffmeyer-Zlotnik (Hrsg.)
Analyse verbaler Daten
Über den Umgang mit qualitativen Daten
1992. VIII, 424 S. Kart.
ISBN 3-531-12360-2

Diese praxisorientierte Einführung behandelt die unterschiedlichen Möglichkeiten und Ansätze der Analyse qualitativer Daten. Hierbei wird besonderer Wert darauf gelegt, daß die unterschiedlichen Analyseansätze nicht nur methodologisch diskutiert, sondern auch hinsichtlich methodischer Anwendung an jeweils konkreten Projektfragestellungen und -daten demonstriert werden.

WESTDEUTSCHER VERLAG
OPLADEN · WIESBADEN

Aus dem Programm Sozialpsychologie

Detlef Garz
Sozialpsychologische Entwicklungstheorien
Von Mead, Piaget und Kohlberg bis zur Gegenwart
1989. 283 S.
(wv studium, Bd. 158) Kart.
ISBN 3-531-22158-2

Am Beispiel der klassischen Theorien von J. M. Baldwin, G. H. Mead, J. Piaget und L. Kohlberg sowie den daran anschließenden Ansätzen von C. Gilligan, F. Oser und M. Parsons zur Kognition, Gerechtigkeits- und Fürsorgemoral, Religion und Ästhetik beschreibt und diskutiert der Autor in diesem Band die menschliche Entwicklung im Spannungsfeld von sozialisationstheoretischen, entwicklungspsychologischen und anthropologischen Betrachtungsweisen.

Georg W. Oesterdiekhoff
Traditionales Denken und Modernisierung
Jean Piaget und die Theorie der sozialen Evolution
1992. 435 S. Kart.
ISBN 3-531-12248-7

In dieser Studie werden die theoretischen und methodologischen Schlußfolgerungen der völkerpsychologischen Untersuchungen vorgestellt, die in den letzten Jahrzehnten durchgeführt wurden und an der Theorie Jean Piagets orientiert waren. Piagets Theorie ist von der Form her transkulturell und universal angelegt, so daß alle Populationen stadientheoretisch erfaßt werden können. Wenn auch das Stadium der formalen Operationen von einem Großteil der westlichen Populationen nicht erreicht wird, so begünstigen doch moderne kulturelle Millieus eindeutig die operative Entwicklung. Die Forschungsergebnisse der Geistes- und Sozialwissenschaften hinsichtlich des Denkens, des Weltbildes, der sozialen und rechtlichen Phänomene in traditionalen Gesellschaften werden mit Hilfe der Stadientheorie Piagets erklärbar und erfahren eine theoretische Weiterentwicklung.

Rolf Haubl / Ulf Peltzer / Roland Wakenhut / Gabriele Weidenfeller (Hrsg.)
Veränderung und Sozialisation
Einführung in die Entwicklungspsychologie
1985. 247 S.
(wv studium, Bd. 134) Pb.
ISBN 3-531-22134-5

Dieses Buch führt anhand bisher vernachlässigter Fragestellungen in die Psychologie menschlicher Entwicklungsprozesse ein. Nach einer vorbereitenden Differenzierung verschiedener Formen und Konzepte von Veränderung (Reifung, Entwicklung, Lernen, Sozialisation) werden exemplarische Beschreibungen von Veränderungsprozessen erarbeitet, die auf den drei Ebenen: Geschichte, Person, familiales und sozioökonomisches System ablaufen.

WESTDEUTSCHER VERLAG
OPLADEN · WIESBADEN